PHILIPPE ARIÈS / ANDRÉ BÉJIN
MICHEL FOUCAULT U. A.

Die Masken des Begehrens und die Metamorphosen der Sinnlichkeit

Zur Geschichte der Sexualität
im Abendland

Herausgegeben
von Philippe Ariès und André Béjin

Aus dem Französischen
von Michael Bischoff

FISCHER TASCHENBUCH VERLAG

FISCHER WISSENSCHAFT

Ungekürzte Ausgabe
Veröffentlicht im Fischer Taschenbuch Verlag GmbH,
Frankfurt am Main, Juli 1986
Titel der französischen Originalausgabe ›Sexualités occidentales‹
© 1982 by Editions du Seuil/Communications
Für die deutsche Ausgabe:
© 1984 S. Fischer Verlag GmbH, Frankfurt am Main
Lizenzausgabe mit freundlicher Genehmigung
des S. Fischer Verlags GmbH, Frankfurt am Main
Umschlaggestaltung: Jan Buchholz/Reni Hinsch
Druck und Bindung: Wagner GmbH, Nördlingen
Printed in Germany 1986
1280-ISBN-3-596-27357-9

Inhalt

Philippe Ariès und André Béjin
Vorbemerkung 7

Robin Fox
Bedingungen der sexuellen Evolution 9

Michel Foucault
Der Kampf um die Keuschheit 25

Paul Veyne
Homosexualität im antiken Rom 40

Philippe Ariès
Paulus und das Fleisch 51

Michael Pollak
Männliche Homosexualität – oder das Glück im Getto? . 55

Philippe Ariès
Überlegungen zur Geschichte der Homosexualität 80

Jacques Rossiaud
Prostitution, Sexualität und Gesellschaft in den französischen Städten des 15. Jahrhunderts 97

Achillo Olivieri
Erotik und gesellschaftliche Gruppen im Venedig des 16. Jahrhunderts: die Kurtisane 121

Angeline Goreau
Zwei Engländerinnen des 17. Jahrhunderts
Anmerkungen zu einer Anatomie der weiblichen Lust . . 130

Jean-Louis Flandrin
Das Geschlechtsleben der Eheleute in der alten Gesellschaft:
Von der kirchlichen Lehre zum realen Verhalten 147

Philippe Ariès
Liebe in der Ehe 165

Philippe Ariès
Die unauflösliche Ehe 176

André Béjin
Ehen ohne Trauschein heute 197

Hubert Lafont
Jugendbanden 209

André Béjin
Niedergang der Psychoanalytiker, Aufstieg der Sexologen 226

André Béjin
Die Macht der Sexologen und die sexuelle Demokratie . . 253

Vorbemerkung

Der vorliegende Band – die Idee dazu stammt von André Béjin – ist im wesentlichen aus einem Seminar hervorgegangen, das Philippe Ariès 1979-1980 an der *École des hautes études en sciences sociales* in Paris veranstaltet hat.[1] In diesem Seminar haben wir die Sexualität im Abendland unter verschiedenen Gesichtspunkten betrachtet: Unauflöslichkeit der Ehe, Homosexualität, Passivität, Autoerotik usw. Die Perspektiven entsprachen den spezifischen Interessen und der jeweiligen Kompetenz der Teilnehmer. Deshalb haben wir von vornherein auf den Anspruch einer erschöpfenden Erörterung des Gegenstandes verzichtet. Um so erstaunter waren wir, als wir bei der Sammlung der Texte durchaus eine gewisse Kohärenz feststellen zu können glaubten; dies gilt zumindest für die Thematiken der Ehe und der Homosexualität.

Nur einige wenige der in diesem Band vorgetragenen Gedanken zusammenfassend, können wir sagen, daß wir überrascht waren von

1. der Komplexität, die den Ursprüngen des abendländischen Modells der Ehe anhaftet;
2. der Bedeutung, die der Unterscheidung zwischen der Liebe in der Ehe und der Liebe außerhalb der Ehe zukommt;
3. der Stellung der Autoerotik in den Doktrinen, aber auch in den Sitten;
4. der aktuellen Bedeutung der Homosexualität insbesondere hinsichtlich des Männlichkeitsbildes, das sie verbreitet.

Philippe Ariès und André Béjin

---

1 Unser Dank gilt Daniel Percheron und dem Sekretariat des CETSAS für die wertvolle Hilfe bei der Vorbereitung dieses Bandes.

Robin Fox
Bedingungen der sexuellen Evolution

Wir können die Evolution des Sexualverhaltens aus unterschiedlichen Blickwinkeln betrachten; die Möglichkeiten reichen von einer umfassenden Perspektive, die sämtliche Lebewesen mit geschlechtlicher Fortpflanzung (auch die Pflanzen) einschließt, bis hin zur Untersuchung einzelner Arten oder Unterarten. Doch selbst dann, wenn wir uns mit einzelnen Arten befassen, können wir die *allgemeinen* Probleme der geschlechtlichen Fortpflanzung nicht außer acht lassen; das gilt insbesondere für die Frage, warum es eine geschlechtliche Fortpflanzung überhaupt gibt. Theoretisch müßten Lebewesen mit geschlechtlicher Fortpflanzung solchen mit ungeschlechtlicher in jeder denkbaren Konkurrenzsituation unterlegen sein. Wenn wir annehmen, daß die ursprüngliche Fortpflanzung die ungeschlechtliche war, dann stellt sich sogleich die grundsätzliche Frage, wie denn die geschlechtliche Fortpflanzung entstanden sein kann, da sich doch jede günstige Mutation in einem Organismus mit ungeschlechtlicher Fortpflanzung unmittelbar und schnell replizieren läßt, während dessen auf geschlechtliche Fortpflanzung festgelegter Konkurrent eine »Verdünnung« seines Erbmaterials durch das des Geschlechtspartners hinnehmen muß. Auch Inzucht könnte ihn nicht besserstellen, denn auch sie ist »langsamer« als die ungeschlechtliche Fortpflanzung und brächte zudem lebensunfähige Homozygoten hervor.

Für dieses theoretische Problem bietet sich nur eine Lösung an: Der einzige Vorteil der geschlechtlichen Fortpflanzung – die größere genetische Vielfalt – muß in bestimmten Situationen solch beträchtliches Gewicht besessen haben, daß sie einen Konkurrenzvorsprung erlangte und zum dominanten Faktor in einer evolutionär stabilen Strategie wurde. Zwar sind mit diesem Erklärungsversuch nicht alle theoretischen Schwierigkeiten behoben, aber es wird immerhin deutlich, daß die Rekombination unter marginalen

Bedingungen einen Vorsprung gegenüber Mutation und Mitosis erringen könnte. In diesem Zusammenhang wird oft auf eine »in rascher Veränderung begriffene Umwelt« verwiesen; doch dieser Hinweis bleibt, ebenso wie der auf die Geschwisterrivalität in der Nachkommenschaft, allzu unbestimmt.

Doch wie es auch immer zur Entwicklung der geschlechtlichen Fortpflanzung gekommen sein mag, auf jeder Ebene setzt sie bestimmte Bedingungen voraus. Einige davon sind Minimalbedingungen. Die beiden Geschlechter müssen hinreichend Kontakt miteinander haben, damit es zum Austausch von genetischem Material kommt – wahrscheinlich die einzige Grundbedingung. Zwitter erfüllen sie, indem sie beide »Geschlechter« im selben Organismus vereinen. Je komplizierter dieser Austausch ist, als desto komplizierter erweisen sich auch die Beziehungen zwischen den Geschlechtern. Bei einigen primitiven Lebewesen fehlt eine klare geschlechtliche Unterscheidung – von zwei Organismen ist jeweils der schnellere *per definitionem* das »Männchen«, weil es ihm dank der größeren Beweglichkeit gelingt, dem trägeren sein Material einzupflanzen. Der Unterschied ist hier nur relativ. Bei höheren Lebewesen wird er fixiert. Doch die Grundmerkmale bleiben erhalten – die Spermien sind beweglicher als das Ei.

Nicht nur der Austausch muß stattfinden, es muß dann auch eines der »Geschlechter« die Verantwortung für die Gestation übernehmen. Danach kümmern sich beide Geschlechter oder eines oder keins von beiden um die Brutpflege, je nach dem Evolutionspfad, den das Lebewesen eingeschlagen hat. In der Regel fällt die Gestation dem »Weibchen« zu, doch bei Gestation und Brutpflege gibt es eine Fülle von Formen, deren Träger das Weibchen allein, das Weibchen zusammen mit anderen Weibchen, das Weibchen und das besamende Männchen oder Gruppen von Männchen und Weibchen – oder andere Kombinationen – sind. Ich will hier nicht die Vielzahl dieser Formen, die bei den Arten mit geschlechtlicher Fortpflanzung anzutreffen sind, erörtern, einzig die Tatsache dieser Vielfalt sei unterstrichen.

Auch bei den Säugetieren finden wir eine erhebliche Vielfalt, sie ist jedoch durch charakteristische Anpassungsformen begrenzt: Wärmeregulation, Lebendgeburt, Säugen der Jungtiere, Austragen im Mutterleib usw. Was sich über die menschliche Sexualität sagen läßt, entspricht in vielen Punkten den Erwartungen, die wir mit dem Sexualverhalten eines großen, allesfressenden Säugers verbinden, der ein großes Gehirn besitzt, eine lange Reifungsphase benötigt, mit einem gemäßigten Sexualdimorphismus ausgestattet ist und dessen sexuelle Aktivität nicht an Jahreszeiten gebunden ist. Das heißt nun nicht, daß nur *ein* Verhaltensmuster möglich wäre, doch es bestimmt die Grenzen, in denen die Variation sich bewegt. Zu einem Verständnis dieser Variation gelangen wir am ehesten, wenn wir nach den Variablen fragen – ein durchaus schwieriges Unterfangen, denn allzu leicht legen wir die Antwort durch den Zuschnitt unserer Fragestellung im voraus fest. Statt uns an kulturelle Kategorien von zweifelhafter Universalität wie »Kernfamilie« oder »Ehe« zu halten, empfiehlt es sich, eine objektive Einheit zugrunde zu legen, die *per definitionem* bei allen Säugern vorkommt und daher nicht kulturell vorgeprägt ist. Eine solche Einheit ist die Mutter mit ihren abhängigen Jungen.

Es gehört zu den Definitionsmerkmalen der Säuger, daß die Jungen lebend geboren und von der Mutter gesäugt werden. Variationen finden wir (a) im Ausmaß der Pflege, welche die Mutter ihren Jungen über das notwendige Minimum hinaus angedeihen läßt, und (b) in Art und Stärke der Anbindung eines oder mehrerer Männchen an diese Grundeinheit (sowie in den Beziehungen zwischen diesen Einheiten).

Ein bedeutungsvolles Ergebnis der Kulturentwicklung besteht darin, daß wir in unserer Gattung nahezu sämtliche Variationen reproduzieren, die in der Klasse der Säugetiere erscheinen. Wir werden auf diesen Sachverhalt noch zurückkommen. Zunächst wollen wir einen Blick auf einige Extremformen bei den Säugern werfen:

Der Hamster lebt solitär in seinem Bau; der Kontakt zwischen Männchen und Weibchen ist auf eine kurze Begegnung während einer kurzen Brunstperiode beschränkt; das Männchen dringt dann in den Bau eines Weibchens ein und kopuliert mit ihm. Das Weibchen hat eine kurze Trächtigkeitszeit; es säugt die Jungtiere wenige Wochen lang, worauf diese sich zerstreuen und eigene Baue graben. Hier dürften wir die untere Grenze in der Organisation des Paarungsverhaltens bei Säugetieren vor uns haben.

Wenden wir uns nun bestimmten Huftieren wie Gazellen, Zebras, Hirschen usw. zu. Sie unterscheiden sich in ihrer Herdenorganisation ganz beträchtlich voneinander, doch in allen diesen Fällen besteht die Herde jeweils aus Weibchen und Jungtieren – die Männchen leben entweder die meiste Zeit des Jahres als Einzelgänger oder sie streifen in Gruppen von ausschließlich männlichen Tieren umher. Während der Brunstzeit (im Herbst) kämpfen die

männlichen Tiere miteinander; die Sieger paaren sich mit den weiblichen Tieren der Herde und verschwinden dann. Im folgenden Frühjahr bringen die Kühe ziemlich weit entwickelte Junge, die bald schon mitwandern können, zur Welt und säugen sie. Nach einem Jahr verlassen die männlichen Jungtiere die Herde.
Betrachten wir nun noch eine Meute von Wildhunden oder Hyänen. Männchen und Weibchen leben das ganze Jahr hindurch, innerhalb wie außerhalb der Brunstzeit, zusammen. Es besteht eine komplexe Paarungsrangordnung. Die Jungen entwickeln sich langsam; männliche und weibliche Tiere kümmern sich gemeinsam und in vielfältiger Weise um den Nachwuchs, etwa durch das Auswürgen vorverdauten Fleischs u. a. m.
Das Spektrum des Sexualverhaltens, dem wir die zitierten Beispiele entnommen haben, reicht also von einem flüchtigen Kontakt, der sich fast auf die unerläßlichen neunzig Sekunden beschränkt, über einen jahreszeitlichen bis hin zu einem beständigen, ganzjährigen Kontakt. Es reicht zugleich vom absoluten Mindestmaß an elterlicher Brutpflege über Formen, bei denen die Mutter und die weiblichen Tiere der Herde sich um die Jungtiere kümmern, bis zur Beteiligung sämtlicher männlichen und weiblichen Tiere eines komplex strukturierten Verbandes. Es gibt zwar zahlreiche Variationen innerhalb dieser Schemata, einschließlich territorial gebundener, monogamer Paarbindung (bei den Gibbons) und großer Horden aus männlichen und weiblichen Tieren (bei den Brüllaffen), doch was zählt, sind die Variablen, die wir ins Auge gefaßt haben. In jedem Falle werden die erwähnten Grundvariablen durch Anpassungsfaktoren beeinflußt, welche die Männchen mehr oder weniger stark in die Tätigkeiten der Weibchen und der Jungtiere einbinden. Grundsätzlich sind die Männchen entbehrlich. Wo das Weibchen auf Leistungen des Männchens über dessen Zeugungsfunktion hinaus nicht angewiesen ist, gibt es in der Regel auch keine weitere Beteiligung des Männchens an der »Familiengeschichte«. Je komplexer jedoch das Leben der Tiere ist, desto größer ist die Wahrscheinlichkeit, daß dem Männchen weitere Aufgaben zufallen, insbesondere die Verteidigung, bei manchen Raubtieren auch die Beschaffung von Fleisch für die relativ langsam reifenden Jungen; in einigen Fällen bringen sie den Jungtieren sogar (wenngleich nur durch Nachahmung) das Jagen bei. Auch bei den Weibchen finden sich unterschiedliche Grade der wechselseitigen Abhängigkeit: Hamsterweibchen leben solitär; Gibbonweibchen leben ausschließlich mit ihrem Geschlechtspartner; bei den

Huftieren schließen die weiblichen Tiere sich zu Herden zusammen, usw.

Eines freilich ist relativ gewiß: Wenn Weibchen sich zu wechselseitigem Nutzen zusammenschließen, sind sie höchstwahrscheinlich miteinander verwandt. Bei Männchen *kann* dies der Fall sein, es ist jedoch weniger wahrscheinlich. Um diesen Sachverhalt und damit auch dessen menschliche Variante, das sogenannte »Verwandtschafts- und Heiratssystem«, zu verstehen, müssen wir den Prozeß beachten, den Darwin »sexuelle Selektion« genannt hat, sowie den dazugehörigen Prozeß der »Verwandtschaftsselektion«, wie er seit kurzem bezeichnet wird.

Im Grunde ist die sexuelle Auslese eine Variante der natürlichen Auslese, doch wird der Kampf hier nicht gegen die »feindlichen Kräfte der Natur« geführt, wie Darwin sie nennt, sondern um Vorteile im Getriebe der Fortpflanzung. Dazu zählen der *Konkurrenzkampf* zwischen Tieren desselben Geschlechts – in der Regel Männchen – um Partner aus dem anderen Geschlecht sowie die *Auswahl* von Paarungspartnern unter den siegreichen Konkurrenten durch Mitglieder dieses anderen Geschlechts – in der Regel Weibchen.

Dieses Verhalten entspringt den bereits erwähnten Anpassungserfordernissen: Die Weibchen benötigen die Männchen zumindest für die Begattung, doch möglicherweise auch zum Schutz und zur Nahrungsbeschaffung, und deshalb wählen sie jene Tiere aus, die sich im Konkurrenzkampf als die Fähigsten erwiesen haben. Der Konkurrenzkampf kann vielerlei Formen annehmen; für Darwin war er hauptsächlich insoweit von Interesse, als er ungewöhnliche anatomische Entwicklungen wie die Geweihe der Hirsche oder die großen Scheren der Winkerkrabben zu erklären vermochte. Aber natürlich können die Entwicklungen auch auf reine Verhaltensstrukturen beschränkt bleiben, wie etwa an den »ritualisierten« Schaukämpfen sichtbar wird. Was von den Männchen erwartet wird, variiert von Art zu Art. Bei den Huftieren und den Meeressäugetieren zum Beispiel, wo Männchen und Weibchen nur kurze Zeit im Jahr für die Paarung zusammenkommen, genügt die Demonstration überlegener Stärke. Wo Männchen und Weibchen ständig zusammen sind, können andere Eigenschaften wichtiger werden – beispielsweise die Fähigkeit, in der männlichen Rangordnung aufzusteigen, was weit mehr als bloße Körperkraft erfordern mag.

Doch gleichgültig, welches Kriterium letztlich zum Zuge kommt

(ob Körperkraft, Schnelligkeit, Territorium, Schaustellung oder andere), in jedem Falle führt die sexuelle Selektion zu dem Ergebnis, daß nur eine Minderheit der Männchen die Möglichkeit der Fortpflanzung erhält, während die Weibchen allesamt gewöhnlich wenigstens einmal Nachkommenschaft hervorbringen. Der Grund für diese Sachlage ist leicht zu ersehen: Männchen können sich mit einer Vielzahl von Weibchen erfolgreich paaren; ist ein Weibchen dagegen erst einmal trächtig, so hat es bis zu einem Jahr mit dem Austragen und oft noch lange darüber hinaus mit Säugen und Aufzucht der Jungen zu tun. Deshalb müssen die »Strategien« der beiden Geschlechter sich deutlich voneinander unterscheiden. Bei der Fortpflanzung liegt es im Interesse des Männchens, sich so häufig wie möglich zu paaren, während das Weibchen – da es nur einmal im Jahr die Chance dazu hat – versuchen muß, sich die »besten« Gene zu sichern. Entscheidend für die »Verwandtschaftsselektion« ist nun, daß dies dem Weibchen insbesondere im Zusammenwirken mit verwandten Weibchen gelingt – und wir müssen klären, warum dem so ist. Zunächst jedoch sei festgehalten, daß die genannten »Strategien« ganz erheblich eingeschränkt werden, *sobald es im Fortpflanzungsinteresse des Männchens liegt, sich um seine Nachkommen zu kümmern*. Wo ein solches Interesse nicht besteht, etwa bei den meisten Huftieren und den Meeressäugern, scheint die beschriebene Ausscheidungskonkurrenz vorzuherrschen. Wo die Männchen sich um ihre Nachkommenschaft kümmern müssen, um deren Überleben zu gewährleisten, bleibt der Konkurrenzkampf zwar erhalten, er wird jedoch subtiler und komplizierter, und die Männchen müssen sich intensiver um weniger Weibchen bemühen. Das gilt verstärkt für die Primaten, die sozial lebenden Raubtiere und ganz besonders für den Menschen; es zeigt sich zum Beispiel in einem weit weniger krassen Sexualdimorphismus und dem Fehlen jener hochspezialisierten anatomischen Merkmale, die Darwin zur Untersuchung dieser Selektionsform veranlaßten.
Doch wir müssen auf die Frage der Verwandtschaft zurückkommen, denn dort sind die Gene betroffen, und dort ist die Selektion tatsächlich am Werk. Wenn ich von »Strategien« der Gene oder der Tiere spreche, dann sind selbstverständlich keine bewußten Strategien gemeint. (Auch gebildete Menschen verfallen hier oft genug noch einem Mißverständnis.) Es ist ja, wie jedermann weiß, oftmals einfacher, metaphorisch von »Absichten« zu sprechen, statt die gesamte Argumentation in einer korrekten »Selektionssprache« zu formulieren. Genaugenommen haben die Gene nur ein

Ziel: Sie »wollen« sich replizieren. Die Lebewesen sind ihre Agenten. Identische Gene sind jedoch nicht auf einen Organismus beschränkt; sie finden sich vielmehr auch bei verwandten Organismen, und zwar bei abnehmendem Verwandtschaftsgrad in abnehmendem Grade. Es gibt daher immer eine Gruppe eng verwandter Organismen, die eine große Zahl identischer Gen-Replikate gemeinsam haben, gewissermaßen einen kleinen Gen-Pool. Eltern und Kinder sind zusammen mit der Geschwistergruppe die engsten Verwandten. Nun bestehen die Gruppen weiblicher Tiere, von denen oben die Rede war, nahezu ausnahmslos aus erweiterten Mutter-Tochter-Familien; es handelt sich um Gruppen enger weiblicher Verwandter. Wenn wir eine solche Gruppe als einen kleinen Pool identischer Gene betrachten, die sich zu replizieren suchen, wird deutlich, weshalb sie unter bestimmten Evolutionsbedingungen gemeinsam ein besseres Ergebnis zu erzielen vermögen als allein und ein noch besseres, falls sie »überlegene« männliche Gene auswahlen und mit den eigenen zur Hervorbringung einer neuen Generation kombinieren können.

In früheren Untersuchungen zur sexuellen Selektion lag das Gewicht ganz entscheidend auf dem männlichen Konkurrenzkampf, und tatsächlich scheint die Selektion dort am auffälligsten am Werk zu sein. In jüngerer Zeit indes haben wir erkannt, daß der Weg, den die Selektion einschlägt, letztlich vielleicht doch durch das *Wahlverhalten der Weibchen* bestimmt wird. Die Männchen erschöpfen sich im Konkurrenzkampf, und die Weibchen wählen anschließend die Sieger als Zuchttiere aus. Sobald wir erkennen, daß hier beträchtliche Unterschiede im Fortpflanzungserfolg verschiedener Weibchengruppen begründet sein können, tritt uns die ganze Dynamik des Systems vor Augen.

Es muß die Strategie der Weibchen sein, das »beste« Männchen auszusuchen, welches auch immer die Kriterien der Wahl sein mögen. Versteht es eine Gruppe von Weibchen, sich hochwertige männliche Gene zu sichern, so haben nicht nur die weiblichen Nachkommen den Nutzen davon, es steigt vielmehr auch die Wahrscheinlichkeit, daß ihre »Söhne« viele Gruppen von Weibchen begatten werden. Infolgedessen werden sich die Gene der ursprünglichen weiblichen Verwandtschaftsgruppe in der Gesamtpopulation erfolgreicher ausbreiten als die rivalisierender Gruppen. Wenn wir in Abwandlung des berühmten Satzes von Samuel Butler (wonach Hühner nur ein Mittel des Eis sind, um ein neues Ei hervorzubringen) annehmen, daß Männchen lediglich ein Mittel der

Weibchen sind, um neue Weibchen hervorzubringen (oder daß Männchen bloß ein Mittel der weiblichen Verwandtschaftsgruppe sind, um eine weitere Verwandtschaftsgruppe ins Leben zu rufen), dann kommen wir dem Kern der sexuellen Selektion schon sehr nahe. Letztlich müssen wir sie jedoch als eine Strategie der Gene begreifen, sich selbst zu replizieren.

Wir können hier nicht sämtliche Bedingungen darlegen, die ein derartiges auf »Verwandtschaftszusammenschluß« gegründetes Verhalten und die dazugehörige, hochinteressante Form der sexuellen Auslese hervorbringen – tatsächlich sind sie nicht alle bekannt, obwohl Vorteile bei der Nahrungsbeschaffung zu den plausibelsten Hypothesen zählen dürften. Es genügt, daß es sie *gibt* und daß sie für uns von hoher Bedeutung sind, da die Primaten, die Tierordnung also, der wir selbst angehören, in vielen Arten einschließlich der unseren deutliche Tendenzen in diese Richtung zeigen. Die Primaten leben jedoch, anders als die oben angeführten Huftiere, in Gruppen, in denen *ein ganzjähriger Kontakt zwischen Männchen und Weibchen* besteht. Dieser Faktor – der allerdings ebenfalls bei den sozial lebenden Raubtieren anzutreffen ist – übt einen tiefgreifenden Einfluß aus. Er hebt die Prozesse der sexuellen und der Verwandtschafts-Auslese nicht auf, er modifiziert sie nur, und diese Modifikation markiert den ersten Schritt auf dem Wege zum menschlichen Sexualverhalten.

Es ist, als hätten die Weibchen bei den Huftieren, statt nur kurz mit den siegreichen Männchen während der Paarungszeit zusammenzutreffen, beschlossen, sie beständig in die Gruppe aufzunehmen und, mehr noch, mehrere weibliche Verwandtschaftsgruppen zu einer größeren Gruppe zu verschmelzen. Die Gründe, warum dies bei bestimmten Arten (wie den Primaten) geschieht, sind unterschiedlich; an erster Stelle rangieren Vorteile bei der Nahrungsbeschaffung und das Schutzbedürfnis der Weibchen sowie bei den Raubtieren die Notwendigkeit, die relativ langsam heranwachsenden Jungtiere mit Futter zu versorgen. Die höheren Primaten sind Pflanzenfresser (Paviane und Schimpansen jagen nur gelegentlich), die Jungtiere müssen sich nach der Entwöhnung ihr Futter selbst suchen. Schutz dürfte hier also der wahrscheinlichste Grund sein. Anzahl und Kombination der in die Gruppe eingebundenen Männchen sowie die daraus resultierenden Formen der sozialen Organisation sind bei den einzelnen Arten sehr unterschiedlich; wir können hier nur einige ganz allgemeine Merkmale skizzieren. Am einen Ende des Spektrums stehen Gruppen von Weibchen, in die nur ein einziges Männchen integriert ist, am anderen Ende sind zahlreiche Männchen in ebenso viele weibliche Familien eingebunden. Monogame Paare, wie bei den Gibbons, sind wohl ein Grenzfall, sofern ein Territorium aus ökologischen Gründen bloß ein Weibchen und ein Männchen zu ernähren vermag. Bei den Orang-Utans bilden die Weibchen Rangordnungen aus, und die Männchen versuchen, mehrere dieser Weibchen für sich zu monopolisieren, bleiben allerdings mit keinem von ihnen ständig zusammen. Bei den Schimpansen versammeln sich Gruppen von Männchen und Gruppen von weiblichen Familien zu einer »Urwaldhorde«; dadurch werden die Männchen enger in die Gruppe eingebunden, wenngleich sie nach wie vor einen gesonderten »Block« des sozialen Systems bilden. Bei den gewöhnlichen Pavianen und den Makaken stehen hierarchisch gegliederte weibliche Familien einer Rangordnung einzelner Männchen gegenüber. Die Herden der Mantelpaviane und der Dscheladas bestehen aus »Harems«, die jeweils von einem Männchen beherrscht werden. Gorillas leben in Trupps mit einem dominierenden Männchen, einigen jüngeren Männchen und Weibchen mit Jungtieren.

Das »Gesetz des entbehrlichen Männchens« ist hier wirksam. So verringern Makakengruppen unter extremen Bedingungen die Zahl der Männchen, bis nur noch wenige da sind, während bei günstigen Verhältnissen zahlreiche Männchen in der Gruppe sein können. Die Arten mit »Ein-Männchen-Gruppen« oder »Harems« ähneln den Huftieren – die Männchen konkurrieren auf verschiedene Weisen miteinander, und nur einige von ihnen erlangen einen »Harem«. In den »Mehr-Männchen-Gruppen« liegt die Sache anders: Zwar herrscht auch hier ein Wettbewerb zwischen den Männchen, aber da sie zusammenbleiben, müssen sie die Konkurrenz in einer Rangordnung festschreiben. Auch die weiblichen Familien sind hierarchisch gegliedert, wobei die höherrangigen Familien sich tendenziell häufiger mit höherrangigen Männchen paaren. Die »Söhne« aus diesen Familien erreichen ihrerseits mit größerer Wahrscheinlichkeit wieder höhere Rangpositionen und perpetuieren so den Prozeß. Wir sehen also, wie das »jahreszeitliche« Muster der Huftiere hier zu einem hierarchisch strukturierten, ganzjährigen Zusammenwirken der Männchen und der weiblichen Familien »verdichtet« wird.

Die gravierende Veränderung innerhalb des Prozesses der sexuellen Auslese betrifft die Kriterien für die »besten Gene« beim Männchen. Die Arten mit »Ein-Männchen-Gruppen« zeigen auch hier ausgeprägte Ähnlichkeiten mit den Huftieren, beispielsweise einen recht deutlichen Sexualdimorphismus und besondere anatomische Merkmale beim Männchen (die Mähne und den »Mantel« der Mantelpaviane etwa). Bei Arten mit »Mehr-Männchen-Gruppen« finden wir dagegen minder offenkundige Geschlechtsunterschiede und eine geringere Spezialisierung; überdies erhält die Fähigkeit zu geselligem Zusammenleben und sozialer Organisation hier offenbar den Vorzug vor bloßer Stärke, Ausdauer oder Prachtentfaltung. So dulden hochrangige Weibchengruppen häufig keine allzu aggressiven oder streitsüchtigen Männchen; diese verlassen die Gruppe und werden zu Einzelgängern.

Läßt sich nun in diesem breiten Spektrum der Fortpflanzungs-/Sozialsysteme ein Grundmuster ausmachen? Falls es eines gibt, wäre es wichtig, dieses Muster zu bestimmen, denn es hätte auch für unsere Vorfahren vor dem »Übergang zur Menschheit« gegolten. Es wäre der Rohstoff für die Hominidengesellschaft: das Fortpflanzungssystem, aus dem das »Sozialsystem« entstanden ist. Ich denke, es gibt ein allen in Gruppen zusammenlebenden Primaten gemeinsames Muster, und dieses Grundmuster umfaßt die Beziehungsdynamik – oder die Strategien, wie wir sie genannt haben –, die zwischen den drei Hauptblöcken oder Interessengruppen des Systems herrscht – erstens den etablierten Männchen, zweitens den Weibchen und Jungtieren und drittens den randständigen oder heranwachsenden Männchen. »Etabliert« sind jene Männchen, die Zugang zu fortpflanzungsfähigen Weibchen haben, weil sie sich einen »Harem« oder ein Territorium oder den Aufstieg in der Rangordnung – oder was immer erwartet wird – erkämpft haben. Ihnen gegenüber stehen die – in der Regel jüngeren – Männchen, die diesen Status erst noch erlangen wollen. Die Weibchen stehen zwischen beiden Gruppen; sie versorgen die Randgruppen mit dem »Nachschub« an jungen Männchen und selegieren die »besten Gene« bei den ausgewachsenen Männchen. Die Skala der Kombinationsmöglichkeiten ist breit, doch das Grundmuster ist vorhanden. Es unterscheidet sich nicht allzusehr von dem Grundmuster bei anderen sozial lebenden Sägetieren, mit der einen Ausnahme freilich, daß die Männchen permanent eingebunden sind; und wie wir gesehen haben, beeinflußt diese Tatsache die Kriterien, nach denen die »besten Männchen« bestimmt werden, ganz erheblich.

Wenn dies nun das Grundmuster bei den pflanzenfressenden Primaten ist, dann müssen wir uns fragen, welche Veränderung denn entscheidend für die Herausbildung des Hominidenzweiges und schließlich unserer eigenen Gattung war. Unsere Vorfahren waren demnach pflanzenfressende Primaten, die irgendeiner Variante dieses Musters folgten – höchstwahrscheinlich einer Version des »Mehr-Männchen«-Systems mit weiblichen Verwandtschaftsgruppen, wenn man die enge genetische Verwandtschaft mit den Schimpansen und die Ähnlichkeit der Umweltanpassung mit der bei den gewöhnlichen Pavianen/Makaken bedenkt. Aufgrund neuerer Funde in Ostafrika steht inzwischen zweifelsfrei fest, daß dieser Urahn vor zwei bis drei Millionen Jahren in weitem Maße zum Jäger und Aasesser wurde. Er ging bereits aufrecht. Doch der Wechsel von sporadischem Fleischgenuß zu einer Nahrung, die zu mehr als der Hälfte aus Fleisch bestand, bedeutete einen radikalen Wandel in den Beziehungen zwischen den Geschlechtern sowie zwischen den älteren und den jüngeren Männchen. Diese Veränderungen *schufen* erst den Menschen, wie wir ihn kennen, denn zur Zeit des *Homo erectus* war die irreversible Veränderung bereits eingetreten; das jedenfalls beweisen sein Körperbau und sein Gehirnvolumen. Entscheidend ist die Tatsache, daß die einzigartige Geschwindigkeit der Evolution des Hominidengehirns (eine Zunahme auf das Dreifache in nur zwei Millionen Jahren) zur *selben* Zeit – und im selben Grade – wie die Ausdehnung der Jagd erfolgte. Das heißt, in dem Maße, wie Umfang und Vielfalt der Jagd zunahmen, wuchsen auch Größe und Komplexität des Gehirns.

Die Kausalfaktoren sind hier nicht sonderlich schwer zu erkennen; schwieriger ist es indes, die Folgen für den inneren Prozeß der sexuellen Auslese zu bestimmen. Wir wollen den Vorgang vom Standpunkt der Männer betrachten: In einem Wettbewerb, bei dem der Sieger alles erhält, kommt es auf die Körperkraft an; im Rangordnungswettkampf der Primaten auf Übersicht und rechtzeitiges Handeln; in der Jagdsituation dagegen offensichtlich auf die Fähigkeit, Fleisch zur Versorgung der Frauen und Kinder zu beschaffen. Aber die Lage ist viel komplizierter: Körperkraft, Übersicht und Jagdgeschicklichkeit kumulieren in ihrer Bedeutung, doch wenn ein Mann in einer kooperativen Jägergesellschaft die Führungsposition erfolgreich behaupten will, müssen noch zahlreiche andere Qualitäten hinzukommen. Führungskraft, Organisationstalent und selbst so junge Fähigkeiten wie Sprachbegabung, schamanistisches Wissen usw. werden schließlich bedeutsam für »Herrschaftspositionen« und entsprechende Fortpflanzungsvorteile. All dem kommt in der Evolution der Hominiden besondere Bedeutung zu, denn ihnen stand für ihre Entwicklung nicht die Millionen Jahre umfassende Erfahrung von Fleischfressern in den Genen zur Verfügung, wie es bei den sozial lebenden Raubtieren der Fall ist. Sie konnten zum Beispiel bei der Jagd nicht auf natürliche Waffen zurückgreifen, sondern mußten erst neue Waffen erfinden; sie waren nicht in der Lage, die Nahrung für ihre Kinder auszuwürgen, sondern mußten sie in ihre Wohnstätten tragen – wobei der aufrechte Gang und die Freiheit der Hand von hoher Bedeutung gewesen sein dürften. Entscheidend jedoch ist die Tatsache, daß die Männer *intelligente* Lösungen für die Anforderungen der Jagd in all ihren Aspekten entwickeln mußten: Intelligenz bezeichnete daher einen Vorsprung gegenüber allen übrigen Fähigkeiten.

Vom Standpunkt der Frauen aus gesehen, lag die entscheidende Veränderung in der Arbeitsteilung, die ihnen die neue, auf Jagd beruhende Lebensweise auferlegte. Die Hominidenfrauen waren die Hauptproduzenten des pflanzlichen Anteils an der Kost dieses Allessers; zur Beschaffung des Fleischs waren sie auf die Männer angewiesen. Gleichzeitig waren die Männer hinsichtlich zweier wichtiger Dienste, die es in der ursprünglichen Primatensituation nicht gegeben hatte, auf die Frauen angewiesen: beim Sammeln und Zubereiten von pflanzlicher Nahrung sowie in der Pflege und Versorgung der langsamer reifenden Kinder. (Deren Reifungsprozeß hatte sich wegen der fortschreitenden Neotenie verlängert, die ihrerseits eine Folge des aufrechten Ganges, der frühzeitigen Geburt und des Umstandes war, daß das vergrößerte Gehirn sich außerhalb des Mutterleibes entwickeln mußte.)

Die Tatsache, daß die Männer sich erheblich mehr um die Aufzucht ihrer Kinder kümmern müssen, steht in deutlichem Gegensatz zur Situation bei den Primaten, deren Junge sich nach der Entwöhnung allein durchschlagen. Die für die Versorgung zuständigen weiblichen Verwandtschaftsgruppen müssen daher nicht nur die Strategie entwickelt haben, die »besten Gene« (d. h. die besten Jäger) zu erlangen, sondern auch die, an den Männern festzuhalten, damit die Versorgung der Kinder mit dem inzwischen unentbehrlich gewordenen Fleisch gewährleistet war.

Insgesamt bedeutete dies für das Fortpflanzungs-/Sozialsystem der Hominiden in der entscheidenden Entwicklungsphase vor zweieinhalb bis einer Million Jahren eine Revolution im Verhältnis der drei »Blöcke« des Systems, eine Revolution, die freilich auf der alten Grundlage vor sich ging. Wir *müssen* begreifen, daß hier im

Schmelztiegel der natürlichen und sexuellen Selektion ein neues Wesen geboren wurde: ein jagender Affenmensch. Und in evolutionärer Hinsicht erfolgte der Wandel äußerst rasch. Die Spannungen zwischen dem Grundmuster und den neuen Anforderungen des neuen Wesens bilden daher den Kern der heutigen Lebenslage des Menschen. Auch die drei Blöcke mußten sich einander anpassen, auch sie stellten gegenseitig Anforderungen, doch das war bei wechselnden Bedingungen stets der Fall. Die wichtigste Veränderung stellte unseres Erachtens die *Arbeitsteilung* zwischen den Geschlechtern dar, die nicht nur das Verhältnis der Geschlechter zueinander, sondern auch die Beziehungen *innerhalb* der Geschlechtsgruppen revolutionierte.

Die Hauptlast dieser Veränderung fiel – wie stets in der sexuellen Auslese – den jungen oder randständigen Männern zu. Die Voraussetzungen, unter denen sie in der Rangordnung aufsteigen und wirksam zur Fortpflanzung gelangen konnten, wurden immer komplexer. Gleichzeitig sahen sich die älteren, »etablierten« Männer mit vorzüglich gerüsteten und fähigen jungen Männern konfrontiert. Zur selben Zeit, als die Frauen Ansprüche auf beständige Nahrungsversorgung durch die Männer erhoben, muß auch der Kampf innerhalb des männlichen Geschlechts zwischen etablierten und nachwachsenden Männern sich verschärft haben.

Die revolutionäre Antwort darauf – revolutionär vom Ergebnis, d. h. von dem Sozial-/Fortpflanzungssystem des *Homo sapiens* her gesehen – war die Doppelerfindung der Initiation und der Allianz. Als der Status von *Homo* erst einmal erreicht war, ließ sich der allen offenstehende Wettkampf der Männer unter keinen Umständen fortsetzen. Andererseits kann die rasche Evolution des Gehirns nur über ein hochgradig selektives Paarungssystem erfolgt sein, das nur ausgewählte männliche Gene an die nachfolgenden Generationen weitergab. Die Folge war die Entwicklung eines Systems, *das den älteren Männern die Kontrolle über den Zugang der jungen zur Fortpflanzung und über die Allokation von Geschlechtspartnern verlieh.*

Die Rolle, die den Initiationssystemen dabei zufällt, ist leicht zu erkennen. Es handelt sich um unmittelbare Zwangs- und Selektionssysteme; ihre psychologische Funktion ist die »Identifikation mit dem Aggressor«, d. h. sie gewährleisten, daß die jungen Männer sich mit den älteren Männern identifizieren. Da der Zugang zur Fortpflanzung gewöhnlich bis nach der Initiation – und oft bis nach der Betätigung und Bestätigung als Krieger – hinausgezögert wird, sichert dieses System den älteren Männern ein Reservoir an jungen Frauen für ihre Vielweiberei. Die jungen Männer werden natürlich versuchen, diese Einschränkung durch illegitime sexuelle Verbindungen außer Kraft zu setzen. Je höher das Heiratsalter der Männer und je niedriger das Mannbarkeitsalter der Frauen, desto größer die Chancen für Vielweiberei. Das bei den Menschen am weitesten verbreitete Heiratsmuster ist die »Vielweiberei der Mächtigen« (in 75 Prozent der menschlichen Gesellschaften), und selbst in offiziell oder »ökologisch« monogamen Gesellschaften erfreuen sich die Mächtigen in der Regel eines erweiterten sexuellen Zugangs zu jungen Frauen oder zumindest eines Monopols bei deren Verheiratung.

Nicht so leicht erkennbar ist, daß auch die menschlichen Verwandtschaftssysteme – die gleichfalls auf den bereits vorhandenen Tendenzen der Verwandtschaftsselektion aufbauen – der Kontrolle der älteren und/oder mächtigeren Männer über die jüngeren dienen. (Anfänglich dürfte es sich um eine reine Gerontokratie gehandelt haben. Mit der Entstehung der Stände- und Klassengesellschaft zählte dann eher Macht als bloßes Alter, wenngleich innerhalb der Klassen auch das Alter weiterhin bedeutsam blieb.) Das alte System, dem zufolge der Sieger alles, der Unterlegene nichts bekam, konnte unter den veränderten Verhältnissen einer Arbeitsteilung zwischen den Geschlechtern und der gemeinschaftlichen Jagd offenbar nicht aufrechterhalten werden. Freuds Gedanke einer vater- und möglicherweise auch brudermordenden Urhorde mag der Wahrheit sehr nahe kommen. Eine gewisse Abschwächung ergab sich bereits aus dem selektiven Einfluß der weiblichen Verwandtschaftsgruppen; eine weitere Veränderung resultierte dann wahrscheinlich aus dem Bedürfnis der Männer, sowohl innerhalb der Gruppen als auch über sie hinaus Allianzen zu bilden, und aus dem Bedürfnis der Frauen, mit den Männern, die sie ausgewählt hatten, in einer gewissen Sicherheit zu leben. Schon bei den Primaten gab es Allianzen – sowohl im Sinne von beständigen Geschlechtspartnern und Verwandtschaft als auch im Sinne von Gruppen derselben Abstammung; freilich finden sich beide dort *niemals im selben System*. Die menschliche Innovation besteht in der Verknüpfung beider Formen von Allianz in ein und demselben System, *wobei die Abgrenzung von Verwandtschaft die Möglichkeiten der Allianz bestimmt.* (Diese Rolle fällt *nicht* dem Inzesttabu zu. Die Menschen vermeiden – wie die meisten Arten mit geschlechtlicher Fortpflanzung – auch ohne Tabu eine allzu enge In-

zucht. Das Tabu bestätigt und verstärkt diesen Sachverhalt lediglich und fügt ihm ein paar menschliche Besonderheiten hinzu.)
Die Verwandtschafts- und Heiratssysteme führten also zu einer Neubestimmung der Beziehungen und Strategien zwischen den drei Blöcken. Die wichtigste Neuerung bestand darin, daß Verwandtschaft nicht mehr nur eine Verbindung zwischen den Mitgliedern der drei Blöcke herstellte, sondern nun auch dazu diente, den Modus der Allokation von Ehepartnern zu bestimmen, und das heißt letztlich die Verteilung von jungen Frauen auf die Männer. Die eigentlich menschliche Innovation ist also die Exogamie – in der Lévi-Strauss zu Recht ein Austauschsystem erkennt. Nicht richtig gesehen wird freilich häufig, daß Verwandtschaftssysteme nicht lediglich den Austausch von Ehegatten regeln; vielmehr sind sie so angelegt, daß sie die Wahl der für die jüngere Generation von Männern möglichen Geschlechtspartnerinnen abhängig machen von Entscheidungen der älteren Generation und somit deren Zugang zum Paarungssystem *durch die Regeln selbst* steuern. Die Aufgabe der Steuerung fällt der Gemeinschaft zu, und kollektive Vorstellungen normieren das Verhalten der Jüngeren. Wo die Regeln des Verwandtschaftssystems dies nicht leisten, müssen die älteren (oder mächtigeren) Männer eingreifen und die Heiratschancen sowie die Partnerwahl der Jüngeren direkt regulieren.
Ich habe bisher hauptsächlich von den Männern gesprochen; aber natürlich sehen die kooperierenden weiblichen Verwandtschaftsgruppen nicht tatenlos zu, wenn es um die Verheiratung ihrer Mitglieder geht; oft üben sie sogar beträchtlichen Einfluß aus – wie das Grundmuster ja auch erwarten läßt –, wenngleich Art und Ausmaß des Einflusses sehr unterschiedlich sind. Nur sehr selten stimmen die Interessen dieser Gruppen überein, und der daraus resultierende Konflikt liegt der Dynamik und der hochgradigen Variabilität der menschlichen Heirats- und Sozialsysteme zugrunde. Zahlreiche weitere Faktoren – Ökologie, Ökonomie, Politik, Klasse, Macht, Ideologie und Technologie (z. B. die Pille) – führen heute zu neuen Herausforderungen an das Grundmuster. Doch solange Gattenwahl zur Hervorbringung künftiger Generationen notwendig ist, behält das Grundmuster seine Gültigkeit, und neue Bedingungen müssen sich mit ihm arrangieren. Die vielgerühmte »Kernfamilie« zum Beispiel ist lediglich eine *Anpassungsmöglichkeit*, die sich – durchaus erwartbar – in bestimmten Gesellschaften entwickelt; mit Sicherheit ist sie nicht selbst das Grundmuster, wie viele Sozialwissenschaftler uns glauben machen möchten.

Diese evolutionäre Perspektive gestattet es uns, historische Entwicklungen im Verhältnis der Geschlechter in einem neuen Licht zu sehen, und eine ihrer wichtigsten Lektionen scheint zu besagen, daß wir es hier stets mit einem Dreiecksverhältnis zwischen den etablierten Männern, den Frauen mit den Kindern sowie den nachwachsenden Männern zu tun haben. Junge Frauen sind heute in ihrer Entscheidung freier denn je zuvor; infolge der Pille haben die Alten deutlich an Einfluß verloren. Es wird interessant sein zu verfolgen, in welchem Maße das Grundmuster sich wird behaupten können. Ich meine, daß es dafür Anzeichen gibt und daß manche Erscheinungen – die Schwangerschaftsraten bei Teenagern, die steigenden Scheidungsraten, die Frauenbewegung usw. – wohl eher eine Festigung des Grundmusters denn Pathologien oder einen erhöhten Bewußtseinsstand signalisieren. Beides träfe nur dann zu, wenn man die Kernfamilie zum Ausgangspunkt nähme, doch sie ist nur eines der möglichen Ergebnisse.

Für Historiker und Anthropologen wird es aufschlußreich sein, ihre Daten nochmals zu betrachten; ich denke, sie lassen sich mit diesem Rahmen vereinbaren. Die Arbeiten von Lévi-Strauss und Ariès zum Beispiel passen gut in diesen analytischen Ansatz. Das heißt freilich nicht, das Grundschema sei schlechterdings nicht zu sprengen – es ist allerdings die Grundlage unseres gegenwärtigen Verhaltens; es hat uns geprägt, und wir sind, wie Freud gesehen hat, dazu verurteilt, es zu reproduzieren. Unser Gehirn, unsere Physiologie und unser Verhalten sind das lebende Gedächtnis seiner Evolution, unsere Gesellschaften die unterschiedlichen Ergebnisse der Möglichkeiten, die es uns offenhält. Wir könnten es gänzlich hinter uns lassen – und es besteht die Gefahr, daß wir im Begriffe sind, genau dies zu tun. Doch in diesem Falle wäre zweifelhaft, ob das, was dann bliebe, noch »menschliche Gesellschaft« genannt werden könnte – oder ob davon überhaupt etwas bliebe.[1]

Anmerkung

[1] Eine ausführliche Darlegung und Begründung der hier zusammenfassend vorgestellten Thesen findet sich in meinem Buch *The Red Lamp of Incest*, New York 1980; London 1981.

Michel Foucault
Der Kampf um die Keuschheit

Der folgende Text ist Teil des dritten Bandes der Geschichte der Sexualität. Nach Rücksprache mit Philippe Ariès über den Charakter des vorliegenden Bandes bin ich zu der Auffassung gelangt, daß er zu den übrigen Beiträgen paßt. In der Tat glauben wir, daß die Vorstellung, die man sich gewöhnlich von einer christlichen Sexualethik macht, einer gründlichen Revision bedarf, und daß die zentrale Frage der Onanie einen anderen Ursprung hat als die Kampagne der Ärzte im 18. und 19. Jahrhundert.

Den Kampf um die Keuschheit untersucht Johannes Cassianus im sechsten Buch der *Institutiones*: »Vom Geiste der Unreinheit« [Unzucht], und in mehreren *Collationes*, in der vierten über »die Begierlichkeit des Fleisches und des Geistes«, der fünften über »die acht Hauptsünden«, der zwölften über »die Keuschheit« und in der zweiundzwanzigsten über »die nächtlichen Betörungen« [Traumbilder].* Wir finden ihn an zweiter Stelle in einer Liste von acht Kämpfen[1], und zwar in Gestalt eines Kampfes gegen den Geist der Unzucht *[fornicatio]*. Die Unzucht teilt sich wiederum in drei Untergruppen.[2] Im Vergleich zu den Sündenkatalogen, wie wir sie später antreffen, nachdem die mittelalterliche Kirche das Bußsakrament nach dem Vorbild der Rechtsprechung gestaltet hat, wirkt dieses Tableau wenig juristisch. Doch Cassians Spezifizierungen hatten zweifellos einen anderen Sinn.

Wir wollen zunächst prüfen, welche Rolle der Unzucht unter den übrigen Hauptsünden zukommt.
Cassian ergänzt das Tableau der acht Hauptsünden, indem er interne Gruppierungen darin vornimmt. Er stellt Paare von Lastern zusammen, die untereinander in einem besonderen Verhältnis der

»Verwandtschaft« oder der »Verkettung«[3] stehen: Hochmut und eitle Ruhmsucht, Traurigkeit und Lauheit, Habsucht und Zorn. Die Unzucht ist mit der Völlerei gekoppelt, und zwar aus mehreren Gründen: weil beides »natürliche«, angeborene Laster sind und wir uns deshalb nur sehr schwer von ihnen befreien können; weil beide Laster nicht nur zu ihrer Entstehung, sondern auch zur Verwirklichung ihres Ziels des Körpers bedürfen; und schließlich weil zwischen ihnen ein sehr direktes Kausalitätsverhältnis besteht, denn die Unmäßigkeit bei der Ernährung entzündet im Körper das Verlangen nach der Unzucht.[4] Sei es wegen dieser engen Verknüpfung mit der Völlerei, sei es aufgrund der eigenen Natur spielt der Geist der Begehrlichkeit unter den übrigen Lastern, zu denen er gehört, eine besondere Rolle.

Dies gilt zunächst einmal für den Kausalzusammenhang. Cassian betont, daß die Laster nicht unabhängig voneinander sind, auch wenn sie den Menschen in jeweils besonderer Weise und einzeln befallen mögen.[5] Ein Kausalnexus verbindet sie miteinander. Es beginnt mit der Völlerei, die im Körper entsteht und die Unzucht entzündet; dieses erste Paar bringt dann die Habsucht hervor, die den Menschen den irdischen Gütern anhängen läßt; daraus entstehen die Rivalitäten, die Streitigkeiten und der Zorn, die wiederum zur Kraftlosigkeit der Trübsal führen, aus der ihrerseits der Überdruß am ganzen mönchischen Leben und die Lauheit erwachsen. Wegen dieser Verkettung ist es niemals möglich, sich von einem Laster zu befreien, wenn man nicht zuvor jenes andere besiegt hat, auf das es sich stützt. »So werden immer, wenn die vorhergehenden [Laster] überwunden sind, die nachfolgenden ruhen und nach Erlösung der ersten Leidenschaften die übrigen ohne Mühe verschwinden.« Da das Paar Völlerei-Unzucht am Ursprung der übrigen Laster steht, muß es als erstes getilgt werden, denn »viel leichter verdorrt die schadenbringende Breite und Höhe eines Baumes, wenn zuvor die Wurzeln, auf die er sich stützt, entblößt oder abgeschnitten sind«. Daher die asketische Bedeutung des Fastens als Mittel gegen die Völlerei und zur Verhinderung von Unzucht. An diesem Punkt muß die asketische Übung ansetzen, denn dort beginnt die Kausalkette.

Der Geist der Begehrlichkeit steht zugleich in einem besonderen dialektischen Verhältnis zu den beiden letzten Sünden und vor allem zum Hochmut. In der Tat gehören Hochmut und eitle Ruhmsucht für Cassian nicht zur Kausalkette der übrigen Laster. Sie werden nicht von ihnen hervorgerufen, sie sind vielmehr Folgen des Sieges[6] über diese Laster: der »fleischliche« Hochmut gegenüber den anderen, wenn man sein Fasten, seine Keuschheit, seine Armut usw. zur Schau stellt; der »geistige« Hochmut, der einen glauben macht, daß man diesen Fortschritt sich selbst verdanke.[7] Das Laster des Triumphes über die Laster – der Sturz ist um so schlimmer, als er von hoch oben erfolgt. Und die Unzucht, das schändlichste unter allen Lastern, das die größte Beschämung auslöst, ist die Folge des Hochmuts – Strafe, aber auch Versuchung und Probe, die Gott dem Überheblichen schickt, um ihn daran zu erinnern, daß die Schwäche des Fleisches ihn immer bedroht, falls ihm nicht die Gnade zu Hilfe kommt. »Wenn sich also jemand schon langer Reinheit des Körpers und Herzens erfreut und nun glaubt, er könne von dieser Lauterkeit nicht mehr abkommen, da muß er sich notwendig in seinem Innern gewissermaßen rühmen. [...] Wenn er nun aber vom Herrn zu seinem Heile verlassen wird und merkt, daß dieser Zustand der Reinheit, in welchem er sich selbst vertraute, gestört wird und daß er in seinem geistigen Fortschritt wankt – da möge er nur [...] seine erkannte Schwäche eingestehen.«[8] Wenn die Seele im großen Kreislauf der Kämpfe nur noch sich selbst zum Gegner hat, dann machen sich die Stacheln des Fleisches erneut bemerkbar; es zeigt sich, daß der Kampf notwendig unabgeschlossen bleiben muß, daß er stets von neuem zu beginnen droht.

Schließlich besitzt die Unzucht gegenüber den anderen Lastern gewissermaßen ein ontologisches Privileg, das ihr in der Askese eine besondere Bedeutung verleiht. Tatsächlich wurzelt sie wie die Völlerei im Körper. Es ist unmöglich, *sie* zu besiegen, ohne *ihn* zu kasteien. Während Zorn und Traurigkeit sich durch »die bloße Absicht des Geistes« bekämpfen lassen, kann man der Unzucht nur dann Herr werden, wenn »die körperliche Kasteiung dazu kommt, welche in Fasten, Wachen und tätiger Zerknirschung besteht«.[9] Was jedoch nicht ausschließt, daß die Seele auch gegen sich selbst kämpfen muß, denn Unzucht kann auch aus Gedanken, Bildern und Erinnerungen erwachsen: »Wenn der Teufel unsere Gedanken auf das weibliche Geschlecht gelenkt hat, indem er in schlauer Weise zunächst unsere Mutter, Schwester, Verwandten oder andere fromme Personen vor die Seele führt, so muß es unsere vorzügliche Sorge sein, diese Gedanken aus dem Sinne zu schlagen. Denn wenn wir uns länger bei solchen Gedanken aufhalten, möchte durch die einmal in den Geist aufgenommene Vorstellung von dem weiblichen Geschlechte der Verführer alsdann den Geist zu solchen Per-

sonen, durch die er die schädlichen Gedanken einflößen kann, geschickt hindrängen und ihn zum Falle bringen.«[10] Allerdings besteht zwischen Unzucht und Völlerei ein wichtiger Unterschied. Der Kampf gegen die Völlerei ist mit Maßen zu führen, denn wir können nicht auf jegliche Nahrung verzichten. Wir dürfen nicht auf »die notwendige Sorge für das Leben« verzichten, weil wir sonst Gefahr liefen, »durch unsere Verschuldung unsern Leib zu schwächen und zur Verrichtung der notwendigen geistigen Tätigkeiten untauglich zu machen«.[11] Diesem natürlichen Hang zur Nahrung müssen wir zwar mit Zurückhaltung begegnen, wir müssen ihm leidenschaftslos nachgeben, aber wir dürfen ihn nicht austilgen; er hat seine natürliche Berechtigung, und ihn – bis hin zum Tode – negieren hieße, ein Verbrechen auf sich laden. Dagegen gibt es im Kampf gegen den Geist der Begehrlichkeit keine Grenzen; was immer uns zu ihr verleiten könnte, muß ausgelöscht werden, und keine Forderung der Natur vermöchte auf diesem Gebiet die Befriedigung eines Bedürfnisses zu rechtfertigen. Hier geht es also um die vollständige Abtötung einer Neigung, deren Unterdrückung für unseren Körper nicht tödlich ist. Unter den acht Hauptlastern ist die Unzucht das einzige, das zugleich angeboren, natürlich und körperlichen Ursprungs ist und das vollständig überwunden werden muß, wie es für die Laster der Seele, die Ruhmsucht und den Hochmut, gilt. Eine radikale Abtötung also, die uns vom Fleische befreit und uns dennoch im Körper leben läßt. »Daß ein mit einem gebrechlichen Leibe Umkleideter den Stachel des Fleisches nicht spüre«[12], das ist die auf Erden übernatürliche Leistung, zu der der Kampf gegen die Unzucht befähigt. Sie zieht uns aus dem irdischen Schmutz und läßt uns in dieser Welt ein Leben führen, das nicht von dieser Welt ist. Und jenen, die zu dieser radikalsten Abtötung imstande sind, erfüllt sie schon hienieden das höchste Versprechen: »Was den Heiligen nach Ablegung dieser fleischlichen Verderbnis für das Jenseits versprochen wird, das besitzen *sie* schon hier in gebrechlichem Fleische.«[13]
Wie man sieht, nimmt die Unzucht, obwohl eines unter acht Elementen des Tableaus der Laster, im Verhältnis zu den übrigen eine besondere Stellung ein: am Anfang der Kausalkette, am Ursprung der Sündenfälle und des Kampfes, an einem der schwierigsten und entscheidenden Punkte im Kampf um die Askese.

In der fünften Unterredung unterteilt Cassian die Unzucht in drei Arten. Die erste besteht in der »Verbindung der beiden Geschlechter« *(commixtio sexus utriusque)*, die zweite erfolgt »ohne weibliche Berührung« *(absque femineo tactu)* – damit zog Onan sich die Strafe Gottes zu; die dritte Art ist die, »welche nur in Geist und Gemüt begangen wird«.[14] Diese Unterscheidung nimmt er in der zwölften Unterredung fast unverändert wieder auf: die »fleischliche Vermischung« *(carnalis commixtio)*, die Cassian hier als *fornicatio* im engeren Sinne bezeichnet; sodann die Unreinheit, *immunditia*, welche »zuweilen ohne jede Berührung eines Weibes Schlafende oder Wachende« überrascht, und zwar »durch die Sorglosigkeit des unbewachten Geistes«; und schließlich die *libido*, die in den »Schlupfwinkeln der Seele« entsteht, und dies »auch ohne Teilnahme des Körpers« *(sine passione corporis)*.[15] Diese Spezifizierung ist wichtig, denn erst aus ihr wird deutlich, was Cassian mit dem allgemeinen Ausdruck *fornicatio* meint, den er im übrigen nirgendwo genau definiert. Wichtig ist sie jedoch vor allem wegen der Verwendungsweise dieser drei Kategorien, denn sie weicht beträchtlich von der in zahlreichen früheren Schriften anzutreffenden ab.

Tatsächlich gab es eine traditionelle Dreiteilung bei den Sünden des Fleisches: Ehebruch, Unzucht *(fornicatio*, womit sexuelle Beziehungen außerhalb der Ehe gemeint waren) und »Knabenschändung«. Diese drei Kategorien findet man jedenfalls in der *Didache*: »Du sollst nicht ehebrechen, du sollst nicht Knaben schänden, du sollst nicht Unzucht treiben...«[16] Und auch im *Barnabasbrief*: »Du sollst nicht huren, sollst nicht ehebrechen, sollst nicht Knaben schänden.«[17] In der Folgezeit wurden oft nur die beiden ersten Ausdrücke gebraucht, wobei mit Unzucht sexuelle Vergehen im allgemeinen und mit Ehebruch Verstöße gegen die Pflicht zur ehelichen Treue gemeint waren.[18] Auf jeden Fall war es recht üblich, diese Aufzählungen mit Geboten zu verbinden, die sich auf die Begehrlichkeit des Denkens wie des Blickes oder auf alles bezogen, was zu verbotenen sexuellen Betätigungen verleiten konnte. »Mein Kind, sei nicht lüstern, denn die Lüsternheit führt zur Unzucht, meide die Zoten und frechen Blicke, denn all das führt zum Ehebruch.«[19]

An Cassians Analyse fallen zwei Besonderheiten auf: erstens, daß er den Ehebruch nicht gesondert betrachtet; dieser geht vielmehr in die Kategorie der Unzucht im engeren Sinne ein; zweitens, daß er nur den beiden anderen Kategorien Aufmerksamkeit schenkt. An keiner Stelle in den Passagen, die er dem Kampf gegen die Unkeuschheit widmet, spricht er von sexuellen Beziehungen im strengen Sinne. Nirgendwo werden die verschiedenen möglichen »Sünden« nach dem begangenen Akt, dem Partner, mit dem man sie begeht, dessen Alter und Geschlecht oder den Verwandtschaftsbeziehungen, in denen man zu ihm stehen kann, unterschieden. Keine der Kategorien, aus denen im Mittelalter die umfangreiche Kodifizierung der Sünde der Wollust besteht, taucht hier auf. Zweifellos brauchte Cassian, da er sich an Mönche wandte, die in ihrem Gelübde auf jeden sexuellen Kontakt verzichtet hatten, nicht ausdrücklich auf diese Vorbedingung einzugehen. Es ist dennoch bemerkenswert, daß er sich in einer wichtigen Frage des Mönchtums, die Basilius von Cäsarea und Chrysostomus zu präzisen Ermahnungen veranlaßt hatten[20], mit flüchtigen Anspielungen begnügt: »Deshalb wird mit der größten Strenge darauf geachtet, daß keiner, besonders von den Jüngeren, betroffen werde, wie er mit einem anderen nur einen Augenblick zusammensteht oder irgendwohin geht oder nur einen Händedruck wechselt.«[21] Man hat den Eindruck, daß Cassian sich nur für die beiden letzten Ausdrücke seiner Unterteilung (bei denen es ohne sexuellen Kontakt und ohne körperliche Leidenschaft abgeht) interessierte, daß er die Unzucht im Sinne einer Vereinigung zweier Menschen ausließ und nur denjenigen Elementen Bedeutung beimaß, die zuvor lediglich als Begleiterscheinungen wirklicher sexueller Kontakte Beachtung gefunden hatten.

Doch wenn Cassians Analysen die sexuellen Beziehungen übergehen, wenn sie sich in einer einsamen Welt und auf einer gänzlich inneren Szene bewegen, dann hat das nicht nur negative Gründe. Es lag auch daran, daß das Gefecht um die Keuschheit in seinen wesentlichen Momenten nicht auf Handlungen oder Beziehungen zielte, daß es eine andere Realität betraf als die des geschlechtlichen Kontakts zwischen zwei Menschen. Ein Absatz aus der zwölften Unterredung macht deutlich, worin diese Realität besteht. Cassian beschreibt dort die sechs Stufen des Aufstiegs zur Keuschheit. Da es ihm nicht darum geht, die Keuschheit selbst darzustellen, sondern die negativen Zeichen zu benennen, an denen sich dieser Aufstieg ablesen läßt – die verschiedenen Spuren der Unreinheit, die auf diesem Wege nacheinander verschwinden –, finden wir hier aufgezählt, wogegen es im Kampf um die Keuschheit anzutreten gilt.

Der erste Grad der »Schamhaftigkeit« ist erreicht, wenn »der wachende Mönch nicht durch fleischliche Anfechtung gestürzt« wird – *impugnatione carnali non eliditur* –, wenn die Seele gegen den

Einbruch von Regungen, die den Willen mit sich fortreißen, gewappnet ist.

Der zweite Grad verlangt, »daß sein Geist nicht bei lüsternen Gedanken *(voluptariae cogitationes)* verweile«. Er denkt nicht an die Dinge, die ihm unwillkürlich oder gegen seinen Willen in den Sinn kommen.[22]

Auf der dritten Stufe ist auch eine Wahrnehmung, die aus der äußeren Welt eindringt, nicht mehr in der Lage, die Begierde anzureizen: Man vermag den »Anblick eines Weibes« ohne Begehrlichkeit zu ertragen.

Der vierte Grad ist erreicht, wenn man im Wachen nicht einmal die unschuldigste Regung des Fleisches mehr verspürt. Will Cassian damit sagen, daß es zu keinerlei Regung des Fleisches mehr kommt, daß man den eigenen Körper vollkommen beherrscht? Das ist wenig wahrscheinlich, denn ansonsten betont er stets, wie hartnäckig die unwillkürlichen Regungen des Leibes sind. Der Ausdruck, den er hier verwendet – *perferre* –, bezieht sich ohne Zweifel auf den Umstand, daß diese Regungen die Seele nicht zu affizieren vermögen, daß die Seele nicht bei ihnen verweilen darf.

Der fünfte Grad setzt voraus, »daß seinen Geist auch nicht die leiseste Beistimmung zu der Lust treffe, wenn der Inhalt einer Abhandlung oder einer notwendigen Lesung ihm die Erinnerung an die menschliche Zeugung beibringt, sondern daß er dies als eine ganz einfache Sache und als eine dem menschlichen Geschlechte notwendig zugewiesene Leistung mit ruhigem und reinem Herzensauge betrachte und nicht *mehr* daran denke, als wenn es sich um die Bereitung von Ziegelsteinen oder irgendein anderes Geschäft handeln würde«.

Der sechste Grad schließlich bedeutet, »daß er selbst im Schlafe nicht durch verführerische Vorstellungen von Weibern betrogen werde. Denn obwohl wir nicht glauben, daß diese Betörung mit Sündenschuld behaftet sei, so ist sie doch ein Zeichen der noch im Innersten verborgenen Begierlichkeit«.[23]

In dieser Darstellung der verschiedenen Merkmale des Geistes der Unzucht, die beim Aufstieg zur Keuschheit schrittweise verschwinden, fehlt jeder Hinweis auf die Beziehung zu einem Partner, auf den Geschlechtsakt und sogar auf die bloße Absicht dazu. Unzucht im engeren Sinne kommt nicht vor. In diesem Mikrokosmos der Einsamkeit fehlen also die beiden wichtigsten Elemente, um die nicht nur die Sexualmoral der antiken Philosophen, sondern auch die eines Christen wie Clemens von Alexandria – zumindest im zweiten Brief des *Paidagogos* – kreisten: die Vereinigung zweier Individuen *(sunousia)* und die Freuden des Geschlechtsakts *(aphrodisia)*. Ins Spiel kommen hier nur die Regungen des Körpers und der Seele, Bilder, Wahrnehmungen, Erinnerungen, Traumbilder, der spontane Fluß der Gedanken, die Zustimmung des Willens, Wachen und Schlaf. Und es zeichnen sich zwei Pole ab, die, wohlgemerkt, nicht mit dem Leib und der Seele identisch sind: der Pol des Unwillkürlichen, der die Regungen des Leibes sowie die Wahrnehmungen umfaßt, die aus spontan auftretenden Erinnerungen und Bildern gespeist werden, sich im Geiste ausbreiten und den Willen bedrängen, versuchen und anziehen; und der Pol des Willens selbst, der akzeptiert oder ablehnt, der sich abwendet oder sich fangen läßt, verweilt und einwilligt. Auf der einen Seite also eine Mechanik des Körpers und des Denkens, die sich, die Seele umgebend, mit Unreinheit belädt und bis zur Pollution führen kann; auf der anderen Seite ein Spiel des Denkens mit sich selbst. Hier finden wir die beiden Formen der »Unzucht« im weiteren Sinne, die Cassian neben der Vereinigung der Geschlechter definiert hatte und denen er seine ganze Analyse vorbehielt: *immunditia,* die eine unachtsame Seele im Wachen oder im Schlaf überfällt und ohne jeden Kontakt mit einem anderen die Pollution hervorruft; und *libido,* die in der Tiefe der Seele wirkt und anläßlich deren Cassian an die Verwandtschaft der Worte *libido* und *libet* erinnert.[24]

Die Arbeit des geistigen Kampfes und der Aufstieg zur Keuschheit, deren sechs Stufen Cassian beschreibt, lassen sich als eine Aufgabe der Dissoziation verstehen. Wir sind weit von der Ökonomie der Lust und deren strenger Beschränkung auf erlaubte Akte, weit auch von einer möglichst radikalen Trennung zwischen Leib und Seele entfernt. Es geht um eine ständige Arbeit an der Bewegung des Denkens (ob diese nun auf die Regungen des Körpers reagiert und sie fortsetzt oder ob sie diese erst auslöst), an deren rudimentärsten Formen, an den Elementen, die sie hervorzurufen vermag, ohne daß das Subjekt jemals daran beteiligt wäre und sei es auch in der dunkelsten und offenkundig »unwillkürlichen« Form von Willen. Die sechs Grade des Aufstiegs zur Keuschheit sind sechs Stufen einer Anstrengung, welche die Verwicklung des Willens aufheben soll. Befreiung aus der Verwicklung in die Regungen des Leibes, das ist der erste Grad. Es folgt die Befreiung aus der Verwicklung in die Phantasien (nicht bei dem verweilen, was im Geiste ist). Sodann die Befreiung aus der Verwicklung in die Sinnlichkeit (die Regungen des Leibes nicht mehr spüren), aus der Verwicklung in die

Anschauung (an die Objekte nicht mehr als mögliche Objekte des Begehrens denken) und schließlich aus der Verwicklung in den Traum (was den gleichwohl unwillkürlichen Bildern des Traumes an Begehrlichem anhaften mag). Diese Verwicklung, deren sichtbarste Formen der willentliche Akt und der ausdrückliche Wille, ihn zu vollziehen, sind, bezeichnet Cassian als *Konkupiszenz*. Gegen sie richten sich der geistige Kampf und die mit ihm verbundene Anstrengung zur Loslösung und Befreiung aus der Verwicklung.

So erklärt sich die Tatsache, daß in diesem Kampf gegen den Geist der »Unzucht« und um die Keuschheit das grundlegende und gewissermaßen sogar das einzige Problem die Pollution ist – von ihren willentlichen Aspekten oder der Willfährigkeit, die sie auslöst, bis hin zu ihren unwillkürlichen Erscheinungen in Schlaf und Traum. Dem kommt so große Bedeutung bei, daß Cassian das Fehlen von erotischen Träumen oder nächtlichen Befleckungen zum Zeichen dafür erhebt, daß man den höchsten Grad der Keuschheit erreicht hat. Er kommt häufig auf dieses Thema zurück: »Das wird das untrügliche Kennzeichen und der vollständige Beweis dieser Keuschheit sein, wenn uns während der Ruhe und des Schlafes kein Trugbild vor die Seele tritt«[25], oder: »Das muß als die Vollendung und vollkommene Bewährung der Keuschheit gelten, wenn uns während der Ruhe kein Reiz der Wollust berührt und die durch die Gesetze der Natur bedingten Ausscheidungen unreiner Stoffe ohne unser Wissen vor sich gehen.«[26] Die ganze zweiundzwanzigste Unterredung ist den »nächtlichen Befleckungen« gewidmet und der Notwendigkeit, sie mit aller Kraft zu unterbinden. Und mehrfach verweist Cassian auf das Beispiel heiliger Männer wie Serenus, die zu einem solch hohen Grad der Tugend gelangt waren, daß sie von derlei Ungebührlichkeiten verschont blieben.[27]

Man wird sagen, daß für eine Lebensführung, für die der Verzicht auf jede geschlechtliche Beziehung ein grundlegendes Gebot darstellte, dieses Thema unausweichlich solche Bedeutung erlangen mußte. Man wird auch daran erinnern, welche Aufmerksamkeit Gruppen, die mehr oder weniger direkt vom Pythagoräismus beeinflußt waren, den Erscheinungen des Schlafes und des Traumes – als Indizien für die Qualität des Lebens – und den Reinigungsbemühungen schenkten, die dessen Lauterkeit gewährleisten sollten. Schließlich und vor allem ist zu bedenken, daß die nächtliche Pollution Probleme der Reinheit beim Gottesdienst mit sich brachte.

Und gerade mit dieser Frage befaßt sich die zweiundzwanzigste Unterredung: Darf man sich den »verehrungswürdigen Altären« nähern und am »heilbringenden Gastmahl« teilnehmen, wenn man sich in der Nacht befleckt hatte?[28] Doch selbst wenn diese Gründe zu erklären vermögen, warum die Theoretiker des mönchischen Lebens sich mit diesem Thema beschäftigten, so rechtfertigen sie doch nicht die zentrale Bedeutung, die der willentlich-unwillkürlichen Pollution in der gesamten Analyse des Kampfes um die Keuschheit zukam. Die Pollution ist nicht nur Gegenstand eines stärkeren oder schwerer als die anderen einzuhaltenden Gebotes. Sie ist ein »Prüfstein« der Wollust, insofern sich an dem, was sie ermöglicht, vorbereitet, anreizt und schließlich auslöst, ablesen läßt, zu welchen Anteilen die Bilder, Eindrücke und Erinnerungen der Seele gewollt bzw. ungewollt sind. Die ganze Arbeit des Mönchs an sich selbst besteht darin, den eigenen Willen niemals jener Bewegung zu überlassen, die vom Leib zur Seele und von der Seele zum Leib geht und auf die der Wille vermöge des Geistes Einfluß zu nehmen vermag, indem er sie begünstigt oder zum Stillstand bringt. Die ersten fünf Stufen des Aufstiegs zur Keuschheit sind ebensoviele und immer subtilere Schritte des Willens zur Ablösung von den immer feineren Regungen, die zur Pollution führen können.

Bleibt noch die letzte Stufe, die im Zustand der Heiligkeit erreicht werden kann: das völlige Ausbleiben dieser »absolut« unwillkürlichen Pollutionen, die während des Schlafs erfolgen. Cassian bemerkt, daß auch sie nicht notwendig ganz und gar unwillkürlich sind. Übermäßige Nahrungsaufnahme oder unreine Gedanken während des Tages sind hier eine Art Einwilligung, wenn nicht gar eine Vorbereitung. Auch unterscheidet er nach dem Charakter der begleitenden Träume und nach dem Grad der Unreinheit der Bilder. Wer meinte, die Verantwortung dem Körper und dem Schlaf zuschieben zu können, der täte Unrecht: »Man muß sie für das Kennzeichen einer im Inneren verborgenen Krankheit halten, welche die Stunde der Nacht nicht erst geboren, sondern aus der Verborgenheit in den innersten Fasern der Seele durch die Erquickung des Schlafes an die Oberfläche hervorgezogen hat. So bringt sie die verborgene Fieberhitze an den Tag, die wir, den ganzen Tag hindurch mit schädlichen Gedanken uns nährend, in uns gesammelt haben.«[29] Und am Ende bleibt die Pollution ohne jede Spur von Komplizenschaft, ohne die Lustempfindung, die beweist, daß man darin einwilligt, ja sogar ohne das geringste Traumbild. Eben dies ist der Punkt, an den der Asket gelangen kann, wenn er sich genügend übt. Die Pollution ist nur noch ein »Rest«, an dem das Subjekt keinerlei Anteil mehr hat. »Dahin also müssen wir streben und so lange gegen die Leidenschaften und Lockungen des Fleisches ankämpfen, bis dieser leibliche Vorgang nur eine Forderung der Natur befriedigt, ohne auch die Lust zu wecken, und die überflüssigen Stoffe ohne die Empfindung irgendeiner Lust, ohne Schaden und ohne für die Keuschheit einen Kampf hervorzurufen, ausscheidet.«[30] Da es sich dabei nur mehr um einen Naturvorgang handelt, kann uns auch nur eine Macht davon befreien, die stärker als die Natur ist: die Gnade. Deshalb ist die Freiheit von Pollutionen ein Zeichen der Heiligkeit, ist sie das höchste Siegel der Keuschheit, eine Gnade, die man erhoffen, nicht aber erwerben kann.

Dem Menschen fällt dabei nichts Geringeres als die Aufgabe zu, sich in einem Zustand steter Wachsamkeit gegenüber den einfachsten Regungen zu halten, die in seinem Leib oder in seiner Seele aufkeimen mögen. Er muß Tag und Nacht wachen, muß des Nachts um des Tages willen und tags um des kommenden Abends willen wachen. »Denn wie die Reinheit und Wachsamkeit bei Tage eine Vorbereitung auf die Reinheit bei Nacht ist, so verleihen im voraus die Nachtwachen dem Herzen sowie der Wachsamkeit am Tage eine gar feste und starke Stütze.«[31] Diese Wachsamkeit ist die »Läuterungsbemühung«, die bekanntlich im Mittelpunkt der Selbstbeeinflussungstechniken steht, wie sie in der asketisch inspirierten Spiritualität entwickelt wurden. Die Arbeit des Müllers, der das Getreide verliest, des Hauptmanns, der die Soldaten verteilt, des Wechslers, der die Geldstücke wiegt, um sie anzunehmen oder zurückzuweisen – eben diese Arbeit muß der Mönch unablässig an seinen Gedanken verrichten, um jene zu erkennen, in denen sich Versuchungen verbergen. Dank dieser Arbeit wird er die Gedanken nach ihrem Ursprung und nach ihrer jeweils eigenen Qualität sondern können, wird er fähig sein, den Gegenstand, für den sie stehen, von der Lust zu unterscheiden, die dieser hervorrufen könnte. Er hat die Aufgabe, sich selbst unablässig zu analysieren, und dies, wegen seiner Bekenntnispflicht, gemeinsam mit den anderen.[32] Weder die Gesamtvorstellung, die Cassian von der Keuschheit und von der »Unzucht« hat, noch die Art, wie er beide analysiert, noch auch die verschiedenen Elemente, die er hervorhebt und zueinander in Beziehung setzt (Pollution, Libido, Konkupiszenz), sind verständlich ohne die Selbstbearbeitungstechniken, mit denen er das mönchische Leben und den spirituellen Kampf, der darin herrscht, kennzeichnet.

Trifft es zu, daß von Tertullian zu Cassian die »Verbote« strenger wurden, daß man größeren Wert auf völlige Enthaltsamkeit legte, daß der Geschlechtsakt zunehmender Diskriminierung verfiel? Die Frage ist so, zweifellos, falsch gestellt.
Die Organisation des Mönchwesens und der Unterschied, der sich dadurch zwischen dem Leben der Mönche und dem der Laien herstellte, führten zu bedeutsamen Veränderungen im Problem des Verzichts auf sexuelle Kontakte und, parallel dazu, zur Entwicklung hochkomplexer Selbstbearbeitungstechniken. So entstanden in dieser Praxis des Verzichts eine Lebensregel und eine Form von Analyse, die trotz erkennbarer Kontinuität durch entscheidende Unterschiede gegenüber der Vergangenheit ausgezeichnet sind. Bei Tertullian bedeutete der Zustand der Jungfräulichkeit eine äußere und innere Haltung des Weltverzichts, die durch Regeln des Verhaltens und der Lebensführung ergänzt wurde. In der Jungfräulichkeitsmystik, die sich vom 3. Jahrhundert an herausbildet, verkehrt die Strenge des Verzichts (in dem bereits bei Tertullian vorhandenen Thema der Vereinigung mit Christus) die negative Form der Enthaltsamkeit in das Versprechen der spirituellen Hochzeit. Bei Cassian, der mehr Zeuge denn Erfinder ist, kommt es gewissermaßen zu einer Verdopplung, zu einer Art Rückzug, in dem sich die ganze Tiefe einer inneren Szene zeigt.
Es handelt sich durchaus nicht um die Verinnerlichung eines Katalogs von Verboten, durch die nun statt des Aktes bereits die Absicht untersagt wäre. Cassian erschließt hier ein neues Gebiet (dessen Bedeutung etwa schon in den Schriften des Gregor von Nyssa oder besonders in denen des Basilius von Ancyra herausgestellt worden war), das Gebiet des Denkens nämlich mit seinem spontanen, unregelmäßigen Gang, seinen Bildern, Erinnerungen und Wahrnehmungen, seinen Regungen und Eindrücken, die sich vom Körper der Seele und von der Seele dem Körper mitteilen. Hier geht es nicht um einen Kodex erlaubter oder verbotener Handlungen, sondern um eine ganze Technik zur Analyse und Diagnose des Denkens, seiner Ursprünge, Eigenschaften und Gefährdungen, seiner Verführungskraft und all der anderen dunklen Kräfte, die sich unter der Oberfläche verbergen können. Und wenn es das Ziel ist, am Ende alles Unreine und zur Unreinheit Verführende auszulöschen, dann läßt sich dies einzig durch eine nie erlahmende Wach-

samkeit, ein Mißtrauen erreichen, das man stets und überall gegen sich selbst zu hegen hat. Man hat sich unablässig selbst zu befragen, damit ans Licht gezogen werde, was sich an heimlicher »Begehrlichkeit« in den tiefsten Schichten der Seele verbergen mag.

In dieser Askese der Keuschheit kann man eine »Subjektivierung« erblicken, die sich von einer um Handlungen zentrierten Sexualethik beträchtlich entfernt. Zwei Dinge sind jedoch hervorzuheben. Diese Subjektivierung ist unlösbar mit einem Erkenntnisprozeß verbunden, der die Verpflichtung, die Wahrheit über sich selbst zu suchen und zu sagen, zu einer unerläßlichen Voraussetzung dieser Ethik erhebt; wenngleich Subjektivierung, so ist doch damit zugleich eine unendliche Objektivierung seiner selbst durch sich selbst impliziert – unendlich in dem Sinne, daß sie, weil niemals endgültig erreicht, kein Ende in der Zeit findet; und in dem Sinne, daß die Prüfung der Gedanken, so unbedeutend und unschuldig sie auch erscheinen mögen, stets so weit wie möglich getrieben werden muß. Im übrigen vollzieht sich diese Subjektivierung in Gestalt der Suche nach der Wahrheit über sich selbst vermittels komplexer Beziehungen zum anderen, und dies aus mehreren Gründen: weil es darum geht, in sich die Macht des anderen, des *Widersachers*, zu brechen, der sich unter der Hülle des eigenen Selbst verbirgt; weil es darum geht, einen ständigen Kampf gegen diesen anderen zu führen, aus dem man nicht ohne die Hilfe des Allmächtigen, der mächtiger ist als jener, als Sieger hervorzugehen vermöchte; weil es schließlich unerläßlich für diesen Kampf ist, daß man vor den anderen seine Schuld bekennt, daß man sich ihrem Rat unterwirft und daß man den Oberen in allem gehorcht.

Die Neuerungen in der Sexualethik des mönchischen Lebens, die Herausbildung eines neuen Verhältnisses zwischen dem Subjekt und der Wahrheit sowie die Entwicklung komplexer Beziehungen des Gehorsams gegenüber dem anderen sind Teil eines Ensembles, dessen Kohärenz in Cassians Schrift deutlich hervortritt. Es kann nicht darum gehen, ihn zum Ausgangspunkt dieser Entwicklung zu erklären. Ginge man in der Zeit zurück, so fände man schon vor ihm und sogar schon vor den Anfängen des Christentums mehrere dieser Elemente im Entstehen begriffen, ja manchmal, im antiken Denken (bei den Stoikern oder den Neuplatonikern), in fertiger Form. Andererseits breitet Cassian (dessen eigener Beitrag noch zu klären wäre, aber das ist eine andere Frage) eine Erfahrung vor uns aus, von der er behauptet, sie sei die des nahöstlichen Mönchtums.

Auf jeden Fall scheint die Untersuchung dieses Textes zu belegen, daß man von einer »christlichen Sexualmoral« kaum wird sprechen können und noch weniger von einer »jüdisch-christlichen Moral«. Was die Reflexion über das Sexualverhalten betrifft, liegen zwischen der hellenistischen Zeit und Augustinus einige hochkomplexe Entwicklungen. Ein paar der wichtigsten sind leicht zu erkennen: etwa die allmähliche Entfaltung eines stoisch-zynischen Bewußtseins in der Organisation des Mönchwesens. Viele andere wiederum sind nicht zu entziffern. Dagegen ist vom Anfang einer genuin christlichen Sexualmoral, die sich von der vorausgegangenen massiv unterschiede, kaum etwas zu bemerken. Wie P. Brown sagt: Hinsichtlich des Christentums läßt sich bei der Erkundung des Gebirgszugs der Antike die Wasserscheide nur schwer bestimmen.

Anmerkungen

* Johannes Cassianus, *De institutis coenobiorum*, CSEL, Bd. XVII, (dt.: »Von den Einrichtungen der Klöster«, in: *Sämtliche Schriften*, Bd. 1, Kempten 1879); *Collationes patrum*, CSEL, Bd. XIII (dt.: »Unterredungen mit den Vätern«, in: *Sämtliche Schriften*, Bd. 1 und 2, Kempten 1879); im folgenden zitiert als »*Einrichtungen*« bzw. »*Unterredungen*«. Da die Übersetzungen der beiden Schriften in einigen zentralen Begriffen abweichen, wurde gelegentlich die jeweils andere Übersetzung in eckigen Klammern angefügt, A. d. Ü.

1 Die sieben übrigen sind: Unmäßigkeit [Völlerei], Habsucht, Zorn, Betrübnis [Traurigkeit], Lauheit [Verdrossenheit], eitle Ruhmsucht und Hochmut.
2 Vgl. unten.
3 *Unterredungen*, V, 10.
4 *Einrichtungen*, V; und *Unterredungen*, V.
5 *Unterredungen*, V, 13–14.
6 *Unterredungen*, V, 10.
7 *Einrichtungen*, XII, 2.
8 *Unterredungen*, XII, 6; Beispiele für den Rückfall in den Geist der Unzucht, der Ruhmsucht und des Hochmuts finden sich in: *Unterredungen*, II, 13, und insbesondere in: *Einrichtungen*, XII, 20 und 21, wo Verfehlungen gegen die Demut durch die schmachvollsten Versuchungen bestraft werden: durch ein Verlangen *contra usum naturae*.
9 *Unterredungen*, V, 4.
10 *Einrichtungen*, VI, 13.
11 *Einrichtungen*, V, 8.
12 *Einrichtungen*, VI, 6.
13 *Einrichtungen*, VI, 6.

15 *Unterredungen*, XII, 2. Cassian stützt seine Dreiteilung auf eine Passage im *Brief an die Kolosser*, 3, 5.
16 *Didache*, II, 2 (dt. in: *Bibliothek der Kirchenväter*, Bd. 35, Kempten 1918).
17 *Barnabasbrief*, XIX, 4 (dt. in: *Handbuch zum Neuen Testament*, Suppl.: *Die apostolischen Väter*, Tübingen 1920). Kurz vorher begründet derselbe Text diverse Speiseverbote: bei der Hyäne wird das Verbot mit dem Schutz vor Ehebruch, beim Hasen mit dem Schutz vor dem Knabenschänden gerechtfertigt; das Wiesel soll man nicht essen, damit man nicht »Gottloses treibe mit dem Munde«.
18 So Augustinus in: *Sermones*, 56.
19 *Didache*, III, 3.
20 Basilius von Cäsarea, *Sermo de renuntiatione saeculi*, 5, in: Migne, *PG*, Bd. 31, S. 638: »Vermeide jeglichen Umgang mit den jungen Mitbrüdern deines Alters. Fliehe sie wie das Feuer. Zahlreich sind jene, die der Widersacher mit ihrer Hilfe entflammt und der ewigen Verdammnis überantwortet hat.« Siehe dazu auch die Vorsichtsmaßnahmen, die in den »Längeren Regeln« (34) und in den »Kürzeren Regeln« (220) genannt werden. Vgl. auch Johannes Chrysostomus, *Adversus oppugnatores vitae monasticae*.
21 *Einrichtungen*, II, 15. Wer gegen dieses Gebot verstößt, begeht eine schwere Sünde und steht unter dem Verdacht »*conjurationis pravique consilii*«. Enthalten diese Worte die Andeutung eines Liebesverhältnisses, oder verweisen sie auf die Gefahr besonderer Beziehungen zwischen den Mitgliedern derselben Gemeinschaft? Dieselbe Empfehlung findet sich auch in: *Einrichtungen*, IV, 16.
22 Das Wort, das Cassian benutzt, um auszudrücken, daß der Geist bei diesen Gedanken verweilt, ist »*immorari*«. Die *delectatio morosa* wird später in der mittelalterlichen Sexualethik eine bedeutende Rolle spielen.
23 *Unterredungen*, XII, 7.
24 *Unterredungen*, V, 11; und XII, 2. Vgl. oben.
25 *Einrichtungen*, VI, 10.
26 *Einrichtungen*, VI, 20.
27 *Unterredungen* VII, 1; und XII, 7. Weitere Anspielungen auf dieses Thema in: *Einrichtungen*, II, 13.
28 *Unterredungen*, XXII, 5.
29 *Einrichtungen*, VI, 11.
30 *Einrichtungen*, VI, 22.
31 *Einrichtungen*, VI, 23.
32 Vgl. in: *Unterredungen*, XXII, 6, das Beispiel für eine »Beratung« über einen Mönch, der stets vor der Kommunion von nächtlichen Traumbildern heimgesucht wurde und deshalb nicht an den heiligen Mysterien teilzunehmen wagte. Nach der Befragung und Beratung gelangten die »spirituellen Ärzte« zu der Diagnose, daß der Teufel, von dem diese Traumbilder ausgingen, den Mönch an der von ihm gewünschten Kommunion hindern wollte. Fernbleiben hieße daher, dem Teufel ins Netz gehen; dennoch zur Kommunion gehen dagegen, ihn besiegen. Nach dieser Entscheidung kehrte der Teufel nicht wieder.

Paul Veyne
Homosexualität im antiken Rom

Gegen Ende der heidnischen Antike hat ein asketischer und mystischer Philosoph, Plotin, den Wunsch ausgesprochen, daß die wahren Denker »die Schönheit der Knaben und der Frauen verachten mögen«.[1] Einen Knaben oder eine Frau lieben, diese Formulierung, auf einen Mann angewandt, begegnet bei den antiken Schriftstellern immer wieder. Eines war so gut wie das andere, und wie man über das eine dachte, so auch über das andere. Es stimmt nicht, daß die Heiden die Homosexualität mit Nachsicht betrachtet hätten. Die Wahrheit ist, daß sie sie nicht als ein Problem für sich gesehen haben, sondern was sie billigten oder verdammten, war jeweils die Leidenschaft der Liebe (deren Legitimität in ihren Augen fragwürdig war) und die Freizügigkeit der Sitten.

Wenn sie die Homophilie ablehnten, so lehnten sie sie in derselben Weise ab wie die Liebe überhaupt, die Kurtisanen und die außerehelichen Liebschaften – jedenfalls soweit es sich um die aktive Homosexualität handelte. Sie hatten drei Unterscheidungen, die mit den unsrigen nichts zu tun haben: Freizügigkeit in der Liebe oder ausschließlich eheliche Liebe, Aktivität oder Passivität, freier Mann oder Sklave. Seinen Sklaven zu koitieren galt als gänzlich unbedenklich, und selbst die strengen Sittenrichter befaßten sich kaum mit einer so untergeordneten Frage[2], während es mit dem guten Ruf eines freien Bürgers sehr wohl unvereinbar war, wenn er sich sklavisch passiven Liebespraktiken hingab.

Wenn Apuleius bestimmte abstoßende Praktiken zwischen Männern als widernatürlich bezeichnet[3], dann brandmarkt er damit nicht deren homosexuellen Charakter, sondern das Sklavenhafte und auch das Gekünstelte. Denn wenn es in der Antike heißt, etwas sei nicht natürlich, dann wird darunter nicht verstanden, daß es abstoßend ist, sondern daß es den sozialen Regeln nicht entspricht oder ein Irrweg und künstlich ist: Die Natur war entweder die

Gesellschaft oder ein ökologisches Ideal, das auf Selbstbeherrschung oder Autarkie abzielte. Man sollte sich mit dem Wenigen, das die Natur fordert, begnügen können. Daraus ergaben sich zwei Stellungnahmen zur Homophilie: Die nachsichtige Mehrheit hielt sie für normal, und die politischen Moralisten fanden sie gelegentlich künstlich – dies übrigens genauso wie jede andere Liebesfreude auch.

Artemidor[4], ein typischer Vertreter der nachsichtigen Mehrheit, unterscheidet »die der Norm entsprechenden Beziehungen« (so seine Worte) mit der Gattin, einer Geliebten, mit »Sklave, Mann oder Weib«; dagegen »von seinem Sklaven koitiert zu werden, ist nicht gut: Es ist ein Übergriff und läßt auf Verachtung seitens des Sklaven schließen«. Die Beziehungen, die im Gegensatz zur Norm stehen, sind inzestuös. Zu den Beziehungen, die im Gegensatz zur Natur stehen, gehören der Verkehr mit Tieren, Nekrophilie und die Vereinigung mit den Gottheiten.

Was die politischen Denker angeht, so waren sie zwangsläufig schon deshalb puritanisch, weil jede Liebesleidenschaft, ob homophil oder nicht, unkontrollierbar ist und den Bürger-Soldaten verweichlicht. Ihr Ideal war der Sieg über die Lust, gleich welcher Art.[5] Platon hat die Gesetze eines utopischen Staates entworfen, aus dem er die Päderastie als der Natur nicht gemäß verbannt, da die Tiere (wie er glaubt) sich nie mit ihrem eigenen Geschlecht vereinigen. Doch man lese seine Texte genau[6]: Die Päderastie ist für ihn weniger gegen die Natur, als daß sie vielmehr über das hinausgeht, was die Natur fordert. Sie ist ein allzu zügelloses und wenig natürliches Tun: Sodomie. Platon wendet sich gegen die Weichlichkeit und die leidenschaftliche Ausschweifung, wobei die Natur für ihn nur ein zusätzliches Argument ist. Es ist nicht seine Absicht, die Leidenschaft zur rechten Natur zurückzuführen, indem er ausschließlich die Liebe zu Frauen zuläßt, sondern er will jede Leidenschaft unterbinden, indem er einzig die Sexualität der Fortpflanzung erlaubt (der Gedanke, daß man in eine Frau verliebt sein könnte, ist ihm in der Tat nicht gekommen). Er würde nicht anders argumentieren, wenn er sich vorgenommen hätte, die Gastronomie als verweichlichend zu verdammen. Es genügt also nicht, in den Texten die Worte »wider die Natur« zu finden, sondern man muß vor allem zu verstehen suchen, in welchem Sinne die Antike sie auffaßte. Nicht der Homosexuelle war für Platon wider die Natur, sondern nur der Akt, den er vollzog. Die Nuance war beträchtlich: Ein Päderast war kein Monstrum und gehörte nicht zu einem Menschenschlag mit unbegreiflichen Trieben, sondern er war einfach ausschweifend, angetrieben von dem allgemeinen Lustverlangen, und ging darin so weit, den Akt der Sodomie zu vollziehen, den die Tiere nicht kennen. Den heiligen Schauder vor dem Päderasten gab es nicht. Daher ist die aktive Homophilie in den griechischen und ebenso in den römischen Texten allgegenwärtig. Catull rühmt sich seiner Großtaten, und Cicero hat die Küsse besungen, die er von den Lippen seines Sklavensekretärs raubte.[7] Jeder entschied sich nach seinem Geschmack für die Frauen, die Knaben oder die einen wie die anderen. Vergil fand ausschließlich an Knaben Gefallen[8], Kaiser Claudius an Frauen, und Horaz sagt wiederholt, daß er beide Geschlechter liebe. Die Dichter besangen den Geliebten des gefürchteten Kaisers Domitian ebenso freizügig, wie die Schriftsteller des 18. Jahrhunderts die Pompadour feiern werden, und es ist bekannt, daß der Geliebte des Kaisers Hadrian, Antinoos, nach seinem vorzeitigen Tod mehrfach des offiziellen Kultes teilhaftig wurde.[9] Um der Gesamtheit ihres Publikums zu gefallen, rühmten die lateinischen Dichter, was immer ihre persönlichen Vorlieben waren, die eine wie die andere Liebe. Eines der gebräuchlichen Themen der leichten Literatur war, die beiden Arten von Liebe nebeneinanderzustellen und ihre jeweiligen Reize miteinander zu vergleichen.[10] In dieser Gesellschaft, in der die strengsten Richter in der Sodomie lediglich einen Akt der Ausschweifung sahen, suchte die aktive Homophilie sich nicht zu verbergen.

Antike Schriftsteller erlauben sich Anspielungen auf die Homophilie genau in dem Maße, wie sie sich schlüpfrige Anspielungen überhaupt erlauben. Dabei kann man zwischen griechischen und römischen Autoren keinerlei Unterschied ausmachen, und die Liebe, die als griechische bezeichnet wird, könnte ebensogut römisch genannt werden. Soll man glauben, daß Rom diese Liebe von den Griechen gelernt hat, die auf so vielen Gebieten seine Lehrer waren? Bejaht man diese Frage, so wird man daraus folgern, die Homophilie sei eine so seltene Perversion, daß ein Volk sie nur von einem anderen Volk, das ihm ein schlechtes Beispiel gegeben hat, übernommen haben kann. Wenn dagegen deutlich wird, daß die Päderastie in Rom zu Hause war, so wird man daraus schließen, daß erstaunlich nicht ist, daß eine Gesellschaft die Homophilie kennt, sondern daß sie sie nicht kennt. Was einer Erklärung bedarf, ist nicht die römische Toleranz, sondern die Intoleranz der Modernen.

Die zweite Antwort ist die richtige: Rom hat nicht die Hellenisierung abwarten müssen, um gegenüber einer bestimmten Form männlicher Liebe nachsichtig zu sein. Das älteste Denkmal der lateinischen Literatur, das wir besitzen, das Theater des Plautus, das der Griechenmanie unmittelbar vorausging, ist voll von homophilen Anspielungen von sehr bodenständiger Färbung. Die übliche Form, in der man einen Sklaven neckt, ist die, daß man ihn daran erinnert, welchen Dienst sein Herr von ihm erwartet, wofür der Sklave sich auf alle viere begeben muß. Im römischen Kalender ist, was man die Fasten von Preneste nennt, der 25. April, das Fest der männlichen Prostituierten, der Tag nach dem Fest der Kurtisanen, und Plautus erwähnt diese Prostituierten, die ihre Kunden an der Via Toscana erwarteten.[11] Die Dichtungen Catulls sind reich an rituellen und übermütigen Andeutungen, mit denen der Dichter seinen Feinden droht, sie zu koitieren, um seinen Triumph über sie zu besiegeln. Wir befinden uns hier in einer Welt volkstümlicher Prahlerei von mediterraner Färbung, wo es darauf ankommt, daß man der aktive Teil ist – während das Geschlecht des Opfers keine Rolle spielt. In Griechenland galten genau die gleichen Prinzipien, doch darüber hinaus wurde eine schwärmerische Haltung geduldet, ja geschätzt, die die Lateiner verabscheuten: Dort tolerierte man die für platonisch geltende Neigung von erwachsenen Männern zu frei geborenen Epheben, die die Schule oder das Gymnasion besuchten, wo ihre Liebhaber hingingen, um sie nackt bei ihren Übungen zu betrachten. In Rom trat an die Stelle des frei geborenen Epheben der Sklave, der als Geliebter diente. Dies war ein Beweis dafür, daß der Herr ein überschäumendes Temperament besaß und die Sexualität für ihn so wichtig war, daß die Sklavinnen ihm nicht genügten[12]; er mußte sogar von seinen kleinen Sklaven Gebrauch machen. Die anständigen Leute hatten dafür ein nachsichtiges Lächeln.

So also sah die Welt aus, in der man in den Heiratsverträgen festsetzte, daß der künftige Gemahl »weder Konkubine noch Geliebten« haben durfte, und Marc Aurel sich in seinem Tagebuch Beifall spendete, weil er der Anziehungskraft, die sein Diener Theodotos und seine Dienerin Benedicta auf ihn ausübten, widerstanden hatte. In dieser Welt wurde nicht nach Geschlechtern – Liebe zu Frauen oder Liebe zu jungen Männern – klassifiziert, sondern nach Aktivität oder Passivität: Aktiv sein hieß Mann sein, gleichgültig, welches Geschlecht der als passiv angesehene Partner besaß. Sich das Vergnügen auf männliche Weise zu nehmen oder es sklavisch zu geben, das war alles. Die Frau ist definitionsgemäß passiv, außer sie ist ein Ungeheuer, und sie hat in diesem Zusammenhang keine

Stimme, alle Probleme werden hier vom männlichen Standpunkt aus gesehen. Die Kinder haben ebenfalls nichts zu sagen, vorausgesetzt, der Erwachsene ist ihnen nicht zu Diensten, um ihnen Lust zu bereiten, sondern beschränkt sich darauf, sich an ihnen zu vergnügen. Diese Kinder sind in Rom Sklaven, die nicht zählen, und in Griechenland Epheben, die noch keine Bürger sind, so daß sie ohne Entehrung passiv sein können.

Eine unvorstellbare Verachtung traf also den männlichen freien Erwachsenen, der passiv homophil war oder, wie man sagte, *impudicus* (so die verkannte Bedeutung dieses Wortes) oder *diatithemenos*. Die Bosheit des Publikums verdächtigte einige Stoiker, unter einem betont männlichen Gehabe heimliche Weiblichkeit zu verstecken, und man dachte dabei, so möchte ich meinen, an den Philosophen Seneca, der den Knaben Athleten vorzog.[13] Passive Homophile wurden aus der Armee gejagt, und es ist vorgekommen, daß Kaiser Claudius an einem Tag, als er wieder einmal Köpfe rollen ließ[14], einen *impudicus,* der »weiblichen Verkehr« gehabt hatte, schonte, da ein solches Wesen das Schwert des Henkers befleckt hätte.

Dies alles erklärt auch eine zweite, höchst überraschende Obsession: Es gab ein sexuelles Verhalten, das absolut verpönt war, und zwar in einem solchen Maße, daß man seinen Tag damit verbrachte, sich zu fragen, wer es praktiziere. Dieses Verhalten, das bei der üblen Nachrede eine ähnliche Rolle spielte wie die »Schwulen« bei uns im Kabarett, war die Fellatio. Der Historiker kann nicht umhin, davon zu reden, weil die griechischen und lateinischen Texte unausgesetzt davon handeln und weil es seine Aufgabe ist, der Gesellschaft, der er angehört, das Gefühl für die Relativität ihrer Werte zu vermitteln. Die Fellatio war die größte Beleidigung, und man führte Fälle an[15], wo die, die sie praktizierten, angeblich den Versuch machten, ihre Schande unter einer geringeren Schmach zu verbergen, indem sie sich als passive Homophile gaben! Bei Tacitus kommt eine scheußliche Szene vor, in der Nero eine Sklavin seiner Frau Octavia foltern läßt, um ihr das Geständnis zu entreißen, daß die Kaiserin eine Ehebrecherin sei. Die Sklavin hält alle Martern aus, um die Ehre ihrer Herrin zu retten, und antwortet dem Henker: »Octavias Scheide ist reiner als dein Mund.« Wir würden denken, daß sie sagen will, nichts sei schmutziger als der Mund eines Verleumders – Irrtum, sie will sagen, daß er ein Ungeheuer an Schändlichkeit ist, und diese faßt sie in dem Akt zusammen, der der Gipfel der Schändlichkeit ist: die Fellatio.

Denn die Fellatio stellte man sich in nicht weniger bizarren Bildern vor, als sie bei uns von den Rassismen gebraucht werden. Apuleius oder Sueton zeigen irgendwelche Schurken oder auch Nero, die sich der Fellatio hingeben, so wie man sich aus Perversität Handlungen hingibt, die durch ihre Schändlichkeit Vergnügen bereiten. Ist die Fellatio nicht wirklich der Gipfel der Erniedrigung? Auf passive Weise befriedigt sie die Lust, um einem anderen Lust zu bereiten, und auf sklavische Weise verweigert sie dem anderen nicht den Besitz irgendeines Körperteils. Das Geschlecht spielt dabei keine Rolle, denn es gab noch ein zweites, nicht weniger abstoßendes Verhalten, mit dem man sich ebenso stark beschäftigte: den Cunnilingus... Wir sind hier bei den Antipoden der japanischen Kultur, wo es die Ehre und Freude des freisinnigen Samurai war, den Frauen mit allen Mitteln Lust zu bereiten.

Wie kommt es zu dieser eigenartigen Kartographie von Lust und Schändlichkeit? Zumindest drei Ursachen sind zu nennen, die man nicht vermischen darf: Rom ist eine »machistische« Gesellschaft wie viele andere Gesellschaften, ob sie nun die Sklaverei gekannt haben oder nicht; die Frau ist dem Manne zu Diensten, wartet auf sein Begehren, findet daran Vergnügen, wenn sie kann, und oft ist dieses Vergnügen moralisch suspekt (so daß man, gegen alle Wahrscheinlichkeit, die Prostituierten für Frauen hielt, die es zu ihrem Vergnügen taten). Dieser Virilismus hat mit dem verborgenen Teil der politischen Mentalität der antiken Gesellschaften zu tun. Man kann sich dies, um es kurz zu machen, mit einer Analogie verdeutlichen, indem man an den Haß auf alle Verweichlichung denkt, der in militaristischen Gruppen oder auch in den Pioniergesellschaften herrscht, die sich einer bedrohlichen Umwelt ausgesetzt fühlen. Schließlich ist Rom eine Sklavenhaltergesellschaft, in der der Herr das ius primae noctis ausübt, so daß die Sklaven in einem Sprichwort aus der Not eine Tugend machten: »Es ist keine Schande zu tun, was der Herr befiehlt.«

Sklavenhaltergesellschaft: Bevor die Stoiker und die Christen nicht erklärten, daß die Sexualmoral für alle dieselbe ist (womit sie nicht so sehr die Sklaven schützen als den Herren die Keuschheit auferlegen wollten), war die römische Moral je nach Status eine andere: »Die Unzucht [das heißt: die Passivität] ist für den freien Mann eine Schande«, schreibt Seneca der Ältere, »für einen Sklaven dagegen ist sie unbedingte Pflicht gegenüber seinem Herrn, und bei dem Freigelassenen bleibt dies eine moralische Pflicht der Gefälligkeit.«

Deswegen bestand die Homophilie, für die man jede Nachsicht aufbrachte, in aktiven Beziehungen eines Herrn zu einem jungen Sklaven, seinem Geliebten. Ein vornehmer Römer hat eine Gemahlin (der er mit Hochachtung begegnet, denn es steht nur ihr zu, die Scheidung zu vollziehen, indem sie das Heiratsgut wieder an sich nimmt), Sklavinnen, die gegebenenfalls seine Konkubinen sind, Kinder (die er aber nur selten sieht, um jeder Schwäche aus dem Weg zu gehen: diese zukünftigen Herren werden von der Dienerschaft oder dem Großvater streng erzogen), außerdem gibt es einen kleinen Sklaven, einen *alumnus,* den er großzieht und dem er seine väterlichen Neigungen entgegenbringt, soweit er solche hat, und der oftmals sein eigenes Kind ist, das er von einer Sklavin hat (wobei es aber jedem, einschließlich dem Vater selbst, absolut untersagt war, dies auch nur zu vermuten). Schließlich hat er einen Knaben oder eine ganze Schar davon, seine Frau ist eifersüchtig, er versichert, daß er mit ihnen nichts Schlimmes tue, und niemand fällt darauf herein, aber ebensowenig hat irgend jemand das Recht, Zweifel anzumelden. Die Gemahlin ist erst beruhigt, wenn bei dem Knaben der Bart zu sprießen beginnt: Das ist der Zeitpunkt, da es die Schicklichkeit verlangte, daß der Herr aufhöre, mit dem Knaben in einer für einen Mann unwürdigen Weise umzugehen. Einige Herren gehen in ihrer Freizügigkeit so weit, über diesen Zeitpunkt hinaus fortzufahren: Dieser nun zu groß gewordene Knabe war ein *exoletus,* das heißt, er war nicht mehr ein *ad-olescens,* und die anständigen Leute fanden ihn abstoßend.

Man würde sich täuschen, wenn man die Antike als das Paradies der Repressionsfreiheit ansähe und sich vorstellte, daß sie keine Prinzipien besessen hätte. Daß uns ihre Prinzipien unglaublich vorkommen, müßte uns allein schon zu dem Verdacht führen, daß unsere stärkeren Überzeugungen nicht besser begründet sind. Mußte die Homophilie sich verbergen? War sie erlaubt? Man muß unterscheiden. Es gab illegitime Beziehungen, die aber moralisch zulässig waren, wie etwa bei uns in der guten Gesellschaft der Ehebruch oder, vor kurzem noch, die wilde Ehe.

Es gab andere Beziehungen, die moralisch ebenso suspekt wie illegitim waren, und von diesen gab es sehr viele. Denn die meisten Spielarten der Homophilie wurden mißbilligt – jedoch nicht nach unseren Moralvorstellungen. Als anrüchig galten die Beziehungen zu den *exoleti,* die Männerehe, homosexuelle Beziehungen, die in einer geschlossenen Welt wie der Armee toleriert wurden (daß es diese Beziehungen dort gab, erfährt man erst in der Zeit Salvians und der Völkerwanderung), und schließlich die Prostitution der jungen Männer aus guter Familie. Übrigens ist Prostitution ein sehr starkes Wort dafür, denn in Rom hielt man die Frauen und die Knaben für »passive Werkzeuge«, und eine ehrbare Matrone oder ein anständiger junger Mann brauchten daraus, daß man ihnen einen Preis für ihre Gunst nannte, nicht zu schließen, man halte sie oder ihn für käuflich. Jemandem den Hof zu machen bedeutete in Rom, daß man ihm Geld anbot.

Schließlich gab es Beziehungen, die als illegitim, unmoralisch und, was noch mehr heißt, schändlich galten. Sie waren mehr als eine sträfliche Handlung, die jemandem unterlaufen war, vielmehr übertrug sich der Abscheu vor dem Akt auf dessen Urheber selbst und war ein Beweis dafür, daß jemand, der so etwas tat, ein Ungeheuer sein mußte. Von der moralischen Verdammung ging man also zu einer Ablehnung über, die wir als rassistisch bezeichnen würden. Dies war der Fall bei der Passivität bei den freien Männern, bei den für die Frauen als unzüchtig geltenden Akten, dem Cunnilingus, und schließlich bei der weiblichen Homosexualität, in erster Linie gegenüber der aktiven Liebenden; wenn eine Frau sich für einen Mann hält, stellt das die Welt auf den Kopf. Ebenso groß war der Abscheu vor Frauen, die, wie es bei Seneca heißt, auf den Männern »reiten«.

All dies ergab eine Anschauung von der Homophilie, die nicht weniger mythisch war als die unsere, freilich auf andere Weise. Sie führte alle Arten von Homophilie auf einen für typisch gehaltenen Fall zurück: die Beziehung eines Erwachsenen zu einem Heranwachsenden, der dabei keine Lust empfindet. Man wollte gerne glauben, daß es allgemein so war, denn diese aktive Beziehung ohne Weichlichkeit beruhigte, und hier waren, sagte man, die Stürme und das Sklavische der Leidenschaft unbekannt. »Meinen Feinden wünsche ich, daß sie die Frauen, und meinen Freunden, daß sie die Knaben lieben«, schrieb der Dichter Properz an einem Tag voller Bitternis, denn die Knabenliebe »ist ein friedlicher Fluß, auf dem es keinen Schiffbruch gibt, denn welches Übel soll man auf so engem Raume fürchten?«[16] Mit all ihren bizarren Elementen und verwirrenden Beschränktheiten ist die römische Homophilie die Folge eines Puritanismus, der politische Wurzeln hat. Vielleicht fragt der Leser sich am Ende, wie es dazu kommt, daß die Homophilie so verbreitet gewesen ist. Muß man annehmen, daß die Zahl der Homosexuellen durch eine Besonderheit der antiken Gesellschaft, wie zum Beispiel die Verachtung der Frauen, künstlich zugenommen hat, oder umgekehrt, daß eine anders geartete, im ganzen aber geringere Repression es zuließ, daß eine Homophilie, die der normalen menschlichen Sexualität entspräche, sich äußern konnte? Die zweite Antwort ist unbestreitbar die richtige. Man muß hier deutlich sein, auch auf die Gefahr hin, Verwunderung zu erregen. Mit einem Mann zu leben, die Knaben den Frauen vorzuziehen, ist eine Sache – es hat mit dem Charakter, dem Ödipuskomplex und mit was immer man nur will zu tun, und ganz gewiß handelt es sich hierbei nicht um die Mehrheit, aber auch nicht um eine kleine Minderheit. Dagegen vermag fast jedermann physische Beziehungen mit seinem eigenen Geschlecht zu haben und kann dabei sogar Lust empfinden, genau dieselbe Lust wie mit dem entgegengesetzten Geschlecht. Es hat daher für einen Heterosexuellen etwas außerordentlich Überraschendes, wenn er aus Neugier diese Erfahrung machen will und feststellen muß, daß es keinerlei Unterschied gibt und seine Exkursion enttäuschend verläuft... Im Sommer 1979 hat man auf dem Internationalen Kongreß der Homosexuellenbewegung »Arcadie« hierzu aufschlußreiche Bemerkungen hören können. Man muß aber präzisierend hinzufügen, daß die Heterosexuellen, die diese Feststellung machten, niemals daran gedacht hatten, Beziehungen zu einem Knaben aufzunehmen, in diesem Punkte keine Enttäuschung unterdrückten und der Ansicht waren, daß sie, wenn sie sich darauf einließen, nichts als Abscheu empfinden würden. Sie empfanden dann aber keinerlei Abscheu. Nur blieben sie nicht dabei und wiederholten diese Erfahrung nicht, denn für ihren Geschmack waren Frauen »interessanter«, und mit ihnen Beziehungen zu unterhalten, war in unserer Gesellschaft leichter.

Damit klärt sich alles. Man stelle sich eine Gesellschaft vor, in der die homophilen Beziehungen geduldet werden, und zwar so, daß die Knaben nicht das Wort führen können und die Liebhaber sich nicht genieren, ihnen den Hof zu machen; man stelle sich weiter vor, daß die Ehe in dieser Gesellschaft nicht die zentrale Rolle spielt, die sie in unserer Gesellschaft wahrnimmt, und daß man strikt unterscheidet zwischen einerseits oberflächlichen oder leidenschaftlichen Beziehungen und andererseits dem Ernst des Lebens, das heißt den ehelichen Beziehungen. Das alte Rom und Japan, auch das heutige noch, sind Beispiele einer solchen Gesellschaft. In solchen Gesellschaften wird es, genauso wie bei uns, eine konstante Minderheit geben, die auf leidenschaftliche Weise ausschließlich Knaben liebt; die große Mehrheit selbst aber wird gelegentlich die männliche Liebe zu schätzen wissen, und dies in aller Offenheit, da oberflächliche Liebesbeziehungen zugelassen sind und niemand sich durch soziale Verbote an ihnen gehindert fühlt. Die Menschen sind keine Tiere, und in der physischen Liebe spielt der Geschlechtsunterschied bei ihnen nicht die entscheidende Rolle, oder, wie Elisabeth Mathiot-Ravel es formuliert hat, die sexuellen Verhaltensweisen sind nicht geschlechtlich differenziert.

Aus dem Französischen von Walter Kesting

Anmerkungen

1 Plotin, *Enneaden*, II, 9, 17.
2 Siehe dagegen Musonius, XII, 6–7; vgl. Quintilian, V, 11, 34.
3 Apuleius, *Metamorphosen*, VIII, 29.
4 *Oneirokritika* (Traumdeutungen), S. 88–89 Pack.
5 Vgl. Platon, *Nomoi*, 840 C.
6 *Nomoi*, 636 B–D und 836 B f.; vgl. *Symposion*, 211 B, 219 CD; *Phaidros*, 249 A; *Politeia*, 403 B.
7 Cicero, zit. bei Plinius d. J., VII, 4, 3–6.
8 Nach den *Vitae virgilanae*.
9 Nach seiner Biographie bei Sueton.
10 Siehe den erstaunlichen *Vergleich der Liebesarten* von Lukianos oder Pseudolukianos.
11 Plautus, *Curculio*, 482; für die sklavischen Liebesdienste *(puerile officium)*, vgl. *Cistellaria*, 657, und eine Reihe anderer Texte. Über die sklavische Sexualität siehe die grundlegende Abhandlung von R. Martin, *La Vie sexuelle des esclaves*, in: J. Collard u. a., *Varron, Grammaire antique et Stylistique latine*, Paris 1978, S. 113 f.
12 Seneca, *Quaestiones naturales*, I, 16; Petronius, XLIII, 8.
13 Dio Cassius, LXI, 10, 3–4. Zur heimlichen Weichlichkeit der Stoiker siehe, neben Martial und Juvenal, Quintilian, I, *praef.*, 15.
14 Nach Tacitus, zur Zeit des Prozesses gegen die Liebhaber der Messalina.
15 Nach Martial.
16 Properz, II, 4.

Literaturhinweise

In Erwartung des großen Buches von Michel Foucault über die *Aphrodisia*, das demnächst bei Éditions du Seuil erscheinen soll, kann man das erste Kapitel des Buches von John Boswell, *Christianity, Sociel Tolerance and Homosexuality*, Chicago 1980, lesen. Die grundlegende Untersuchung über die griechische Homosexualität ist K. J. Dover, *Greek Homosexuality*, London 1978; eine brauchbare und gelungene Sammlung einer Vielzahl von Texten bietet F. Buffière, *La Pédérastie dans la Grèce antique*, Paris: Editions Guillaume Budé 1980. Nicht zugänglich war mir die Dissertation von F. Gonfroy, *Un fait de civilisation méconnu: l'homosexualité masculine à Rome*, Poitiers 1972, die ich durch Georges Fabre, *Libertus: patrons et affranchis à Rome*, 1981, S. 258 ff., kenne.

Philippe Ariès
Paulus und das Fleisch

An zwei Stellen (1 Kor. 6, 9–10, 1 Tim. 1, 9–10) zählt Paulus Sünden in einer Reihenfolge auf, die eine Rangordnung auszudrükken scheint. Er gibt eine Vorstellung vom Bösen zu erkennen, in der sich das jüdische und das griechische Denken seiner Zeit verbinden und in der sich in groben Linien abzeichnet, was einmal christliche Moral sein wird, aber schon damals eine im Entstehen begriffene heidnische Moral war. Der Platz, den darin die Sexualität einnimmt, ist aufschlußreich.

Die Sünden gliedern sich in beiden Texten in fünf große Gruppen: Sünden gegen Gott, gegen das Leben des Menschen, gegen seinen Körper, gegen sein Hab und Gut und, schließlich, gegen das Wort. An Gott versündigen sich die Götzendiener – das versteht sich von selbst –, sodann jene, die sich der *Justitia* widersetzen, die Ungehorsamen, diejenigen, welche den Geboten nicht gehorchen und die *Pietas* (das Heilige) nicht achten, die Gottlosen und Kirchenschänder, die »Unheiligen« und »Ungeistigen« [so Luthers Übersetzung, A. d. Ü.]. An den Menschen versündigen sich: Vatermörder, Muttermörder, Mörder überhaupt. Es folgen jene, die gegen ihren Körper sündigen, den Paulus als Tempel des heiligen Geistes bezeichnet, als eine geweihte Stätte also, an der man nicht tun und lassen darf, was man will – früher sprach man von »Sünden des Fleisches«, heute nennt man es Sexual- oder Sittlichkeitsdelikte. Die Gruppe der Fleischessünden gliedert sich wiederum in vier Untergruppen, und hier gilt es, genau die Wortbedeutung zu beachten, selbst wenn manche Ausdrücke in einem ganz allgemeinen und unbestimmten Sinne verwendet werden (z. B. Unzucht). Es kann durchaus sein, daß die Reihenfolge eine Steigerung beschreibt. Die erste Untergruppe bilden die Unzüchtigen, die »Hurer«: *fornicarii* (griechisch: *pornoï*). Die zweite besteht aus den Ehebrechern, d. h. aus jenen, die die Frau eines anderen verführen, und aus den Frauen, die sich verführen lassen – die Etymologie *(adulteratio)* läßt eher an eine Beschädigung oder Entstellung denken als an eine sexuelle Handlung. Die dritte Gruppe ist die der *molles (malakoi);* sie enthüllt wichtige neue Züge (das meint auch Michel Foucault in seinem Beitrag). Was ist die *mollities?* Es ist bemerkenswert, daß die Ausdrücke, mit denen sexuelle Aktivitäten wie Unzucht und Ehebruch bezeichnet wurden, sich weder auf Organe noch auf Handlungen bezogen, und dies durchaus nicht aus Schamhaftigkeit, denn Griechen und Römer hatten keine Angst vor Worten – gelegentlich erlaubt Paulus sich einen Scherz über die Vorhaut der Beschnittenen. Ich sehe in dieser Zurückhaltung eher das Relikt einer Phase der Sprachentwicklung, in der die Sexualität weder der Analyse noch der Reglementierung unterworfen war, so daß der Sprachgebrauch nur die allgemeinen Begriffe für Prostitution und Ehe festhielt, nicht jedoch für das, was man in der Höhle *(fornix)* der Prostituierten oder im ehelichen Bett tat – wobei es selbstverständlich war, daß man nicht mit der Frau eines *anderen* schlafen durfte. Heute, da die Kultur für die Rede des Sexuellen weit geöffnet ist, ruft die offenkundige Diskretion der Römer Staunen hervor; ihre Wahl der Signifikanten erfolgte nach anderen Kriterien als solchen der Biologie oder der Lust.

Mit dem Erscheinen der *mollities* tritt ein Wandel ein. Der Ausdruck ist pejorativ und kommt dem der »Passivität« nahe, in der die Römer – Dover und Paul Veyne zufolge – eine Erniedrigung des Mannes, eine entwürdigende, ehrlose, verdammenswerte Praxis erblickten. Dem römischen Mann – ebenso dem japanischen, wie Paul Veyne hinzufügt – ziemte es nicht, in der Liebe eine passive Rolle zu spielen, gleichgültig, ob diese Liebe homo- oder heterosexuell war. Bestimmte sexuelle Verhaltensweisen wurden mißbilligt, weil sie passiv waren. Michel Foucault wird uns noch Aufschluß geben müssen über die Wandlungen des Begriffs der *mollities,* die schließlich im Neulateinischen die Masturbation bezeichnete. Hinter dem vieldeutigen Wort *mollities,* das sowenig wie die übrigen sexueller Natur ist (es gibt auch eine andere als die sexuelle Weichlichkeit), verbarg sich die Erotik, d. h. ein Ensemble von Praktiken, die den Koitus hinauszögerten, wenn sie ihn nicht gänzlich vermieden, und zwar mit dem Ziel, besser und länger zu genießen, also ausschließlich der Lust wegen. Das sagt Paulus freilich nicht; er sieht darin die Sünde gegen den Körper: *in corpus suum peccat.* Vielleicht ist die *mollities* die große Erfindung der stoisch-christlichen Zeit.

Nach den *fornicarii,* den *adulteri* und den *molles* nennt Paulus die *masculorum concubitores,* die Männer, die miteinander schlafen.

Es ist aufschlußreich, daß Paulus nicht von den Frauen spricht, obwohl er bei den Gewaltverbrechen außer dem Vatermord auch den Muttermord erwähnt – die Frau galt damals als Opfer und nicht als Urheber des Verbrechens. Man hat das Gefühl, daß die wirklichen Sünder die Männer sind, weil sie die Macht haben und verantwortlich sind. Das freilich scheint im Widerspruch zu der landläufigen und insgesamt zutreffenden Vorstellung zu stehen, wonach die Kirche in der Frau ein Werkzeug des Teufels erblickte. An anderer Stelle sagt Paulus selbst, daß die Frau und nicht der Mann die Sünde in die Welt gebracht hat. Doch kommt der »Machismo« des Apostels in diesem eher moralischen als theologischen Text seltsamerweise nicht zum Zuge. Es mag sein, daß sich im Mittelalter das Mißtrauen gegenüber der Frau bei den Männern und vor allem bei den Geistlichen gewissermaßen aufgrund eines Abwehrmechanismus in dem Maße verstärkte, wie die Bedeutung der Frau zunahm. Zwischen der Kastration Abälards und der Bekanntheit der Héloise besteht ein Zusammenhang. Jedenfalls ist es die männliche Homosexualität, die hier angeprangert wird.

Soweit die Sexualität. Es folgen in der Paulinischen Sünderliste jene, die freie Menschen als Sklaven verkaufen: die Menschenräuber; jene, die ihr Herz allzu sehr an die weltlichen Dinge hängen: die Geizigen *(avari)*, oder mit übergroßer Gewalt nach ihnen streben: die Räuber *(rapaces)*, oder ihrer im Übermaß genießen: die Trunkenbolde. Den Abschluß bilden die Sünder des Wortes – und das Wort zählte viel in Gesellschaften, in denen die mündliche Kultur trotz der Ausbreitung der Schrift fortbestand –: die Lästerer oder Verleumder, die Lügner und die Meineidigen.

Wie man sieht, erscheinen die Sünden des Fleisches an prominenter Stelle, direkt hinter den Formen des Mordes und vor den Sünden gegen das Eigentum, sofern man unterstellt – und das hat die Wahrscheinlichkeit für sich –, daß Paulus in seiner Aufzählung zugleich eine wohlüberlegte Abstufung vornimmt. Fortan gab es eine Sexualmoral, gab es Sünden gegen den Leib, die im Gebrauch oder Mißbrauch sexueller Neigungen gründeten, es gab die Fleischeslust oder Konkupiszenz, wie man nun sagte. Es gab schlechte und verbotene sexuelle Handlungen, die ähnlich verpönt waren wie Mord. Zwar werden sie immer noch mit Wörtern bezeichnet, die der Physiologie des Geschlechtslebens fremd sind, aber mit der *mollities* ist bereits ein neuartiger Begriff eingeführt. Gleichzeitig wurde die Homosexualität, die in der griechischen Welt verbreitet war und als normal galt, mit Abscheu und Sanktionen überzogen. Im übrigen ist sie die einzige sexuelle Verfehlung, deren Bezeichnung eindeutig auf eine Körperhaltung hinweist: *masculorum concubitores*.

Zusammen mit dieser Präzisierung des Kodex der verbotenen Handlungen wird ein neues Ideal gegen die zulässige und legitime Ausübung der Sexualität in der Ehe gesetzt, das Ideal der männlichen und weiblichen Jungfräulichkeit: *bonum est homini mulierem non tangere*. Der epikuräische Gedanke, daß man dem Trieb nachgeben soll wie der Bauch dem Hunger, wird zurückgewiesen: Was man dem Hunger zugesteht, soll für die Fleischeslust nicht gelten; sie ist suspekt und wird sorgfältig überwacht.

Nun sind die Ideologien am Zuge. Der neue Verhaltensentwurf bedarf nur noch der Kodifizierung und Entfaltung. Doch bleibt festzuhalten, daß diese Moral dem Christentum vorauslag. Alle einschneidenden Wandlungen der Sexualität, schreibt Paul Veyne in seinem bestechenden Aufsatz über die Homosexualität in Rom, gingen dem Christentum vorauf. Die beiden wichtigsten, so fügt er hinzu, führen von einer aktiven Bisexualität (in der der Mann die tätige Rolle beansprucht – das Gegenteil der *mollities*) zu einer auf die Fortpflanzung ausgerichteten Heterosexualität und von einer Gesellschaft, in der die Ehe durchaus keine Institution ist, zu einer Gesellschaft, in der es als selbstverständlich gilt, daß die Ehe eine fundamentale Einrichtung sämtlicher Gesellschaften (wie man glaubt) und der ganzen Gesellschaft ist. Zweifellos plädiert Paulus hier nicht für die Fortpflanzung; er war viel zu sehr vom nahen Ende der Zeiten überzeugt. Ihm erschien die Ehe als ein legitimes Mittel – auf das man freilich verzichten sollte, sofern man nur konnte –, um eine Begierde zu befriedigen, die man nicht zu beherrschen wußte: Es ist besser zu heiraten als zu brennen. Das hinderte allerdings nicht, daß die Fortpflanzung in der christlichen Gesellschaft bald eine Bedeutung wiedererlangte, die sie schon in der Moral der Stoiker besessen hatte: als eine der beiden Instanzen, auf denen die Existenzberechtigung der Sexualität ruhte.

Im Lichte dieser Erkenntnis haben Paul Veyne und zweifellos auch Michel Foucault die drei Pfeiler bestimmt, auf denen die westlichen Gesellschaften vom 2. Jahrhundert an ihr Sexualsystem errichteten: die Einstellungen gegenüber der Homosexualität, die Ehe und die *mollities*. Der Wandlungsprozeß begann bereits in den ersten Jahrhunderten unserer Zeitrechnung, in einer der wichtigsten Epochen für die Herausbildung der Grundwerte unseres kulturellen Kapitals.

Michael Pollak
Männliche Homosexualität –
oder das Glück im Getto?

> »Not all boys dream of being a marine!«
> Aufschrift eines Schildes, das ein Transvestit
> während der »Gay Pride Parade« am 24. Juni
> 1979 in New York mit sich führte.

Zu den spektakulärsten Auswirkungen der sexuellen Befreiung in den letzten beiden Jahrzehnten zählt die Tatsache, daß die Homosexualität aus dem Dunkel dessen, worüber man nicht spricht, herausgetreten ist. Wir sind weit von jenem Dr. Tardieu entfernt, der einmal schrieb: »Wollte ich es doch vermeiden können, meine Feder mit der infamen Schändlichkeit der Päderasten zu beschmutzen!«[1] Seit gut fünfzehn Jahren erleben wir eine explosionsartige Erweiterung des Diskurses über dieses Thema und eine völlige Umgestaltung des Bildes der Homosexualität.

Jede »wissenschaftliche« Betrachtung der Homosexualität wirft Probleme auf. Schon ihre Definition löst einen Streit aus, der zur Polarisierung der vorgebrachten Hypothesen führt. In einer vorläufigen, groben Einteilung können wir hier Theorien, die die Heterosexualität zur absoluten Norm der Normalität erheben, von solchen unterscheiden, die alle sexuellen Äußerungen auf demselben Niveau ansiedeln. Den ersteren erscheint jedes nichtheterosexuelle Verhalten als eine Abweichung, d. h. eine Perversion, während die letzteren zwar unterschiedliche Formen, aber keine Hierarchie der Trieberfüllungen gelten lassen.

Nach der Auffassung der herrschenden Psychiatrie hat die Zuordnung der Homosexualität zu den Perversionen, die R. von Krafft-Ebing und A. von Schrenck-Notzing Ende des vergangenen Jahrhunderts einführten, bis in die sechziger Jahre unseres Jahrhunderts nichts von ihrer sozialen Wirkungsmacht eingebüßt.[2] Der Entschluß der Amerikanischen Psychiatrischen Vereinigung im Jahre 1974, die Homosexualität nicht mehr als Geisteskrankheit *(mental disease)* zu klassifizieren, ist ein symbolischer Akt, der die Umkehrung im Kräfteverhältnis zwischen den verschiedenen Theorien der Sexualität markiert. Doch diese Umkehrung erfolgte zugunsten eines Konzepts, welches das Phänomen der Homo-

sexualität gleichfalls biologisierte. Im *circulus vitiosus* von Verdammung und Rechtfertigung gefangen, hatten die Autoren, die sich der Einordnung der Homosexualität unter die Perversionen widersetzten, eher politischen Mut denn Neuerergeist bewiesen. So sind die Theorie der »konstitutionellen Homosexualität«[3], die I. Bloch um 1900 entwickelte, und die Arbeiten M. Hirschfelds nur dann verständlich, wenn man ihre Funktion als politische Waffen im Kampf gegen ein Strafrecht beachtet, das die Homosexualität als eine widernatürliche Handlung verbot. Der offiziellen Zurechnung der Homosexualität zu den Perversionen, die es zu behandeln und zu bekämpfen galt, schien allein das Argument, sie sei »angeboren«, entgegengesetzt werden zu können.[4] Diese biologistische Deutung ließ nur zwei Thesen zu: entweder, der Homosexuelle unterscheide sich, abgesehen von seiner Objektwahl, in nichts vom Heterosexuellen, oder es gebe eine eigentümliche homosexuelle Natur, also eine Art »dritten Geschlechts«. Nach den Arbeiten von I. Bloch folgten die von A. C. Kinsey und H. Giese der ersten Logik. Der politische Ausdruck dieser wissenschaftlichen Position war zumeist eine glimpfliche Liberalität, welche die soziale Diskriminierung der Homosexuellen auf ihre rechtlichen Aspekte reduzierte. Die Autoren, die den Homosexuellen eine »andersartige Natur« zuschrieben, taten oft nichts anderes, als den gängigen Vorstellungen von der Homosexualität einen wissenschaftlichen Anstrich zu geben. So schrieb C. H. Ulrich, den Hirschfeld ausgiebig zitiert, um 1860, die Natur des Homosexuellen zeige weibliche Züge, wie es sich in der Anziehung bekunde, die männlich wirkende Männer auf ihn ausübten. Er systematisierte diese Analyse zu dem Gedanken eines »dritten Geschlechts«. H. M. Hirschfeld geht in dieser Systematisierung noch weiter, indem er für den Homosexuellen spezifische, beobachtbare physiologische Merkmale behauptet, in denen sich das biologische Substrat einer andersartigen Psychologie abbilde. Bei der Homosexualität handle es sich um ein »Naturphänomen«, und deshalb sei auch der Anteil der Homosexuellen an der Weltbevölkerung in Raum und Zeit konstant.[5]
Obwohl H. M. Hirschfeld seine Theorie als Mittel für den Kampf gegen das deutsche Strafrecht entwickelt hatte, enthielt sie doch alle Elemente, die sie auch für eine den Absichten ihres Urhebers entgegengesetzte Verwendung geeignet machten – mit diesen Kategorien ließen sich in der Tat nahezu sämtliche Klischees, Stereotype und Zerrbilder erneuern, die im gesellschaftlichen Diskurs über die Homosexualität anzutreffen sind. Neu an der Sicht der Homose-

xualität, wie man sie in den Arbeiten der letzten fünfzehn Jahre findet, ist nicht, daß sie eine neue Erklärung gäben, sondern daß sie das Problem der Klassifikation und der Erklärung verlassen und die Fragestellung verschieben; sie lautet nun: »Wie leben die Homosexuellen?«[6] Viele Autoren betonen, daß es ihr Ziel sei, die soziale Lage der Homosexuellen verbessern zu helfen. Die beiden umfänglichsten Untersuchungen zur Homosexualität in Deutschland und den Vereinigten Staaten wurden übrigens von jeweils zwei Forschern durchgeführt, von denen einer sich als Homosexueller bekennt.[7]

Ich möchte nun zu zeigen versuchen, daß dieses Interesse für die homosexuellen Lebensstile und dieser Wandel im Verständnis von Homosexualität sich – zumindest zum Teil – auf den Modellcharakter zurückführen lassen, den das homosexuelle Verhalten in einer Zeit allgemeiner Liberalisierung der sexuellen Sitten gewöhnlich gewinnt. Eine solche Liberalisierung ist mit zwei Entwicklungstendenzen verbunden: mit einer relativen Autonomisierung und mit einer Rationalisierung der Sexualität; zur Voraussetzung hat sie erstens, daß sexuelles Interesse und Fortpflanzung voneinander getrennt werden, und zweitens, daß die autonomisierten Sexualpraktiken meßbar werden, d. h., daß man sie einem »zweckrationalen« Kalkül unterwerfen kann, der seinerseits auf der Meßbarkeit von Lust – mit dem Orgasmus als Maßeinheit – beruht.[8]

Die erste dieser Voraussetzungen, die Trennung von sexuellem Interesse und Fortpflanzung, ist in der Homosexualität *per definitionem* gegeben. Darüber hinaus hat das Verbot der Homosexualität zweifellos auch die Abspaltung der Sexualität von den affektiven Strebungen verstärkt und beschleunigt; zugleich trug es dazu bei, das homosexuelle Leben einem rationalen Kalkül zu unterwerfen. Jede heimliche Betätigung muß eine Organisationsstruktur entwickeln, welche die Gefahren minimiert und den Erfolg optimiert. Im Falle der Homosexualität hat dies die zeitliche und räumliche Isolierung des Geschlechtsakts, die rigide Beschränkung der ihn vorbereitenden Rituale, die Beendigung der Beziehung unmittelbar nach dem Akt und die Entwicklung eines Kommunikationssystems zur Folge, das diese Minimierung der Investitionen bei gleichzeitiger Maximierung des Orgasmusgewinns ermöglicht. Es erstaunt nicht, daß ein von den »nicht-sexuellen« Zwängen befreiter Sex-Markt zuerst in den marginalen Bereichen der Sexualität, die in einen Quasi-Untergrund gedrängt werden, entsteht, insbesondere im Bereich der Homosexualität. Doch es ist nicht allein diese »Avantgarde«-Rolle in der Rationalisierung der Sexualität, die das wachsende Interesse erklärt, das man der Homosexualität entgegenbringt. Die »Homosexuellen-Kultur« bietet zugleich Vorbilder für eine sexuelle und affektive Lebensführung, die frei ist von den Zwängen stabiler und dauerhafter Beziehungen. Faszinierend an der Beobachtung des Homosexuellen-Milieus ist die Ausbreitung von Lebensweisen, die sich entsprechend immer spezialisierterer sexueller und affektiver Wünsche diversifizieren. Und weil dieses Milieu praktische Antworten auf allgemeinere Fragen zu geben scheint, wird es heute von jenen hofiert, die neue kulturelle Moden kreieren und vervielfältigen: Wie läßt sich die Befriedigung sexueller und affektiver Bedürfnisse verbinden, ohne daß dafür mit den Zwängen zu bezahlen wäre, die den Paarbeziehungen häufig innewohnen? Eine Analyse der Funktionsweise des Homosexuellen-Milieus, wie sie heute auf der Basis soziographischer Untersuchungen möglich ist, müßte uns in die Lage versetzen, dieses Phänomen einer zur kulturellen Mode erhobenen Homosexualität genauer zu erfassen: Handelt es sich dabei um den Wunsch, neue Lebensformen nachzuahmen, um eine bislang unbekannte Toleranz oder – ganz einfach – um ein Mißverständnis?

Sexuelle Karriere und Sex-Markt

Man wird nicht als Homosexueller geboren, man lernt, es zu sein. Die homosexuelle Karriere beginnt mit dem Erleben bestimmter sexueller Wünsche und indem man lernt, wo und wie man Partner findet. Dieses *coming out* liegt häufig zwischen dem sechzehnten und dem dreißigsten Lebensjahr (siehe Tabelle 1). Die meisten Homosexuellen sind schon lange, bevor sie in ihrer Weise aktiv werden, von ihrer sexuellen Präferenz überzeugt. Der Prozeß, der vom ersten homosexuellen Gefühl zum ersten Kontakt und von dort bis zu dem Augenblick führt, da der Homosexuelle seine Orientierung voll akzeptiert, erstreckt sich stets über mehrere Jahre und reicht in zahlreichen Fällen bis ins Alter von dreißig Jahren.[9]
Hat der Homosexuelle einmal sein sexuelles Anderssein akzeptiert, betritt er den Markt des sexuellen Austauschs. Von allen Formen der Sexualität bietet die männliche Homosexualität in ihrem Funktionieren gewiß noch am ehesten das Bild eines Marktes, auf dem es – im Grenzfall – nur den Tausch »Orgasmus gegen Orgasmus«

gibt. Die Schlüsselinstitutionen des homosexuellen Lebens sind vor allem die Homosexuellen-Treffpunkte: Bars, Saunas, Kinos, spezielle Restaurants und Parks. Mit durchschnittlich mehr als zwanzig Partnern im Jahr (siehe Tabelle 2) und mehreren Hundert Partnern im Verlaufe eines Lebens (siehe Tabelle 3) ist das Sexualleben des »gewöhnlichen Homosexuellen« zwischen dem zwanzigsten und dem achtunddreißigsten oder vierzigsten Lebensjahr ausgesprochen intensiv; weitere Kennzeichen sind eine sehr hohe Häufigkeit der Beziehungen, eine hochgradige Promiskuität sowie eine Diversifizierung und zugleich Spezialisierung in den Praktiken. Die Diversifizierung geht mit der Spezialisierung einher: Die Organisation der Treffpunkte und die Subtilität in der Präsentation des gerade gültigen Geschmacks gestatten es, den Ablauf des Geschlechtsaktes vorauszusehen; doch der Einzelne kann den Ort und die Selbstdarstellung wechseln.

Die homosexuelle Partnersuche ist Ausdruck eines Strebens nach Effizienz und Ökonomie, dem es um die Maximierung des »Ertrages« (quantitativ nach der Anzahl der Partner und der Orgasmen bemessen) und zugleich um die Minimierung der »Kosten« geht (d. h. des Zeitverlustes und der Gefahr, daß die Annäherungsversuche abgewiesen werden). Bestimmte Orte sind für eine spezielle Kundschaft und für den sofortigen »Vollzug« bekannt, dazu zählen die »Leder«-Bars, die meist über einen Raum *(back-room)* verfügen, in dem der Geschlechtsakt an Ort und Stelle stattfinden kann, sowie Saunas und öffentliche Grünanlagen. Häufig erlauben diese Orte die gleichzeitige Erfüllung verschiedener Wünsche: des Exhibitionismus und des Voyeurismus zugleich mit mannigfaltigen Aktivitäten zu zweit oder in der Gruppe. Doch selbst an weniger spezialisierten Orten läßt sich das Streben nach Effizienz beobachten. Je stärker jemand sexuell festgelegt ist, desto weniger mag er es, wenn er sich täuscht; desto weniger mag er es auch, sich einer unbekannten Person zu nähern. Daraus wird die Bedeutung von Erkennungssignalen und von Selbstdarstellung verständlich. Die Subtilität der Kommunikation während der Partnersuche verrät vor allem eine wählerische Einstellung und Angst vor der Zurückweisung.[10] Wird ein flüchtiger Blick oder ein verhohlenes Lächeln nicht erwidert, so bedeutet dies oft das Ende eines Annäherungsversuchs. Äußere Zeichen verweisen auf die augenblicklichen Vorlieben. Zum Beispiel das Spiel mit dem Schlüsselbund: Werden die Schlüssel über der linken Gesäßtasche der Jeans getragen, so signalisiert dies eine Präferenz für die aktive Rolle, über der rechten dagegen für eine passive Rolle. Dasselbe gilt für ein Taschentuch, das aus der Gesäßtasche heraushängt. Während die Körperseite, an der das Taschentuch sichtbar ist, die aktive oder passive Rolle anzeigt, steht die Farbe für die gewünschte Aktivität: Hellblau für orale, Dunkelblau für anale Praktiken, ein kräftiges Rot für das Eindringen mit der Faust usw.[11] In dem Maße, wie die Homosexualität aus dem Dunkel hervortritt und ihre Selbstdarstellungs-Techniken sich als Moden außerhalb des Milieus verbreiten, erfahren diese eine deutliche Inflationierung und verlieren häufig ihre ursprüngliche Bedeutung. Ein Beispiel dafür ist der kleine goldene Ohrring im linken Ohr, der zu einem weitverbreiteten Schmuck geworden ist.

Im Grenzfall gehorchen die Sektoren des Sex-Marktes, die sich am meisten von äußeren Zwängen freigemacht haben, zwei Funktionsregeln. Dazu zählt *einerseits* die präzise Angabe der Wünsche für partielle Objekte (Anus, Mund usw.) und hinsichtlich der angestrebten Aktivität (aktiv, passiv, SM, d. h. sado-masochistisch, usw.). Es gilt, seine sexuelle Wahl kundzugeben: ohne Täuschung, ohne Spiel oder Zögern, ohne Verführung. Und keinerlei Zweideutigkeit. Das Spiel ist der Geschlechtsakt. *Andererseits* die Anonymität. Schweigen ist Ehrensache an Orten, die ihrerseits anonym (Parks, Saunas, Toiletten) und untergliedert, spezialisiert sind im Hinblick auf ihre Isolierungsmöglichkeiten (zu zweit oder zu mehreren); zudem ist es mit weniger Gefahr verbunden (Gefahr, von Polizisten oder Rowdys überrascht zu werden). Oft ist der Vorname, nach dem Geschlechtsakt geflüstert, die einzige sprachliche Kommunikation, bevor die Partner auseinandergehen.

Die Kundgabe der sexuellen Wünsche besagt nicht, daß der Homosexuelle sich in seiner Sexualität spezialisiert. Ganz im Gegenteil ist eine relative Undifferenziertheit bei den aktiven oder passiven Rollen festzustellen, die der Einzelne übernimmt. Die homosexuelle Logik folgt in der Tat einer zweifachen Bewegung – der Spezialisierung: man weiß zunehmend besser, was man will; und der Differenzierung: man sucht nach immer vielseitigeren Praktiken. Die Daten zeigen, daß die Homosexuellen mit der größten Zahl von sexuellen Beziehungen zugleich hinsichtlich ihrer Praktiken und der Räume, in denen sie sich bewegen, die größte Vielfalt entwickeln. Natürlich bleibt auch der homosexuelle Markt ein »unvollkommener« Markt, d. h. er ist von äußeren Zwängen beeinflußt. Von ästhetischen Zwängen zum Beispiel: Der Mythos der Jugendlichkeit erzeugt einen brutalen Bruch in der sexuellen Aktivität nach dem achtunddreißigsten bis vierzigsten Lebensjahr (siehe Tabelle 4). Auch ethnische Kriterien strukturieren den Sex-Markt. So findet man in den Vereinigten Staaten neben Treffpunkten mit gemischter ethnischer Zusammensetzung auch solche, die ausschließlich von Schwarzen oder nur von Weißen frequentiert werden. Im amerikanischen Homosexuellen-Idiom heißen *snow queens* jene, die einzig mit Weißen, und *chocolate queens* jene, die bloß mit Schwarzen verkehren.[12] Zu diesen äußeren Einflüssen, die den homosexuellen Markt strukturieren, kommen finanzielle Interessen (in der Prostitution) und Bedürfnisse nach affektiver Sicherheit (Paarbildung) hinzu.

Der Grad der Teilnahme am Sex-Markt und die emotionalen Reaktionen auf dessen letztlich rigide Regeln gliedern das Milieu in Untergruppen, die ihr Homosexuellen-Schicksal auf sehr unterschiedliche Weise ausleben. Nur wenigen gelingt es, sich von der in der Kindheit bestimmten Sozialisation zu befreien, einer Sozialisation, die nachdrücklich an einer heterosexuellen Lebensweise orientiert war – daher die Schuldkomplexe und die Selbstverachtung. Und selbst wenn sie sich von den in der Kindheit verinnerlichten heterosexuellen Vorbildern gelöst haben, akzeptieren nur wenige Homosexuelle ohne Schwierigkeiten den Leistungsdruck, der im Milieu herrscht. Mit einem Wort, die Voraussetzungen des *coming out* sind nur selten gegeben, d. h. für die Integration in das homosexuelle Milieu und das angstfreie Bekenntnis zur Homosexualität nach außen. Die meisten Homosexuellen bleiben einer schizophrenen Lebensweise verhaftet. Der homosexuelle Habitus, der die Lebensweise bestimmt, resultiert aus der dem *coming out* vorangegangenen Sozialisation und aus dem Ausmaß, in dem die Regeln des Milieus verinnerlicht worden sind. Bell und Weinberg haben vier Typen von Homosexuellen skizziert, die sich nach diesen beiden Dimensionen unterscheiden (siehe Schema 1). Mit Hilfe ihrer Klassifikation läßt sich das Homosexuellen-Milieu als ein hochgradig diversifiziertes Universum erfassen, das nach dem Verhältnis des Einzelnen zu den Regeln gegliedert ist, die seine soziosexuellen Beziehungen bestimmen. Sie ist jedoch mit all den Unzulänglichkeiten behaftet, die einem empiristischen und ausgesprochen normativen, eklatant behavioristischen Ansatz in der Sexualforschung eigentümlich sind. Dieser Forschungsansatz nämlich, bei dem man nie so recht weiß, ob er nun beschreibt oder vorschreibt, verkennt, wie stark die Zwänge sind, die von den Regeln des Homosexuellen-Milieus ausgehen. Das psychische und sexu-

Schema 1

Gruppen von Homosexuellen nach Bell und Weinberg

		closed coupled (Quasi-Ehe)	*open coupled* (freie Ehe)	*functionals* (den Regeln des Sex-Marktes angepaßt)	*dysfunctionals* (befolgen, aber mißbilligen die Regeln)	*asexuals*
A	Zahl der Partner	niedrig	hoch	hoch	hoch	niedrig
	sexuelle Aktivität	stark	stark	stark	stark	gering
	Partnersuche	selten	häufig	häufig	häufig	selten
B	sexuelle Probleme	nein	ja (mit Partner)	nein	häufig	häufig
	Bedauern wegen Homosexualität	nein	nein	nein	ja	ja

A – Indikatoren für Annahme und Verinnerlichung der Regeln des homosexuellen Milieus
B – Indikatoren für die Bedeutung der dem *coming out* vorangegangenen Sozialisation

elle Gleichgewicht wird nur im Zusammenhang einer »Anpassung« an soziale Normen begriffen, darunter dann auch solchen des Milieus (was aus Analysekategorien wie »functionals« und »dysfunctionals« hervorgeht), an Normen, deren Genese und Legitimität niemals in Frage gestellt wird. So wird denn die tiefreichende Komplizenschaft zwischen dieser neuen sexuellen Ordnung und der alten Repression unterschätzt. Aus der einfachen Negation und der bloßen Behauptung des Gegenteils geboren, bleibt die neue Ordnung von der alten durchdrungen. Indem die empiristische Sexologie die Minderheit, die sie zu befreien vorgibt, in einen neuen *circulus vitiosus* der »Anpassung« einschließt, diesmal an die Normen des Milieus, verstärkt sie die Tendenzen zur sozialen Selbstabschottung einer Minorität, die gerade erst aus dem Schatten herausgetreten ist, und rennt letztlich offene Türen ein.

Homosexualität und Klasse

Obwohl der kollektive Charakter des Homosexuellen-Schicksals die soziale Isolation verringert, beeinflussen Klassenherkunft und Klassenzugehörigkeit die Chance, ob und wie leicht es dem Einzelnen gelingt, sich ins Milieu zu integrieren und ein Doppelleben zu führen. Die deutsche Untersuchung hat gezeigt, daß die Klassenherkunft sowohl für das Sexualverhalten als auch für die mit der Homosexualität verbundenen Schuldgefühle von Bedeutung ist. Die Häufigkeit sexueller Kontakte nimmt ab, je höher man in der sozialen Rangordnung hinaufgeht, und sie nimmt in den Oberschichten deutlicher mit dem Alter ab als bei den Arbeitern und kleinen Angestellten.[13] Dagegen scheint die Diversifizierung in den sexuellen Praktiken nicht derselben Logik zu gehorchen, doch die Anlage der Stichprobe in der deutschen Befragung läßt hier keine gesicherten Schlüsse zu. Die Schuldgefühle indessen sind bei Arbeitern, kleinen Angestellten und Beamten viel stärker ausgeprägt als bei höheren Angestellten und freien Gewerbetreibenden.[14] Reiche und Dannecker erklären dieses Paradox mit unterschiedlichen Sozialisationstechniken und Einstellungen gegenüber der Homosexualität in den verschiedenen Klassen. In den unteren Klassen ist die Sozialisation äußerst rigide und eindeutig hinsichtlich relativ klarer Verbote und Forderungen. Zugleich sind die Erziehungsmethoden in den unteren Klassen weniger subtil als in den oberen, und die Kinder werden nicht permanent überwacht. Das hat zur

Folge, daß die ausgesprochen strengen Normen, wie sie für die Sozialisation der unteren Klassen charakteristisch sind, befolgt werden, ohne verinnerlicht zu sein; daraus erklären sich dann die geringeren Hemmungen der aus diesen Klassen stammenden jungen Homosexuellen und ihre Fähigkeit, frühzeitig ein intensives Sexualleben aufzunehmen. Dieser geringere Grad der Verinnerlichung gilt auch für die Regeln des Milieus, etwa für den Mythos der Jugendlichkeit, der bei den Homosexuellen aus den unteren Klassen zu einem weit weniger ausgeprägten Nachlassen der sexuellen Betätigung um das vierzigste Lebensjahr führt; ihr immer schon recht intensives Sexualleben setzt sich deutlich auch über dieses Alter hinaus fort.

Nach Reiche und Dannecker hat die – trotz eines befriedigenden Geschlechtslebens – erhebliche Hartnäckigkeit der Schuldgefühle bei den Angehörigen der unteren Klassen mit der entschiedenen Ablehnung der Homosexualität in diesen Klassen zu tun, welche die Homosexuellen zwingt, die verschiedenen Lebensbereiche deutlicher voneinander zu trennen und am Arbeitsplatz ein heterosexuelles Leben vorzutäuschen.

Die amerikanische Studie von Bell und Weinberg nennt keine signifikanten Zusammenhänge zwischen Sexualverhalten und sozialen Klassen. Dagegen unterscheiden die beiden Autoren in ihrer Analyse zwischen der schwarzen und der weißen Bevölkerungsgruppe. Die Merkmale, die sie dabei ausmachen, entsprechen den in der deutschen Untersuchung aufgezeigten klassenbezogenen Unterschieden. Angesichts des Zusammenhangs zwischen ethnischer Herkunft und Klassenlage in der amerikanischen Gesellschaft lassen sich die Ergebnisse beider Studien miteinander vergleichen. Nach der amerikanischen Befragung beginnen die Schwarzen ihr Geschlechtsleben früher als die Weißen, es ist intensiver und wird auch bis in ein höheres Alter fortgesetzt.[15] Die für Deutschland angeführte Erklärung (Sozialisationsunterschiede) gilt zum Teil auch für die Vereinigten Staaten. Wir dürfen jedoch nicht die ganz erheblichen kulturellen Unterschiede übersehen. So wird etwa die Homosexualität in der armen schwarzen Bevölkerung, die von den Werten des *middle America* wenig beeinflußt ist, traditionell durchaus akzeptiert. In diesem Milieu läßt sich eine homosexuelle Beziehung leicht in die erweiterte Familie integrieren, und die Homosexuellen neigen dazu, die Trennung von Sexualität und Affektivität sowie die Anonymität, die auf dem Sex-Markt herrschen, nicht zu akzeptieren.[16] Sie leiden deshalb unter der Abschottung der homosexuellen Lebenswelt, die sie daran hindert, die Vorteile, die ihnen die Toleranz in ihrem Herkunftsmilieu bietet, voll auszuschöpfen.

Unterschiede im Grad der Toleranz gegenüber der Homosexualität in den verschiedenen Berufsgruppen führen zu spezifischen Strategien. Die Homosexuellen aus den unteren Schichten versuchen einer feindlich gesinnten Umwelt häufig durch überdurchschnittliche Bildungsanstrengungen zu entkommen. So zeigt sich eine deutliche Disparität, wenn man die soziale Herkunft (nach der Berufsgruppen-Zugehörigkeit des Vaters) mit der sozialen Position vergleicht: Während die soziale Herkunft der Homosexuellen etwa der Verteilung der Gesamtbevölkerung auf die sozialen Klassen entspricht, beobachtet man eine Überrepräsentation der Homosexuellen im neuen Kleinbürgertum, in den Dienstleistungs-Berufen (Friseure, Gastwirte) und vor allem in Berufen, die einen häufigen Ortswechsel erfordern (Reisebranche, Fluggesellschaften, Handelsvertreter). Eine Konzentration von Homosexuellen ist auch in Berufen festzustellen, in denen es auf die Beherrschung des sozialen Spiels und auf jene diplomatischen Fähigkeiten ankommt, die zu erwerben der Homosexuelle von früher Jugend an Gelegenheit hat, muß er doch ein Doppelleben führen und die Rolle je nach dem augenblicklichen Publikum wechseln: Werbung, Verkauf und Personalverwaltung sind einige dieser Berufsbereiche. Andererseits sind die Homosexuellen bei den Arbeitern und Landwirten unterrepräsentiert.

Am oberen Ende der sozialen Stufenleiter läßt sich das entgegengesetzte Phänomen beobachten. Homosexualität scheint das Karrierestreben eher zu bremsen. Gezwungen, ihre Neigungen mit einem gesellschaftlichen Leben von hoher Sichtbarkeit zu versöhnen, die ihrerseits nicht mit der sexuellen Marginalität in Einklang zu bringen ist, und angesichts der Gefahr von Erpressungen oder der Notwendigkeit, eine Scheinehe einzugehen, ziehen es die Söhne aus dem Bürgertum häufig vor, ihre Karriere in geistigen oder künstlerischen Berufen zu machen statt in Wirtschaft oder Politik. Oft begnügen sie sich mit einem geringeren Status, als sie ihn aufgrund ihrer sozialen Herkunft hätten erwarten dürfen.

Insgesamt hat die Konzentration von Homosexuellen in bestimmten Berufsgruppen nichts mit der Legende zu tun, sie seien durch natürliche Sensibilität, angeborene künstlerische Talente oder eine spezifische Intelligenz oder Begabung ausgezeichnet. Vielmehr sind die soziale Logik und die Logik des Milieus verantwortlich für den

Einfluß der sexuellen Strategien auf den beruflichen Werdegang. Und die homosexuelle Sensibilität ist zunächst einmal der Reflex einer Hellsichtigkeit, die aus der beständigen Schauspielerei und aus der Distanz zu sich selbst, ihrerseits eine Antwort auf die stets empfundene, aber nie zur Sprache gebrachte Ausschließung, erwächst. Die Ausschließung ist zumeist allein dem Ausgeschlossenen bewußt, der sich gegen eine stillschweigende Diskriminierung nicht wehren kann oder will und der es lernt, sich der Situation und seinem Spiel anzupassen.

Die Nostalgie des Paares

Die Ursache der meisten mit der Homosexualität verbundenen Leiden und Probleme liegt in der relativ breiten Kluft zwischen Affektivität und Sexualität; es fehlt hier der soziale und materielle Kitt, der den heterosexuellen Beziehungen eine gewisse Dauerhaftigkeit verleiht. Fast ausschließlich auf den sexuellen Austausch gegründet, widerstehen Paarbeziehungen nur schlecht dem Verschleiß (siehe Tabelle 5); sie dauern selten länger als zwei Jahre und werden häufig von Anfang an durch Auseinandersetzungen, Ängste und durch Untreue kompliziert. Unter dem Einfluß der heterosexuellen Norm und mangels eines eigenen Modells für das soziale Leben bleibt das Paar, trotz der nachfolgenden und fast unvermeidlichen Fehlschläge, gleichwohl das emotionale Ideal. Wie lassen sich die von einem leicht zugänglichen und nahezu unerschöpflichen Markt stimulierten sexuellen Strebungen mit dem Gefühlsideal einer stabilen Beziehung vereinen? Dies ist das zentrale Problem, das die Homosexuellen, die sich um eine psychologische oder sexuelle Beratung bemühen, zu lösen versuchen.[17]

Aus dem Widerspruch zwischen der fixen Idee einer gefühlsbetonten Paarbindung und der Intensität des Sex-Marktes erwächst oft eine äußerst dramatische, ja hysterische Lebensweise. Trennungen sind meist schon nach kurzem (wenige Monate währendem) Zusammensein durch leidenschaftliche Ausbrüche und heftige, ausgefeilte Szenen gekennzeichnet, deren Theatralität nur schlecht die wirklichen Dramen verbergen kann.

Vor allem in der Phase des *coming out* entstehen zahlreiche psychologische Probleme. Viele Homosexuelle leiden an Depressionen, wünschen eine Therapie oder sind selbstmordgefährdet. In der deutschen Befragung erklären 13 Prozent, sie würden sich gewiß, und 22 Prozent, sie würden sich eventuell behandeln lassen, wenn es eine sichere Methode der sexuellen Umorientierung gäbe (siehe Tabelle 6); 13 Prozent geben an, sie hätten einen oder mehrere Selbstmordversuche hinter sich. Diese Rate ist doppelt so hoch wie in der Gesamtbevölkerung. Fast alle Selbstmordversuche von Homosexuellen ereignen sich im Alter zwischen sechzehn und achtzehn Jahren; nach dem zwanzigsten Lebensjahr erfolgen praktisch keine mehr. Erstaunlicherweise sind die Suizidversuche in der Gesamtbevölkerung gleichmäßiger zwischen dem neunzehnten und dem vierzigsten Lebensjahr verteilt. Das könnte bedeuten, daß die Homosexuellen mehr psychische Stabilität und eine größere Fähigkeit, mit den eigenen Widersprüchen umzugehen, besitzen, sobald sie erst einmal die Klippe des *coming out* umschifft haben. Die Untersuchung von Bell und Weinberg bestätigt diese Tendenzen auch für die Vereinigten Staaten – obgleich auch hier die Rate der Selbstmordversuche in der homosexuellen Bevölkerung höher ist als in der Gesamtbevölkerung, verringert sie sich deutlich bei den Homosexuellen, die ihre sexuellen Neigungen voll akzeptieren.[18]

Die theatralische Zurschaustellung des Leidens, das einem schwer zu verwirklichenden Gefühlsideal geschuldet ist, bringt einen spezifischen Humor hervor, der das eigene Milieu ironisch karikiert. Wie der Humor anderer Minderheiten, etwa der Juden oder der amerikanischen Schwarzen, ist er nur für die Mitglieder der Gruppe hinreichend verständlich. Seine Bilder stammen zu einem guten Teil aus sentimentalen Hollywoodproduktionen. Übrigens sind die Heldinnen des Milieus häufig jene Stars, die die Frau als Objekt symbolisieren – jenes seiner sexuellen Qualitäten wegen geschätzte und umworbene Wesen, das vergeblich darum kämpft, als Person und in seiner Zerbrechlichkeit anerkannt zu werden. Verständlich, daß Marilyn Monroe zu den bei Homosexuellen beliebtesten Schauspielerinnen zählt. Daher auch die Bewunderung für theatralische Darbietungen, in denen sexuelles Ränkespiel und falsche, kitschige Sentimentalität ins Extrem getrieben werden.[19] Welcher Homosexuelle träumte nicht davon, seine Zuhörer durch Kaprizen und eine übertrieben prätentiöse Selbstdarstellung zum Lachen zu bringen?

Im Milieu scheinen dieses Spiel und dieser Humor übrigens von allen verstanden zu werden. Ein Bruch führt nur selten zu Feindschaft oder zu einer endgültigen Trennung. Im Grunde ließe sich das theatralische Gebaren, das die Scheidung zwischen Homosexuellen begleitet, als ein Übergangsritus, als ein Ritual des Übergangs von Liebe zu Freundschaft interpretieren, der verdeckt die Stabilisierung einer Beziehung anzeigt. Eine solche Stabilisierung bedeutet häufig den Ausschluß des Sexuellen, das nun in Vertrauen und Vertraulichkeit übergeht. So entsteht ein Netz von freundschaftlichen Beziehungen, das jene affektive Sicherheit zu bieten vermag, die in der Paarbeziehung kaum zu erreichen ist. Die kleinen Freundesgruppen, oft aus ehemaligen Liebhabern bestehend, die alle einmal untereinander sexuellen Kontakt gehabt haben, bilden gewissermaßen eine »erweiterte homosexuelle Familie«. Übrigens verbietet vielfach eine Art Inzesttabu den sexuellen Kontakt innerhalb dieser durch brüderliche Gefühle zusammengehaltenen Gruppen: »Bruder« oder »kleiner Bruder« – so werden häufig diejenigen unter den früheren Geliebten genannt, mit denen man über das gemeinsame Schicksal hinaus in engem Einvernehmen steht und die Wechselfälle der Intimität teilt.

Von der Kultur zum Getto

Das Leben in Heimlichkeit hat die markantesten Züge der Homosexuellen-Kultur hervorgebracht: die Sprache und den Humor. Beide sind eng miteinander verbunden. Das Wörterbuch des Homosexuellen-Idioms in den Vereinigten Staaten[20] gibt Hunderte von Beispielen eines nuancenreichen Wortschatzes für Liebe und Partnersuche, aber auch für Angst und deren Kehrseite: aggressiven Zynismus. Die Verwendung von weiblichen Vornamen und »prätentiösen« Adjektiven oder Diminutiven bringt vielfach das gesellschaftliche Versteckspiel *und* die Ironie zum Ausdruck, die viele Homosexuelle in ihrer Selbstdarstellung pflegen. Das Bild der »hoffnungslosen Tunte« – zugleich die stereotype Vorstellung, die sich die Heterosexuellen von der Homosexualität machen, und reale Erscheinung mancher Homosexueller – vereint alle Komponenten der antihomosexuellen Vorurteile und des milieueigenen Humors. Die »hoffnungslose Tunte«, dieses in ungezählten Witzen und Boulevardstücken verbreitete Klischee, ist der Grenzfall des Homosexuellen, der alles zu tun bereit ist, um der Karikatur zu genügen, die seine Unterdrücker von ihm zeichnen. Indem er sich dem Gelächter preisgibt und sämtliche in der heterosexuellen Sicht der Homosexualität enthaltenen Erwartungen erfüllt, hofft er, die Aggression zu dämpfen, die er von seiner heterosexuellen Umgebung erwartet. Gleichzeitig bringt eine gewisse Übereinstimmung zwischen dem Bild, das die heterosexuelle Mehrheit sich von der Homosexualität macht, und dem realen Verhalten der Homosexuellen die Notwendigkeit zum Ausdruck, in einer Lage sozialen Drucks eine Gruppenidentität aufrechtzuerhalten. In Zeiten offener Unterdrückung der Homosexualität und wenn es unmöglich ist, sich die Entwicklung einer homosexuellen Definition der Homosexualität vorzustellen, scheint die Unterwerfung unter die Karikatur, welche die Mehrheit der Minderheit auferlegt, fast das einzige Mittel zu sein, eine Gruppenidentität festzuhalten. Doch innerhalb dieser Gruppenidentität, in der sich insbesondere die Erniedrigung widerspiegelt, hat sich die Solidarität als Voraussetzung der künftigen Emanzipation entfaltet.

Man begreift, warum die militanten Homosexuellen, als die Unterdrückung nachließ, zunächst versuchten, die homosexuelle Identität neu zu definieren, indem sie sie von dem Bild befreiten, das den Homosexuellen im günstigsten Falle zu einem femininen Mann, im schlimmsten zu einer verhinderten Frau erklärt. Als Reaktion auf diese Karikatur wurde der »super-männliche« Mann, der »Macho«, zum Idealtyp im Homosexuellen-Milieu: kurzes Haar, Schnurrbart oder Bart, muskulöser Körper. Und während die Emanzipation der Heterosexuellen oft mit der Entdifferenzierung von männlichen und weiblichen Rollen einhergeht, befindet sich die Emanzipation der Homosexuellen gegenwärtig in einer Phase strengster Abgrenzung der sexuellen Identität. Die mythischen Gestalten, die in der homosexuellen Presse und in den einschlägigen pornographischen Magazinen am häufigsten dargeboten werden, sind der Cowboy, der Fernfahrer und der Sportler. Der »Macho«-Stil beherrscht die Szene.[21] Daraus resultiert zugleich ein gewisses Unbehagen gegenüber Päderastie und Bisexualität, die leicht als Versuch, die Homosexualität zu kaschieren, empfunden werden. Diese Entwicklung des homosexuellen Milieus hin zu einem betont »männlichen Stil« wird oft des Sexismus bezichtigt und bewirkt die Marginalisierung derjenigen Homosexuellen, die sich der neuen Definition der sexuellen Identität nicht fügen. Doch ungeachtet dieser Ausschließungstendenz ist festzuhalten, daß die Suche nach einer streng definierten sexuellen Identität zu einem Zeitpunkt stattfindet, da die Homosexuellen zum erstenmal Gelegenheit haben, ihr soziales Bild selbst zu entwerfen und statt der weiblichen Züge ihre Männlichkeit zu betonen. Wenn in absehbarer Zukunft die Gesellschaft mehr Toleranz gegenüber der Homosexualität be-

weisen sollte, wird man wohl mit einer Abschwächung dieses Bedürfnisses nach der Aufrichtung eines »Macho«-Bildes rechnen können.
In den sechziger Jahren führte die Liberalisierung zunächst zu einer explosionsartigen Ausdehnung der Sex-Vermarktung. Neben zahlreichen neuen Bars, Kinos und Saunas entstehen die Homosexuellenpresse, die Pornographie und eine Industrie für sexuelle Hilfsmittel, die von Lederutensilien, Penisringen und Cremes bis hin zu den *poppers* reichen (das sind gefäßerweiternde Mittel, die als Aphrodisiaka verwendet werden). Wie die *Gay-Lib*-Aktivisten der ersten Stunde bemerken: »Haben wir die Revolution gemacht, um das Recht zu haben, siebenhundert Lederbars mehr zu eröffnen?«[22]
Auch die Tourismusindustrie wurde schnell vom homosexuellen Milieu erobert. Wegen des Hangs zur Promiskuität ist der Sex-Markt in kleinen und mittelgroßen Städten oft rasch erschöpft; es entwickelt sich deshalb eine reichhaltige Logistik der Urlaubs- und Wochenendreisen. Ihre Verzweigungspunkte hat die homosexuelle Geographie in den großen städtischen Zentren. Und bestimmte Städte genießen den unerschütterlichen Ruf, besonders *gay* zu sein, in Europa Amsterdam, Berlin, Paris, Hamburg und München, in den Vereinigten Staaten New York und San Francisco. Manche Badeorte gelten als besonders beliebte Urlaubsziele: die Insel Sylt in der Nordsee, Mykonos in Griechenland, Le Touquet und L'Espiguette in Frankreich, Key-West und Cap Code in den USA usw. Zu solchen »Reisezielen« kommen noch »einzigartige Ereignisse« wie der Karneval in Rio als Attraktionspole hinzu. Diese Kommerzialisierung, die mit der Liberalisierung einherging, verstärkt tendenziell die sozialen Unterschiede innerhalb des Milieus, die vorher – wegen des starken Gefühls, ein gemeinsames Schicksal zu erleiden – relativ undeutlich geblieben waren. Auch heute noch erleben die meisten Homosexuellen diese Kommerzialisierung eher als befreiend, da sie die Toleranz zu fördern scheint.
Der Entwurf eines Männlichkeitsbildes innerhalb des homosexuellen Milieus, das dem von den Heterosexuellen auferlegten Verweiblichungsverdacht entgegengestellt wird, ist die Grundlage für die Herausbildung einer homosexuellen Gemeinschaft, die Rechte einklagt und sich zu deren Erkämpfung organisiert. In dieser Strategie gilt das *coming out* der Mehrzahl, das offene Bekenntnis zur Homosexualität, als unerläßlich. Die Einrichtung von Treffpunkten, die Organisation von kollektiven Aktivitäten und die Gewäh-

rung von materieller und psychologischer Hilfe (SOS-Telefondienste, Radio- und Fernsehstationen, Ärzte für die diskrete Behandlung von Geschlechtskrankheiten, ein Netz von sympathisierenden Therapeuten, Rechtshilfe bei der Kündigung von Arbeits- oder Mietverträgen usw.) sollen alle Homosexuellen in ihrem Alltag unterstützen und sie ermutigen, den Schritt des *coming out* zu tun.

Das offene Eingeständnis der homosexuellen Identität und der Existenz einer aus dem Schatten hervortretenden homosexuellen Gemeinschaft materialisierte sich in Formen ökonomischer, politischer und räumlicher Organisation. Dies wiederum bekundete sich in den amerikanischen Großstädten in der Gründung von »Gettos«, d. h. nach der klassischen Definition: von Stadtvierteln, in denen Leute wohnen, die, von der übrigen Gesellschaft gesondert, ein wirtschaftlich relativ autonomes Leben führen und eine eigene Kultur entwickeln.[23] Eine solche »Gettobildung« zeigt sich besonders deutlich im West Village von Manhattan, im Castro District von San Francisco, im South End von Boston, im Umkreis des Dupont Circle in Washington sowie in bestimmten Vierteln von Chicago und Los Angeles. In diesen Vierteln stellen die Homosexuellen die Bevölkerungsmehrheit, sie kontrollieren einen beträchtlichen Sektor des Handels, die Bars, das Immobiliengeschäft und einen Teil des Arbeitsmarktes. In einigen Regionen ist es ihnen sogar gelungen, zu einem wichtigen Machtfaktor bei Wahlen zu werden. Eine solche Gettobildung ist auch in Europa zu beobachten, freilich minder ausgeprägt.

Die Organisation des homosexuellen Milieus zu kämpferischen Gruppen geht nicht ohne Probleme im Verhältnis zur umgebenden Gesellschaft vor sich. Der mehr oder weniger offizielle Aufbau von Strukturen wechselseitiger Hilfe auf dem Arbeits- und Wohnungsmarkt wird Konkurrenzen erzeugen, mit denen jede gesellschaftliche Gruppe konfrontiert ist, die sich als um sozialen Aufstieg kämpfende Minderheit konstituiert.

Probleme dieser Art sind in den amerikanischen Gettos bereits erkennbar, wo die Homosexuellen, die sich in bestimmten Vierteln niederlassen wollen, häufig in Konflikt mit wirtschaftlich schwächeren ethnischen Minderheiten geraten.[24] Die Ideologie der »Einheitsfront« der Unterdrückten, die das gemeinsame Interesse aller Minderheiten einer Gesellschaft an einer Vereinigung zu mobilisieren sucht, läuft Gefahr, unter dem Eindruck der realen Konkurrenz zu zerfallen.

Hinzu kommt noch, daß die im Untergrund entstandene Solidarität, ist die Gruppe erst einmal gesellschaftlich relativ akzeptiert, schwieriger wachzuhalten sein wird. In einer ersten Phase hat die Kommerzialisierung um die Homosexualität deren soziale Sichtbarkeit erhöht und damit indirekt auch zum Gruppenzusammenhalt beigetragen. Doch langfristig wird sie die sozialen Unterschiede innerhalb des Milieus deutlicher hervortreiben, etwa wenn Treffs und Freizeit-Einrichtungen sich nach gesellschaftlicher Position und ökonomischem Status differenzieren. Das Gefühl eines gemeinsamen Schicksals, das die Homosexuellen über die Klassenschranken hinweg eint, wird dann wohl schwinden.

Sexuelle Identität und soziale Klassifikation

Viele neuere Arbeiten über die Homosexualität und insbesondere solche soziographischen Charakters beschreiben das *coming out*, den zweifachen Prozeß der Integration in die homosexuelle Gemeinschaft und des Bekenntnisses zur Homosexualität nach außen, nicht nur als eine Erfahrung des Erlernens und Akzeptierens einer Besonderheit, sondern auch als Suche nach einem Lebensstil. Indem sie diesen Prozeß als Lösung für das Leiden vorstellen, das eine immer noch feindlich gesinnte Umwelt den Homosexuellen zufügt, leisten sie einen Beitrag zu der Verwirklichung dessen, was sie beschreiben: der Herausbildung einer homosexuellen Gemeinschaft und Kultur im Rahmen einer allgemeineren Liberalisierung der Sitten. Der Rat, den diese Literatur gibt und der nicht allein die Homosexuellen betrifft, lautet: Schafft euch Lebensräume und Lebensstile, die euren sexuellen Bedürfnissen entsprechen!
Die Literatur über die Homosexualität folgt den sozialen Definitionen der sexuellen Identität und trägt zugleich zu deren Formulierung bei. Gegen Ende des 19. und zu Beginn des 20. Jahrhunderts ging es darum, die Stigmata, die man einer als »homosexuell« bezeichneten Gruppe aufdrückte, wissenschaftlich zu rechtfertigen oder zu bekämpfen, indem man eine Geographie des Sexuallebens entwarf, deren einzelne Gebiete sich nach ihrem Verhältnis zur Natur bestimmten. Die heutigen Arbeiten fügen sich in den Rahmen von Versuchen, das Stigma in ein positives Kriterium der Zugehörigkeit zu einer in Emanzipation begriffenen Gruppe zu verwandeln. Die Ermutigung zum *coming out,* verstanden als individuelle Versöhnung mit der eigenen homosexuellen Identität, aber

auch der Zugehörigkeit zu einer sozialen Bewegung, die vielen diese Identifikation erst ermöglicht, hilft mit, das Kriterium der sexuellen Orientierung in der Wahrnehmung und Definition sämtlicher Sozialbeziehungen bedeutsam zu machen.[25]
Es zeigt sich, daß die Diskurse der Sexualwissenschaft nicht so verschieden sind von den Zielsetzungen in den Diskursen der Aktivisten, die jede Interpretation der sozialen Wirklichkeit auf das Kriterium der sexuellen Identität zu reduzieren suchen, wie es sich z. B. in der Entdeckung einer literarischen Sensibilität, einer Kunst und sogar einer Geschichte spezifisch homosexueller Prägung zeigt. In gewissem Grade bleibt der »wissenschaftliche« Diskurs über die Homosexualität praktischen Vorhaben unterworfen, auf die Erzielung gesellschaftlicher Wirkungen ausgerichtet. Doch die praktische Bedeutung des wissenschaftlichen Diskurses über die Homosexualität läßt sich nicht auf die Rolle eines Weggenossen der homosexuellen Emanzipationsbewegung beschränken. Zum Universum der legitimen Diskurse über die Sexualität gehörend, beeinflußt er nicht nur die gesellschaftliche Definition der Homosexualität, er erhöht vielmehr auch die Bedeutung des Faktors »Sexualität« für die vieldimensionale Klassifizierung jedes Einzelnen.
In den soziosexologischen Beschreibungen scheint das homosexuelle Milieu ein gesellschaftliches Leben vorwegzunehmen, in dem sich die Sexualität zunehmend von überkommenen Zwängen löst und Eingang in die komplexen Graphen jeglicher sozialen Interaktion findet. Nach dieser Interpretation wäre das homosexuelle Milieu ein Modellfall, der bezeugt, daß man höchst unterschiedlichen sexuellen Bedürfnissen folgen und zugleich die Einsamkeit überwinden kann, daß es möglich ist, seine sexuellen und affektiven Bedürfnisse gesondert zu befriedigen. Die wachsende Zahl von Erwachsenen, die es vorziehen, allein zu leben, läßt erkennen, daß ein beträchtlicher Teil der Bevölkerung Lebensstile erproben möchte, in denen befristete sexuelle Kontakte mit einem sozialen Kontext verbunden sind, der auf einer Vielzahl nicht notwendig auf Dauerhaftigkeit zielender Beziehungen beruht.
Das letzte Buch von Masters und Johnson, das homo- und heterosexuelle Verhaltensweisen vergleicht, wird diese Tendenz verstärken.[26] Was sie dort sagen, richtet sich in der Hauptsache an die Heterosexuellen. Sie werfen ihnen vor, dem Vorspiel nicht genug Zeit zu widmen, die Lustquellen des Partners nicht zu kennen und unfähig zu sein, über ihre besonderen Bedürfnisse zu sprechen. Folgt man diesem Buch, so sind alle diese Probleme in homosexu-

ellen Beziehungen weniger akut. Die Homosexualität zum Vorbild erhoben? Werden die Homosexuellen bald in einer Gesellschaft leben, die sie nicht nur toleriert, sondern ihnen auch nachahmenswerte Eigenschaften beimißt?

Auf dieselben Erscheinungen stößt man auch auf anderen Gebieten, in denen das Bild der Homosexualität die treibende Kraft bei der Veränderung von Lebensstilen darstellt. Das »Disco«-Phänomen steht für den modischen Einfluß, den das Homosexuellen-Milieu gegenwärtig auf bestimmte Sektoren der Gesellschaft ausübt. Jede Diskothek, die etwas auf sich hält, bemüht sich auch um homosexuelle Kundschaft und versucht, eine Atmosphäre zu schaffen, in der sich alle Geschmacksrichtungen mischen. Viele, wenn nicht gar die meisten Disco-Hits aus den USA enthalten homosexuelle Anspielungen. Eine der erfolgreichsten Bands, die »Village People«, wendet sich mit ihren Liedern ausschließlich an Homosexuelle: »Macho Man«, »In the Navy« und »YMCA« sind voll von homoerotischen Phantasien und von Metaphern, in denen die Orte der Initiation in die Homosexualität beschrieben sind.

Diese offenkundige Werbung für die Homosexualität zielt weder ausschließlich noch vornehmlich auf die Verbesserung der Lage der Homosexuellen. Indem der sexualwissenschaftliche Diskurs im Stile von Masters und Johnson sämtliche sexuellen Äußerungen auf demselben Niveau abhandelt und sich lediglich für deren sexuelle Effizienz interessiert, sucht er die Gebiete einer Sexualgeographie, die der Diskurs über die Perversionen voneinander getrennt hatte, wieder zu vereinen und damit zugleich die Stigmata zu löschen, welche die früheren Klassifikationen bestimmten Sexualpraktiken aufgeprägt haben. In einer ersten Phase, die wir heute erleben, hat dieser Wandel in der wissenschaftlichen Darstellung der Sexualität weniger die Grenzen zwischen deren unterschiedlichen Ausdrucksformen aufgehoben als vielmehr die Differenzierung der Darstellung nach sexuellen Identitäten gefördert. Diese unterschiedlichen Darstellungsweisen bilden den Ursprung ebensovieler »Gruppen« und »Bewegungen«, deren jede einen eigenen sozialen Raum fordert, in dem sie – und sei es um den Preis der Abkapselung – ihre Sexualität entfalten kann. Diese Logik der Differenzierung und der Abkapselung führt tendenziell zu einer Abschwächung des »starken« Gegensatzes zwischen Heterosexuellen und Homosexuellen. Sie könnte in dem Kampf um die Klassifikation der akzeptablen und inakzeptablen Sexualpraktiken ein Spiel vielfältiger und wechselnder Allianzen hervorbringen.

Anmerkungen

1 Zit. in: J. P. Aron und R. Kempf, *Le Pénis et la Démoralisation de l'Occident*, Paris 1978, S. 51.

2 R. von Krafft-Ebing, *Psychopathia sexualis, mit besonderer Berücksichtigung der conträren Sexualempfindung; eine klinisch forensische Studie*, 3. Ausg., Stuttgart 1888; R. von Krafft-Ebing, *Der Conträrsexuale vor dem Strafrichter*, 2. Ausg., Leipzig 1895; A. Schrenck von Notzing, *Die Suggestionstherapie bei krankhaften Erscheinungen des Geschlechtssinnes mit besonderer Berücksichtigung der conträren Sexualempfindung*, Stuttgart 1892.

3 I. Bloch, *Das Sexualleben unserer Zeit in seinen Beziehungen zur modernen Kultur*, Berlin 1908, S. 534 f.

4 Siehe M. Dannecker, *Der Homosexuelle und die Homosexualität*, Frankfurt a. M. 1978, S. 42 f.

5 H. M. Hirschfeld, »Ursachen und Wesen des Uranismus«, in: *Jahrbuch für sexuelle Zwischenstufen*, 5, 1903.

6 Siehe die ausgezeichnete kommentierte Bibliographie von M. S. Weinberg und A. P. Bell, *Homosexuality. An Annotated Bibliography*, New York 1972.

7 M. Dannecker und R. Reiche, *Der gewöhnliche Homosexuelle*, Frankfurt a. M. 1974; A. P. Bell und M. S. Weinberg, *Homosexualities. A Study of Diversity among Men and Women*, New York 1978 (dt.: *Der Kinsey-Institut-Report über weibliche und männliche Homosexualität*, München 1978). Eine vergleichende Studie über die Lage der Homosexuellen in drei Ländern, den USA, den Niederlanden und in Dänemark, zeigt, daß die Homosexuellen-Milieus einander trotz zahlreicher Unterschiede hinsichtlich Gesetzgebung und öffentlicher Meinung doch recht ähnlich sind und daß man überall dieselben Mechanismen des Sex-Marktes antrifft. M. S. Weinberg und C. J. Williams, *Male Homosexuals*, New York 1974. In diesem Aufsatz versuche ich, die typischen Merkmale des homosexuellen Milieus in Westeuropa und Nordamerika zu beschreiben, und gehe nicht auf die quantitativen Unterschiede in der Verteilung der einzelnen Phänomene in den verschiedenen Ländern ein. Einer im selben Geiste durchgeführten französischen Untersuchung mangelt es freilich an empirischer Präzision: J. Corraze, *Dimensions de l'homosexualité*, Toulouse 1969. Eine große, im Auftrag der Arcadie-Vereinigung in Frankreich durchgeführte Untersuchung kommt zu Ergebnissen, die mit denen von Dannecker und Reiche sowie von Bell und Weinberg vergleichbar sind: M. Bon und A. D'Arc, *Rapport sur l'homosexualité de l'homme*, Paris 1974. Ein der Psychoanalyse entliehener Begriffsrahmen und die Sorge um das gesellschaftliche Ansehen des Auftraggebers begrenzen freilich das Interesse, das diese Studie verdient, ganz erheblich. Zudem werden die statistischen Rohdaten nicht mitgeteilt.

8 Dieser theoretische Rahmen wurde entwickelt in dem Aufsatz von A. Béjin und M. Pollak, »La rationalisation de la sexualité«, in: *Cahiers internationaux de sociologie*, LXVII, 1977, S. 105 ff.

9 M. Dannecker und R. Reiche, op. cit., S. 23 f.
10 W. Sage, »Inside the colossal closet«, in: M. P. Levine, *Gay Men. The Sociology of Male Homosexuality*, New York 1979, S. 159.
11 Zahlreiche Beispiele für solche Inszenierungen finden sich in: M. Emory, *The Gay Picturebook*, Chicago 1979.
12 J. V. Soares, »Black and Gay«, in: M. P. Levine, op. cit., S. 263 ff.
13 M. Dannecker und R. Reiche, op. cit., S. 198 f.
14 *Ibid.*, S. 42 f.
15 A. P. Bell und M. S. Weinberg, op. cit., S. 72 d. dt. Ausg.
16 *Ibid.*, S. 72; und J. V. Soares, op. cit., S. 264.
17 R. Reece, »Coping with Couplehood«, in: M. P. Levine, op. cit., S. 211 ff.
18 M. Dannecker und R. Reiche, op. cit., S. 359 f.; A. P. Bell und M. S. Weinberg, op. cit., S. 236 d. dt. Ausg.
19 V. Russo, »Camp«, in: M. P. Levine, op. cit., S. 208 ff.
20 B. Rodgers, *Gay Talk. The Queens Vernacular, A (sometimes outrageous) dictionary of gay slang*, New York 1979.
21 L. Humphreys, »Exodus and identity: the emerging gay culture«, in: M. P. Levine, op. cit., S. 141 ff. Siehe auch M. Walter, *The nude Male. A new Perspective*, Hammondsworth 1979, S. 269–270.
22 R. von Praunheim, *Armee der Liebenden oder Aufstand der Perversen*, München 1979, S. 27.
23 M. P. Levine, »Gay Ghetto«, in: ders., op. cit., S. 182 ff.
24 Siehe den Artikel von M. Singer, »Gay-Black ties fray in post-Milk era«, in: *In these Times*, 13.–19. Juni 1979, S. 7.
25 P. Bourdieu, »L'identité et la représentation«, in: *Actes de la recherche en sciences sociales*, 35, 1980, S. 69.
26 W. H. Masters und V. E. Johnson, *Homosexuality in Perspective*, Boston 1979 (dt.: *Homosexualität*, Berlin 1979).

Statistischer Anhang

Die im folgenden wiedergegebenen vergleichenden Tabellen stammen aus der amerikanischen Studie von A. P. Bell und M. S. Weinberg (*Homosexualities. A Study of Diversity among Men and Women*, New York 1978; dt.: *Der Kinsey-Institut-Report über weibliche und männliche Homosexualität*, München 1978, Anhang C, Tabellen, S. 327 ff.) und aus der deutschen Untersuchung von M. Dannecker und R. Reiche (*Der gewöhnliche Homosexuelle*, Frankfurt a. M. 1974); sie dienen eher der Illustration des Textes als dem Beleg der Unterschiede in den Lebensweisen der Homosexuellen in beiden Ländern. Es gibt zahlreiche statistische Fehlerquellen auf einem Forschungsgebiet, das so neu, noch so sehr in Bewegung und so schwer zugänglich ist wie die Homosexualität. Beide Befragungen bedienten sich der »Schneeball-Technik«; zur Verteilung der Fragebogen bat man eine begrenzte Zahl homosexueller Bekannter, diese an ihre Freunde weiterzugeben, wobei diese Freunde dann ihrerseits gebeten wurden, entsprechend zu verfahren, und so weiter. Die Auswahlverfahren unterscheiden sich jedoch bei beiden Befragungen grundlegend. In den USA wurde die Auswahl eines geographisch eng umgrenzten Gebiets – San Francisco und dessen unmittelbare Umgebung – ausdrücklich mit dem Avantgarde-Charakter dieser Stadt hinsichtlich einer toleranten und liberalen Haltung gegenüber der Homosexualität begründet: »Die Möglichkeit, daß San Francisco mit seiner sexuellen Toleranz ein Vorläufer der Entwicklung in anderen Teilen des Landes sein könnte, war ein wichtiger Faktor bei unserer Entscheidung zugunsten von San Francisco als Untersuchungsort« (S. 29). Um alle homosexuellen Lebensstile zu erfassen, suchten Bell und Weinberg ihre Probanden an sämtlichen Arten von Homosexuellentreffs wie Bars, Saunas, Restaurants, Cafés usw.; Dannecker und Reiche dagegen bemühten sich um eine Repräsentativität ihrer Stichprobe hinsichtlich der Einwohnerzahl des Wohnortes, der sozialen Herkunft und des Alters der Befragten.

Tabelle 1
Alter beim ersten homosexuellen Kontakt

	USA			BRD
Alter	Weiße	Schwarze	Alter	
−19	31%	43%	−20	80%
20–23	33%	40%	21–25	14%
24+	36%	17%	26+	6%
	100%	100%		100%
	N = 574	N = 111		N = 789

Tabelle 2
Zahl der Geschlechtspartner während der letzten zwölf Monate

	USA			BRD
Anzahl	Weiße	Schwarze	Anzahl	
0	3%	–	0	–
1–2	8%	10%	1	6%
3–5	10%	12%	2–5	19%
6–10	12%	14%	6–10	16%
11–19	12%	5%	11–19	22%
20–50	27%	28%	20–50	20%
51+	28%	32%	51+	17%
	100%	100%		100%

Tabelle 3
Zahl der Geschlechtspartner insgesamt

	USA		BRD
Anzahl	Weiße	Schwarze	
1–99	25%	41%	56%
100–499	32%	26%	29%
500+	43%	33%	15%
	100%	100%	100%

Tabelle 4
Häufigkeit sexueller Aktivitäten pro Person und Jahr nach Alter (nur Bundesrepublik Deutschland)

Alter	18–20	21–25	26–30	31–35	36–40	41–50	51+
heterosexuelle Aktivitäten	6	3	1	3	0	2	3
homosexuelle Aktivitäten	99	104	116	113	108	78	43
Masturbation	153	145	144	117	132	108	70
Insgesamt	258	252	261	233	240	188	130
	N=32	N=153	N=250	N=141	N=76	N=59	N=57

Tabelle 5
Dauer einer festen Beziehung zum Zeitpunkt der Befragung

		USA			BRD
	Dauer	Weiße	Schwarze	Dauer	
keine feste Beziehung		57%	53%		42%
feste Beziehung		43%	47%		58%
		100%	100%		100%
davon	−3 Mon.	11%	6%	−6 Mon.	27%
	−1 Jahr	18%	45%	−1 Jahr	8%
	1–3 Jahre	28%	35%	1–2 Jahre	16%
	3–5 Jahre	12%	6%	2–5 Jahre	26%
	5 Jahre +	31%	8%	5 Jahre +	23%
		100%	100%		100%
		N=249	N=48		N=459

Tabelle 6
Wunsch nach einer Behandlung der Homosexualität
(falls sichere Methode vorhanden)

	USA				BRD
	Weiße		Schwarze		
	jetzt*	bei Geburt*	jetzt*	bei Geburt*	
ja	14%	28%	13%	23%	13%
vielleicht		Antwort nicht vorgesehen			22%
nein	86%	72%	87%	77%	65%
	100%	100%	100%	100%	100%

* Unterscheidung nur in den USA

Philippe Ariès
Überlegungen zur Geschichte der
Homosexualität

Offenbar ist die Lockerung des Verbots der Homosexualität, wie Michael Pollak in diesem Bande dargelegt hat, einer der auffälligsten Züge der moralischen Situation, in der sich die westlichen Gesellschaften gegenwärtig befinden. Die Homosexuellen bilden eine geschlossene Gruppe, die zwar noch marginal ist, sich aber allmählich ihrer Identität bewußt wird; sie fordert Rechte gegen eine dominierende Gesellschaft, von der sie noch nicht akzeptiert wird (in Frankreich reagiert die Gesellschaft gar mit einer Gesetzgebung, die bei Sittlichkeitsdelikten eine Verdopplung des Strafmaßes vorsieht, falls die Beteiligten demselben Geschlecht angehören), die aber in ihren Überzeugungen nicht mehr selbstsicher, ja bereits erschüttert ist. Die Tür bleibt offen für eine Duldung, d.h. für eine Komplizenschaft, die noch vor dreißig Jahren undenkbar gewesen wäre. So berichteten kürzlich die Zeitungen von einer heiratsähnlichen Zeremonie, bei der ein protestantischer Pastor (gegen den Willen seiner Kirche) zwei Lesbierinnen zwar nicht fürs Leben, aber für möglichst lange Zeit verband. Auch der Papst mußte eingreifen und an das Paulinische Verbot der Homosexualität erinnern, was nicht nötig gewesen wäre, hätten sich nicht in der Kirche Tendenzen zu mehr Verträglichkeit gezeigt. Bekanntlich bilden die *gays* in San Francisco eine *pressure group,* mit der man dort durchaus zu rechnen hat. Kurz, die Homosexuellen sind dabei, sich Anerkennung zu verschaffen, es fehlt freilich auch nicht an konservativen Moralpredigern, die sich über deren Dreistigkeit und über den »weichlichen Widerstand« empören. Michael Pollak läßt jedoch die Vermutung offen, dieser Wandel könnte nur von kurzer Dauer sein, d.h. er könnte wieder umschlagen, und Gabriel Matzneff vertritt eine ähnliche Auffassung in einem Aufsatz (*Le Monde* vom 5. Januar 1980) mit dem Titel »Le Paradis clandestin« (»Das heimliche Paradies«) – schon Paradies, aber noch heimlich. »Wir

werden die Wiederkehr der moralischen Ordnung und ihren Triumph erleben. [Keine Sorge, es dauert nicht lange!] Und wir werden uns mehr als je zuvor verstellen müssen. Die Zukunft gehört dem Untergrund.«
Die Besorgnis bleibt. Ohne Zweifel werden zur Zeit die Zügel wieder fester angezogen, allerdings für den Augenblick eher unter dem Kriterium der »Sicherheit« als dem der Moral.[1] Ein erster Schritt? Doch die »Normalisierung« der Sexualität und der Homosexualität ist zu weit gediehen, als daß sie dem Druck von Polizei und Justiz weichen würde. Der Platz, den die Homosexualität erworben – oder erkämpft – hat, verdankt sich keiner bloßen Toleranz oder Laxheit – »Alles ist erlaubt, nichts hat Bedeutung...« Hier ist etwas Fundamentaleres und Subtileres im Spiel, und zweifellos auch etwas stärker Strukturelles und Definitives, zumindest für lange Zeit: Die ganze Gesellschaft paßt sich mehr oder weniger deutlich und zuweilen mit Widerständen dem Modell der Homosexualität an. Das ist eine der Thesen, die mich in Michael Pollaks Darlegungen am meisten überrascht haben: Die Vorbilder der Gesamtgesellschaft nähern sich den Selbstdarstellungen der Homosexuellen, eine Annäherung, die auf eine Deformation der Bilder und Rollen zurückgeht.
Ich nehme die These auf. Von dem Augenblick an, da der Homosexuelle sich seiner Besonderheit bewußt wird und sie, zumeist, als Krankheit oder Perversion wahrnimmt – d.h. vom ausgehenden 18. und beginnenden 19. bis zum Anfang des 20. Jahrhunderts –, ist der Typus des Homosexuellen durch den femininen Mann gekennzeichnet: den Transvestiten mit der Fistelstimme. Wir können darin eine Anpassung des Homosexuellen an das herrschende Modell sehen: Die Männer, die er liebt, wirken wie Frauen, und in gewissem Sinne ist das beruhigend für die Gesellschaft. Es kann auch vorkommen, daß er Kinder oder sehr junge Jugendliche liebt (Päderastie), eine sehr alte Beziehungsform, die wir durchaus klassisch nennen dürfen, denn sie stammt aus der griechisch-römischen Antike und ist heute noch in der islamischen Welt verbreitet – trotz des Ayatollah Chomeini und seiner Henker; sie entspricht einer traditionellen Erziehungs- oder Initiationspraxis, die im übrigen auch in versteckten Zerfallsformen Ausdruck finden kann – besonders enge Freundschaften kommen der Homosexualität nahe, ohne sich dessen bewußt zu sein oder als solche erkannt zu werden.
Nach Michael Pollak nun weist die homosexuelle Vulgata von heute die beiden früheren Modelle, den femininen und den pädo-

philen Typus, häufig zurück und ersetzt sie durch ein machistisches, sportliches, super-männliches Bild, das freilich manche jugendliche Züge beibehält, so etwa die schmale Taille – im Gegensatz zu den harten, kräftigen Gestalten in der mexikanisch-amerikanischen Malerei der zwanziger und dreißiger Jahre und in der sowjetischen Kunst. Zum Leitbild wird der Motorradfahrer in seiner Lederkluft, mit einem Ohrring in einem Ohr – ein Erscheinungsbild, das inzwischen einer ganzen Altersgruppe gemeinsam ist, und dies ohne Unterschied des Geschlechts, ein Jugendtypus, dem übrigens sogar die Frau sich anzunähern geneigt ist. Es hat wohl schon jeder einmal die Erfahrung gemacht, daß er nicht wußte, mit wem er es zu tun hatte, mit einer Sie oder einem Er.

Ist die Verwischung der äußeren Unterschiede zwischen den Geschlechtern bei den Heranwachsenden nicht eines der charakteristischen Merkmale unserer Gesellschaft, einer *eingeschlechtlichen Gesellschaft?* Die Rollen sind austauschbar, die des Vaters und der Mutter, ja selbst die der Geschlechtspartner. Merkwürdig nur: Das Einheitsmodell ist *männlich.* Die Gestalt der jungen Frau ähnelt der des jungen Mannes; sie hat die verhüllten Formen verloren, die den Künstlern vom 16. bis ins 19. Jahrhundert so lieb waren (und die in den islamischen Ländern noch heute zu finden sind), vielleicht weil sie an Mutterschaft erinnern. Heute würde sich niemand mehr über die Magerkeit eines Mädchens im Tone dieses Dichters aus dem letzten Jahrhundert lustig machen:

»Was soll schon die Magerkeit, o mein geliebtes Wesen!
Bin ich doch dem Herzen näher, wenn die Brust platt.«

Ginge man noch weiter zurück, so fände man vielleicht noch eine weitere Gesellschaft, die – wenn auch nur flüchtige – Zeichen einer schwachen Tendenz zur Eingeschlechtlichkeit zeigt, das Italien des Quattrocento nämlich, doch damals war das Leitbild weniger männlich als heute, es tendierte eher zum Androgynen.

Wenn eine ganze Generation von Jugendlichen in ihrer äußeren Erscheinung ein Leitbild übernimmt, das unverkennbar homosexuellen Ursprungs ist, dann erklärt dies möglicherweise deren oft sympathische Neugier für die Homosexualität, von der sie einige Attribute aufgreift und deren Nähe sie an ihren Vergnügungsstätten und Treffpunkten sucht. Der »Homo« ist zu einer der Figuren der neuen Komödie geworden.

Sofern meine Analyse zutrifft, wäre die Unisexmode ein sicherer Indikator für einen allgemeinen Wandel der Gesellschaft. Die Toleranz gegenüber der Homosexualität verdankte sich dann einer veränderten Darstellung der Geschlechter, nicht nur ihrer Funktionen, ihrer Rollen in Beruf und Familie, sondern ihrer Symbole.

Wir versuchen zu erfassen, was da vor unseren Augen geschieht; aber können wir uns von früheren Einstellungen anders als durch die ausdrücklichen Verbote der Kirche eine Vorstellung machen? Hier eröffnet sich ein weites unerforschtes Gebiet. Wir wollen uns auf einige Hinweise beschränken, aus denen vielleicht einmal Anlässe der Forschung werden können.

In den letzten Jahren sind Bücher erschienen, in denen die Auffassung vertreten wird, die Homosexualität sei eine Erfindung des 19. Jahrhunderts. Michael Pollak hat in der Diskussion im Anschluß an seinen Vortrag Bedenken daran geäußert. Das Problem erscheint dennoch interessant. Wohlgemerkt, es meint nicht, es hätte früher keine Homosexuellen gegeben – das wäre eine lächerliche Hypothese. Man kannte vielmehr lediglich homosexuelle Verhaltensweisen, die an bestimmte Lebensalter oder Umstände geknüpft waren und die bei den Betroffenen konkurrierende heterosexuelle Praktiken nicht ausschlossen. Was wir von der klassischen Antike wissen, zeugt – darauf hat Paul Veyne hingewiesen – nicht von einem Gegensatz zwischen Homosexualität und Heterosexualität, sondern von einer Bisexualität, deren jeweiliger Ausdruck eher von einer zufälligen Konstellation als von biologischen Determinanten bestimmt *scheint*.

Ohne Zweifel hat die Entstehung einer strengeren, auf ein philosophisches Weltbild gestützten Sexualmoral, wie sie das Christentum hervorgebracht und bis heute durchgesetzt hat, zugleich eine strengere Definition von »Sodomie« befördert. Doch dieser Ausdruck, vom Treiben der Einwohner Sodoms in der Bibel hergeleitet, bezeichnete sowohl eine als widernatürlich erachtete Vereinigung *(more canum)* als auch den *masculorum concubitus,* der gleichfalls als widernatürlich galt. So war die Homosexualität klar von der Heterosexualität, der einzig normalen und erlaubten Praxis, geschieden, zugleich jedoch dem großen Arsenal der Perversionen zugeschlagen – die westliche *ars erotica* ist ein Katalog von lauter sündhaften Perversionen. So entstand eine Kategorie von Perversen oder, wie man sagte, Lüstlingen, von der die Homosexualität sich kaum abzuheben vermochte. Natürlich ist die Situation weit subtiler, als diese grobe Zusammenfassung erkennen läßt. Wir werden

sogleich ein Beispiel für diese Subtilität betrachten, die bei Dante zur Zweideutigkeit wird. Der Homosexuelle des Mittelalters und des Ancien Régime war, geben wir es zu, ein Perverser.
Gegen Ende des 18. und zu Beginn des 19. Jahrhunderts wird er zu einem Monstrum, einem Anormalen – eine Entwicklung, die uns übrigens vor die Frage stellt, welcher Zusammenhang zwischen den Monstren des Mittelalters oder der Renaissance und dem biologisch Anormalen in der Zeit der Aufklärung und der Anfänge der modernen Naturwissenschaft besteht (siehe J. Ceard). Das Monstrum, der Zwerg und nicht zuletzt die Alte, die für eine Hexe gilt, sind Beleidigungen der Schöpfung und erscheinen als Geschöpfe des Teufels. Auch auf dem Homosexuellen vom Beginn des 19. Jahrhunderts liegt noch der Schatten dieses Fluchs. Man hielt ihn für anormal *und* für pervers. Die Kirche war bereit, die physische Anomalie anzuerkennen, die den Homosexuellen zu einem Weib-Mann machte, zu einem anormalen, jedenfalls zu einem verweiblichten Mann – denn vergessen wir nicht, diese erste Phase in der Herausbildung einer autonomen Homosexualität steht unter dem Zeichen der Verweiblichung. Das Opfer dieser Anomalie war zwar nicht verantwortlich für diesen Makel, gewiß, aber darum nicht weniger suspekt, erschien es doch aufgrund seiner Natur mehr als andere der Sünde ausgesetzt, fähiger auch, seinen Nächsten zu verführen und auf denselben Abweg zu ziehen; deshalb wurde es, beargwöhnt von der Gesellschaft, eingeschlossen wie eine Frau oder überwacht wie ein Kind. Dieser Anormale machte sich gerade wegen seiner Anomalie verdächtig, ein Perverser oder Krimineller zu werden.
Ende des 18. Jahrhunderts übernahm die Medizin diese kirchliche Deutung der Homosexualität. Sie wurde zu einer Krankheit oder, im günstigen Falle, zu einem Gebrechen gestempelt, dessen klinische Untersuchung die Diagnose gestattete. Einige kürzlich erschienenen Bücher, angefangen bei dem von J. P. Aron und Roger Kempf, haben diesen merkwürdigen Ärzten Gehör und neue Popularität verschafft. Im Rahmen der alten Außenseiter-Welt aus Prostituierten, leichten Mädchen und Wüstlingen, definierte man eine neue, homogene *Gattung* mit eigenen physiologischen Merkmalen. Der Arzt hatte gelernt, die Homosexuellen, die sich gleichwohl verbargen, aufzuspüren. Die Untersuchung ihres Anus oder Penis genügte, um sie zu entlarven. Sie zeigten eigentümliche Mißbildungen wie die beschnittenen Juden. Sie bildeten eine Art Ethnie, wenngleich sie ihre besonderen Merkmale eher durch Übung denn

durch Geburt erworben hatten. Die medizinische Diagnose war doppelt belegt – einmal physiologisch, nämlich durch die Stigmata des Lasters, die man im übrigen auch bei Wüstlingen und Alkoholikern zu entdecken vermeinte, und sodann moralisch, durch eine gleichsam angeborene Neigung, die zum Laster trieb und »Gesunde« anzustecken drohte. Angesichts dieser Denunziation, die sie zur Gattung konstituierte, wehrten sich die Homosexuellen, indem sie sich versteckten oder indem sie sich offen bekannten: pathetisch, erbarmungswürdig oder zynisch – die Bewertung hängt von unserem heutigen Urteil ab –, doch stets in qualvoller Weise von einem Unterschied zeugend, der ebenso unüberwindbar wie beschämend oder herausfordernd war. Die Bekenntnisse waren nicht zur Veröffentlichung oder für die Öffentlichkeit bestimmt – eines davon wurde Zola zugeschickt, der nicht recht wußte, was er damit anfangen sollte, und es weitergab, um es loszuwerden. Schamerfüllt, formulierten sie keine Ansprüche. Für einen Augenblick trat der Homosexuelle aus der Heimlichkeit heraus, um sodann wieder in die Außenseiter-Welt der Perversen zurückzukehren, in der er dahinvegetiert hatte, bis ihn die Medizin im 18. Jahrhundert laut beim Namen nannte und in ihr Schreckens- und Seuchenkabinett steckte.

Die hier denunzierte Anomalie ist die des Geschlechtes und seiner Zweideutigkeit – des verweiblichten Mannes oder der Frau mit männlichen Organen oder des Androgynen.

In einer zweiten Phase lösen sich die Homosexuellen aus der Heimlichkeit und vom Makel der Perversität, fordern das Recht, offen so zu sein, wie sie sind, und behaupten ihre Normalität. Wir haben gesehen, daß diese Entwicklung mit einem Wechsel des Leitbildes verbunden ist – an die Stelle des femininen oder knabenhaften Typus tritt das betont männliche Ideal.

Es handelt sich hier nicht um eine Rückkehr zur antiken Bisexualität, die in den Praktiken der Altersklassen, der Initiationen und der Schülerschikanen bei den Jugendlichen noch lange fortbestanden. Dieser zweite Typus von Homosexualität schließt vielmehr heterosexuelle Beziehungen aus, sei es infolge von Impotenz, sei es aus freier Entscheidung. Fortan bestimmen nicht mehr die Ärzte oder Theologen die Homosexualität als eine Besonderheit, eine Spezies; die Homosexuellen selbst proklamieren nun ihr Anderssein, stellen sich gegen den Rest der Gesellschaft und fordern ihren Platz an der Sonne. Ich bin ganz einverstanden, wenn Freud diesen Anspruch zurückweist: »Die psychoanalytische Forschung widersetzt sich mit aller Entschiedenheit dem Versuche, die Homosexuellen als eine besonders geartete Gruppe von den anderen Menschen abzutrennen.« Doch das schließt nicht aus, daß die Vulgarisierung der Psychoanalyse sowohl zur Befreiung der Homosexualität als auch – im Gefolge der Ärzte des 19. Jahrhunderts – zu ihrer Klassifizierung als eigener Spezies beigetragen hat.

Ich war versucht zu behaupten, Jugend im strengen Sinne des Begriffs habe es vor dem 18. Jahrhundert nicht gegeben – eine Jugend, deren Geschichte (mit einer zeitlichen Verzögerung) etwa dieselbe gewesen wäre wie die der Homosexualität: zuerst der feminine Cherubim, dann der männliche Siegfried. Man hat mir kürzlich (N. Z. Davis) den Fall der Jugendbruderschaften, der »Subkultur« der Londoner Lehrlinge entgegengehalten, die von einer jugendspezifischen sozialen Aktivität, von einer Solidarität der Jugendlichen zeugen. Und dem kann ich nur zustimmen. Die Jugend besaß einen Status und Funktionen sowohl in der Organisation der Gemeinschaft und ihrer Vergnügungen als auch im Arbeitsleben gegenüber den Meistern oder Meisterinnen. Anders gesagt, es gab durchaus einen *Status*unterschied zwischen den unverheirateten Jugendlichen und den Erwachsenen. *Doch obwohl dieser Unterschied beide Gruppen einander entgegensetzte, so trennte er sie doch nicht in zwei Welten ohne wechselseitige Kommunikation.* Die Jugendlichen bildeten keine eigene Kategorie, wenngleich ihnen besondere Aufgaben zugewiesen waren. Deshalb gab es auch kaum den Prototyp des Jugendlichen. Wir kennen freilich Ausnahmen von dieser Regel. So findet man im Italien des 15. Jahrhunderts und in der elisabethanischen Literatur die Figur des schlanken Jugendlichen von eleganter Erscheinung, dem durchaus etwas Zweideutiges und ein Schimmer von Homosexualität anhafteten. Vom 16. Jahrhundert an und im 17. Jahrhundert herrscht dann jedoch die Gestalt des kräftigen, virilen Erwachsenen und der fruchtbaren Frau vor. Das Leitbild der Moderne (18. Jahrhundert) ist der junge *Mann* und nicht der Jugendliche; es ist der junge Mann, der mit seiner Frau an der Spitze der Alterspyramide steht. Feminine Züge, Knabenhaftigkeit oder gar die grazile Jugendlichkeit des Quattrocento sind der Bildwelt dieser Epoche fremd.

Dagegen gewinnt die Jugend gegen Ende des 18. und vor allem im 19. Jahrhundert an Prägnanz, verliert jedoch zugleich ihren Status in der Gesamtgesellschaft; sie ist nun nicht länger eines ihrer organischen Elemente, sondern nur noch deren Vorzimmer. Diese Ab-

grenzung war zu Beginn des 19. Jahrhunderts (in der Zeit der Romantik) auf die bürgerliche Jugend der Schulen (auf die Schüler) beschränkt. Aus vielerlei Gründen hat es sich nach dem Zweiten Weltkrieg verallgemeinert; seitdem erscheint uns die Jugend als eine umfangreiche, massive und wenig gegliederte Altersklasse, in die man sehr früh eintritt und die man erst spät, d. h. lange nach der Heirat, und nur unter Schwierigkeiten verläßt. Sie ist zu einer Art Mythos geworden.
Diese Jugend war zunächst gleichfalls männlich definiert; die Mädchen teilten noch lange das Leben der Frauen und deren Aktivitäten. Als sie dann, wie es heute der Fall ist, gemischt und zugleich eingeschlechtlich wurde, übernahmen Mädchen und Jungen dasselbe, eher männliche Leitbild.
Es ist interessant, die Geschichte beider Mythen (der Jugend und der Homosexualität) zu vergleichen. Die Parallelen springen ins Auge.

Die Geschichte der Homosexualität wirft eine weitere Frage auf, die sie zu einem Spezialfall der allgemeinen Geschichte der Sexualität macht. Bis ins 18. Jahrhundert hinein und noch lange danach erschien die Sexualität breiten Volksschichten der städtischen und ländlichen Gesellschaft in der Fortpflanzung, in den Aktivitäten der Geschlechtsorgane lokalisiert und konzentriert. Poesie und Kunst traten gleichsam als Brücken zur Liebe für die Lust ein; doch Fortpflanzung und Gefühl vereinten darin nur zaghaft ihre einstmals getrennten Ströme. Lieder, Stiche und schlüpfrige Literatur dagegen zehrten weiterhin vom Stoff und vom Pathos der Genitalität.
Auf der einen Seite stand also Sexuelles ohne jede Beimischung, auf der anderen Nichtsexuelles, gleichfalls frei von jeder Verunreinigung. Heute, nachdem Dostojewskij und Freud uns aufgeklärt und – mehr noch – wir selbst eine gewisse Sensibilität entwickelt haben, wissen wir, daß die Menschen des Ancien Régime oder des Mittelalters sich täuschten. Wir wissen, daß das Nichtsexuelle mit Sexuellem besetzt war, freilich mit einem diffusen und, vor allem, unbewußten Sexuellen, zum Beispiel bei den Mystikern, im Barock, bei Bernini. So konnte es den Zeitgenossen verborgen bleiben, und ihre Unwissenheit steuerte ihr Verhalten.
Vom 18. Jahrhundert an wurde die Trennwand zwischen den beiden Welten durchlässig, das Sexuelle drang ins Nichtsexuelle ein. Die Popularisierung der Psychoanalyse (eher Wirkung als Ursache)

hat die letzten Grenzen verwischt. Heute glauben wir die Begierden und unterirdischen Strebungen von ehedem, die zu ihrer Zeit durchsichtig und namenlos erschienen, beim Namen zu nennen. Mehr noch, wir erhöhen die Dosen und entdecken, waghalsige Prospektoren, die wir sind, überall Sexuelles; unseren Blicken erscheint jede auch nur im mindesten zylindrische Form als phallisch. Die Sexualität hat kein eigenes Vorzeichen mehr; über das Genitale hinaus hat sie den Körper des Menschen (des Kindes) und den sozialen Raum erobert. Wir haben uns angewöhnt, die Pansexualität unserer Zeit mit der Abdankung der religiösen Moral und mit der Suche nach einem Glück jenseits der Verbote zu erklären. Sie ist auch ein Bewußtseinsphänomen und gehört zu den markantesten Zügen der Moderne. Wir sind heute fähig, *simul et semel* die Schönheit einer gotischen Kirche, eines Barockschlosses und einer Negermaske wahrzunehmen. Und so wie für uns Schönheit in ganz gegensätzlichen Kunstformen zu finden ist, so dringt auch die Sexualität – in der übrigens manche die Sprache der Schönheit vernehmen – in sämtliche Lebensbereiche des Einzelnen wie der Gesellschaft ein, in Bereiche, in denen sie vormals unbekannt war. Nun taucht ihr bislang undeutliches oder virtuelles Bild aus dem Nichtbewußten auf wie eine Photographie im Entwicklerbad.

Die Tendenz ist alt und reicht bis ins 18. Jahrhundert, in das Jahrhundert des Marquis de Sade, zurück. Doch in den letzten zwei Jahrzehnten haben wir beobachtet, wie sie sich unerhört rasch befestigte.

Kenntnis und Anerkennung der Homosexualität zählen zu den auffälligsten Aspekten dieser Pansexualität. Ich frage mich, ob nicht ein Zusammenhang besteht zwischen der Ausdehnung einer normalisierten Homosexualität und der schwindenden Bedeutung der Freundschaft in unserer Gesellschaft. In früheren Epochen hatte die Freundschaft eine wichtige Rolle gespielt. Die Lektüre von Testamenten belegt dies. Seltsamerweise hatte das Wort »Freundschaft« damals eine umfassendere Bedeutung, es bezeichnete auch die Liebe, zumindest zwischen Verlobten und Eheleuten. Mir scheint, die Historiographie der Freundschaft könnte zeigen, daß sie im 19. und 20. Jahrhundert bei den Erwachsenen einen Niedergang – zugunsten der Familie – erlebte und sich auf den Kreis der Jugendlichen zurückzog. Sie wurde zu einem Charakteristikum der Jugend, das danach verschwindet. In den letzten Jahrzehnten wurde sie sogar bewußt mit Sexualität assoziiert, was sie umstandslos zweideutig oder gar verwerflich macht. Die Gesellschaft mißbilligt sie bei Männern allzu unterschiedlichen Alters. Heute würden der alte Mann und das Kind Hemingways, von ihrer Fahrt auf dem Meer zurückgekehrt, den Argwohn der Sittenpolizei und der Mütter auf sich ziehen.

Ausbreitung der Homosexualität und ihrer Mythen, Rückgang der Freundschaft und eine Erweiterung der Jugend, die sich im Herzen der Gesellschaft niederläßt – das sind wesentliche Merkmale unserer Zeit, zwischen denen eine – ich weiß nicht welche – Korrelation besteht.

Vor gut dreißig Jahren (sagen wir: vor einer Generation) hätte eine Erörterung über die Homosexualität großen Raum der zweideutigen Freundschaft eingeräumt, jener Zuneigung, die einen Mann unwiderstehlich zu einem anderen Mann, eine Frau zu einer anderen Frau trieb – tragische Leidenschaften, die manchmal mit dem Tode oder im Selbstmord endeten. Als Beispiele hätte man angeführt: Achilleus und Patroklos (zwei Gefährten), Harmodios und Aristogeiton (der erwachsene Mann und der Ephebe), die zweideutigen und geheimnisvollen Liebenden Michelangelos, Shakespeares oder Marlows und – unserer Zeit näher – den Offizier aus Julien Greens Theaterstück *Süden*. Von alledem ist in Michael Pollaks Analyse und in seinem Bild der Homosexualität nichts zu finden. Diese weist die Illusion der leidenschaftlichen, der romantischen Liebe zurück und präsentiert uns die Zirkulationen eines ausschließlich sexuellen Marktes, eines Marktes der Orgasmen.

Die homosexuelle Gesellschaft ist nicht gänzlich frei von Gefühl, dieses wird jedoch auf die Zeit *nach* der stets nur kurzen Phase sexueller Aktivität verwiesen – die Homosexualität stiftet keine dauerhaften Bindungen, worin sie sich nicht von der heutigen Heterosexualität unterscheidet. Man liebt sich nicht mehr fürs Leben, sondern in der Intensität des unwiederbringlichen Augenblicks, einer Intensität, die mit Zärtlichkeit und Gefühl, wie es scheint, kaum zu vereinbaren ist. Diese sind den Veteranen vorbehalten. Die vormaligen Liebhaber, berichtet Michael Pollak, finden sich als Brüder wieder, in einer Unschuld, aus der die Begierde nun als inzestuös verbannt ist.

Wir haben oben von der Pansexualität gesprochen, einer Sexualität, die sich bis in die Nischen des Bewußtseins und die Winkel der Körper ausbreitet. Das ist der eine Aspekt der heutigen Sexualität; der andere, der ihm auf den ersten Blick entgegengesetzt scheint, ist die Konzentration oder, genauer, die Abklärung der Sexualität. Sie ist einerseits von der Fortpflanzung und von der Liebe im alten Sinne befreit, andererseits aber auch von ihren Gefühlsbeimischungen, die sie einst in die Nähe der Freundschaft rückten. Sie erscheint als die Erfüllung tiefsitzender Triebregungen, die es dem Mann oder der Frau gestatten, sich in einem als ewiger Orgasmus erlebten Augenblick zu entfalten. Ließe sich nicht behaupten, daß dem Orgasmus heute etwas Sakrales anhaftet? Und eben weil die Homosexualität der Fortpflanzung ihrer Natur nach fernsteht, weil sie in diesem Sinne unabhängig ist, weil sie außerhalb der gesellschaftlichen Traditionen, Institutionen und Bindungen erscheint, kann sie die sexuelle Dichotomie, die den Orgasmus privilegiert, bis ans Ende treiben. Sie wird zu einer Sexualität im Reinzustand und erhält damit Pilotfunktion.

In den alten Gesellschaften war die Sexualität entweder in die Fortpflanzung eingeschlossen – dann war sie legitim – oder in die Perversion – dann wurde sie verdammt. Jenseits dieser Grenzen war Raum für das Gefühl.

Das Gefühl ist heute Sache der Familie. Früher besaß sie nicht das Monopol daran. Deshalb kam der Freundschaft die wichtige Rolle zu, von der wir oben gesprochen haben. Doch das Gefühl, das die Menschen verband, ging über Freundschaft, selbst im weiten Verstande, hinaus. Es bildete die Grundlage von Dienstverhältnissen, die heute durch den Vertrag ersetzt sind. Die Organisation des sozialen Lebens beruhte auf persönlichen Bindungen, auf Abhängigkeit und Schutzherrschaft, auch auf wechselseitiger Hilfe. Die Dienst- und Arbeitsverhältnisse waren Beziehungen von Person zu Person, die sich von Liebe und Vertrauen zu Ausbeutung und Haß entwickelten – zu jenem Haß, der der Liebe so ähnlich ist. Doch niemals bewegten sie sich in Gleichgültigkeit oder Anonymität. Man ging von Abhängigkeitsverhältnissen zu solchen der Klientel, der Gemeinschaft und zu individuellen Wahlentscheidungen über. Man lebte in einem Netz von diffusen und auch zufälligen Gefühlen, die nur zum Teil durch Geburt oder Nachbarschaft vorausbestimmt waren und die ihren Auslöser in Zufallsbegegnungen und Augenblickseingebungen hatten.

Nochmals sei darauf hingewiesen, daß dieser Gefühlswelt die Sexualität gänzlich fremd war; sie drang erst später in sie ein. Aber wir ahnen heute, daß die Jugendbanden des Mittelalters, die Georges Duby beschreibt, nicht völlig frei von ihr gewesen sein können, und auch nicht die großen Freundschaften der Heldendichtung, in der sehr junge Männer besungen werden. Heimliche Freundschaften? So lautet übrigens der Titel eines Romans von Roger Peyrefitte *(Des amitiés particulières)*, in dem die Beziehungen eine Zweideutigkeit und Unentschiedenheit bewahren, wie sie in den späteren Werken desselben Autors nicht mehr zu finden sind; dort präsentiert sich die Homosexualität vielmehr als eigene Spezies mit ausgeprägten Merkmalen. Ich denke, auf der Grundlage einer solchen scheinbar asexuellen Gefühlswelt entwickelte sich in manchen Kulturen (im italienischen Quattrocento und im elisabethanischen England) eine Form männlicher Liebe an den Grenzen zur Homosexualität, einer Homosexualität freilich, die sich weder zu erkennen gibt noch sich selbst als solche versteht, die es bei der Zweideutigkeit beläßt – weniger aus Furcht vor den Verboten als aus der Abneigung heraus, sich einer der beiden regulativen Ordnungen der damaligen Gesellschaft zuweisen zu lassen: dem Nichtsexuellen oder dem Sexuellen. Man verharrte in einer Mischzone, die weder der einen noch der anderen Struktur ganz zugehörte.

Es fällt oft nicht leicht, eine Diagnose auf Homosexualität zu stellen. Man weiß nicht recht, wer nun wirklich homosexuell und wer es nicht war, denn die Kriterien sind entweder anachronistisch (die unserer Zeit) oder polemisch (die Anschuldigungen des Agrippa d'Aubigné gegen Heinrich III. und seine Günstlinge) oder aber einfach ungenau. Die Haltung der alten Gesellschaften gegenüber der Homosexualität – die wir kaum kennen und die wir mit einem neuen und nicht von psychoanalytischen Anachronismen getrübten Blick untersuchen sollten – scheint komplexer gewesen zu sein, als die äußerst strengen und präzisen kirchlichen Moralkodizes der Zeit uns glauben machen.

Gewiß gibt es zahlreiche Anzeichen für eine unnachgiebige Unterdrückung, etwa den folgenden Auszug aus Barbiers Tagebuch vom 6. Juli 1750: »Heute, am Montag dem 6., hat man um fünf Uhr nachmittags auf dem Place de Grève öffentlich zwei Arbeiter verbrannt, nämlich einen Schreinerjungen und einen Metzger, achtzehn und fünfundzwanzig Jahre alt, die der Nachtwächter in flagranti bei der Sodomie überrascht hatte. Man fand, daß die Richter ein wenig hart geurteilt hatten. Offenbar hatte man so sehr dem Wein zugesprochen, daß man die Dreistigkeit bis zu diesem Punkte trieb« (d.h. zu solcher Öffentlichkeit). Sie hätten sich besser vorsehen sollen. Übrigens befand man sich bereits in einer Zeit polizeilicher Tricks, die es gestatteten, Straftäter zu überraschen, um sie besser bestrafen zu können: »Ich habe bei dieser Gelegenheit erfahren, daß den Fußtrupps ein graugekleideter Mann vorangeht, der, ohne Verdacht zu erregen, beobachtet, was in den Straßen geschieht, und dann den Trupp heranführt.[2] Mit der Hinrichtung wollte man ein Exempel statuieren, zumal es heißt, daß dieses Verbrechen nun sehr verbreitet sei und daß zahlreiche Leute aus diesem Grunde in Bicêtre sind.« Man zog es vor, die »öffentlichen Sünder« ins Irrenhaus zu sperren.

Die Verdammung der Homosexualität scheint kompromißlos. Aber wo begann sie? Vielleicht neigte die moralische Repression zu Barbiers Zeiten dazu, sich den Straftatbestand, den sie treffen wollte, zurechtzubiegen. Wir kennen eine ältere Ansicht, aus einer Zeit, die man für rigoroser halten könnte (Ende des 13. Jahrhunderts), und zwar Dantes Ansicht.* Seine Hierarchie der Verdammten – wie die Hierarchie der Sünden bei Paulus oder die noch minutiösere in den Bußbüchern – gibt eine Vorstellung von der relativen Gewichtigkeit der Vergehen, von ihrer Bewertung also.

Bei Paulus kommen die »Hurer« nach den Mördern. Dante plaziert die Unzüchtigen an den Eingang der Hölle, gleich nach der Vorhölle, dem Limbus, einem »stolzen Schlosse«, wo auf »Wiesen, die in frischem Grüne prangen« jene »Großen« wie Homer und Horaz, Aristoteles und Platon, die vor Christus gelebt haben, ein blasses Dasein fristen, doch ohne andere Qual, als daß sie der Gegenwart Gottes beraubt sind. Die Erzväter des Alten Testaments hatten hier warten müssen, bis der auferstandene Christus sie erlöste. Die übrigen, die Heiden wie Vergil, verharren dort und besetzen so den ersten Kreis der Hölle. Der zweite Kreis ist düsterer; Minos hält dort Gericht, doch die Qualen sind noch sanft im Vergleich zu denen in den übrigen sieben Kreisen: ein Sturm, der Sturm der Begierden, wirbelt im Jenseits unablässig die Seelen derer umher, die sich hienieden von ihm hatten hinreißen lassen. »Ich kam sodann in lichtverstummte Gründe, wo's aufbrüllt, wie im Sturm die Meeresflut, wenn diese aufgepeitscht vom Streit der Winde.« »Ich merkte, daß mit einer solchen Pein die Fleischessünder hier gepeinigt waren, die die Vernunft dem Trieb zulieb entweihn.« Einige von ihnen sind wirkliche Perverse, etwa die Königin Semiramis: »Der Wollust wurde sie so untertan, daß ihr Gesetz gestattet das Begehren, dem Tadel zu entgehn, den sie gewann«: Alles ist erlaubt. Doch diese echten Lüstlinge, echt nach unseren Normen, stammen alle aus der fernen und legendären Antike einer Semiramis und einer Kleopatra. Anders steht es da mit dem Bekenntnis einer Zeitgenossin Dantes, der schönen Francesca da Rimini. Wir würden es heute, nach A. de Musset und Tolstoi, nicht mehr wagen, sie auf ewig von der Güte Gottes auszuschließen, denn ihr Fehltritt erscheint uns leicht, ihr Leid ergreifend, und ihre Liebe ist tief. »Liebe, die edlem Herzen schnell sich lehrt, ließ ihn [den Geliebten, der mit ihr die Höllenstrafe teilt] sich in den schönen Leib verlieben, den ich verlor... Liebe, die den Geliebten zwingt zu lieben, ließ mich an seiner Schönheit so entzünden, daß sie, wie du ersiehst, mir noch geblieben.« Täuschen wir uns nicht: Dante mußte das Paar den Verdammten zurechnen, aber er denkt wie wir heute, und etwas in ihm sträubt sich dagegen, worin ich die Spannung zwischen dem von der Kirche auferlegten Gesetz und dem instinktiven Widerstand des gleichwohl treuen Volkes erblicke. Das Weinen und Klagen der beiden verlorenen Geliebten weckt solches Mitgefühl, »daß ich vor Not die Sinne fühlte wie beim Tod sich trüben, und fiel, wie Körper fallen, wenn sie tot«. Diese Verdammten haben nichts Abstoßendes; ihr Platz ist am Rande des Reichs der Qualen, dort, wo die Torturen noch glimpflich sind. Dennoch werden diese erbarmungswürdigen Liebenden, die bei Dante alle Nachsicht finden, derselben Klasse zugeordnet wie die wirklichen Perversen vom Schlage der Semiramis und der Kleopatra.

Der Kreis der Unzüchtigen umfaßt nicht die »Sodomiten«, die Paulus neben die *adulteri*, die *molles* und die *fornicari* stellte. Dante hat sie aus diesem Umfeld entfernt und auch nicht bei den »Unkeuschen«[3] angesiedelt, sondern sehr weit weg, bei denen, die Gewalt üben, den Sündern aus »*malizia*«, im siebten Kreis. Das freilich ist noch nicht der unterste, der neunte Kreis, der Kain und Judas, den Verrätern und den Mördern zugedacht ist – der Grund der Hölle, wo Satan sich verkrochen hat. Lassen wir Dante selbst sprechen (XI, 28): »Im ersten Kreis sind, die Gewalt begingen; doch da Gewalt man dreien antun kann, zerfällt und baut sich auf er aus drei Ringen. Gott, sich, dem Nächsten tut Gewalt man an.«

1. Gewalt gegen den Nächsten: Mörder, Plünderer, Räuber.
2. Gewalt gegen sich und das eigene Gut (auch hier diese Verknüpfung von Sein und Haben, die ein Wesensmerkmal des Spätmittelalters gewesen zu sein scheint): Selbstmörder und Verschwender.
3. Gewalt gegen Gott; sie wiegt am schwersten von allen.

Gegen Gott übt Gewalt, wer ihn in seinem Herzen verleugnet und seiner lästert. Das ist der erste Fall, der nicht auf Ungläubige und Götzendiener, sondern auf Gotteslästerer gemünzt ist. Der zweite

Fall ist der von »Sodom und Cahors«, d.h. der Sodomiten und der Wucherer (Cahorsianer). Beide werden fast auf dieselbe Ebene gestellt; sie haben, jeder auf seine Weise, *die Güte Gottes und die Natur geschändet*. Dante empfindet übrigens keinerlei Abscheu beim Umgang mit der Schar der Sodomiten. Er erkennt sogar unter ihnen seinen alten und immer noch verehrten Lehrer Brunetto Latini. Er spricht mit einer Hochachtung und Wärme zu ihm, die einem Menschen des 20. Jahrhunderts unvereinbar erscheint mit dessen sündigem Lebenswandel, auf den er übrigens in ihrem kurzen Gespräch mit keinem Wort anspielt[4]: »Im Herzen steckt mir, wenn auch nun vergällt, Euer liebes, väterliches Antlitz drinnen, wie Ihr mich dann und wann einst in der Welt belehret, wie man Ruhm sich muß gewinnen: Und wie ich's ehre, soll sich lebenslang dartun in jedem Worte und Beginnen.« So spricht ein Mann um 1300 zu einem erwiesenen Sodomiten – zu einem unter vielen, denn die Praxis schien verbreitet, ist doch »zu kurz die Zeit, sie zu benennen«, und dies vor allem unter Gelehrten und Geistlichen – so jedenfalls Ser Brunetto: »Sie waren Priester alle, Gelehrte auch von großem Ruf und Rang; die gleiche Sünde brachte sie zu Falle.« Doch auch Ehemänner waren darunter, die von ihren Frauen angewidert waren: »Gewiß ist schuld daran zumeist das Weib, das schlimme.« Ein mildernder Umstand, oder nicht?

Dante empfindet gegen die Sodomiten nicht den Unwillen oder die Verachtung, die er gegenüber anderen »Betrügern« bekundet. Nichts erinnert bei ihm auch nur entfernt an die Ausbrüche des Dr. Ambroise Tardieu um 1870. Und dennoch gibt er sich, was die Bedeutung ihrer Sünde angeht, keinen Illusionen hin. Schwere Sünden sind sie nicht wegen der Unkeuschheit, nicht wegen des Aktes des *concubitus,* sondern wegen der *malizia,* d.h. aufgrund der Gewalt, die darin Gott durch seine Schöpfung, durch die Natur hindurch angetan wird. Daher ist der Fall gravierend, ist er in hohem Verstande metaphysisch.

Interessant ist Dantes Zeugnis deshalb, weil darin ein Scholastiker und lateinischer Schriftsteller zu Worte kommt, der das Weltbild, die Gottesvorstellung und die Naturauffassung der Theologen-Philosophen des 12. und 13. Jahrhunderts in sich aufgenommen hat, und zugleich ein Mensch, der die typischen Gefühle seiner Zeit teilte. *Der Theologe verurteilt, der Mensch beweist Nachsicht*. War die Sünde der Sodomie eine typische Verfehlung von Geistlichen, von Erziehern oder vielleicht von Jugendlichen? Dante sagt nichts Genaues darüber, aber er läßt Ser Brunetto auf die Verbreitung von

Praktiken hinweisen, die keinen rechten Namen hatten. Wie wir aus anderer Quelle wissen, machten sich die Prostituierten in den Straßen des Quartier Latin an die Schüler heran, und wer ihren Einladungen nicht folgte, den beschimpften sie als Sodomiten. Die kirchlichen Behörden des 15., 16. und 17. Jahrhunderts gingen hart mit den Schulfesten ins Gericht; dabei handelte es sich um Initiationszeremonien und Übergangsrituale, in deren Verlauf sehr viel getrunken und allerlei Schabernack getrieben wurde. Zweifellos nahmen daran auch Dirnen teil. Doch die Anwürfe der Sittenwächter spielen durchweg auf eine andere Verfehlung an, die weniger klar umrissen war als der Umgang mit Prostituierten, vielleicht auf eine mehr oder weniger herkömmliche Bisexualität, die bei den Jugendlichen noch lange fortbestand.

Ihren Platz hatte diese unbestimmte Sexualität wohl auch in den großen Volksfesten zum Jahresende, zwischen Weihnachten und dem Dreikönigsfest, zur Zeit der verkehrten Welt, der Verkleidungen, der Spiegeleien und des *Lord of Misrule*, in denen die Doppeldeutigkeit der Bisexualität zum Vorschein kommt, wie François Laroque bemerkt: »In dieser unscharfen Zone um die Grenze zwischen altem und neuem Jahr [...] erhebt sich die Frage des Geschlechtsunterschiedes. Doch dank der Karnevalsmagie der Verkleidung vermag Violo-Cesario, eher doppel-*geschlechtlich* denn *doppelstirnig*, die Grenze zwischen den Geschlechtern nach Belieben zu überschreiten.«

Es handelt sich hier nicht eigentlich um Homosexualität, sondern um eine verwirrende rituelle Verkehrung während der großen Volksfeste, die sämtliche Verbote aufheben, jedoch nur für kurze Zeit und ohne Folgen. Hier finden wir eine Vieldeutigkeit, die auch heute, trotz der Verkrampfung der Homosexuellen in ihrem Willen zur Identität, noch nicht gänzlich verschwunden ist. Dieser Gedanke drängt sich jedenfalls auf angesichts einer Bemerkung von Laurent Dispot (*Le Matin* vom 6. Nov. 1979): »Es gibt also Männer, die einander nicht mögen? Was soll man von den Darbietungen der Fußballspieler nach erfolgreichem Torschuß halten? Sie sind gewiß keine ›Homosexuellen‹. Und dennoch würde, was sie da treiben, jeden Passanten schockieren, wenn es auf offener Straße und im alltäglichen Leben durch Homosexuelle geschähe, die sich offen als solche zu erkennen gäben. Müssen wir daraus schließen, daß die Stadien und der Sport ein Sicherheitsventil für die normale männliche Homosexualität sind?«

Anmerkungen

* Für die Zitate aus der *Göttlichen Komödie* wurde die Winkler-Ausgabe (München 1957) in der Übersetzung von W.G. Hertz herangezogen. *(A. d. Ü.)*

1 Ich schreibe dies in der Atmosphäre der Jahre 1979 und 1980, die von moralischer Aufrüstung und obsessivem Sicherheitsdenken geprägt ist.

2 Philippe Rey hat die Polizeiakten in einer Magisterarbeit (bei Jean-Louis Flandrin) über die Homosexualität im 18. Jahrhundert gründlich ausgewertet. Darin zeigt sich ein Übergang von homosexuellen Handlungen zu einer homosexuellen »Spezies«.

3 Die Unkeuschheit ist weniger beleidigend für Gott und erfährt eine geringere Mißbilligung.

4 Man hat deshalb sogar schon von einer Fehldeutung gesprochen und die Behauptung aufgestellt, Brunetto Latini sei nicht als Sodomit an diesem Ort.

Jacques Rossiaud
Prostitution, Sexualität und Gesellschaft in den französischen Städten des 15. Jahrhunderts

Wir wissen heute, daß die Prostitution in den Städten des 15. Jahrhunderts nicht nur heimlich betrieben oder geduldet wurde; selbst in recht unbedeutenden Siedlungen gab es sogenannte *prostibula publica*, die der Gemeinde gehörten oder, falls die Stadt keine eigenen Körperschaften besaß, dem Landesherrn unterstellt waren. Gelegentlich (in Avignon oder Paris zum Beispiel) errichtete man anstelle eines Stadtbordells *(la grande maison)* andere Behausungen der öffentlichen Prostitution. Doch ob es sich nun um ein großes Gebäude, um einen Hof mit Kammern ringsum, um eine Häuserzeile oder um mehrere Gassen mit Buden und Schänken handelte, die Unterschiede im Erscheinungsbild änderten nichts am Wesen dieser geschützten Bezirke, in denen man sich offiziell der Unzucht hingab. Aufschlußreich ist auch, daß manche Städte ein stattliches *prostibulum* errichten ließen oder unterhielten, während andere öffentliche Belange gänzlich vernachlässigt wurden, zum Beispiel die Schule. Gewöhnlich wird das Bordell an eine Pächterin (die »Äbtissin«, *l'abbesse*) vergeben, die dann das Monopol auf die Prostitution besitzt; sie hat die Aufgabe, die Mädchen zu besorgen und zu beaufsichtigen, auf die Einhaltung gewisser Regeln zu achten und den Behörden die Meinungen und Äußerungen von Kunden zu hinterbringen, die in der Stadt unbekannt sind. Die »Äbtissin«, Pächterin städtischer Einnahmen, ist zugleich eine wertvolle Informantin.

In jedem Ort von einiger Bedeutung gibt es neben dem öffentlichen Bordell noch eine Reihe von Badehäusern, die freilich ausnahmslos mehr Zimmer als Zuber aufweisen. Jedes Viertel hat seine – bescheidenen oder komfortablen – Badehäuser. Ihre Gemeinschaftsräume bieten Schutz und Platz für Zusammenkünfte, ihre Küchen sind mit Speisen und Weinen reichlich versehen, und in den Zimmern warten zahlreiche junge Bedienerinnen. Trotz aller Reglementierung eröffnen die Badehäuser Gelegenheiten zum Stelldichein, sind sie notorische Zentren einer beständigen Prostitution: die eigentlichen Freudenhäuser der Zeit.

Doch auch außerhalb dieser Häuser entstanden, über die ganze Stadt verteilt, »Privatbordelle«, wie die Zeitgenossen sie nannten; sie wurden von Wirtinnen, Kupplerinnen und Zuhälterinnen geführt, die – entweder unter dem eigenen Dach oder jederzeit erreichbar – jeweils ein, zwei oder drei Mädchen bereithielten. In Dijon gab es 1485 insgesamt achtzehn solcher Zentren; sie wurden von den Nachbarn geduldet, blieben unbehelligt von gesellschaftlichem Argwohn, denn in dreizehn Fällen führten das Geschäft Witwen oder Ehefrauen von Handwerkern, die ordentlich ihrem Beruf nachgingen oder nachgegangen waren (im einzelnen handelte es sich um Bauern, Bäcker, Zimmerleute, Winzer und Küfer) und auch in der sozialen Wertschätzung nicht auf den untersten Stufen rangierten.

Diese Frauen setzten für ihr Gewerbe »leichte Mädchen« ein, die auch auf eigene Rechnung arbeiteten, von Absteige zu Absteige zogen, in Schänken, auf den Märkten oder in den Straßen auf Kundenfang gingen, wenn sie sich nicht auf dem Anwerbungsplatz anboten. Diese Schar von heimlichen oder Gelegenheits-Prostituierten erweiterte sich in periodischen Abständen durch Neuankömmlinge oder Vagabundinnen, die von Erntearbeiten, Messen, Fürstenbesuchen oder Festen angelockt wurden.

Erstaunlich ist nicht die Allgegenwart der Prostituierten – sie ist eine seit langem vertraute Gestalt in den Straßen der mittelalterlichen Stadt –, erstaunlich ist vielmehr die Koexistenz dieser konzentrischen Kreise, einer Gelegenheitsprostitution, einer offenen Prostitution in Privatbordellen und Badehäusern und schließlich der »öffentlichen« Prostitution in der *grande maison,* dem Stadtbordell, das sich jeweils an einem zentralen Kreuzungspunkte im politischen Raum der Stadt erhebt.

Suchen die Stadtoberen die Moral des städtischen Lebens zu bessern, indem sie die Dirnen in ein kontrolliertes »Getto« sperren, und sind sie lediglich unfähig, ihren Gesetzen Geltung zu verschaffen? Die Räte achten durchaus darauf, daß gewisse Hygienevorschriften eingehalten werden. So schließt man in den Tagen der Pest das *prostibulum* und die Badehäuser, ganz wie man auch die Abhaltung von Märkten oder Tanzveranstaltungen untersagt. Die alten, für bestimmte Zeit des Jahres geltenden Verbote dagegen sind fast völlig verschwunden. Es ist aufschlußreich, daß manche Pachtverträge für *prostibula* mit dem Beginn der Fastenzeit auslaufen; darin zeigt sich, daß früher einmal das Fastengebot eingehalten wurde. Nachdem die alte Pächterin gegangen war, hatte so die neue Gelegenheit, sich einzurichten und Mädchen anzuwerben, bevor sie das Haus nach dem Osterfest wieder öffnete. Doch das ist längst vorbei: In Arles oder Dijon sind die einzigen Zeiten, da die Dirnen zur Untätigkeit gezwungen sind und die Pächterin für ihren Verdienstausfall entschädigt wird, das Weihnachtsfest und die Karwoche; den Rest des Jahres ist das Haus geöffnet, einschließlich sonntags, wobei die Pächterin allerdings streng darüber zu wachen hat, daß man sich nicht während des Hochamts vergnügt. Zumindest in Dijon scheint der Besuch des *prostibulum* auch am Pfingstsonntag nicht anstößig gewesen zu sein.

Auch die sozialen Verbote, denen die Freudenmädchen unterworfen waren, scheinen nur partiell beachtet worden und oft gänzlich in Vergessenheit geraten zu sein. Die Schandmale, die die Prostituierten tragen mußten, damit man sie, die »Unberührbaren«, sogleich erkennen und sich von ihnen fernhalten konnte, sind kaum noch in Gebrauch. Zwar erinnern die Statuten von Avignon aus dem Jahre 1441 daran, daß die *meretrices* alle Lebensmittel, die sie auf dem Markt berühren, kaufen müssen, doch diese Statuten sind denen des 13. Jahrhunderts nachgebildet, und man darf an ihrer Anwendung zweifeln, wenn man sich vergegenwärtigt, daß ganz in der Nähe, in den Städten des Languedoc (und vor allem in Nîmes), die Freudenmädchen an Christi Himmelfahrt eigenhändig Kuchen buken, welche die Ratsherren öffentlich entgegennahmen, um sie an die Armen zu verteilen.

Zwar sucht man die Freudenmädchen zu verpflichten, ein »Zeichen« (ein Schnürband) zu tragen, »barhäuptig« auszugehen, auf die Bekleidung mit seltenen Pelzen oder kostbaren Gürteln zu verzichten; aber diese Vorschriften bewegen sich im Rahmen der üblichen Verordnungen gegen den Luxus, deren allgemeine Zielsetzung ihre Wirkung im besonderen einschränkt; im übrigen ist ihre häufige Erneuerung ein hinreichender Beleg für ihre Wirkungslosigkeit.

Die räumlichen Beschränkungen scheinen recht locker zu sein; *prostibula* oder Vergnügungsstraßen sind keine geschlossenen Bezirke. Die freien Prostituierten »versuchen ihr Glück« in den Straßen und Kneipen, auf dem Kirchplatz und vor den Kirchentüren. Offenbar machen die Behörden keinen Versuch, sie zurückzudrängen, und zeigen ihnen gegenüber dieselbe Laxheit wie gegenüber den Privatbordellen (in Saint-Flour ebenso wie in Dijon, Lyon oder Avignon). Diese Nachgiebigkeit geht so weit, daß es gelegentlich die Mädchen der *grande maison* sind, die sich, besorgt wegen einer unlauteren Konkurrenz, an den Prokurator oder den Magistrat wenden, um die Schließung eines Privatbordells zu erwirken.

Gewiß zeigen sich zuweilen, etwa im Gefolge einer Seuche, nach einer Mißernte oder bei der Ankunft eines wortgewaltigen Predigers, Anwandlungen von purifikatorischem Eifer: Man zwingt die heimlichen Konkubinen und die Lustmädchen, die Stadt zu verlassen, und deckt die angeblichen Verbrechen der Kupplerinnen und die Schandtaten der Badstübner auf. Doch zwischen 1440 und 1480/1490 sind derlei Beispiele moralischer Entrüstung selten, und wenn es dazu kommt, dann ist die Verdammung der Wollust nur eine unter zahlreichen anderen Vorbedingungen für die sittliche Erneuerung. In Jahren großen Unheils vertreibt man wahllos die Armen, die Vagabunden, die Dirnen und das Gesindel aus der Stadt. Nach einer apokalyptischen Predigt beschließt man, die Hurerei auszurotten, das Spiel, Gotteslästerung und liederliches Reden zu verbieten, die Händler von den Friedhöfen zu vertreiben, die Abhaltung von Märkten an den Festtagen zu unterbinden, die Geistlichen auf einen untadeligen Lebenswandel und die Bürger auf ein Leben in Frömmigkeit zu verpflichten. Doch die Wirkung dieser großen Predigten steht im umgekehrten Verhältnis zu ihren Ambitionen. Ist der große »heilige Mann« fort, geht das Leben unverändert seinen gewohnten Gang.

Manchmal kommt es durchaus zur Unterdrückung der heimlichen und der privaten Prostitution; zuweilen prangern die Bewohner einer »ehrbaren« Straße die skandalösen Zustände und das schlechte Beispiel an; dann greift der Rat – in der Regel mit milden Mitteln – ein. Doch bis es zu Prozessen kommt, hat die Kuppelei bereits mehrere Jahre floriert und nimmt dann auch nicht sogleich ein Ende. Wenn die Vertreter einer Straße, eines Viertels oder der Stadt eine Wirtin oder eine Kupplerin verklagen, die dort schon seit langem und jedermann bekannt ihrem Gewerbe nachgegangen ist, so deshalb, weil andere und gravierendere Beschwerden als die Prostitution gegen sie vorliegen: blutige Schlägereien etwa oder die Bedrohung von Nachbarn oder Würdenträgern.

Schließlich ist der Besuch von Badehäusern oder des *prostibulum* nicht unehrenhaft. Man geht durchaus nicht heimlich dorthin. Man trifft an diesen Orten Männer jeden Standes, die bessergestellten wohl eher in den Badehäusern, aber deshalb sind die Bordelle keinesfalls die Schlupfwinkel von Armen und Vagabunden, denn immerhin ist für die Mädchen wie für den Wein zu zahlen. Drei Viertel der Besucher stammen aus der Stadt. Ohne Zweifel überwachen die Behörden die Unbekannten, die sich dort einfinden, und sind besorgt, wenn ein Fremder oder ein allzu junger Mann sich ungebührlich lange dort aufhält. Was die übrigen Gäste betrifft, die jungen Männer, Handwerksgesellen und Burschen, so mögen sie sich dort »tummeln« wie »alle Arten von Leuten«, meinen die Ehrbaren, die sie lieber dort wissen als in einer geheimen Spielhölle. Die Ausgaben sind dort geringer und die Gefährdungen ebenfalls. Zudem kennt man die Mädchen, es geht nichts Beunruhigendes von ihnen aus.

In der Tat gehört die Welt der Prostituierten nicht den Fremden und Vagabunden. Zwei Drittel der Dijoner Dirnen stammten aus der Stadt oder kamen aus dem Burgunder Umland. Sie hatten dieselbe Herkunft wie die übrigen Einwohner, und lediglich 15 Prozent von ihnen hielten sich nur vorübergehend in der Stadt auf oder folgten irgendwelchen umherziehenden Gesellen. Zu vier Fünfteln waren sie Töchter oder Witwen von Handwerkern oder Arbeitern. Armut und unbeständige Familienverhältnisse hatten sie frühzeitig anfällig gemacht; nahezu alle hatten das »Gewerbe« um das siebzehnte Lebensjahr herum aufgenommen, und fast die Hälfte von ihnen war mit Gewalt dazu gezwungen worden. Sie hatten mit Gelegenheitsprostitution begonnen, tagsüber gearbeitet und sich nachts einem Mann oder mehreren Männern hingegeben, denen sie von Zeit zu Zeit oder als feste Konkubinen zu Diensten waren. Von den Kupplerinnen gekauft oder angestellt, wurden sie dann Stubenmädchen in einem Badehaus und landeten früher oder später im Stadtbordell, sei es, weil die Besitzer der Badehäuser sie nicht länger haben wollten, sei es, weil die Kupplerin, die Behörden oder die Dirnen selbst sie dorthin gebracht hatten.

Denn obwohl es durchaus auch Zuhälter gab (beispielgebend waren hier die Höhergestellten; die städtischen oder fürstlichen Beamten, die für die Befolgung der einschlägigen Bestimmungen zu sorgen hatten, waren oft genug stadtbekannte Beschützer), so war die Kuppelei doch vornehmlich eine Sache der Frauen. Die Anklagen, die Prozeßakten und selbst die Sprache bezeugen es. Gewiß betätigen sich umherziehende Gesellen und Bettler gelegentlich als Zuhälter von Dirnen, die vom »biederen Bürger« und vom Geschäft mit ihrem Körper leben. Zuweilen treten auch kleine Gruppen von Dienstburschen als Beschützer oder Ausbeuter von

Prostituierten auf, doch sie sind weder Kriminelle noch sonstige Außenseiter. Die meisten öffentlichen oder heimlichen Dirnen haben einen »Freund« oder einen »Verlobten«, der ihnen wohl einen Teil der Einnahmen abzwingt, doch auch er geht gewöhnlich einer Arbeit nach, ist nicht in Banden organisiert und lebt auch nicht ausschließlich von der Zuhälterei. Recht aufschlußreich erscheint mir in diesem Zusammenhang, daß die Gaunersprache keine spezifischen Ausdrücke für Gegenstände aus dem Bereich von Prostitution und Zuhälterei kennt, da diese in einem solchen Grade öffentlich sind, daß sie des Schutzschirms von Geheimsprachen oder Geheimbünden nicht bedürfen. Wie M.-Th. Lorcin nachgewiesen hat, ist der Wortschatz der *Fabliaux* [altfranzösische Verserzählungen, A. d. Ü.], obwohl reichlich grob, in dieser Hinsicht überaus ungenau (das Wort *ruffian* bezeichnet ebenso den Kuppler wie den Wüstling, und *bélître* wie *houlier* bedeuten in erster Linie »Bettler«); der einzige Zuhälter, der in diesen Erzählungen vorkommt, Sohn einer Kupplerin und als Figur wenig durchgezeichnet, tritt nur auf, um alsbald von seiner Mutter hereingelegt zu werden... Aber bleiben wir einen Augenblick bei diesem Hinweis, den J. Favier uns gibt; er wirft ein bezeichnendes Licht auf die Verhältnisse, die während der letzten Jahre des 15. Jahrhunderts in der öffentlichen Prostitution in Paris herrschten. Die Mädchen dort mißbilligten an einer der ihren, daß sie »einen Mann aushielt«, und zwangen sie deshalb, den Mann zu heiraten... Hier war es die Frau, die einen Mann »aushielt«, nicht umgekehrt, und die Regel in diesen Pariser Dirnenkreisen (darin den schon erwähnten Frauen ähnlich, die in Dijon oder Lyon von der öffentlichen oder privaten Prostitution lebten) war der Ehestand, an dessen Gesetzlichkeit man im übrigen nicht zu zweifeln braucht, denn in diesen Schichten ebenso wie in zahlreichen Vorstädten und vom einfachen Volk bewohnten Vierteln war es die Nachbarschaft, die eine Ehe anerkannte – wir werden darauf noch zurückkommen.

Gewiß gab es auch Zuhälter, doch sie scheinen nur eine unbedeutende Rolle gespielt zu haben, denn die Mädchen, die den Schritt in die öffentliche Prostitution getan hatten, besaßen damit einen »Status«, sie standen unter dem Schutz der Gemeinde, und zumindest zwischen 1440 und 1490, als es der Stadt wirtschaftlich relativ gut ging, war es zweifellos eher nachteilig denn vorteilhaft, Zuhälter zu werden, jedenfalls wenn dies die einzige Einkommensquelle war. Sicher spielte hier auch mit, daß die Mädchen einen ausgeprägten Sinn für wechselseitige Solidarität besaßen, der in gemeinsamen

Interessen gründete. Aus ihrem Elend und ihrem gemeinschaftlichen Leben zogen sie sogar die Kraft, als Gruppe zu handeln und, wenn die Geschäfte schlecht gingen, Jagd auf verkappte Dirnen zu machen. Gegenüber Neulingen übten sie Bräuche aus dem Gesellenwesen, man verlangte einen »Einstand« und trank gemeinsam den »Wein des Gewerbes«; die Kupplerin nannten sie »Mutter«, in Anlehnung an die fahrenden Gesellen, die so die Wirtin anredeten, die sie aufnehmen sollte. Die materiellen Zwänge, die von den Älteren übernommenen Traditionen und die Reglementierungen, die ihnen die Stadt auferlegte, ließen bei ihnen einen gewissen »Zunftgeist« entstehen. Sie legten den Eid vor den Behörden ab, zahlten wöchentlich eine kleine Abgabe an den Nachtwächter, der sie beschützen sollte, beteiligten sich an den Gemeinschaftsausgaben, nahmen die Mahlzeiten gemeinsam ein, entweder im Haus oder in nahe gelegenen Schänken, und hielten sich an bestimmte berufliche Regeln, die ihnen die Kupplerin vorschrieb oder die sie selbst in ihrer Tätigkeit entwickelten: Sie durften zwei Verwandte nicht gemeinsam empfangen; sie mußten sich (dem Kodex nach) den verheirateten Männern der Stadt und allzu jungen Männern verweigern und gaben ihren Körper ohne Zweifel nur für die üblichen Praktiken her. Im *prostibulum* oder in den einschlägig bekannten Badehäusern scheint alles recht schlicht vonstatten gegangen zu sein. Wenn »empörte« Nachbarn die »Schändlichkeiten« anprangern, die sich in der Nähe ihrer Wohnungen abspielen, und wenn sie es dann wagen, sie zu beschreiben, was enthüllt man dann? Liebesspiele, bei denen die Partner nackt sind... Wenn dieselben Nachbarn Jeanne Saignant, eine Dijoner Wirtin, zur Inkarnation der Wollust und der Perversität erklären, was berichten sie dann über deren überaus anstößiges Treiben? Einmal hatte man sie ertappt, als sie »im Stehen Liebe machte«, und ein andermal, wie sie »den reizvollen Inhalt der Zimmer« ihres Etablissements beobachtete. Doch diesen »reizvollen Inhalt« bildeten Eintagspärchen, die in der relativen Abgeschiedenheit eines Zimmers ihrem Liebesabenteuer »nach der Natur« frönten. Die Orte der öffentlichen Prostitution scheinen keine Orte ausschweifender Übertretungen gewesen zu sein. In der Literatur der *Fabliaux* zeigte sich das bereits, ganz so wie im Alltag der provencalischen Kleinstädte des 14. Jahrhunderts, die R. Lavoye untersucht hat. Selbst die Dijoner Gerichtsakten ergeben dasselbe Bild: das einer ruhigen Sexualität, wie sie auch dem erotischen Gehalt jener Sammlungen von obszönen Scherzfragen entspricht, die in der Mitte des 15. Jahrhunderts in Burgund kompiliert wurden. Nichts scheint das Verhalten der Lüstlinge, die sich, von der »Natur« getrieben, ins *prostibulum* begeben, von dem der Ehepaare oder Konkubinen in der Intimität ihrer Wohnungen zu unterscheiden.

Die Normen der sexuellen Beziehungen im Bordell oder in den Badehäusern zeigen offenbar keinerlei Abweichung von den Normen der ehelichen Beziehungen. In dieser Hinsicht besteht kein Gegensatz zwischen der Prostituierten und der Familie. Sie stellt sich nicht gegen die eheliche Ordnung und untergräbt sie auch nicht; in der literarischen Umsetzung erscheint sie gelegentlich sogar als Retterin einer in Not geratenen Familie. Die Prostituierte eine Stütze der Familie? So jedenfalls sahen die Notabeln sie.

In der Stadt des 15. Jahrhunderts beherrschen Darstellungen der Familie die öffentlichen Monumente, die Stätten der Frömmigkeit und die nachbarlichen Zusammenkünfte. Die auf den Uhrtürmen angebrachten Automaten bringen allenthalben die familialen Hierarchien zum Ausdruck; die Altarbilder in den Kapellen der Zünfte erzählen die Geschichte einer Heiligen Familie, die von den Malern nach zeitgenössischen Modellen gestaltet worden ist; die Feste in den Stadtteilen folgen der Ordnung von Familienfesten; im Mittelpunkt der Bildnisse thronen ein König und eine Königin auf Zeit, falsche Gatten, umgeben von ihren Kindern. Das ganze Gemeinwesen versteht sich als eine große Versammlung von Familienoberhäuptern. Die Familien sind die elementaren Zellen der Gesellschaft. Die gesamte städtische Vorstellungswelt ist entscheidend von familialen Erfahrungswerten bestimmt, und die demographischen Traumata besiegeln diese prägende Kraft.

Wenn das Bild der Familie mit solcher Beharrlichkeit wiederkehrt, dann deshalb, weil sie nicht nur der Ort der innigen Teilhabe und der stärksten Solidarität ist, sondern auch das sichtbare Zeichen der Verwurzelung und des Erfolges, unerschütterliches Modell und zugleich stets von Pest und Wirren bedrohte Realität. Denn die Ehe bezeichnet nach wie vor und trotz einer gewissen Lockerung, deren Ausmaß im einzelnen zu bestimmen wäre, einen »sozialen Triumph« (P. Toubert). Soweit wir aus einigen punktuellen Untersuchungen in Reims und Dijon schließen können, heirateten die Männer, selbst als die Bevölkerungszahl ihren niedrigsten Stand erreichte (zwischen 1420 und 1450), relativ spät – im Alter von vierundzwanzig bis fünfundzwanzig Jahren in den mittleren und unteren Schichten der städtischen Gesellschaft. Bei ihrer ersten

Heirat scheinen die Männer nicht viel älter als ihre Frauen gewesen zu sein, denn nur wenige Familien waren in der Lage, ihren Töchtern in dem als ideal geltenden Heiratsalter von etwa fünfzehn Jahren eine Mitgift zu stellen. Auch rissen Seuchen und die höhere Sterblichkeit der Frauen viele Paare frühzeitig auseinander, so daß Zweit- und Drittehen häufig waren. Das führte zu erheblichen Altersunterschieden der Ehepartner von oft zehn, fünfzehn oder zwanzig Jahren. Bei den komplizierten Verhandlungen, die der Heirat vorausgingen, bildete – neben dem Vermögen und der ethnischen oder beruflichen Herkunft – die Unberührtheit der Frau insbesondere für den in gesicherten Verhältnissen lebenden Mann – und aus offensichtlichen Gründen – ein wesentliches Kriterium der Verbindung. Andererseits haben sich junge Witwen – vorausgesetzt, sie hatten überhaupt eine Wahl – zwischen zwei Bewerbern in der Regel für den reiferen entschieden, wobei sie wohl unmittelbare materielle Sicherheitsüberlegungen mit weiterreichenden Erwägungen verbanden. 30 Prozent der Dijoner Männer im Alter zwischen dreißig und neununddreißig Jahren hatten damals eine acht bis sechzehn Jahre jüngere Frau, und 15 Prozent der Vierzig- oder Fünfzigjährigen lebten mit einer zwanzig bis dreißig Jahre jüngeren Gemahlin zusammen. Sie hatten also ihre Partnerinnen aus einer Altersgruppe gewählt, in der sie mit den Jungen in Konkurrenz traten, und mehr als ein Drittel der heiratsfähigen Mädchen oder für eine Wiederverheiratung verfügbaren Frauen wurden auf diese Weise von den etablierten oder älteren Männern erfolgreich umworben. Dieses Ehemodell spiegelten die Bildnisse und die Skulpturen wider, es entsprach den Herrschaftstraditionen in der Familie, dem Gebot des Gehorsams, den die junge Frau dem Ehemann schuldete, den Erfordernissen der Nachkommenschaft und den Überlegungen der Vorsorge, die ein Mann für das Alter traf.

Diese Gesellschaft aus etablierten Männern war natürlich keineswegs frei von Anfechtungen, vor allem durch die Junggesellen, die jungen Männer, denen vielleicht nach einer der zahlreichen Pestepidemien die Verletzbarkeit ihres Status deutlicher ins Bewußtsein rückte. Chronisten und Ärzte vermerken einhellig, daß die jungen Leute anfälliger als andere für die Krankheit waren, und es war bekannt, daß die erwachsenen und in gesicherten Verhältnissen lebenden Männer die Ernte des Todes einfuhren. Wie P. Desportes gezeigt hat, wäre es jedoch sehr gewagt, wollte man sich die Gesellschaften dieser Zeit als von der Jugend beherrscht vorstellen.

Dennoch näherte sich der Anteil der jungen Männer zwischen fünfzehn und fünfundzwanzig Jahren in Reims 1422, als ihre Reihen durch vorangegangene Epidemien besonders stark gelichtet waren, in der (allerdings recht wohlhabenden) Pfarrei Saint-Pierre dem der verheirateten und verwitweten Männer (zwischen fünfundzwanzig und fünfundvierzig Jahren) bis auf 60 Prozent, ganz zu schweigen von den siebenundsechzig Mädchen im Alter von zwölf bis fünfzehn Jahren, deren Betragen den Familienoberhäuptern wohl einige Sorgen bereitet haben dürfte. Doch es wäre verfehlt, von einer einzigen »Jugend« zu sprechen: Die Söhne aus den Bürgerfamilien und selbst die aus deren untersten Schichten standen nicht vor denselben Problemen wie die Lehrlinge oder die jungen Gesellen. Freilich lebten sie alle unter ungeduldig ertragenen Zwängen. Die Handwerkslehre verschaffte ihnen wohl einen Zugang zu einem familiären Milieu, bedeutete aber keineswegs die Integration in die Familie; sie unterwarf sie einer lastenden Vormundschaft, einer beständigen, auch über die Arbeitszeit hinausreichenden Aufsicht durch den Meister – was ja noch angehen mochte –, aber zuweilen auch durch die Frau des Meisters, die oft kaum älter war als die Lehrlinge und Gesellen, die ihr im Hause Folge leisten mußten. Die Söhne unterstanden der elterlichen Autorität, doch oft, infolge der relativ späten Heirat, trat der Vater ins Greisenalter, wenn der Sohn das Jünglingsalter verließ, oder dieser mußte einem Stiefvater oder einer Stiefmutter gehorchen und mit deren Sprößlingen aus erster Ehe zusammenleben.

Nicht alle blieben – zumindest zeitweilig – unempfindlich für die Ungleichheiten der Heiratsordnung und für ihren Ausschluß vom städtischen Leben, von dessen Rechten wie von dessen Pflichten. Viele – Handwerker in den mechanischen Gewerben – waren erst kürzlich in der Stadt erschienen – im Lehrlings- oder Gesellenalter –, und diese jungen Zuwanderer trachteten danach, sich mit Mädchen ihres Standes und ihrer Herkunft zu verbinden. Die einen suchten sich der Abhängigkeit zu entwinden, indem sie auszogen, um »durchs Land zu streifen« oder, von Stadt zu Stadt wandernd, »die Welt zu sehen«; die anderen, zahlreicher noch, gingen in der Stadt selbst auf Abenteuer aus. Nach Einbruch der Dunkelheit, wenn die Hausherren Türen und Fenster verriegelten, wenn Schänken und Spielhöllen schließen mußten und nur noch die Nachtwächter in den Straßen sein durften, entflohen die jungen Männer der erstickenden Atmosphäre einer lichtlosen Kammer, in der Eltern, Kinder und Dienstpersonal gemeinsam hausten, durchbrachen ihre Isolation und ihre Langeweile und versammelten sich draußen mit ihren Kameraden. Man ging in Cliquen zum Trinken und Würfelspielen, beglich Rechnungen mit rivalisierenden Banden, forderte die Autoritäten heraus, übte seine eigene Gerechtigkeit, erschreckte die Bürger, traf sich mit einem gleichgesinnten Mädchen oder terrorisierte ein unwillfähriges. Tatsächlich endeten die nächtlichen Abenteuer nicht selten in Schlägereien und, häufiger noch, mit dem Angriff auf eine Frau. In Dijon kam es damals jährlich zu schätzungsweise zwanzig »öffentlichen Vergewaltigungen« (wie man die Vergewaltigungen nannte, die außerhalb des häuslichen Bereichs und außerhalb der Bordelle erfolgten). Vier Fünftel davon waren gemeinschaftliche Gewaltakte – die Urheber dieser Tätlichkeiten sind bekannt: Bürgersöhne und Gesellen mit festem Wohnsitz in der Stadt; nur ein Zehntel der Angriffe sind Handlangern und Streunern zuzuschreiben. Die Gruppen von Vergewaltigern umfaßten manchmal zehn bis fünfzehn Personen, in der Regel jedoch fünf bis sechs: Gesellen im Heiratsalter zwischen achtzehn und fünfundzwanzig Jahren aus denselben oder verwandten Handwerksberufen, die einem oder mehreren erfahrenen Anführern folgten. Und obschon der eine oder andere der Beteiligten schon einmal mit der Justiz zu tun gehabt haben mochte, so waren die übrigen doch keine Spezialisten für sexuelle Gewalttaten. Diese Banden waren nicht durch eine besondere kriminelle Energie gekennzeichnet; sie setzten lediglich die am Tage herrschenden Bindungen fort. Ebensowenig wie die Angreifer gehörten die Opfer marginalen Gruppen an; es handelte sich überwiegend um Dienstmägde, um Töchter von armen Handarbeitern oder Handwerkern oder um Witwen und zeitweilig alleinstehende Frauen – jene in der Regel sechzehn bis zwanzig Jahre alt, diese meist nicht älter als fünfundzwanzig.

Die Angriffe erfolgten fast stets in derselben Weise: nur sehr selten auf der Straße, auf die sich die Frauen nachts selbst in Begleitung nicht hinauswagten. Zumeist drangen die jungen Leute gewaltsam in ein Haus ein, während ihre Komplizen Steine gegen die Läden der Nachbarn warfen, um diese am Einschreiten zu hindern; man verschaffte sich Zugang zur Kammer, traktierte die Bewohnerin mit obszönen Einladungen, mit Beleidigungen und Schlägen, vergewaltigte das Mädchen an Ort und Stelle oder entführte die Verängstigte in ein Haus, wo man sich ungestört wußte. Zuweilen hatte man in den voraufgegangenen Nächten »an die Tür geklopft« oder anderweitig Lärm geschlagen, um ein Mädchen oder eine Frau bei den Nachbarn in Verruf zu bringen, was den Angriff dann erleichterte.

Manche dieser Gewalttaten mochten durchaus »berechtigt« erscheinen – die Vergewaltigung einer Prostituierten wurde nicht mit Entführung gleichgesetzt –, und zweifellos hatten einige der solcherart Entführten »sich preisgegeben«, hatten Gelegenheitsprostitution betrieben oder waren gelegentlich die Konkubinen von Geistlichen gewesen. Die Gesellen verstanden es, sich ihrer kostenlos zu bedienen – ehrlos, wie sie waren, sollten sie allen gehören. Das »Spiel« war indessen ausgesprochen grausam, wenn sein Opfer ein Mädchen war, das früher einmal aus Not seinen Körper hatte verkaufen müssen, sich seitdem aber von eigener Arbeit zu ernähren und die »verlorene Ehre wiederzugewinnen« bemüht hatte. Derlei Gewaltakte wurden jedoch auch an Frauen begangen, die gänzlich unverdächtig waren, außer daß sie sich von der Familie entfernt hatten – ihr einziges »Verbrechen« bestand in der Verletzung einer Grundregel, des Gebotes der Häuslichkeit. Brutalen Tätlichkeiten waren überdies junge Frauen ausgesetzt, deren Lebensverhältnisse als ungewöhnlich galten, sei es, weil sie vor einem rabiaten oder verschwenderischen Ehemann aus dem Haus geflohen waren, sei es, weil sie allein lebten oder das Zimmer mit einer Gefährtin teilten. Und schließlich richteten sich die »lustvollen Jagden« gegen Mädchen, die im Tagelohn arbeiteten, mithin von Haus zu Haus zogen, drei Tage hier, eine Woche dort blieben und so Anlaß zu mancherlei Verdächtigungen boten.

Von vornherein stempeln die Angreifer ihre Opfer zu Schuldigen, indem sie sie als Huren traktieren; sie handeln im Namen einer Moral und treten als Richter auf. Und eben dies ist das hervorstechende Merkmal dieser Gewalt: Sie beruht auf einer gebräuchlichen Unterscheidung, einer äußerst summarischen Vorstellung, wonach ein Mädchen nur entweder »rein« oder »Freiwild« sein kann. Möglicherweise gilt die Beteiligung an einer Gewalttat in solchen und in anderen Fällen auch als ein Akt der Selbstbestätigung in den Banden, als eine Art Mutprobe. Doch bei den armen Gesellen und den Söhnen aus notleidenden Familien ist der Angriff zugleich Ausdruck sozialrebellischer Antriebe: der Ablehnung einer Ordnung. Von bestimmten jungen Dienstmägden hieß es, sie würden von ihren Herren »ausgehalten«, von den Stubenmädchen der Geistlichen und zuweilen auch der Magistratsbeamten, sie seien »Dirnen«, und von den Frauen schließlich, deren Männer abwesend waren, sie hätten »den Gesellen zu Diensten zu sein«.

Durch die Vergewaltigung stigmatisierte man die junge Witwe oder die heiratsfähige Jugendliche, indem man sie herabwürdigte; solcherart beschmutzt, sank ihr Preis auf dem Heiratsmarkt, und selbst wenn sie unberührt gewesen war, sah sie nun die Distanz, die sie von den »verlorenen Mädchen« trennte, bedrohlich verringert. Blieb sie in der Stadt, so lief sie Gefahr, den Kumpanen in die Hände zu fallen und sich am Ende in den bordellähnlichen Badehäusern verdingen zu müssen. Zog sie dagegen in eine andere Stadt, so begab sie sich damit in die äußerst gefahrvollen Wechselfälle des Reisens und des Abenteuers.

Eine Bedrohung für die eheliche Ordnung? Diese Art von Übergriffen bewegten sich insgesamt durchaus in engen sozialen Grenzen. Nur sehr selten waren die Ehefrauen von wohlhabenden Handwerkern oder Kaufleuten betroffen. Deshalb waren die städtischen Behörden nicht allzu besorgt wegen Gewalttaten, die vor allem die kleinen Leute entzweiten. Im Extremfall hatte diese Gewalt sogar einen Nutzen – sie schürte die Zwietracht, vorausgesetzt allerdings, sie agierte auf ihrem angestammten Terrain.

Die Notabeln der Stadträte verfolgten diesen Ausschreitungen gegenüber eine dreifache Politik:

1. Die städtischen Justizbehörden schalteten sich nicht von sich aus ein, man überließ diese Fälle der Schiedsgerichtsbarkeit und wurde selbst nur infolge von Klagen tätig. Die meisten dieser Sittlichkeitsdelikte kamen daher nicht vor Gericht, und wenn schon einmal ein Verfahren eröffnet wurde, so endete es selten mit einer Verurteilung, es sei denn, das Opfer war eine Frau von Stand oder ein Kind. In den übrigen Fällen drängte der Staatsanwalt auf eine gütliche Einigung und überließ es den Gemeinschaftsorganen der Pfarrei, des Viertels oder des Handwerkszweiges, mit seiner Hilfe oder nach eigenem Ermessen die Höhe der Entschädigung festzulegen. Es war deren Sache, die Schuldigen zu bestrafen, den Frieden zu erhalten und über die Reinheit der Sitten zu wachen. Bekanntlich verpflichteten sich sämtliche Mitglieder einer Zunft, einander bei Strafe des Ausschlusses Hilfe zu leisten und die Schiedssprüche anzunehmen.

2. Um die Gewalt in Grenzen zu halten, indem sie den Jugendlichen die Möglichkeit gaben, ihrem Groll Ausdruck zu geben und ihrer »Tollheit« freien Lauf zu lassen, förderten die städtischen Behörden die »fidelen Bruderschaften« *(confréries joyeuses)*, die auch »Abteien der Jugend« *(abbayes de jeunesse)* genannt wurden. Als zentrale Gemeinschaftsorgane verbanden diese Bruderschaften

Junggesellen und Witwer, Jugendliche und Erwachsene mit Ausnahme der Kinder und der Männer im reifen Alter. Sie hatten die Aufgabe, das Verhalten der Verheirateten und der Mädchen zu kontrollieren, und ihre Vorsteher waren berechtigt, bei Mädchen, deren Haltung zu Zweifeln Anlaß bot, »an die Tür zu klopfen«, die Gestaltung von Polterabenden zu bestimmen, Heiratsbedingungen auszuhandeln und burleske Umzüge zu organisieren. Diese Veranstaltungen wurden mit Billigung der regionalen Behörden durchgeführt und endeten nicht in Gewalttätigkeiten. Die »Abteien« lenkten die Vergnügungen und Spiele der jungen Leute in geordnete Bahnen, sie zügelten deren Unwillen, indem sie ihm deftige Ausdrucksformen anboten, und vor allem erschienen in ihrem Schatten die hierarchischen, patriarchalischen oder ideologischen Strukturen als minder drückend; die Umzüge der »Abteien« und ihre gezügelte Gewalt ließen der Freude und Spontaneität freien Lauf. Sie wirkten sozialisierend, sie offerierten Verhaltensmodelle und insbesondere – um schlimmere Exzesse wie Handgreiflichkeiten oder Ehebruch zu verhindern – die städtisch lizenzierte Unzucht in der *grande maison*.

3. In diesem Kontext ist das *prostibulum publicum* zu sehen. Es ist durchaus kein Zufall, wenn deren Pächterin in den Regionen, in denen die »fidelen Bruderschaften« den Namen »Abtei« führen, ihrerseits »Äbtissin« genannt wird. In Toulouse wird das städtische Bordell weithin die »große Abtei« genannt; allenthalben entsprechen den »fidelen Männern« die »fidelen Mädchen«, und der Abt führt seine »Mönche« ins »große Haus der Klostermädchen«. Die Einstellung der städtischen Behörden zum Bordell ist nicht durch bloße Duldung gekennzeichnet [die Bordelle heißen auch *maisons de tolérance, A. d. Ü.*]; ihr Verhältnis zu den Pächterinnen ist gänzlich formalistisch. Nichts unterscheidet die »Äbtissinnen« von den übrigen Pächtern städtischer Güter oder Einnahmequellen. Man drängt sie (in Alès), nach »schönen und angenehmen Dirnen«, nach »schönen und knusprigen Gespielinnen der Unzucht« zu suchen; in Romans heißt es von den Mädchen, sie stünden »im Dienste der öffentlichen Sache«, und in Saint-Flour steht das Bordell »im Dienste der Allgemeinheit« *(au service commun)*. So wird verständlich, warum man das *prostibulum* auch als *grande maison*, als *maison commune* oder auch als *maison de la ville* bezeichnet, und warum die Gemeinschaft der Dirnen an Christi Himmelfahrt (dem Tag der christlichen Nächstenliebe) vollzählig auf dem großen Platz versammelt ist, um dabeizusein, wenn der Erste Magi-

strat die »Äbtissin« umarmt, die ihm einen Kuchen überreicht hat. Verständlich wird damit auch, weshalb das städtische Bordell abends, am Vorabend von Festen und sogar sonntags geöffnet ist: Soll es seine Funktion erfüllen, müssen die Gesellen und Handwerker die Möglichkeit haben, es abends und außerhalb der Arbeitsstunden aufzusuchen. Der Preis für die Unzucht ist niedrig, so daß sie auch für die kleinen Leute und für die jungen Handwerksgesellen erschwinglich ist – die ehrbaren Bürger wissen sehr wohl, daß die »anständigen jungen Männer«, jene nämlich, die »leicht zu lenken« sind, diesen Ort zu besuchen pflegen. Und schließlich, so wird immer wieder betont, tragen die Freudenmädchen dazu bei, die Ehre der Frauen von Stand zu schützen; sie verhindern weit Schlimmeres als bloße Unzucht, ganz wie die Mädchen in den Badehäusern, die, ohne daß jemand Anstoß daran nähme, verheiratete Männer oder Geistliche empfangen.

Zusammenfassend läßt sich feststellen: In der städtischen Gesellschaft um die Mitte des 15. Jahrhunderts machen die Familienoberhäupter, um das wilde Treiben und die Aggressivität der Jugend im Zaum zu halten, die öffentliche Prostitution zu einem Hebel der innergesellschaftlichen Befriedung – das Bordell wird zu einem Instrument »guter Politik«. Sie ahnden sexuelle Gewalttaten mit Maßen, wenn sie Frauen »niederen Standes« treffen, deren Ehrsamkeit eben deshalb fragwürdig ist und die nicht wirksam vom Netz der beruflichen und territorialen Gemeinschaftsorgane geschützt sind. Und schließlich fördern sie die Jugendbruderschaften, die zur Befriedigung der Fleischeslust auffordern, zur Jagd auf die »Hühnchen« blasen und die »Dame Natur« preisen, die dank den Dämchen zufriedengestellt wird.

Dies jedenfalls war die Zielsetzung. Damit ein derartiges Moralsystem funktionieren konnte, bedurfte es bestimmter sozialer und kultureller Bedingungen, wenn der Schaden nicht größer als der Nutzen sein sollte. Die öffentliche und von der Stadt geförderte Prostitution folgte freilich einem Rhythmus besonderer Art – dem der kurzen »Intervalle« hoher Löhne.

Schon lange gab es *prostibula* in den Städten des Bas-Rhône und des Languedoc. Dennoch scheint der Übergang von einer bloß geduldeten zu einer von den städtischen Behörden offen geförderten Prositution ein relativ neues Phänomen im 15. Jahrhundert zu sein. Dieses Phänomen steht im Zusammenhang mit der Erweiterung der städtischen Befugnisse, zumindest gilt das für diejenigen Städte, die ihre Selbständigkeit in den Krisen um die Mitte des 15. Jahrhunderts festigen konnten. Eine Stadt wie Tarascon jedenfalls ließ in den letzten Jahren des 14. Jahrhunderts ein städtisches Bordell errichten. Um 1440 erwarb die Stadt Saint-Flour das bestehende Freudenhaus; 1439 schenkten die Stadtväter von Bourg-en-Bresse ihrer Stadt ein Gemeindebordell, und die von Villefranche-sur-Saône kauften das *prostibulum* und ließen es vierzehn Jahre später erweitern; 1446–1447 schließlich verwandelten die Ratsherren von Dijon das Freudenhaus in ein großzügiges und komfortables Gebäude. Der entscheidende Zeitpunkt für diesen Zugriff der Stadträte auf die Bordelle scheint in den vierziger Jahren zu liegen, als wieder Frieden im Lande herrschte. Es sei auch angemerkt, daß sich die Renovierung und Erweiterung der Bordelle nicht allein auf gewandelte Bedürfnisse oder eine erhöhte Rentabilität zurückführen läßt; diese Unternehmungen haben vielmehr exemplarische Bedeutung. Bedenken wir schließlich, daß die vierziger Jahre einen »demographischen Fußpunkt« bildeten, daß ein relatives Gleichgewicht zwischen den Lohnniveaus auf dem Lande und in den Städten bestand und daß die Konkurrenz auf den Anwerbungsplätzen nicht mehr so stark war. Nach 1440 stiegen die Reallöhne auf eine bis dahin ungekannte Höhe; die Nominalerhöhungen in den vorausgegangenen dreißig Jahren wurden durch den Aufschwung nicht zurückgenommen, während die Getreidepreise auf einen Tiefstand fielen. Um die Mitte des Jahrhunderts verdiente ein Maurermeister in Tours die Hälfte mehr als sein Vorfahre in den Jahren 1380 bis 1420, und die Handarbeiter in der Stadt stellten sich noch besser – in Lille verdiente ein Tagelöhner um 1460 in zwanzig Tagen den Gegenwert seines Jahresbedarfs an Weizen (die einzigen Bedürftigen waren damals die Familienoberhäupter, die sehr viele Kinder zu versorgen hatten). Für alle Arbeiter, die bei der Anwerbung auf den Baustellen Priorität genossen (die Männer aus der Stadt nämlich), und für die Gesellen und Lehrlinge, die am Tische ihres Meisters speisten, besaß dieser neue Wohlstand noch den besonderen Vorzug, daß die Hoffnungen auf einen gesellschaftlichen Aufstieg durchaus realistisch waren (das Lehrgeld war nicht sonderlich hoch und der Weg zur Meisterwürde noch offen). Natürlich war der Reichtum nicht gleichmäßig verteilt; die Neuankömmlinge, die keine berufliche Qualifikation besaßen, die Witwen von Gesellen und die Mädchen ohne feste familiäre Bindung füllten immer noch die Reihen der Bedürftigen; die Not wurde jedoch von den Einrichtungen der Armenhilfe und von den Netzen wechselseitiger Unterstützung gemildert. Diese Zeit währte nur kurz, war aber lang genug (eine Generation lang in Paris und Flandern, weit länger in Montpellier, Lyon oder Tours), um die neuen Lebensweisen fest zu verankern, die sich seit gut einem Jahrhundert in der Tiefe der Gesellschaft (zunächst bei den *mediocres-majores*) ausgebreitet hatten.

Der Aufschwung zeitigte in den Sitten zwei komplementäre Folgen. Erstens erklärt er die ausgeprägte Lebensfreude, die etwa ab 1450 auf allen Gebieten hervortrat, die allmählich weithin geteilte Aufmerksamkeit für die Natur, für die Lebensumstände, die Freuden der Tafel, des Fleisches und des Feldes, die Liebe zur Welt, die von den Predigern immer heftiger angeprangert wurde, die jedoch bis zu diesem Zeitpunkt, zwischen zwei Pestwellen, das Privileg der Reichen gewesen war. Zweitens waren die Witwen und Handwerkertöchter, da die Geschäfte gut gingen, alle Einwohner der Stadt Arbeit hatten und die Hilfsorganisationen funktionierten, nicht mehr in Gefahr, in die Prostitution abzusinken, und die Prostituierten ihrerseits bildeten keine Gefahr mehr für den Gesellschaftskörper. Manche von ihnen verdienten mehr als die Hausangestellten oder die Näherinnen, doch nur wenige, z. B. die Kurtisanen von Würdenträgern oder hochgestellten Persönlichkeiten, konnten ihren Erfolg ungestraft zur Schau stellen; bei den übrigen hielten Geldstrafen oder eine willkürliche Besteuerung (der Preis für den Schutz, den die Stadt ihnen gewährte) den Aufstieg in engen Grenzen, sofern nicht eine Heirat und die Aufgabe des »Gewerbes« Loskauf und Bekehrung untermauerten.

Für die zunehmende gesellschaftliche Bedeutung dieser lebendigen und gewöhnlich nicht von Ängsten getrübten Sinnlichkeit, die sich auch außerhalb der Badehäuser und des Bordells bekundete, sprechen mehrere Anzeichen. Dazu gehört nicht nur die Gelassenheit, mit der Männer jeden Standes bekennen, daß sie sich mit den Dirnen »tummeln gehen«, sondern auch die Entscheidung der Ratsherren, das *prostibulum publicum* zu einer Stätte friedlicher Unzucht zu machen, die den Kunden abends und auch sonntags offensteht. Diese städtische Verordnung, die nur eine verbreitete Übung sanktioniert, ist in zweifacher Hinsicht exemplarisch: Sie überträgt sich auf die Badehäuser, die ihre Öffnungszeiten denen des *prostibulum* angleichen, und sie legt für alle die einzige Sperrzeit, das einzige wirklich strenge Verbot fest: die Zeit des Hochamtes.

Diese Sozialmoral und diese Kultur, die sich in der Folgezeit festigten und in jeder Stadt, manchmal in jedem Stadtteil ihre besondere

Färbung besaßen, gründeten in den Strukturen der städtischen Gesellschaft und den ihr innewohnenden Spannungen. Zur Zeit des Wiederaufbaus und des Ausgleichs der Bevölkerungsverluste waren es die Würdenträger der Stadtviertel und die Zünfte, die die Einstellungen prägten, die Arbeit vorantrieben, die Kräfte des Lebens feierten, aber auch die Ehelichkeit eines neu in die Stadt gekommenen Paares anerkannten, ein anderes maßregelten, die Grenzen zwischen *legitim* und *illegitim* zogen, kurz, den Ton angaben und die Moral definierten. Den Geistlichen oder den Bettelmönchen blieb das »Wesentliche« überlassen, doch es wäre verfehlt, wollte man für die Jahre um 1450 einen Gegensatz zwischen einer Volkskultur und einer geistlichen Kultur konstruieren – die Kultur der Vorstädte war nicht ländlich, und die Haltung der Geistlichen oder der Mönche, die sich auf das soziale Leben einließen, hatte mit den apokalyptischen Deklamationen einiger großer Wanderprediger nichts gemein. Die Bettelorden, allen voran die Franziskaner, lehrten eine Sexualmoral, die schon seit langem und zunehmend alte Tabus abgebaut, die Hierarchie der Sünden gegen den Körper verändert und deren Gewicht zunächst in der Ehe, dann auch an deren Rändern gemildert hatte. Übrigens gestatteten sie es den »Mädchen«, in ihren Prozessionen mitzuziehen und sich auf ihren Kirchhöfen begraben zu lassen.

Die Freiheit der Sitten bei den Männern gründete in einer Reihe von Einstellungen, die in den verschiedenen sozialen Schichten weitgehend geteilt wurden. Gewiß gab es eine kulturelle Distanz zwischen den Oligarchen und den Handwerkern, doch aufgrund der Krisen, der Kriege und der Epidemien waren die Magistrate niemals zuvor so gemischt zusammengesetzt gewesen wie zu dieser Zeit: Die alten Patrizier hatten sich zurückziehen müssen, und ihre Nachfolger saßen gemeinsam mit Neureichen oder den Vertretern der kleinen Leute zu Rate; bei allen städtischen Festlichkeiten feierte man »die Natur«, und die »Liebeskönige« verkleideten sich als Hahnenkönige; nur einige bürgerliche Kreise begannen, eine verfeinerte Kultur zu entwickeln, doch ihre Mitglieder verachteten darum nicht die Freuden, die sie mit den unerläßlichen, obschon mit Geringschätzung bedachten Gefährtinnen der Freudenfeste, den Dirnen, genossen.

Dies waren die Bedingungen, die allmählich zusammenkamen und die Ausbreitung des oben beschriebenen Systems ermöglichten. Im letzten Jahrzehnt des 15. Jahrhunderts begannen einige der Gleichgewichtsfaktoren zu verschwinden. Die kollektiven Einstellungen und Mentalitäten veränderten sich langsam und bewirkten schließlich den Bruch in den Jahren um 1560.

Die Flut der Zuwanderer war seit der Mitte des 15. Jahrhunderts stetig angeschwollen, doch zwischen 1450 und 1480 hatte die Stadt all jene, die sich an ihren Toren einfanden, ohne große Schwierigkeiten aufnehmen und eingliedern können. Gegen Ende des Jahrhunderts jedoch ging die Aufnahmefähigkeit der städtischen Wirtschaft zurück. Der Abstand zwischen den künstlich auf relativ hohem Niveau gehaltenen Löhnen in der Stadt und den vom Bevölkerungswachstum in Mitleidenschaft gezogenen Löhnen auf dem Lande wuchs; aufgrund dieses Ungleichgewichts drängten zahlreiche verarmte Bauern in die Städte – in den beiden letzten Jahrzehnten des 15. Jahrhunderts rekrutierten sich die Zuwanderer vornehmlich aus den Armen. Darauf reagierten die städtischen Behörden, indem sie den Zugang zur Stadt von der Zahlung einer Kaution abhängig machten und die Vorbedingungen für das Bürgerrecht verschärften. Die Städte nahmen zwar weiterhin noch Bedürftige auf, sie fühlten sich ihnen gegenüber aber zu keinerlei Fürsorge verpflichtet. Sie beschränkten die Leistungen der Hilfseinrichtungen auf die Altbürger und zögerten auch nicht, die neu Hinzugekommenen gegebenenfalls auszuweisen.

Auch bei den städtischen Löhnen zeigten sich bald die Folgen dieser Entwicklung. Obgleich nominal stabil, wurden sie von der – regional unterschiedlichen – Inflation bei den Preisen für Grundnahrungsmittel ausgehöhlt. In Rouen verloren sie im letzten Drittel des Jahrhunderts ein Viertel ihres Wertes, während die Kaufkraft (in Getreidepreisen gerechnet) der Handarbeiter in Paris auf die Hälfte sank. Die städtischen Lohnempfänger und allen voran die Tagelöhner waren die ersten, die das Ende der Wiederaufbauphase zu spüren bekamen. Um 1500 mußte der Brauereiarbeiter in Tours oder Lyon 70 bis 80 Prozent seiner Einnahmen auf die – dürftige – Ernährung seiner Familie verwenden; es war ihm nicht mehr möglich, einem seiner Söhne den Weg zu einem qualifizierten Beruf zu eröffnen, während gleichzeitig die Handwerksgesellen den Zugang zur Meisterwürde zunehmend verbaut fanden. Es verstärkten sich die sozialen Unterschiede zwischen den Nutznießern und den Opfern der Prosperitätsphase, zwischen der Elite und dem gemeinen Volk. Auch die inneren Spannungen nahmen zu: innerhalb des Handwerks aufgrund des raschen Wachstums der Zünfte, zwischen den Anführern der Handwerker und den Oligarchen, die den

»Monopolen« feindlich gegenüberstanden; zwischen den dichtgedrängten Gruppen der Händler, die an den einträglichen Geschäften keinen Anteil hatten, und den wenigen »Großkaufleuten«, die die städtischen Pachtgüter und Steuerquellen mit Beschlag belegt hatten. Der gemeinsame Nenner in den Einstellungen all derer, die vom Elend bedroht waren und von den territorialen oder beruflichen Gemeinschaftsorganen unterstützt wurden, war ein wachsendes Mißtrauen gegen den Fremden, den gefährlichen Konkurrenten, und eine Feindseligkeit, in die sich die Angst vor den Armen und den Vagabunden mischte.

Allerorten füllten sich die Reihen der Prostitution. Es war nicht das erste Mal, daß die städtischen Gesellschaften diese in ständigem Kreislauf wiederkehrenden »schwarzen Zeiten« erlebten, die ein Heer von Notleidenden und zahlreiche Frauen an die Stadttore und auf die Anwerbungsplätze schwemmten, denen nichts anderes übrigblieb, als sich zu verkaufen. Doch diesmal schien die Flut der umherziehenden, »überflüssigen«, entwurzelten Frauen nicht eingedämmt werden zu können. Zudem wurde deutlich, daß der Aussatz nicht nur die fremden Handarbeiter befiel, sondern auch Familien von Neubürgern. Und selbst Altbürger gerieten jetzt in Armut. In Avignon, Lyon und sämtlichen Städten des Rhônetales brachten die Jahre von 1520 bis 1530 schreckliche Prüfungen, und Hunderte von Familien, die man gut kannte, gerieten an den Bettelstab.

Als der Franziskaner Jean Tisserand um 1490 in Paris – einer prophetischen Stadt – den *Refuge des filles de Paris*, später *Refuge des filles pénitentes* genannt, gründete, prostituierten sich arme Mädchen, damit sie dort aufgenommen wurden; andere gaben auf Rat der Eltern vor, sie hätten Prostitution betrieben. Im Jahre 1500 ließ man die Kandidatinnen, nachdem man sie vorsorglich von ein paar Damen in Augenschein hatte nehmen lassen, schwören, daß sie sich nicht eigens der Aufnahme wegen verkauft hatten, und verlangte von diesen armen Mädchen in einer paradoxen Verkehrung nicht etwa Zeichen der Reue, sondern Beweise für ihre früheren Ausschweifungen. Man forderte Zeugen der Unsittlichkeit...

Nahezu überall in den Magistraten sind nun wieder die Klagen über die Vagabunden und Vagabundinnen zu hören, prangert man die Krebsgeschwulst an, die das soziale Gewebe zerfrißt; so in Dijon (1540): »Die meisten besagter männlicher Kinder [aus armen Familien] betteln, und weil sie nichts gelernt haben, lassen sie sich auf Diebereien ein und führen ein schlechtes Leben, so daß sie häufig ergriffen, ausgepeitscht, verstümmelt, verbannt oder gehängt werden, und viele Mädchen lassen sich mit Huren ein, gehen auf den Strich und überlassen sich dem Müßiggang.« So ergreift man denn Polizeimaßnahmen gegen die Prostituierten. Nicht nur die früher geduldeten »streunenden Mädchen« hält man fortan allein schon wegen des »Streunens« für kriminell, auch die öffentlichen Prostituierten verfallen nach 1500 sehr viel häufiger diesem Urteil. Und vor allem trifft man sie fast ständig in Begleitung von Ganoven, mit denen gemeinsam sie vom »biederen Bürger« leben. Immer häufiger auch kommt es in der Nähe des Dijoner Bordells zu Händeln zwischen Tuchscherer-, Metzger- und Webergesellen; bei diesen blutigen Schlägereien stehen sich organisierte Gruppen von Männern aus den Berufszweigen gegenüber, die von der schwierigen wirtschaftlichen Lage und dem Malthusianismus der Meister am stärksten betroffen sind. Die Zuhälterei kann auf lange Sicht keine bloße Nebenbeschäftigung mehr bleiben, die Konkurrenz drängt sie unausweichlich in die Kriminalität, und die Bordellpächterinnen selbst zählten die Zuhälter schon vor 1530 zu den größten Übeln, von denen ihr Gewerbe heimgesucht wurde.

Die Bordelle und Badehäuser waren immer noch geöffnet, doch sie wurden gefährlich, während gleichzeitig andernorts die heimliche oder die Gelegenheits-Prostitution bislang ungekannte Formen annahm. 1518 wurden zum erstenmal zwei Tuchweber aus Dijon verbannt und ihr Vermögen eingezogen »wegen eines gewissen schweren und ungeheuerlichen Verbrechens, das man Sodomie nennt«, begangen an einem dreizehnjährigen Lehrling. Sie hatten ihn mehrere Wochen lang mißbraucht und »ihm gesagt, so sei es auch gut, die Mädchen zu besteigen«. Neun Jahre später wurde aus denselben Gründen der Vater einer Hökerin verbannt; er hatte das Verbrechen der Sodomie an einer jungen Dienstmagd begangen.

Gewiß gab es für die Gewalttätigkeit der mittellosen Junggesellen in dieser Zeit mehr Gründe und Anlässe als im 15. Jahrhundert, und die nächtlichen Ausschreitungen waren immer noch im Schwange; aber sie wurden nun gefährlich für ihre Urheber. Die Strafgesetze waren schärfer, die Disziplinvorschriften für Gesellen und Lehrlinge strenger geworden, und die Justiz schritt nun nicht mehr nur gegen Vagabunden, sondern auch gegen Einwohner der Stadt ein. Auch wurde es schwieriger, sich der Justiz zu entziehen, denn die Polizei war verstärkt worden und die alten territorialen oder beruflichen Gemeinschaftsorgane, die früher Strafen verhängt oder Schutz geboten hatten, besaßen nicht mehr die Macht von einst. Die Behörden mißtrauten jeder Art von »Privat-« oder »Volksjustiz« (dahinter konnten sich bedrohliche Unternehmungen verbergen), die Geistlichen beschuldigten die Bruderschaften und »Abteien«, Exzesse zu organisieren, und die Bruderschaften wie auch die Zünfte selbst wurden durch innere Spannungen geschwächt. Schließlich erschienen die Werte, die diese »fidelen Bruderschaften« bei und mit ihren Festlichkeiten verbreiteten, all denen als verderblich, die in der Gesellschaft »die Ordnung wiederherstellen« wollten.

Und die Grundlage dieser Ordnung bildete die Familie. Betrachten wir also die Ehe. Wenn der Altersunterschied der Ehegatten bei der Erstverheiratung als aufschlußreicher Indikator der »Eheordnung« gelten kann, dann zeigt die leichte Verringerung dieses Unterschiedes (in Dijon von durchschnittlich vier Jahren zwischen 1440 und 1490 auf weniger als drei Jahre zwischen 1490 und 1550) eine Verschiebung im Bild des Paares zugunsten der Frau. Ein Reflex darauf ist die nun häufigere Erwähnung von »unordentlichen Ehen«, von Verbindungen, die gegen den Willen der Eltern und vor allem gegen den Rat der Brüder oder der Mutter zustande gekommen sind. In den mittleren sozialen Schichten von Lyon scheint der Gedanke, daß eine Frau ihren Gatten frei wählt, in den Jahren zwischen 1520 und 1530 durchaus nicht ungewöhnlich gewesen zu sein. Gewiß zogen solche Verbindungen, die fünfzig Jahre zuvor noch undenkbar gewesen wären, eine väterliche Sanktion nach sich (die Mitgift wurde um die Hälfte verringert), nicht jedoch die Enterbung der Tochter. Für die männlichen Erben war es übrigens vorteilhaft, wenn die Schwester nach eigenem Gutdünken heiratete, behielten sie so doch einen größeren Teil des Erbes... In Avignon beklagte man am 16. Juni 1546 (zwanzig Jahre vor dem berühmten Edikt Heinrichs II. über die Heirat ehelicher Kinder) im Rat der Stadt, daß »die Mädchen von Avignon sich seit kurzem die Kühnheit herausnehmen, ohne Zustimmung der Väter, Mütter und anderer Anverwandter zu heiraten, ein unerhörtes Betragen, das dem ganzen öffentlichen Wohl höchst abträglich ist...«

Bekundet sich darin nicht eine – scheinbar paradoxe – Folge der Aktivität jener »fidelen Bruderschaften«, die nach und nach die alten Bräuche der sozialen Kontrolle angetastet, Gelegenheiten zum Zusammentreffen von Mädchen und Jungen geschaffen und zuweilen auch Frauen in ihre Banden aufgenommen hatten (bei den bürgerlichen Bruderschaften kam es vor, daß sie den »Abt«

wählten, der früher für die Einhaltung der Sitten verantwortlich gewesen war), die zwischen Konkurrenten entschieden und bis dahin unmögliche Verbindungen gefördert hatten? Die Veranstaltungen der Bruderschaften brachten stets eine Moral der Sinnenfreude zum Ausdruck, doch zumindest in bestimmten Schichten legten sie größeren Wert auf gemeinsame Vergnügungen als auf die käufliche Lust bei den Dirnen. Diese Aktivitäten erschienen nun um so anstößiger, als die Reformbewegungen in der katholischen Kirche ganz wie die protestantischen Propagandisten den Festen und Versammlungen der jungen Leute mit Mißtrauen begegneten und in der Familie den privilegierten Ort der Kindererziehung sahen.

Die katholische Kirche, die Behörden, die Bürger, die reformierte Kirche und bestimmte Frauengruppen, sie alle hatten ihre eigenen Ziele, wenn sie den Verfall der Sitten beklagten. Es kam nicht sogleich zu einem verabredeten Angriff auf die öffentliche oder private Prostitution. Den katholischen Reformern ging es vor allem um die Abschaffung des Konkubinats bei den Geistlichen; die Stadträte kämpften gegen die Kräfte, die eine Gefahr für die Ordnung darstellten; die Bürgerfrauen suchten die Sittsamkeit ihrer Kinder zu bewahren und die Arbeitshäuser für Frauen in die Vorstädte zu verbannen; die Eiferer der Reformation schließlich befehdeten die Laster, in denen sie eine schwere Bedrohung für den Bestand des Gemeinwesens erblickten. Erst mit der Zeit und dem Fortgang des Unheils wuchsen diese Kräfte zusammen, und so kam es, daß zwischen 1490 und 1550 die kollektiven Einstellungen sich langsam wandelten. Zum erstenmal bekannte in Dijon kurz nach 1500 ein Geselle, daß man das *prostibulum* »nicht ohne Scham aufsuchte«. Um 1530 wurde die Bekämpfung der »Privatbordelle« wirkungsvoller, dann schloß man die anrüchigen Badehäuser und verlegte die städtischen Bordelle an den Stadtrand, bevor man sie schließlich auflöste. Das Edikt von Amboise besiegelte also nur eine Entwicklung, die seit langem im Gange war. 1573 wurde in Dijon das Haus, das »einst den Dirnen zugewiesen war«, vom Stadtbaumeister bewohnt. Mit der Freiheit der Sitten – für die Männer – war es vorbei; doch mit ihr war auch eine bestimmte Form öffentlicher Sklaverei verschwunden.[1]

Anmerkung

1 In groben Zügen habe ich diese Untersuchung auf Philippe Ariès' Kolloquium im Februar 1980 vorgestellt. Sie verwendet und erweitert das Material aus zwei Aufsätzen: »Prostitution, jeunesse et société dans les villes du Sud-Est«, in: *Annales ESC*, 1976, S. 289–325, sowie »Fraternités de jeunesse et niveaux de culture dans les villes du Sud-Est à la fin du Moyen Age«, in: *Cahiers d'histoire*, 1976, 1–2, S. 67–102.

Achillo Olivieri
Erotik und gesellschaftliche Gruppen im Venedig des 16. Jahrhunderts: die Kurtisane

Auch die Erotik mit ihren gestischen Sequenzen und ikonographischen Pausen wurzelt in der Geschichte der mündlichen Kulturen; die vielstrophigen Volkslieder und die Entwicklung des kirchlichen und klösterlichen Lebens lassen uns diesen Zusammenhang erkennen. Der sexuelle Wortschatz spricht vom Körper, und vornehmlich beschreibt er den Körper der Frau; aber dem Familienkreis, der ganz auf die Fortpflanzungsbedürfnisse und auf die Sicherung der Genealogie bezogen ist, bleibt er ebenso fremd wie den in Entstehung befindlichen sexistischen Hierarchien. Die Schönheit des weiblichen Körpers zählt weniger als dessen erotische und reproduktive Fähigkeiten. Bezeugen nicht schon die ältesten erotischen Volkserzählungen, die wir kennen, die Einschließung der Frau, welche dann die moderne Welt vollendet hat?[1]

Die *Sei giornate*[2] des Pietro Aretino bringen in der Geschichte des Gefühlslebens auf der italienischen Halbinsel einen Prozeß zur Entfaltung, der an den Höfen bereits begonnen hatte und bei dessen Ausbreitung Venedig nun zum Motor wird. Die Dimensionen der erotischen Sprache, die Aretino festlegt, fügen sich in eine überkommene Erzählstruktur: Wie bei Boccaccio und den Novellisten des 16. Jahrhunderts sind auch hier die Klöster die Stätten einer Erotik, die um die Macht der »Kurtisanen« kreist. Diese Konstellation entspricht dem Schema, wonach Priester, Studenten und Höflinge die – stets karikiert dargestellten – Protagonisten der gesellschaftlichen Moden sind. Aretinos Versuch, die »Kurtisane« ins Zentrum der Gesellschaft zu stellen, bedient sich also einer überlieferten Sprache. Für ihn ist die Kurtisane keine Erscheinung am Rande der Gesellschaft, sondern eines ihrer Grundelemente; sie steht für eine wichtige Etappe im Prozeß der gesellschaftlichen Rollenverteilung und der sozialen Arbeitsteilung. So bringen die Bemühungen um eine Interpretation seines Textes, deren geistige und

editorische Quellen Venedig und der Hof von Paris gewesen sind, die Tendenzen einer aktiven Händlergesellschaft und eines ebenso aktiven Kapitalismus zum Vorschein. Um den Körper der Kurtisane und deren Magie sind die erotischen Assoziationen angeordnet, mit denen Aretino das Bild einer Sexualität zeichnet, die eine bedeutende Rolle bei der Herausbildung der geistigen und familialen Mechanismen der europäischen Gesellschaften gespielt hat. Zwar ist für Aretino die Sexualität (und deren diffuse Macht) nicht der Schlüssel zu den Bewegungsgesetzen der städtischen Strukturen; aber er sieht jedenfalls in der Erotik eines der zahlreichen Mittel zur Ansammlung von Kapital. Tatsächlich bemerkt Antonia: »Schau, schau, worin doch die Geheimnisse der Zauberkunst bestehen!« (S. 157), und Nanna erwidert: »In unserer Hinterpforte. Und die Hinterpforte ist so zauberstark wie das Geld. Denn die Hinterpforte lockt das Geld aus den Hosen, wie das Geld sogar die Hinterpforte eines Klosters zu öffnen vermag« (ibid.). Aretino betont wiederholt, daß die Macht der Sexualität in ihrem Einfluß auf die gesellschaftlichen Gruppen und deren Rangordnung liegt, einem Einfluß, der zu seiner Durchsetzung keiner Zauberei und keiner Tricks bedarf: »Nun, um nicht für eine Heuchlerin zu gelten, so will ich dir also sagen, daß zwei stramme Popobacken mehr vermögen als alle Philosophen, Astrologen, Alchimisten und Nekromanten, die je auf der Welt waren. Ich probiere soviel Kräuter, wie auf zwei Wiesen wachsen, und soviel Worte, wie auf zehn Märkten geschwätzt werden, und vermochte doch nicht auch nur um Fingers Breite einem, dessen Namen ich dir nicht nennen darf, das Herz zu rühren. Und dann machte ich ihn mit einer einzigen Bewegung meiner Hinterbäckchen so bestialisch verrückt nach mir, daß alle Bordelle ganz baff darüber waren; und da pflegt man sich doch nicht so leicht über was zu wundern, weil man da ja jeden Tag merkwürdige neue Sachen sieht« (S. 156).
Diese Dialoge zeugen unbestreitbar von einer Transformation der überkommenen städtischen Verhaltensformen: Jenseits von Familien- und Bildungsstrukturen wie dem *baliatico*[3], die in der florentinischen Gesellschaft des 14. und 15. Jahrhunderts vorherrschen, aber auch die venezianische Welt nicht unberührt ließen, tritt der Sex in seiner Anziehungskraft und seiner Macht hervor, ohne jede rhetorische Verbrämung und ohne die bürgerliche Maske, die ihn verbirgt und verzerrt. Sex und Geld werden in ihrer Allmacht und ihrer materiellen Verstrickung erfaßt: »Wenn der Popo soviel Gewalt hat wie's Geld«, bemerkt Antonia, »so ist er stärker als Ron-

ceval, der alle Paladine totschlug!« (S. 157); und Nanna: »Es war die Nettigkeit einer Hure, und sie war nicht weniger nett als die, welche ein Zuckerhändler bei mir fand, der sogar seine Kisten in meinem Hause ließ, um etwas noch viel Süßeres als seinen Zucker zu bekommen. Und solange sein Liebesrausch dauerte, hatten wir Zucker sogar an unserem Salat. Und wenn er den Honig kostete, der aus meiner Verstehstdumich troff, da schwor er, im Vergleich damit sei sein Zucker bitter« (S. 183). So stehen die *Sei giornate* im Mittelpunkt von Wandlungsprozessen, die zwischen 1530 und 1580 in den europäischen Gesellschaften vor sich gingen: Wandlungen und Umwertungen in der Hierarchie von gesellschaftlichen und städtischen Spezialisierungen, die im sexuellen Leben wurzelten und die der Prostituierten oder Kurtisane die Ausführung und Beherrschung der erotischen Spiele zuwiesen. Vielleicht besteht kein *unmittelbarer* Zusammenhang zwischen diesen Darstellungen und der Ausbreitung von Kurtisanenzirkeln in Venedig und den größeren Städten auf der Halbinsel. Hinter den modernen Produktionsmechanismen und der Neuordnung des städtischen Raumes entsteht und entfaltet sich jedoch eine *civiltà puttanesca*, die in ihren Gesten und Körperritualen, in ihren weitreichenden Ausschlußregeln und ihren Symbolen festgelegt ist. In der Kurtisane wird symbolisch der Körper der Frau und ihr Gemüt zur Disposition gestellt. Nanna sagt es selbst: »Der eine verlangt Kochfleisch, der andere Braten. Was haben sie nicht alles ersonnen: von hinten; die Beine um den Hals, die Giannetta; Kranich; Schildkröte; Kirche auf dem Glockenturm; die Eilpost; auf Schafsart und andere Stellungen, die seltsamer sind als die Stellungen eines Jongleurs. Da kann ich wohl sagen: ›Welt ade!‹ Ich schäme mich, mehr davon zu sagen. Kurz und gut – heutzutage stellt man bei 'ner sogenannten ›Signora‹ anatomische Studien an. Und darum, Pippa: Wisse dich zu benehmen, wisse zu leben; sonst heißt's: ›In Lucca haben wir uns mal gesehn!‹« (S. 233) Diese Bestimmung des Körpers, die uns hier in der Kultur des 16. Jahrhunderts begegnet, findet sich auch im Sex als dem Schöpfer von Kapital. Bis in die Symbole ihrer Kleidung hinein macht die Kurtisane diese Funktion deutlich: In der zweiten Hälfte des 16. Jahrhunderts geben die venezianischen und florentinischen Kurtisanen ihrer Unterwäsche eine diffuse erotische Bedeutung[4]: *»Voglio il core«*, als wollten sie damit einen Perspektivenwechsel unterstreichen, in dem die Magie der Sexualität jede Konnotation verloren und die Sprache der Körper die Oberhand gewonnen hatte. So wird die Kurtisane gedrängt, eine der städtischen Mentalitäts- und Handlungsstrukturen für sich zu entdecken und zur Kapitalanlegerin zu werden, um den Marginalisierungsgefahren vorzubeugen, die das Metier für sie bereithält: Krankheit, Elend, Alter und Not. »Geizhälse machen keine Geschenke«, klärt Nanna ihre Tochter auf, »und lassen keine wertvollen Sachen bei dir im Hause; riskiere es also ruhig und mach es so, wie ich dir sage. Und wenn nicht der Friede von Marcone [der Friede zwischen zwei Bettlaken] geschlossen wird, so sage von mir, ich sei 'ne dumme Gans, wie Gewisse, die nichts weiter können, als die Beine breitmachen, und die sich einbilden, solange man sie zu den großen Huren rechnet, sie hätten ihre Geschäfte schön in Ordnung, wenn sie einfach ihr Fleisch verkaufen und sich nicht mit Zauberkram abgeben. Ihr armen, armen Luder! Sie wissen nicht von dem Ende, zu dem der Anfang und die Mitte ihres Lebenswandels sie führt: nämlich ins Spital und auf die Brücken, wo sie, von der Franzosenkrankheit zerfressen, als traurige Ruinen, von allen gemieden, umherirren, ein Ekel für jeden, der sie überhaupt noch ansieht. Und ich sage dir, mein Kind, der Schatz, den die goldgierigen Spanier in der Neuen Welt gefunden haben, er würde nicht hinreichen, um eine Hure zu bezahlen, mag sie noch so häßlich und jämmerlich sein. Und wer mal ordentlich über ihr Leben nachdenkt, der muß mir das zugeben; und wer das leugnet, der begeht eine unverzeihliche Sünde« (S. 232).

Die in der Entwicklung begriffene Stadt nimmt neue Gestalten in sich auf, die Kurtisane und die Prostituierte. Die neue Macht fließt in die Gebärden und in eine *Anatomie* der Frau ein, die sich auf sämtliche Elemente einer gestischen »Kultur« überträgt. Auch die Geschichte der Politik gegenüber Familie und Geschlechtsleben in den italienischen Städten ist von ihr durchdrungen; es bildet sich die *civiltà puttanesca* – und Aretino gebraucht häufig eine religiöse Sprache, um sie hervortreten zu lassen – mit ihren Gesetzen und Ritualen, ihren »Unternehmen« und ihrer kodifizierten Redeweise. Besteht nicht ein Zusammenhang zwischen dieser »Kurtisanenkultur« und der wachsenden Bedeutung, welche die Kirche vom 13. Jahrhundert an den Kurtisanen bei der Bekämpfung der Sodomie beimißt? Im verzweigten Netz der Ausschließungen, das die moderne Stadt hervorbringt, werden Kurtisane und Prostituierte zu Machtinstrumenten und zur Quelle weiterer Ausschließungen – Wegbereiter einer quasi anatomischen Auffassung und Lektüre des Lebens und der Liebe. Ihre Gleichsetzung mit den Juden, wie sie die Literatur vornimmt, und ihre unersättliche Geldgier unterstreichen ihre materielle Bedeutung im städtischen Raum: »Der Stolz einer Hure ist ärger als der eines Bauern im Sonntagsstaat«, konstatiert Nanna, »und Hurenneid frißt sich selber auf wie die Franzosen den, der sie in den Knochen hat... Und ich schwöre dir bei der glücklichen Zukunft, die ich für meine Pippa suche: Die Wollust ist die unschuldigste der Begierden, von denen sie besessen sind, denn sie denken an nichts weiter als daran, wie sie ihren Mitmenschen Herz und Eingeweide aus dem Leibe ziehen können« (S. 158). Ihre Macht scheint grenzenlos zu sein und sich sogar mit der einer Zauberin messen zu können: »Ich kann nicht leugnen, daß da alle möglichen Künste angewandt werden, um sie zu verblenden, daß wir ihnen sogar von unserem A-a und von unserm Marchese [Menstruationsblut] zu essen geben. Eine war da – ich will ihren Namen nicht nennen –, die wollte 'nen Liebhaber recht verliebt und treu machen und gab ihm 'ne hübsche Menge Schorf von Franzosenbeulen, von denen sie voll saß« (S. 156). An hohen kirchlichen Feiertagen wie Aschermittwoch und Karfreitag lassen die Kurtisanen ihre »berückende« Arbeit ruhen; dann wird die Stadt still und leer, als sei sie ausgestorben.[5]

Aber diese Macht trägt nicht nur dazu bei, die Frau in untergeordneter Position zu halten, indem sie sie ins Freudenhaus oder in die Familie einschließt; sie verleiht zugleich der Sexualität in all ihren Spielarten eine anatomische, technische Dimension, sie schafft eine *Technologie* des Sex, die sich bis in unsere Zeit hinein fortentwickelt und vervollkommnet.[6] In dieser fortschreitenden Institutionalisierung der sozialen und kulturellen Formen der Sexualität erhält auch die Sodomie eine wichtige Rolle. Die Protagonisten dieser traditionell als »abartig« geltenden Sexualpraxis sind die Klassen der Kaufleute und der Adligen.

Der gesellschaftliche Aufstieg der Sodomie ist mit einer bedeutenden kulturellen Leistung verbunden: zwischen 1620 und 1650 nimmt in Venedig die Zahl der Abhandlungen über die *Freundschaft* beträchtlich zu; es entsteht eine neue Heldengalerie, und in der venezianischen Gesellschaft und Kultur erlangen die »großen« oder »heroischen« Freundschaften ein immer stärkeres Gewicht. Selbst die Sodomie kann sich in eine »heroische Freundschaft« verwandeln; sie avanciert zu einer eigenständigen, akzeptierten Form von Sexualität. Die Testamente – etwa das des Marco Trevisano zugunsten Niccolo Barbarigos – geben Zeugnis von dieser Entwicklung. Das Familienkapital, die Warenbestände und der persönliche Besitz werden dem Freund, dem Heros einer sexuellen

Gewohnheit überantwortet, die sich zunehmend ausbreitet. So setzt die Freundschaft, indem sie das Wort *Sodomie* schreibt, ein Verhalten frei, das sich in dieser Form dann im 18. Jahrhundert voll entfalten sollte.[8] Hier haben wir abermals einen Fall von Machtorganisation außerhalb der Familie vor uns, einer Familie, deren rigide Verfassung vom 16. bis ins 18. Jahrhundert sich an der Verbreitung der heimlichen Ehe ablesen läßt.[9] Die Frau aber bleibt das Objekt einer fortschreitenden Hierarchisierung der sozialen und familialen Rollen, eine Spielmarke in der Strategie der städtischen Klassen, die sich an einem Kaufmannsmodell der Familie und der Gesellschaft orientieren.

Anmerkungen

1 C. Klapisch-Zuber, »Genitori naturali e genitori di latte nella Firenze del Quattrocento«, in: *Quaderni storici,* 44, 1980, S. 557.
2 P. Aretino, *Sei giornate,* hrsg. v. G. Aquilecchia, Bari 1969; zuerst: Teil 1, Paris 1533; Teil 2, Turin 1535 (dt.: *Die Gespräche des göttlichen Pietro Aretino,* übers. v. H. Conrad, Leipzig 1903 und 1980. Für die Zitate wurde die Ausgabe des Jahres 1980 herangezogen; die Seitenzahlen im folgenden beziehen sich darauf).
3 Sie verstärkten noch ein Erbsystem, das deutlich auf die Männer zugeschnitten war; siehe C. Klapisch-Zuber, a. a. O., S. 557.
4 R. Bonito Fanelli, »Produzione italiana (veneziana?)«, im Katalog des *Palazzo Vecchio: committenza e collezionismo medicei,* Florenz 1980, S. 361.
5 P. Britti, »El venerdi santo«, in: M. Dazzi (Hrsg.), *Il fiore della lirica veneziana,* Venedig 1956, Bd. II, S. 226.
6 Wir müssen diese Technologie mit eben derselben Stadtstruktur in Zusammenhang bringen, in der man diese verschiedenen Formen von Sexualität übte und darstellte. Zur Anwendung dieser »Technologien« in der heutigen Sexualität und zu ihrer Verbreitung siehe das Interview mit N. Abbagnano, »Il papa e i discorsi sul sesso«, in: *Gente,* 43, 24. Febr. 1980, S. 14.
7 Eine umfangreiche Dokumentation dazu bei G. Cozzi, »Una vicenda della Venezia Barocca: Marco Trevisano e la sua ›eroica amicizia‹«, in: *Bollettino dell'Istituto di storia della società e della stato veneziano,* II, 1960, S. 61–154; allerdings bleiben die ideologische Dichte dieser Literatur und ihr Verhältnis zu den verschiedenen Akademien noch zu klären.
8 Um das Thema der *Freundschaft* herum entfaltet sich die Idee einer den einzelnen charakterisierenden Homosexualität, die man auch in den Londoner *Clubs* des 18. Jahrhunderts antreffen kann; vgl. dazu N. Zemon Davis, »Les Conteurs de Montaillou«, in: *Annales,* I, 1979, S. 68.

9 Vgl. die Dokumentation von G. Cozzi, »Padri, figli e matrimoni clandestini (metà sec. XVI – metà sec. XVIII)«, in: *La Cultura,* 2–3, 1976, S. 169–213.

Anhang
Das Testament des Marco Trevisano[1]

Intus vero.

Im Namen unseres Herrn Jesus Christus, gegeben am 15. März 1626 zu Venedig, im Hause bei den Crosechieri, daselbst ich wohne.

Ich, Marco Trevisano, der ich aus freiem und eigenem Entschluß meine Verfügungen treffen will, was nach meinem Tode mit meinem Besitz geschehen soll, durch Gottes Gnade bislang gesund an Körper und Geist, habe mich nach reiflicher Überlegung und Anrufung des Heiligen Geistes entschlossen, mit eigener Hand vorliegendes Testament zu schreiben und wie folgt zu bestimmen. Zu allererst empfehle ich meine Seele in tiefster Demut Gott, ich bitte bei seiner unendlichen Barmherzigkeit um Vergebung meiner Sünden und bete, daß er mich aufnehme ins himmlische Erbe bei unserem Herrn Jesus Christus.
Ich hätte weder Hab noch Gut auf dieser Welt, wenn Gott mich nicht in seiner großen Güte mit meinem vortrefflichen Freunde zusammengeführt hätte, dem sehr erlauchten Niccolo Barbarigo, Sohn des seligen Lorenzo, in dessen Haus ich schon so viele Jahre lebe; denn wie nach der Teilung mit meinen Brüdern aus den Akten des seligen Dominico Adami, öffentlicher Notar zu Venedig, hervorging, bestand mein ganzes Kapital aus nur 5848 Dukaten und 22 Groschen, und da ich besagtem Niccolo 4000 Dukaten schuldete, die er mir geliehen hatte, wie es eine beglaubigte Urkunde belegt, so hätte dieser Betrag, wofern er ihn mir auf Zins oder gegen Wechsel geborgt hätte, wie es selbst unter Freunden gewöhnlich geschieht, mit Zins und Zinseszins mein ganzes Vermögen, und mehr noch als dies, aufgezehrt. [...] Aber genannter Niccolo Barbarigo, ein unvergleichlicher Freund, schenkte mir die 4000 Dukaten und zahlte dazu noch aus eigener Börse besagte Schulden, und ich kann sagen, daß dies noch das geringste Zeichen dieser unvergleichlichen Liebe ist, das ich in meinem Leben empfangen habe. Wenn mir indessen noch Güter bleiben, darüber zu verfügen, so verdanke ich sie einzig und allein der schieren Güte und Großherzigkeit meines Freundes und Wohltäters, der sich gegen mich eher göttlich denn menschlich gezeigt hat. [...] So bestimme ich denn, daß man aus meinem Erbe und Vermächtnis zwei silberne Schalen und Kannen kaufe, jede im Werte von 100 Talern, und daß man sie zum einen und in der Reihenfolge, wie ich sie nenne, dem sehr erlauchten Zusanne Venier, Sohn des seligen Francesco, und zum anderen dem sehr erlauchten Giovanni Antonio Zen, Sohn des seligen Bortolamio, gebe, mit denen ich eine Freundschaft geschlossen habe, die sehr herzlich und hingebungsvoll gewesen ist, und daß man sie bitte, sie möchten sich ihrer bedienen, um sich die Hände zu waschen, und dabei unserer wahren,

aufrichtigen und tugendsamen Freundschaft gedenken. [...] Was immer von meinem Besitze bleibt an beweglicher und unbeweglicher Habe, an Ansprüchen und Rechtstiteln, gleich ob gegenwärtig oder zukünftig, und was immer mir zu irgendeinem Zeitpunkt, gleich unter welchem Titel, an streitigen oder gesicherten Ansprüchen oder in welcher Form auch immer zufließt oder zufließen könnte, vermache ich dem schon genannten sehr erlauchten Niccolo Barbarigo, Sohn des seligen Lorenzo, meinem besten Freunde, einem Freund, der seinesgleichen nicht findet in allem, was ich erlebt habe in meinem Leben, und wenn ich ihn mit all den Beispielen vergleiche, die ich in den *Historien* gelesen habe; einem Freund, der weit über alle Vorstellungen hinaus, die der menschliche Verstand sich von der Freundschaft macht, zu mir gestanden hat. Und ich bestimme, daß er als einziger Erbe und als uneingeschränkter Eigentümer meines ganzen Besitzes frei über alles verfügen könne, wie ich gesagt habe. Und ich empfehle ihm meine Seele und bitte ihn, meinen Körper in demselben Grab beizusetzen, in dem er dereinst den seinen zur Ruhe betten wird, denn ich empfinde eine übergroße Freude bei dem Gedanken, daß unsere Körper nach dem Tode, solange die menschlichen Verhältnisse es zulassen, vereint bleiben mögen, wie wir auch im Leben stets vereint, in bewunderungswürdigem Einklang und mehr als irgendein Mensch es zu fassen vermöchte, eines Sinnes gewesen sind und wie ich auch hoffe, daß es in der himmlischen Heimat eine meiner höchsten und einzigartigsten Freuden und Teil meiner Glückseligkeit sein wird, mich mit seiner großmütigen, reinen und wahrhaftigen Seele vereint zu finden, die durch eine so beständige Liebe zu mir, dem Geschöpf, zeigt, wie seine Liebe zu Gott, dem Schöpfer beschaffen sein muß. [...] Und wenn sie [meine Brüder] mich solcherart im Stich gelassen haben, so sehe ich eine Fügung der göttlichen Vorsehung darin, daß sie der Welt und ganz besonders unserem Vaterland ein so hervorragendes und bemerkenswertes Beispiel einer wahren und vollkommenen Freundschaft hat geben wollen, die nach meiner Überzeugung ihresgleichen nie gesehen hat, wofern man alle Umstände bedenkt, die in unserem Falle zusammengekommen sind; habe ich doch in diesem Freunde vom Paradiese genossen, von dem ein Lebender auf Erden in ähnlicher Weise nicht zu genießen vermöchte. [...] Doch ich weiß auch, daß er es mehr als gerne tun wird, wegen der ganz einzigartigen Liebe, die er mir stets bekundet, und des ungewöhnlichen Vertrauens, das er mir entgegengebracht hat, als er mir im Leben alles, was sein war, anvertraute, das Leben und die Ehre, sichere und untrügliche Zeichen seiner beständigen Güte und der guten Meinung, die er von meiner Treue und Verläßlichkeit besaß. [...] Nach Gott war Niccolo Barbarigo alles für mich, und die Weissagung der Heiligen Schrift hat sich voll erfüllt im Beispiel unserer Freundschaft:

Amicus fidelis protectio fortis, qui autem invenit Thesaurum. Amico fideli nulla est comparatio, et non est digna ponderatio auri, et argenti, contra bonitatem fidei illius. Amicus fidelis medicamentum vitae et immortalitatis, et qui metuunt Dominum invenient illum. Qui timet Deum aeque habebit amicitiam bonam; quoniam secundum illum erit amicus illius (Eccl. 6, 17).
Si duo hac in tabula videre corpora existumas, Nicolaum Barbaricum et Marcus falleris spectator, duo vides membra unius corporis, unus est enim spiritus utrumque regens.

Anmerkung

1 *L'Heroica et incomparabile amicitia de l'Illustrissimi Signori Niccolo Barbarigo e Marco Trevisano, gentilhuomini venetiani...*, Venedig 1629, Bibl. Naz. Marciana, Venezia, Misc. 190.

Angeline Goreau
Zwei Engländerinnen des 17. Jahrhunderts Anmerkungen zu einer Anatomie der weiblichen Lust

Wer sich mit der Geschichte der weiblichen Sexualität im England des 17. Jahrhunderts befaßt, der kann nur in Ausnahmefällen auf Dokumente zurückgreifen, die von Frauen geschrieben worden sind. Frauen äußerten sich selten zu diesem Thema in ihren Tagebüchern oder Briefen (diese Äußerungen wären wohl nach ihrem Tode als erste der Vernichtung anheimgefallen), und noch seltener erschienen sie im Druck. Legt man zugrunde, was uns aus der Hand von Frauen überkommen ist, so drängt sich der Schluß auf, die weibliche Lust sei ein gänzlich unbekanntes Feld gewesen, wenn es sie denn überhaupt gab, d. h., wenn nicht unablässig und allenthalben Keuschheit und Bescheidenheit, Ehrsamkeit und Anstand als unabdingbare Notwendigkeiten von der Frau gefordert worden wären, denn vollkommene Unschuld der Absichten hätte doch wohl derartig strenge Gebote überflüssig gemacht. Es ist ein Maß für die Wirksamkeit der Zensur, die den Frauen dieser Zeit auferlegt war, daß jede Erörterung ihres Geschlechtslebens, gleichgültig, ob phantasiert oder praktiziert, durch diesen Filter hindurch mußte.

Das folgende Gedicht, von Lady Elizabeth Carey um 1613 verfaßt, beschreibt die keusche Haltung, die damals als Leitbild weiblichen Verhaltens galt[1]*:

'Tis not enough for one that is a wife
    To keep her spotless from an act of ill:
But from suspicion she should free her life,
    And bare herself of power as well as will.
   'Tis not so glorious for her to be free,
   As by her proper self restrain'd to be.

---

* Deutsche Interlinearversionen der in diesem Aufsatz abgedruckten englischen Gedichte finden sich in den Anmerkungen. *(A. d. Ü.)*

When she hath spacious ground to walk upon,
  Why on the ridge should she desire to go?
It is no glory to forbear alone
  Those things that may her honour overthrow:
But 'tis thankworthy, if she will not take
All lawful liberties for honour's sake.

That wife her hand against her fame doth rear,
  That more than to her lord alone will give
A private word to any second ear;
  And though she may with reputation live,
Yet tho' most chaste, she doth her glory blot,
And wounds her honour, tho' she kills it not.

When to their husbands they themselves do bind,
  Do they not wholly give themselves away?
Or give they but their body, not their mind,
  Reserving that, tho' best, for other's prey?
No, sure, their thought no more can be their own,
And therefore to none but one be known.

Then she usurps upon another's right,
  That seeks to be by public language graced;
And tho' her thoughts reflect with purest light
  Her mind, if not peculiar, is not chaste.
For in a wife it is no worse to find
A common body, than a common mind.

Zahlreiche Zeitgenossinnen der Lady Carey legen ein ähnliches Zeugnis für die gesellschaftliche Hegemonie der »Sittsamkeit« *(modesty)* ab – ihr Gedicht ist in Sprache wie Inhalt charakteristisch; obwohl ihre Warnungen sich vornehmlich an Ehefrauen richten, gelten die Grundsätze, auf denen sie beruhen, für Frauen generell, die, wie es *The Lawe's Resolution of Women's Rights* im Jahre 1632 ausdrückt, »alle entweder als verheiratet oder als solche, die heiraten werden, anzusehen« waren. Selbst Witwen, die längst über das fruchtbare Alter hinaus waren und deren Wiederverheiratung höchst unwahrscheinlich erschien, unterstanden weiterhin den Geboten der Sittsamkeit. Kurz, Lady Careys Gedicht ist deshalb so aufschlußreich, weil darin deutlich wird, wie ein spezifisch sexuelles Verbot ausgeweitet wird, bis sein Schatten schließlich über die gesamte Lebenswelt der Frauen fällt.
Der praktische Grund für die Forderung nach Keuschheit der

Frauen liegt nach Ansicht der meisten Kommentatoren des 17. Jahrhunderts in der Bedeutung gesicherter Vaterschaft in einer Gesellschaft, deren ökonomische und soziale Struktur auf dem patrilinearen, den Erstgeborenen bevorzugenden Erbschaftssystem beruht. Der erste Marquis of Halifax antwortete seiner Tochter, die sich über die Untreue ihres Gatten beklagt hatte, sexuelle Abenteuer seien beim Manne entschuldbar, jedoch »verbrecherisch« bei der Frau, denn allein deren untadelige, erhabene »Ehrhaftigkeit« gewährleiste, »daß die Familie von jeglicher Beimischung frei bleibe, die ihnen Schande bringen könnte«. Nach Lady Careys Auffassung und Erfahrung jedoch war weibliche Keuschheit nicht lediglich als Enthaltung von illegitimen sexuellen Beziehungen definiert: »Es reicht nicht, wenn ein Weib / Sich rein hält von üblem Tun« *('Tis not enough for one that is a wife / To keep her spotless from an act of ill)*. Eine wahrhaft keusche Frau solle »sich selbst von Macht und eignem Sinn befrein« *(bare herself of power as well as will)*; es gehöre sich, daß sie »der Ehre wegen / Nicht alle Freiheit nutzt, die ihr gebührt« *(she will not take / All lawful liberties for honour's sake)*. Keuschheit, heißt das, ist Passivität; zum wichtigsten Merkmal von Weiblichkeit wird Machtlosigkeit – oder Impotenz. Das schließt ein, daß der Ausdruck von Sexualität mit der Ausübung von Macht und eigenem Willen oder Aggression gleichgesetzt wird. Ein Verstoß gegen die gebotene Inaktivität – das kommt in der Sprache des Gedichts ungewollt zum Ausdruck – brachte die Frau in Versuchung, wie ein Mann zu handeln: Eine Frau, die den Wunsch hatte, »auf dem Grat zu wandeln« *(to go on the ridge)*, maßte sich die männliche Erektion an.

Mit ihrer abstrakten Fassung des Konzepts der Keuschheit errichtet Lady Carey ein ausgedehntes Gebäude der Selbstbeschränkung. Wenn allen Handlungen der Frau sexuelle Bedeutung zukam, dann zog die Sittsamkeit auch ihrem Sprechen, Sehen, Gehen, Phantasieren und Denken Grenzen. *The Whole Duty of a Woman*, ein Ratgeber für junge Frauen aus dem 17. Jahrhundert, führt dazu aus: »Sittsamkeit [...] durchdringt Leben, Bewegungen und Worte. [...] Deine Blicke, Deine Rede und Dein ganzes Tun sollten von einem demütigen Argwohn gegen Dich selbst künden, von der Bereitschaft, zu lernen und zu gehorchen, statt zu befehlen und vorzuschreiben. [...] Da Du Wert auf deinen Ruf legst, solltest Du dich stets an diese Tugend halten [...]; gib niemals Anlaß zu Ärgernis und Vorwürfen; doch laß Deine Rede ein Beispiel für andere sein. [...] Laß Gedanken und Augen nicht umherschweifen.« Offenbar galten umherschweifende Blicke oder ungehemmte Gedanken als Sinnbild der Unkeuschheit. »Züchtige Frauen haben weder Augen noch Ohren«, lautet ein Sprichwort aus dem 17. Jahrhundert.

Die räumliche Metaphorik der Einhegung, die in Lady Careys Gedicht eng mit der weiblichen Identität verbunden ist, beruht auf einem ausgeprägten Sinn fürs sexuelle Territorium: Der männliche und der weibliche Erfahrungsbereich waren zwei benachbarte, aber unvereinbare Welten. Der Ausdruck »die weibliche Sphäre« *(the feminine sphere)* findet sich immer wieder in Briefen, Tagebüchern, Anstandshandbüchern und anderen zeitgenössischen Texten. Es wird synonym mit »Privatbereich« oder »häuslicher Bereich« *(private domain, home)* gebraucht, während der »männliche Bereich« die »Welt« umfaßt. Jeder Übergriff in den Männern vorbehaltene Gebiete, ob real oder vorgestellt, ob in Wort oder Tat, erscheint als Negation der Weiblichkeit. Die sexuellen Implikationen dieser Terminologie liegen auf der Hand – die »weibliche Sphäre« verweist die Frau in einen »Binnenraum«; allein dem aggressiven, vorwärtstreibenden Geschlecht, dem Manne, sind die großen Aktionsfelder vorbehalten.

Daß am Ende des Gedichtes die öffentliche geistige Betätigung der Frau mit Prostitution, daß »a common mind« mit »a common body« identifiziert wird, macht zum Teil verständlich, warum so wenige Engländerinnen vor dem 18. Jahrhundert mit literarischen Arbeiten hervorgetreten sind – die Tabuschranke war hoch. Und sie war wirkungsvoll. Eine Schrift (und damit seine Gedanken) veröffentlichen hieß, sich selbst »öffentlich« machen, sich der »Welt« aussetzen, den »Privatbereich« verlassen. Um einen Skandal zu vermeiden, entschieden sich viele schreibende Frauen für die Anonymität. Die unbekannte Autorin eines feministischen Traktats aus dem Jahre 1696 nennt die Gründe, weshalb sie ihren Namen geheimhält: »Nichts könnte mich bewegen, meinen Namen auf die öffentliche Bühne der Welt zu tragen. [...] Die Zerbrechlichkeit des Rufs in unserem Geschlecht [...] hat mich sehr vorsichtig gemacht, mich solch giftigen Dünsten auszusetzen.« Dorothy Osborne erklärte die Duchess of Newcastle, die ihre Schrift mit ihrem Namen gezeichnet hatte, für verrückt. In einem Brief an ihren Verlobten kommentierte sie: »Ihre Freunde sind sehr zu tadeln, daß sie sie nach außen haben treten lassen [...]; gewisse Dinge hat die Sitte zur nahezu unabdingbaren Notwendigkeit gemacht, und den guten Ruf zähle ich dazu; könnte man unsichtbar sein, so möchte ich mich wohl dafür entscheiden.«

Die Einstellungen, die in Briefen, Tagebüchern, literarischen Werken und anderen Texten von Frauen zum Ausdruck kamen, bestätigen in ihrer Mehrzahl, daß Lady Careys Lob der Sittsamkeit ein wesentliches Element des Weiblichkeitsideals bildete. Es läßt sich indes schwer abschätzen, wieweit dieses Ideal von den Frauen verinnerlicht war und in welchem Grade es das Sexualverhalten tatsächlich bestimmte, denn die moralischen Kriterien, die man beim Schreiben anlegte, mußten nicht notwendig mit der privat praktizierten Moral übereinstimmen. Die geringe Zahl der von Frauen stammenden Texte jener Zeit erlaubt allerdings den Schluß, daß das Gebot der Sittsamkeit, wenn es die Frauen vielleicht auch nicht hinderte, ihren sexuellen Wünschen zu folgen, so doch die meisten davon abhielt, über diesen Gegenstand zu schreiben.

Es gab allerdings einige wenige Rebellen. Mögen auch viele Frauen gezwungen gewesen sein, Lady Carey in der gesellschaftlichen Beurteilung der Sittsamkeit beizupflichten, so erblickten doch nicht alle in der Keuschheit eine Tugend. Und gewiß stimmten ihr nicht alle darin zu, daß das Erlebnis sexueller Leidenschaft für Frauen »unnatürlich« oder daß der Verzicht auf sie ein Zeichen von Weiblichkeit sei. Die Autorin eines Gedichts mit dem Titel *Sylvias Klage über das Unglück ihres Geschlechts (Sylvia's Complaint of her Sex's Unhappiness)* aus dem Jahre 1688 empfand das Gebot der Zurückhaltung ganz unstreitig als Bedrückung: »Unsere Gedanken, wie Zunder bereit, Feuer zu fangen, / Werden oft von liebendem Verlangen ergriffen«, schrieb sie. »Doch die Sitte verfügt so strenge Gebote, / Wir dürfen's um unser Leben nicht zeigen. / Hat eine von uns einen bescheidenen Jüngling gesehen, / Und gleich kommen ihr zärtliche Gedanken. [...] Sitte und Sittsamkeit, weit härter dann noch, / Verbieten streng, unsere Leidenschaft zu bekunden.« *(Our thoughts like tinder, apt to fire, / Are often caught with loving kind desire. / But custom does such rigid laws impose, / We must not for our lives the thing disclose. / If one of us a lowly youth has seen, / And straight some tender thoughts to fell beginn [...] Custom and modesty, much more severe / Strictly forbid our passion to declare.)* Doch trotz der mutigen Offenbarung ihrer sexuellen Wünsche zog es die Autorin vor, ihren Ruf vor zusätzlicher Beschädigung zu schützen, indem sie mit einem Pseudonym zeichnete: Sylvia.

Eine ungewöhnliche Ausnahme von dieser Regel der Unsichtbarkeit war Aphra Behn. Zeitgenossin der »Sylvia«, war sie die erste Engländerin, die Berufsschriftstellerin wurde, d. h. ihren Lebensunterhalt mit der Produktion literarischer Werke bestritt. In siebzehn Jahren brachte sie in London siebzehn Stücke auf die Bühne. Daneben veröffentlichte sie mehrere Bände Gedichte und Übersetzungen sowie dreizehn kurze Romane. Ihre Schriften erschienen ohne jede Rechtfertigungen; sie bekannte sich offen zu ihnen und zu ihrer Verantwortlichkeit; sie kämpfte um ihren Platz als Schriftstellerin unter ihren männlichen Kollegen; sie wollte keine Dame sein, die zu ihrem Vergnügen schrieb, wie es die wenigen anderen Frauen, die vor ihr publiziert hatten, von sich behaupteten.

Aphra Behns unverhohlenes Bekenntnis zur Lust macht sie durchaus bemerkenswert: Sie stellte sich der Wirklichkeit der Sexualität und scheute sich nicht, sie auf die Bühne zu bringen. Ihr zweites Stück, *The Amorous Prince* (1671), beginnt mit einer Verführungsszene, die soeben ihren erfolgreichen Abschluß gefunden hat – das Paar erhebt sich vom Liebeslager; die Frau ist, laut Regieanweisung, »im Nachtkleid«, der Mann zieht sich an; die Szene spielt im Schlafzimmer. Die vollendete Verführung ist durch keinerlei gesellschaftliche Konvention geschützt – die Liebenden sind weder miteinander verheiratet noch miteinander verlobt. – Behn schrieb derlei pikante Szenen nicht lediglich, um das Theaterpublikum ihrer Epoche zu schockieren und zu unterhalten; sie lehnte die weibliche Sittsamkeit als repressiv ab, körperliche Lust und Liebe bildeten für sie eine Einheit: Signale *einer* Erfahrung. Sie war überzeugt, daß Frauen ebenso wie Männer Lust empfinden und daß sie zu deren intensivem Ausdruck gleichermaßen fähig seien.

Vielleicht hätte Aphra Behn nicht den Mut und die Ausdauer gehabt, solche Anschauungen unbeirrt zu vertreten, hätte nicht die Restauration ein günstiges Klima dafür geschaffen. Sie wurde 1640 geboren, und als sie zwanzig Jahre alt war, im Jahre 1660, führte die neuerliche Thronbesteigung Karls II. zu einer abrupten und entschiedenen Abkehr von der puritanischen Ethik, die Cromwell während des Interregnums durchzusetzen versucht hatte. Der Wunsch des Königs, sich peinlich von seinen Vorgängern zu unterscheiden – verstärkt noch durch seine natürlichen Neigungen –, schufen eine Atmosphäre, in der man die Promiskuität fast ebenso dogmatisch zur sozialen Norm erhob, wie es die puritanische Partei zuvor mit dem Prinzip der Gottgefälligkeit getan hatte. Zum Teil ging es auch darum, Loyalität gegenüber der Sache des Königs zu bekunden; beispielsweise erhielt Francis North den Rat, »sich eine Mätresse zu halten«, denn man argwöhnte bei Hofe, er hege Vorurteile gegen den Monarchen. Die Liberalisierung erfaßte in

erster Linie die vornehme Londoner Gesellschaft, den Hof und die Aristokratie, das Theater, die Schänken und die Kaffeehäuser. Die neuen Libertins waren auch Aphra Behns Kollegen, Zuschauer und Förderer, und es gibt zahlreiche Indizien für die Verachtung, die man in dieser Gruppe für die traditionelle weibliche Sittsamkeit hegte. Der Held eines ihrer Stücke versucht, eine Dame, die er gern in sein Bett bringen möchte, mit dem Hinweis zu entwaffnen, ihre Sorge um ihren guten Ruf sei unzeitgemäß: »Aber, aber, Laura, sollte eine Dame, die bei Hofe erzogen worden, so wenig Bereitschaft zeigen, einem Kavalier ganz gefällig zu sein? Solche Sprödigkeit ist nicht modern ...« Die Heldin wird jedoch von ihrem eigenen Bruder davor gewarnt, der Überredung nachzugeben: »Hüte dich vor den Männern! Denn da ich selbst einer bin, so hab ich auch die Schwächen meines Geschlechts und weiß mich zu verstellen. Trau keinem von uns, denn wenn du es tust, bist du verloren.«
Trotz ihres ostentativen Votums für sexuelle Freiheit hielten die Kavaliere der Restaurationszeit, mehr oder weniger bewußt, an der Grundidee der weiblichen Sittsamkeit fest. Dieser Widerspruch brachte die Frauen in eine prekäre Lage. In einem Gedicht – *An Alexis, eine Antwort auf sein Gedicht gegen den Genuß (To Alexis, in answer to his Poem against Fruition)* – beklagt Aphra Behn, daß die Männer ihrer Generation vor den Frauen davonliefen, »wenn ehrsam wir uns halten / [...] Und oh! Sie fliehn uns, wenn wir weichen.« Ihr Gedicht *Die Enttäuschung* beschreibt in unverhüllten Einzelheiten die Schwierigkeiten, denen eine Frau begegnen kann, wenn sie den Zwängen der Sittsamkeit zu entkommen sucht. Ich gebe den Text hier vollständig wieder[2]:

The Disappointment

I.

ONE day the Amorous *Lysander*,
By an impatient Passion sway'd,
Surpriz'd fair *Cloris*, that lov'd Maid,
Who could defend her self no longer.
All things did with his Love conspire;
The gilded Planet of the Day,
In his gay Chariot drawn by Fire,
Was now descending to the Sea,
And left no Light to guide the World,
But what from *Cloris* Brighter Eyes was hurld.

II.
In a lone Thicket made for Love,
Silent as yielding Maids Consent,
She with a Charming Languishment,
Permits his Force, yet gently strove;
Her Hands his Bosom softly meet,
But not to put him back design'd,
Rather to draw 'em on inclin'd:
Whilst he lay trembling at her Feet,
Resistance 'tis in vain to show;
She wants the pow'r to say – *Ah! What d'ye do?*

III.
Her Bright Eyes sweet, and yet severe,
Where Love and Shame confus'dly strive,
Fresh Vigor to *Lysander* give;
And breathing faintly in his Ear,
She cry'd – *Cease, Cease – your vain Desire,
Or I'll call out – What would you do?
My Dearer Honour ev'n to You
I cannot, must not give – Retire,
Or take this Life, whose chiefest part
I gave you with the Conquest of my Heart.*

IV.
But he as much unus'd to Fear,
As he was capable of Love,
The blessed minutes to improve,
Kisses her Mouth, her Neck, her Hair;
Each Touch her new Desire Alarms,
His burning trembling Hand he prest
Upon her swelling Snowy Brest,
While she lay panting in his Arms.
All her Unguarded Beauties lie
The Spoils and Trophies of the Enemy.

V.
And now without Respect or Fear,
He seeks the Object of his Vows,
(His Love no Modesty allows)
By swift degrees advancing – where

His daring Hand that Altar seiz'd,
Where Gods of Love do sacrifice:
That Awful Throne, that Paradice
Where Rage is calm'd, and Anger pleas'd;
That Fountain where Delight still flows,
And gives the Universal World Repose.

VI.

Her Balmy Lips incountring his,
Their Bodies, as their Souls, are joyn'd;
Where both in Transports Unconfin'd
Extend themselves upon the Moss.
Cloris half dead and breathless lay;
Her soft Eyes cast a Humid Light,
Such as divides the Day and Night;
Or falling Stars, whose Fires decay:
And now no signs of Life she shows,
But what in short-breath'd Sighs returns and goes.

VII.

He saw how at her Length she lay;
He saw her rising Bosom bare;
Her loose thin *Robes,* through which appear
A Shape design'd for Love and Play;
Abandon'd by her Pride and Shame.
She does her softest Joys dispence,
Off'ring her Virgin-Innocence
A Victim to Loves Sacred Flame;
While the o'er-Ravish'd Shepherd lies
Unable to perform the Sacrifice.

VIII.

Ready to taste a thousand Joys,
The too transported hapless Swain
Found the vast Pleasure turn'd to Pain;
Pleasure which too much Love destroys:
The willing Garments by he laid,
And Heaven all open'd to his view,
Mad to possess, himself he threw
On the Defenceless Lovely Maid.

But Oh what envying God conspires
To snatch his Power, yet leave him the Desire!

IX.
Nature's Support, (without whose Aid
She can no Humane Being give)
It self now wants the Art to live;
Faintness its slack'ned Nerves invade:
In vain th' inraged Youth essay'd
To call its fleeting Vigor back,
No motion 'twill from Motion take;
Excess of Love, his Love betray'd:
In vain he Toils, in vain Commands;
The Insensible fell weeping in his Hand.

X.
In this so Amorous Cruel Strife;
Where Love and Fate were too severe,
The poor *Lysander* in despair
Renounc'd his Reason with his Life:
Now all the brisk and active Fire
That sould the Nobler Part inflame,
Serv'd to increase his Rage and Shame,
And left no Spark for New Desire:
Not all her Naked Charms cou'd move
Or calm that Rage that had debauch'd his Love.

XI.
Cloris returning from the Trance
Which Love and soft Desire had bred,
Her timerous Hand she gently laid
(Or guided by Design or Chance)
Upon that Fabulous *Priapus,*
That Potent God, as Poets feign;
But never did young *Shepherdess,*
Gath'ring of Fern upon the Plain,
More nimbly draw her Fingers back,
Finding beneath the verdant Leaves a Snake:

XII.

Than *Cloris* her fair Hand withdrew,
Finding that God of her Desires
Disarm'd of all his Awful Fires,
And Cold als Flow'rs bath'd in the Morning Dew.
Who can the *Nymph's* Confusion guess?
The Blood forsook the hinder Place,
And strew'd with Blushes all her Face,
Which both Disdain and Shame exprest:
And from *Lysander's* Arms she fled,
Leaving him fainting on the Gloomy Bed.

XIII.

Like Lightning through the Grove she hies,
Or *Daphne* from the *Delphick God*,
No Print upon the grassey Road
She leaves, t' instruct Pursuing Eyes.
The Wind that wanton'd in her Hair,
And with her Ruffled Garments plaid,
Discover'd in the Flying Maid
All that the Gods e'er made, if Fair.
So *Venus*, when her *Love* was slain,
With Fear and Haste flew o'er the Fatal Plain.

XIV.

The *Nymph's* Resentments none but I
Can well Imagine or Condole:
But none can guess *Lysander's* Soul,
But those who sway'd his Destiny.
His silent Griefs swell up to Storms,
And not one God his Fury spares;
He curs'd his Birth, his Fate, his Stars;
But more the *Shepherdess's* Charms,
Whose soft bewitching Influence
Had Damn'd him to the *Hell* of Impotence.

Das Gedicht beginnt ausgesprochen traditionell: Es ist der Mann, Lysander, der die Begegnung herbeiführt, der von Leidenschaft übermannt wird und das Mädchen überrascht. Cloris gibt nach, sie kann sich gegen ihn nicht »wehren«. Selbst das Dickicht, das die Liebenden verbirgt, bekräftigt die »reizende« Passivität – durch

Metonymie wird es »still wie eines Mädchens willige Hingabe« *(silent as yielding maid's consent)*. Doch dann wechselt die lyrische Intention: Die junge Frau »ergibt sich seiner Kraft« *(permits his Force)*, und zugleich bemächtigt sie sich ihrer. Sie zeigt »sanftes Sträuben« *(gently strove)*, zieht ihn jedoch an sich und täuscht keine Sittsamkeit vor, indem sie ihn fortstieße. In der dritten Strophe protestiert Cloris schwach gegen die Verletzung ihrer »weiblichen Ehre«, doch welche Vorbehalte ihr auch vorübergehend in den Sinn kommen mögen, sie werden rasch durch die nun aufkommende eigene Lust verdrängt. Obwohl Behn sie in der siebten Strophe als »Opfer« *(victim)* bezeichnet, das die »jungfräuliche Unschuld« *(virgin-innocence)* darbringt, ist Cloris sich ihrer eigenen Lustquelle wohlbewußt: »Diesen Quell, wo die Wonne fließt/ Und alle Welt zur Ruhe findet« *(That Fountain where Delight still flows, / And gives the Universal World repose)*. Auch scheint Behn durchaus vertraut mit dem Mechanismus der klitorialen Erektion, denn in der zwölften Strophe beschreibt sie das Abklingen der Lust bei Cloris folgendermaßen: »Das Blut verließ den unteren Ort« *(The Blood forsook the hinder place)* – der »untere Ort« bezeichnet die Geschlechtsteile.

Die Intensität des Verlangens macht den Möchtegern-Liebhaber impotent. Er versucht, seine »Kraft« durch Masturbation zurückzugewinnen, doch: »Keine Bewegung teilt hier Bewegung mit/ [...] Der Fühllose fällt schlaff in seine Hand« *(No motion 'twill from motion take/ [...] the insensible fell weeping in his hand)*. Seine Begierde verwandelt sich in Zorn. Und Cloris verdoppelt noch seine Schande, als sie ihre Hand auf das schlaffe Glied legt (elfte Strophe). Das Bild, das Behn hier verwendet, signalisiert die Verwandlung des Penis von einem Werkzeug der Lust in eine Metapher der Gefahr: Cloris entdeckt eine Schlange.

Indem Cloris die sexuelle Passivität aufgibt, die sie, der Sitte gehorchend, hätte üben müssen, hindert sie ihren Liebhaber, seine »Macht« über sie auszuüben. Er sieht in ihr die Verantwortliche für sein Versagen, seine Impotenz. Behn unterläßt jeden Versuch, eine Moral aus der mißglückten Begegnung zu ziehen. Jedenfalls rät sie Cloris durchaus nicht zu größerer Zurückhaltung; sie begreift die komplexe Interaktion der Rollen eher im Sinne eines Dialogs zwischen gleichberechtigten Lustbedürfnissen. Das Gebot der weiblichen Keuschheit, so ihre Botschaft, läßt sich nicht von den Frauen allein aus dem gesellschaftlichen Bewußtsein tilgen.

Anmerkungen

1 Es reicht nicht, wenn ein Weib
　Sich rein hält von üblem Tun:
　Von jedem Verdacht soll sie ihr Leben
　Und sich selbst von Macht und eignem Sinn befrein.
　Bringt's ihr doch weniger Ehre, frei zu sein
　Als sich aus eigenem Willen zu bescheiden.

　Hat sie genügend Grund, darauf sich zu ergehen,
　Was sollte sie wünschen, auf dem Grat zu wandeln?
　Es ist noch keine Zier, nur das zu lassen,
　Was ihrer Ehre Schaden bringen mag;
　Doch ein Verdienst ist es, wenn sie der Ehre wegen
　Nicht alle Freiheit nutzt, die ihr gebührt.

　Die Frau legt Hand an ihren Ruf,
　Die über ihren Herrn hinaus
　Privat ein Wort an einen Fremden richtet;
　Und ob sie gleich in Ehren lebt
　Und ihre Keuschheit hoch ihr gilt, so muß sie doch den Ruf vertun
　Und ihre Ehr beflecken, obschon nicht gleich bis auf den Tod.

　Wenn sie sich selbst dem Gatten anverbinden,
　Geben sie da nicht ganz und gar sich weg?
　Oder geben sie den Leib nur, nicht den Geist,
　Und sparen's auf, ihr Bestes, anderen zum Raub?
　O nein, ihr Denken kann nicht ihr eigen mehr heißen,
　Darf deshalb einem allein nur mitgeteilt sein.

　Die maßt eines anderen Recht sich an,
　Die in öffentlicher Rede zu gefallen sich sucht;
　Doch auch wenn in reinstem Licht er erstrahlt,
　Ist er nicht keusch, der Geist, wenn er nicht einem nur gehört.
　Sitte und Sittsamkeit, weit härter dann noch
　Verbieten streng, unsere Leidenschaft zu bekunden.

2 *Die Enttäuschung*

　I.
　Eines Tages der verliebte *Lysander,*
　Von ungeduldiger Leidenschaft übermannt,
　Überraschte die holde *Cloris,* die geliebte Maid,
　Die konnte sich wehren nicht länger.
　Alles hatte der Liebe sich verschworen;
　Des Tages güldenes Gestirn
　Auf leuchtendem Wagen, von Feuer gezogen,
　Neigte die Bahn schon hinab ins Meer
　Und ließ kein ander Licht, die Welt zu leiten,
　Als was von Cloris' strahlenden Augen fällt.

II.
In einsamem Dickicht, zum Lieben geschaffen,
Still wie eines Mädchens willige Hingabe,
Ergab sie sich mit reizendem Ermatten
Seiner Kraft, doch in sanftem Sträuben;
Zärtlich die Hände an seinen Busen sie legte,
Doch nicht ihm zu wehren war ihr im Sinn,
Vielmehr ihn zu sich zu ziehen:
Derweil er zitternd ihr zu Füßen lag,
Vergeblich wär es, zu widerstehn,
Sie wünscht sich die Kraft, zu sagen: »Oh, was tust du?«

III.
Ihre strahlenden Augen, süß und doch ernst,
Darin Liebe und Scham miteinander ringen,
Geben *Lysander* frische Kraft;
Und zaghaft haucht sie ihm ins Ohr
Und ruft: »Laß ab, laß ab von deinem vergeblichen Verlangen,
Oder ich schreie – Was würdest du tun?
Meine kostbare Ehre selbst dir
Kann ich, darf ich nicht opfern. Laß ab,
Oder nimm dies Leben, dessen wertvollsten Teil
Ich dir gegeben, als du mein Herz erobert.«

IV.
Doch er, dem Angst so ungewohnt,
Wie er zur Liebe fähig war,
Die gesegneten Minuten zu nutzen,
Küßt ihr den Mund, den Hals, das Haar;
Jede Berührung ihr Begehren aufs neue weckt,
Seine zitternde, brennende Hand er preßt
Ihr auf die schwellende schneeweiße Brust,
Da atemlos sie in den Armen ihm lag.
Ungeschützt nun all ihre Schönheit liegt
Dem Feind zur Beute, zum Siegespreis.

V.
Und nun ohne Achtung oder Furcht
Sucht er den Gegenstand seiner Schwüre
(Seine Liebe keine Zurückhaltung kennt)
Und tastet sich vor in hastigen Zügen,
Bis seine dreiste Hand jenen Altar nun faßt,
Wo Liebesgötter ihre Opfer bringen:
Den erhabenen Thron, dies Paradies,
Wo alle Wut und Raserei sich legen,
Diesen Quell, wo die Wonne fließt
Und alle Welt zur Ruhe findet.

VI.
Ihre duftenden Lippen treffen die seinen,
Ihre Körper wie ihre Seele sich einen;
Und beide dann in unendlichem Entzücken
Strecken sich aus auf der Decke von Moos.
Cloris halbtot und atemlos lag;
In ihren sanften Augen ein feuchter Glanz,
Wie er die Nacht vom Tage scheidet,
Oder wie von fallenden Sternen, deren Feuer verlischt:
Nun zeigt sie kein Zeichen von Leben mehr,
Nur kurze Seufzer, die kommen und gehn.

VII.
Er sah, wie sie dort ausgestreckt lag;
Er sah, wie ihr bloßer Busen sich hebt;
Ihr lockeres dünnes Gewand, unter dem nun sich zeigt
Eine Gestalt, die für Liebe und Spiel bestimmt
Und frei von Stolz nun wie von Scham.
Ihre zartesten Freuden spendet sie
Und bietet ihre jungfräuliche Unschuld
Der heiligen Flamme der Liebe zum Opfer dar,
Doch der überreizte Hirte liegt
Unfähig, das Opfer zu vollziehn.

VIII.
Bereit, von tausend Freuden zu kosten,
Sah der allzu entzückte unglückliche Schäfer,
Wie übergroße Lust in Pein sich verkehrte;
Lust, die von allzuviel Liebe zerstört.
Das willig Gewand ganz nah bei ihm
Und der Himmel weit offen seinem Blick,
Warf er sich, verrückt nach ihrem Besitz,
Auf die wehrlos liebliche Maid.
Aber ach, welch neidischer Gott hat sich verschworen,
Ihm die Kraft zu rauben, doch das Verlangen zu lassen!

IX.
Der *Pfeiler der Natur* (ohne den sie
Nicht einem Menschen Leben geben kann),
Ihm fehlt nun selbst die Kunst des Lebens;
Und Schwäche seinen schlaffen Nerv befällt.
Der junge Mann, in Zorn entbrannt, versucht umsonst,
Zurückzuholen die entschwundene Kraft,
Keine Bewegung teilt hier Bewegung mit;
Ein Übermaß an Liebe hat seine Liebe verraten:
Vergebens müht er sich, vergebens befiehlt er,
Der Fühllose fällt schlaff in seine Hand.

X.

In diesem grausamen Liebeskampf,
Wo Lieb und Schicksal allzu hart,
Der arme *Lysander* in seiner Verzweiflung
Dem Verstande mitsamt seinem Leben entsagt:
All das belebende, sprühende Feuer,
Bestimmt, das edlere Teil zu entflammen,
Es steigerte nur die Wut und die Scham
Und ließ keinen Funken für neues Verlangen:
All ihre entblößten Reize vermochten nicht zu wandeln
Noch zu beruhigen die Wut, die seine Liebe verdorben.

XI.

Cloris, aus der Verzückung erwacht,
Die Liebe und sanftes Verlangen gezeugt,
Legt zärtlich ihre furchtsame Hand
(Vom Zufall geleitet oder mit Bedacht)
Auf den fabelhaften *Priapus,*
Diesen kraftvollen Gott, wie die Dichter sagen;
Doch nie eine junge *Schäferin,*
Die Farnkraut auf der Ebene pflückt,
Zog rascher ihre Finger zurück,
Weil eine Schlange sie findet unterm grünen Laub,

XII.

Als *Cloris* ihre schöne Hand,
Da sie fand den Gott ihres Verlangens
All seines hehren Feuers beraubt
Und kalt wie Blumen im Morgentau.
Wer kann der *Nymphe* Verwirrung erraten?
Das Blut verließ den unteren Ort,
Überzog mit Röte ihr ganzes Gesicht
Zum Zeichen von Scham und von Verachtung:
Und aus *Lysanders* Armen sie floh
Und ließ ihn kraftlos auf dem traurigen Lager.

XIII.

Wie ein Blitz durch den Hain sie eilt
Oder wie *Daphne* fort vom *Delphischen Gott,*
Keine Spur auf dem grasigen Pfad
Läßt sie dem verfolgenden Auge zur Lehre.
Der Wind, der in ihren Haaren tollt
Und mit den flatternden Kleidern spielt,
Entdeckt in dem flüchtigen Mädchen,
Was immer die Götter an Schönem geschaffen.
So floh *Venus,* als ihre *Liebe* gemordet,
In Angst und Hast über die unheilvolle Ebene.

XIV.
Der *Nymphe* Gefühle nur ich
Kann recht empfinden und nachvollziehn:
Doch niemand schaut in Lysanders Herz,
Als die sein Schicksal vorangetrieben.
Sein stilles Seufzen schwoll zum Sturm,
Und keinen Gott verschont sein Zorn;
Er verflucht seine Geburt, sein Los, seine Sterne,
Doch mehr noch die Reize der *Schäferin,*
Deren sanft betörende Verführung
Verdammt ihn hatte zur Hölle der Impotenz.

3 Nähere Angaben zu Aphra Behn bei Angeline Goreau, *Reconstructing Aphra: A Social Biography of Aphra Behn,* New York 1980.

Jean-Louis Flandrin
Das Geschlechtsleben der Eheleute in der alten Gesellschaft: Von der kirchlichen Lehre zum realen Verhalten

Nur wenige Quellen sprechen über die eheliche Sexualität mit solcher Ausführlichkeit wie die Abhandlungen zur Moraltheologie, die Sammlungen von Gewissensfällen, die Beichtbücher usw. Deshalb werde ich von diesen kirchlichen Dokumenten ausgehen und dort wiederum von den Vorschriften, die uns heute besonders fremd erscheinen. Dabei werde ich zu klären versuchen, in welchem Maße uns diese Literatur Auskunft über das Sexualleben der Ehepaare von ehedem gibt.

Im Mittelpunkt der christlichen Moral steht ein tiefes Mißtrauen gegen alle sinnlichen Freuden, weil sie den Geist zum Gefangenen des Körpers machten und ihn daran hinderten, sich zu Gott zu erheben. Man muß essen, um zu leben, doch vor den Freuden des Gaumens gilt es sich zu hüten. Ebenso sind wir verpflichtet, uns mit dem anderen Geschlecht zu vereinigen, um Kinder zu zeugen; aber wir dürfen uns nicht dem sexuellen Vergnügen hingeben. Die Sexualität hat zum alleinigen Zweck die Fortpflanzung; wer sie mit anderen Interessen verknüpft, etwa dem Genuß, der treibt Mißbrauch mit ihr.

In unserer wie in allen anderen Gesellschaften ist, so erklären die christlichen Morallehrer, am besten die Familie zur Kindererziehung in der Lage; im übrigen können legitime Kinder – d. h. solche, die unser Erbe antreten können – nur aus einer legitimen Ehe hervorgehen. Jede sexuelle Betätigung außerhalb der Ehe dient daher notwendig einem anderen Interesse als der Fortpflanzung und ist mithin eine Sünde. Eben deshalb ist sie verboten. Dieses Verbot ist uns im allgemeinen besser bekannt als seine theologische Rechtfertigung – ganz zu schweigen von den historischen Gründen, die eine vertiefte Erforschung verdienten.

Andererseits – und das ist uns weniger vertraut – war die geschlechtliche Vereinigung auch in der Ehe nur dann legitim, wenn man sie zu einem guten Zweck unternahm, d. h., um Kinder zu zeugen oder um die gegenüber dem Gatten im Ehevertrag eingegangenen Pflichten zu erfüllen. Diesen beiden guten Gründen für eine sexuelle Vereinigung von Mann und Frau haben die Theologen seit dem 13. Jahrhundert einen dritten und minder löblichen Grund hinzugefügt: die Absicht, gegen ein sündiges Verlangen anzugehen.

Tatsächlich hatte Paulus den Korinthern geschrieben:

»Ein Mann tut gut daran, keine Frau zu berühren. Um aber Unzuchtsünden zu vermeiden, soll jeder Mann seine eigene Ehefrau und jede Frau ihren eigenen Ehemann haben. Der Mann leiste seiner Frau die schuldige Pflicht, ebenso aber auch die Frau dem Manne.« (1 Kor. 7,1–3)

Die Ehe war also ein Mittel, das Gott dem Menschen gegeben hatte, damit er sich vor der Unzucht schützen konnte. Anders ausgedrückt – so jedenfalls sagen es die Theologen seit dem 13. Jahrhundert –: Wenn einer der Gatten in sich die Versuchung zum Ehebruch oder zur Selbstbefriedigung verspürt, dann darf er, falls er keinen besseren Weg findet, die Ehe dazu nutzen, diese Versuchung abzuwenden.

Vom 15. Jahrhundert an vertraten manche Theologen die Auffassung, man könne keinesfalls eine Sünde begehen, wenn man sich in dieser Absicht mit seiner Ehefrau oder seinem Ehemann vereinigte. Früher hatte dies allgemein als läßliche Sünde gegolten. Auch mußte man seine Phantasien im Zaum halten, wollte man keine Todsünde begehen, denn es war eine Todsünde, sich in Gedanken mit einem anderen als dem eigenen Gatten zu vereinigen.

Die Mehrzahl der alten Theologen hielt es für eine Todsünde, wenn ein Gatte sich mit dem anderen um der bloßen Lust willen zusammenfand. Es gibt gewiß immer wieder einmal den Augenblick, da die rohe Lust, die ja die sexuelle Lust letztlich ist, das Bewußtsein überschwemmt. So deuteten es jedenfalls die Theologen. Und viele von ihnen dachten – wie Papst Gregor der Große im 6. Jahrhundert –, daß es so gut wie ausgeschlossen sei, aus der ehelichen Umarmung »rein« hervorzugehen. Eine Todsünde war es jedoch, sich bewußt um der Lust willen mit dem Ehegatten zu vereinigen. Fast alle mittelalterlichen Theologen waren sich in dieser Vorstellung einig und folgten damit eher Hieronymus als Augustinus.

Erst bei Thomas Sanchez, an der Wende vom 16. zum 17. Jahrhundert, ist eine andere Rede zu vernehmen, eine andere Fragestellung zu erkennen. Ehegatten, so sagt er, die sich ohne besondere Absicht nur »als Gatten zu vereinigen« suchen, begehen keine Sünde – vorausgesetzt allerdings, sie unternehmen nichts, um die Fortpflanzung zu verhindern, die das Ziel des Geschlechtsaktes bleibt. Nicht mehr das Streben nach Lust überhaupt wird hier verdammt, sondern einzig das Streben nach »bloßer Lust«, also sexuelle Beziehungen, denen die Fortpflanzungsbedeutung genommen ist.

Da die sexuellen Beziehungen allein in der Fortpflanzung ihre Rechtfertigung fanden, galten empfängnisverhütende Maßnahmen und Abtreibung in jedem Falle als gröblich sündhaft. Mit der Vermehrung der Rechtfertigungsgründe für das eheliche Verhalten wurde auch die Verurteilung dieser Praktiken deutlicher. Sanchez' Formel »der bloßen Lust wegen« markiert einen wichtigen Schritt in diesen beiden Debatten und enthüllt den engen Zusammenhang, der zwischen ihnen bestand.

Vom 16. Jahrhundert an – so scheint mir, aber man müßte es noch in einer systematischeren Untersuchung sichern – ermahnten die Theologen die Eheleute, keine Angst vor allzu vielen Kindern zu haben. So Benedicti[1] im 16., Fromageau[2] im 18. und Papst Pius XI.[3] im 20. Jahrhundert. Am Ende der Antike und zu Beginn des Mittelalters dagegen hatte man sie ermahnt, sich der geschlechtlichen Vereinigung zu enthalten, sobald Nachkommenschaft gewährleistet war. Die kinderreiche Familie war, wie leicht zu belegen ist, nicht immer ein christliches Ideal.[4]

Ähnliches gilt für das »Verbrechen Onans«, den Coitus interruptus also, der im 18. und 19. Jahrhundert bei den französischen Ehepaaren zur wichtigsten Methode der Empfängnisverhütung wurde. Von der Antike bis zum Beginn des 14. Jahrhunderts finden wir ihn nur selten erwähnt; danach dann und insbesondere im 16. Jahrhundert ziemlich häufig. Im 17. und 18. Jahrhundert handeln alle Theologen und Beichtväter davon und werfen in diesem Zusammenhang neue Fragen auf, etwa die Komplizenschaft der Ehefrau. Diese hatte bekanntlich ihrer ehelichen Pflicht nachzukommen, wenn ihr Gatte es wünschte. Aber bestand diese Pflicht auch, wenn der Mann den Coitus interruptus praktizierte? War sie unter solchen Umständen nicht vielmehr gehalten, sich ihm zu versagen? Schon im 17. Jahrhundert, also gut hundert Jahre bevor die eheliche Fruchtbarkeit deutlich zurückging, fanden diese und ähnliche Fragen Eingang in die theologische Literatur.

Übrigens hatten seit dem 14. Jahrhundert einige Theologen sich mit den Schwierigkeiten kinderreicher Paare befaßt. Petrus Paludanus war der erste, der einen Coitus reservatus, also mit Rückhaltung des Samens, empfahl – eine Praktik, die bis ins 20. Jahrhundert Anhänger in der katholischen Kirche hatte. Pedro Ledesma empfahl im 16. Jahrhundert freilich eine andere Lösung: der ehelichen Pflicht nicht nachzukommen.

Mehr noch als die alten Gebote hinsichtlich der Absichten bei der geschlechtlichen Vereinigung der Ehegatten sind uns heute die Begriffe von Gläubiger und Schuldner im Zusammenhang mit den ehelichen Beziehungen fremd geworden. Der Begriff der ehelichen Pflicht [der lateinische und der französische Sprachgebrauch erinnern mit *debitum* bzw. *dette conjugale* noch deutlicher an das Gläubiger-Schuldner-Verhältnis, A. d. Ü.] geht auf Paulus zurück. In seinem ersten Brief an die Korinther heißt es:

»Der Mann leiste seiner Frau die schuldige Pflicht, ebenso aber auch die Frau dem Manne. Die Frau hat kein Verfügungsrecht über ihren Leib, sondern der Mann; ebensowenig hat der Mann ein Verfügungsrecht über seinen Leib, sondern die Frau.« (1 Kor. 7,2–4)

Die mittelalterlichen Theologen – und ihre Nachfolger bis zum Beginn des 20. Jahrhunderts – nahmen diesen Text sehr wörtlich und stellten den Begriff der Pflicht in den Mittelpunkt des ehelichen Sexuallebens. In den Abhandlungen zur Moraltheologie, in den kanonischen Summen und in den Werken, die speziell dem Ehesakrament gewidmet waren, findet man alles, was mit Sexualität zu tun hat, unter dem Titel DEBITUM – »Schuld« oder »Pflicht«.

Konkret stellte man sich vor, daß es in den alltäglichen Beziehungen erst dann zum geschlechtlichen Kontakt kam, wenn einer der Gatten vom anderen die Erfüllung der Pflicht verlangte und dieser sie auch erfüllte. In allen Gewissensfällen im Zusammenhang mit der ehelichen Sexualität untersuchte man daher gesondert den Fall des Gatten, der die Schuld einforderte, und den des anderen, der sie beglich. Niemals dagegen betrachtete man den Fall, daß beide zugleich spontan und in derselben Bewegung zusammenfanden. Dabei muß jedoch beachtet werden, daß die Frau geradeso wie der Mann berechtigt war, die Schuld einzufordern. Außerhalb des Ehebettes war der Mann grundsätzlich Herr über die Frau. Und auch im Geschlechtsakt selbst sollte er der Aktive, also der Überlegene sein, während der Frau die passive Rolle zugewiesen wurde. Doch in der ehelichen Pflicht – und nur dort – waren sie gleich; jeder von

ihnen hatte, wie Paulus sagt, das Verfügungsrecht über den Körper des anderen.
Die Theologen legten übrigens großen Wert auf diese Gleichheit – die den Sitten widersprach und die sie selbst sich nur mit Mühe vorstellen konnten –, so daß sie nicht zögerten, die Frau zum Ausgleich für ihre Schwäche und die »natürliche« Schüchternheit ihres Geschlechts mit einem Privileg auszustatten. Sie brauchte nur dann »ihrer Pflicht nachzukommen«, wenn der Ehemann dies ausdrücklich und unter Berufung auf sein Recht verlangte; der Mann dagegen war gehalten, seine Schuldigkeit zu tun, sobald er seiner Frau an Miene und Gebaren anmerkte, daß sie die geschlechtliche Vereinigung wünschte, ohne jedoch zu wagen, ihr Recht einzufordern oder auch nur den Wunsch laut und klar auszusprechen.
In Wirklichkeit war dieses Privileg für die Frau nicht frei von Gefahren. Es erhöhte ihre Schüchternheit und verstärkte ihre Passivität. Wenn sie es dem Mann überließ, ihre Wünsche zu erraten, so riskierte sie, leer auszugehen. Letztlich drohte die Unterwerfung unter die eheliche Pflicht, welche die Frau im Prinzip dem Manne gleichstellte, für sie in der Realität wirksamer zu sein als für ihn.
Bleibt zu fragen, welches Recht auf Lust sie bei diesem Handel hatte, der auf ihre Neigungen wahrscheinlich wenig Rücksicht nahm. Die Theologen faßten das Problem freilich nicht in dieser Weise. Man glaubte, die Lust stelle sich bei der Frau wie beim Mann automatisch im Augenblick der Ejakulation ein. Die Frage war daher, ob es nötig war, daß die Frau beim Beischlaf zum Samenerguß kam.[5]
Vorfrage: Ist der weibliche Same für die Zeugung notwendig, wie Galen es behauptete, oder ist er unnötig, wie Aristoteles meinte? Nach langen Debatten, in denen die einen zur Ansicht Galens und die anderen zur Meinung des Aristoteles neigten, kamen die Theologen zu dem Schluß, daß es einen weiblichen Samen gebe, der im Augenblick des Orgasmus ausgestoßen werde; daß dieser Same für die Konzeption eines Kindes nicht notwendig sei, daß er aber einen beträchtlichen Beitrag dazu leiste und das Kind »schöner mache«. Und wozu hätte Gott auch die weibliche Lust erschaffen sollen, wenn sie für die Fortpflanzung der Art ohne jeden Nutzen wäre? Eine allzu aristotelische Haltung in diesem Punkte hätte die christliche Lehre der Sexualität untergraben können.
Daraus ergeben sich mehrere moralische Probleme. Zunächst einmal die Frage, ob die Frau gehalten war, während der geschlecht-

lichen Vereinigung zum Samenerguß zu gelangen. Diese Frage, die generell auf die Erörterung des Coitus interruptus und des Coitus reservatus folgt, unterstellte, daß die Frau, indem sie ihren Samen zurückhielt, die Gefahr der Konzeption ausschloß oder verringerte. Von fünfzehn Autoren, die sich mit diesem Thema befaßten – untersucht wurden insgesamt fünfundzwanzig Autoren –, urteilten acht, daß die Frau mit dieser bewußten Unterdrückung des Orgasmus eine schwere Sünde, vier, daß sie eine läßliche Sünde, und drei, daß sie keine Sünde begehe.

Zweite Frage: Muß der Ehemann den Beischlaf so lange ausdehnen, bis die Frau zum Samenerguß gelangt ist? Vier Theologen erhoben dies zu einer moralischen Pflicht, während die übrigen zu dem Schluß kamen, daß er dies nicht müsse. Im übrigen »gestatten« es alle dem Mann, den Beischlaf bis zum Orgasmus der Frau fortzusetzen, obwohl die Konzeption eines Kindes auch mit geringerem Aufwand, will sagen: mit weniger Lust, möglich wäre.

Drittens: Sollen die beiden Gatten zur selben Zeit zum Erguß kommen? Von den fünfundzwanzig Autoren stellten nur sechs diese Frage. Aber alle sechs rieten, auf jeden Fall danach zu streben, da die gleichzeitige Ejakulation sowohl die Chance einer Empfängnis als auch die Chance, ein »schönes Kind« zu bekommen, erhöhe. Keiner von den sechs Autoren machte es jedoch zur Pflicht, obwohl mehrere Ärzte – darunter Ambroise Paré – behaupteten, die Konzeption sei nur dann möglich, wenn der Samenerguß bei beiden Gatten gleichzeitig erfolge. Es trifft zu, daß der Mann nicht gänzlich Herr über den weiblichen Orgasmus ist und daß unsere Autoren dies in der Beichte oder anderweitig in Erfahrung bringen konnten; auf solche Erfahrungsdaten beruft sich allerdings niemand in dieser Debatte.

Vierte und letzte Frage: Darf die Ehefrau sich einen Orgasmus verschaffen, indem sie sich selbst streichelt, wenn der Mann sich nach seiner Ejakulation aus ihr zurückgezogen hat? Siebzehn Autoren nehmen an dieser Debatte teil, von denen nur drei solche postkoitalen Berührungen verbieten, während vierzehn sie billigen. Ein interessantes Argument der Minderheit lautet: Ein getrennt erfolgender Samenerguß gestatte es der Frau nicht, *ein* Leib mit ihrem Mann zu sein. Niemand spricht indessen bei dieser oder den anderen drei Fragen ausdrücklich von Liebe.

Da man das eheliche Geschäft im Unterschied zum leidenschaftlichen Treiben der Verliebten als vernünftiges und geregeltes Verhalten definierte, war es nur zu bestimmten Zeiten und an bestimmten Orten erlaubt.⁶

Als unpassend für den Beischlaf galten die Fast- und die Festtage; die Zeiten der Unreinheit bei der Ehefrau, also allmonatlich die Tage der Regelblutung und die ersten vierzig Tage nach einer Entbindung; schließlich die Schwangerschaft und die Stillzeit. Doch in den Jahrhunderten zwischen dem Ende der Antike und heute kam es, was die Auffassung der zeitweiligen Enthaltsamkeit betrifft, zu mancherlei Veränderungen. Während die Enthaltsamkeit anfangs mit der Unreinheit der Frau zur Zeit der Regel und nach der Entbindung begründet wurde, verschob sich die Begründung vom 12. und 13. Jahrhundert an auf die Gefahren eines Beischlafs für die Frau (nach der Entbindung) oder für ihr Kind (Regelblutung und Schwangerschaft). Die neue Aufmerksamkeit für den Schutz des Kindes veranlaßte im 16., 17. und 18. Jahrhundert eine wachsende Zahl von Theologen, den Geschlechtsverkehr während der Stillzeit zu untersagen, während ihre Vorgänger – mit Ausnahme Gregors des Großen – sich darum nicht wirklich Sorgen gemacht hatten.

Gleichzeitig verringerte sich die Zahl der Fest- und Fasttage von 273 im 8. Jahrhundert auf weniger als 120 oder 140 Tage im 16. Jahrhundert. Aber während die Enthaltsamkeit an diesen Tagen im Hochmittelalter ein strenges Gebot war, dessen Übertretung eine schwere Sünde bedeutete, wurde sie im ausgehenden Mittelalter und in der Neuzeit nur noch empfohlen. Der Beischlaf an öffentlichen oder geweihten Stätten dagegen wurde mit noch härteren Strafen belegt als zuvor. Das hängt einerseits zweifellos mit einem verstärkten Schamgefühl zusammen, andererseits mit einem geschärften Sinn für die Sakralität der Kirchen, während zugleich der Respekt vor dem geheiligten Charakter der Fest- und Fasttage im Schwinden gewesen zu sein scheint.

Die eheliche Vereinigung mußte zudem in der sogenannten »natürlichen« Stellung erfolgen: die Frau auf dem Rücken liegend, der Mann über ihr. Andere Stellungen galten als schändlich und »widernatürlich«. Die mit den Beiworten *retro* oder *more canino* gekennzeichneten Stellungen erschienen wider die Natur, weil für die Paarung der Tiere typisch. Die Position *mulier super virum* dagegen verstieß gegen die Natur des männlichen und des weiblichen Geschlechts, denn die Frau war »von Natur aus« passiv, der Mann aktiv, und in dieser Stellung »sieht man nur die Frau handeln, den Mann aber unterlegen«, wie Sanchez sagte. »Weil die Frauen, von

Wahnsinn befallen, auf solche Weise die Männer mißbraucht hatten«, habe Gott einst die Menschheit in der Sintflut ausgetilgt, behauptete ein anderer Theologe. Auch hatte man diese Stellung in Verdacht, die Empfängnis in ganz besonderem Maße zu behindern, trotz der »Anziehungskraft«, die man der Gebärmutter beimaß. Und ganz allgemein erschienen diese »widernatürlichen Stellungen« charakteristisch für das ebenso übermäßige wie unfruchtbare Streben nach Lust.

Dennoch wurden sie seit dem 14. Jahrhundert von einigen Theologen geduldet, sofern die Ehegatten gute Gründe hatten, sich ihrer zu bedienen – etwa wenn der Mann zu dick war, um sich mit seiner Frau in der natürlichen Stellung zu vereinigen, oder wenn die Frau kurz vor der Entbindung stand und man befürchtete, daß der Zugang von vorn gefährlich für das Ungeborene sein könnte. Doch derlei Nachsicht der Theologen stieß oft auf Empörung bei Laien, die davon Kenntnis erhielten. Brantôme zufolge meinten manche, »es sei besser, wenn die Männer sich von ihren schwangeren Frauen fernhielten, als daß sie die Ehe mit solchen Niederträchtigkeiten beschmutzten«.

Es braucht wohl nicht betont zu werden, daß die Sodomie streng verboten war und mit den schwersten Strafen belegt wurde, und zwar Sodomie sowohl zwischen Ehegatten als auch zwischen Personen desselben Geschlechts. Sie war die Sünde wider die Natur *par excellence*. Dasselbe galt für das Küssen und Berühren der »Schamteile«, sofern dabei die Gefahr einer »Befleckung« bestand. Meines Wissens billigte einzig Sanchez diese Praktiken als Ausdruck der Liebe, obschon sie diese Gefahr enthielten – vorausgesetzt natürlich, die Befleckung war nicht das Ziel.

Mit Ausnahme von Sanchez und Francisco Vitoria – der eine im Kapitel über Küsse und Berührungen, der andere im Abschnitt über zeitliche Verbote – kommt keiner der alten Theologen in den Debatten über die eheliche Sexualität auf die Liebe zu sprechen. Auch geht keiner der Frage nach, ob die Gatten sich nicht wechselseitig zu Objekten degradierten, während die Theologen des 20. Jahrhunderts in diesem Zusammenhang unablässig von Liebe und von der Verdinglichung der Partner reden.

Doch liegt es nicht auf der Hand, daß jeder der Gatten im anderen ein Objekt sah? Die Hervorhebung der ehelichen Pflicht spricht wohl dafür. Gelegentlich wird sie vom Begriff der Nächstenliebe gemildert. Doch in der Regel argumentieren die Theologen – wie die Kanoniker – nicht nach Gesichtspunkten der Nächstenliebe, sondern in Rechtskategorien: Der Körper der Frau gehört dem Mann, und er kann darüber nach Gutdünken verfügen, sofern er keine strengen Verbote übertritt; und ebenso die Frau hinsichtlich des Körpers ihres Mannes.

Aber nicht nur das: Wenn der Begriff der Liebe einmal in diesen Debatten auftauchte, dann mit deutlicher Mißbilligung. So schrieb Hieronymus:

»Ehebrecherisch ist auch die allzu brennende Liebe für die eigene Frau. Die Liebe zur Frau eines anderen ist immer schändlich, zur eigenen Frau ist es die übermäßige Liebe. Ein vernünftiger Mann soll seine Frau mit Besonnenheit lieben und nicht mit Leidenschaft; er soll seine Leidenschaft zügeln und sich nicht zum Beischlaf hinreißen lassen. Nichts ist schändlicher, als seine Frau wie eine Mätresse zu lieben. [...] Der Mann soll sich seiner Frau nicht als Geliebter, sondern als Gatte nähern.« (*Adversus Jovinianum*, I, 49)

Diese von der Stoa, ja, vom griechischen Denken allgemein beeinflußte Einstellung ist typisch für die Theologen des Mittelalters wie auch der Neuzeit, die den ersten und den vorletzten Satz dieses Textes immer wieder zitiert haben. So auch Benedicti im Jahre 1584:

»Der Mann, der sich von übermäßiger Liebe hinreißen läßt und seine Frau so leidenschaftlich bestürmt, um seine Begierde zu befriedigen, als wäre sie gar nicht seine Frau und er wollte dennoch Verkehr mit ihr haben, der sündigt. Das scheint der heilige Hieronymus zu bestätigen, wenn er dem Pytagoräer Sextus beipflichtet, der sagt, daß der Mann, der seiner Ehefrau in übermäßiger Liebe zugetan ist, Ehebruch begeht. [...] Darum soll der Mann sich seiner Frau nicht wie einer Dirne bedienen, und die Frau soll sich ihrem Mann nicht wie eine Geliebte nähern, denn es ziemt sich, von diesem heiligen Sakrament der Ehe mit aller Schicklichkeit und Ehrfurcht Gebrauch zu machen.«

Warum diese Feindseligkeit? Galt sie nur dem übermäßigen Streben nach Lust? In der Tat unterstellte man den Verliebten – mehr noch als seit der Romantik üblich –, nach sexuellem Genuß zu trachten. Doch es war noch etwas anderes im Spiel, die Befürchtung nämlich, eine leidenschaftliche eheliche Liebe könnte sich nachteilig auf die sozialen Beziehungen und auf die Pflichten gegen Gott auswirken. Zwei Laien aus dem 16. Jahrhundert haben dies klar zum Ausdruck gebracht. Zunächst Montaigne:

»Es ist nach allen Gesetzen erlaubt und recht, unsere Gattin zu lieben: gleichwohl hat die Theologie nötig erachtet, dieser Liebe einen Zaum anzulegen und sie in gewissen Schranken zu halten. Wo ich nicht irre, so las ich einst beim Sankt Thomas, in einer Stelle, wo er die Ehen im verbotenen Grade verdammt, unter andern angeführten Gründen auch diesen: Es stehe zu befürchten, die Neigung zu einer solchen Gattin möchte unmäßig werden. Dann befände sich dabei die eheliche Liebe ganz und völlig, wie sich zieme, und man überlade sie noch dazu mit jener Liebe, die man der Blutsfreundin schuldigt, so sei kein Zweifel, dies Übergewicht müsse einen solchen Ehemann über den Schlagbaum der Vernunft hinaustreiben.« (*Essays,* I, XXX, *Gesammelte Schriften,* hg. v. O. Flake, München 1915, Bd. 2, S. 48)

Hier geht es nur um Freundschaft, was jeden Gedanken an »schlüpfrige Freuden« ausschließt. Brantôme dagegen spricht von körperlicher Liebe und nicht von Freundschaft; doch auch er sorgt sich nicht allein um verbotene Praktiken:

»Wir finden in unserer Heiligen Schrift sogar, daß sich Mann und Frau untereinander gar nicht so stark zu lieben brauchen; das besagt natürlich, mit geiler und unzüchtiger Liebe; wenn sie ihr ganzes Herz auf jene schlüpfrigen Freuden richten, denken sie so stark daran, geben sich ihnen so sehr hin, daß sie dabei der Liebe vergessen, die sie Gott schuldig sind; ich habe selbst sehr viele Frauen gesehen, die ihre Gatten so sehr liebten und umgekehrt, die von solcher Glut brannten, daß beide dabei jeden Gottesdienst vergaßen; die Zeit, die er beanspruchte, wurde von ihren Unzüchten verschlungen und aufgezehrt.« (*Das Leben der galanten Damen,* übers. v. G. Harsdoerffer, Leipzig 1905, 1979, Bd. I, S. 52)

Hier bekundet sich ein Gespür für eine mögliche Rivalität zwischen der ehelichen Liebe und der Liebe zu Gott, wie es Philippe Ariès schon für *The Parson's Tale* von Chaucer festgestellt hat. Noonan meint, man solle dem nicht allzu viel Bedeutung beimessen, denn es treffe auf alle Todsünden zu, daß sie den Menschen von Gott entfernen; die Verdammungsurteile über die unmäßige Liebe richteten sich ausschließlich gegen das Streben nach sündiger Lust. Ich bin anderer Meinung. Mir scheint, daß es hier in direkter Anknüpfung an die Stoa um die Liebe zu einer bestimmten Person geht und daß die Anspielung auf die schlüpfrigen Freuden lediglich ein polemisches Verfahren ist, um die Leser und Zuhörer, die bereits überzeugt sind, gründlicher davon zu überzeugen, daß Schlüpfrigkeit eine Sünde ist und Ehegatten sich schlüpfrigen Freuden nicht anheimgeben dürfen.[7]

Wieweit geben uns diese Moralvorschriften Auskunft über die eheliche Praxis von einst? Dem möchte ich im folgenden nachgehen. Zu diesem Zweck werde ich die Vorschriften unter zwei Blickwinkeln betrachten: einmal als Verhaltensnormen in einer christlichen

Gesellschaft, sodann als Reflex der Mentalität und des Verhaltens dieser Zeit.
Die meisten Historiker haben sich für die erste Betrachtungsweise entschieden. In ihrer Sicht entsprach das Sexualleben der Verheirateten wie der Unverheirateten den Geboten der christlichen Moral – zumindest bis in die Mitte des 18. Jahrhunderts oder sogar bis zur Französischen Revolution. Als Beleg dafür dienen: der minimale Anteil der unehelichen Geburten und die äußerst geringe Zahl der vorehelichen Konzeptionen; die Bedeutung und die Stabilität der ehelichen Fruchtbarkeit sowie der deutliche Einbruch in der Jahresstatistik der Eheschließungen und der Konzeptionen während der Fastenzeit, die uns die Geheimnisse des Ehebettes enthüllt.
Es fragt sich jedoch, ob darin wirklich eine tiefe innere Bindung an die christliche Lehre zum Ausdruck kommt oder nur eine äußerliche Achtung, der es darum ging, den Schein zu wahren. Die genannten demographischen Daten jedenfalls lassen darüber keinen sicheren Aufschluß zu. Die geringe Zahl der vorehelichen Konzeptionen und der unehelichen Geburten ist keinesfalls eine Garantie dafür, daß die Unverheirateten sich im christlichen Sinne des Wortes keusch verhielten, zumal die Beichtväter dieser Zeit unsere Aufmerksamkeit auf die Praktiken der Empfängnisverhütung außerhalb der Ehe und auf die »einsamen Freuden« der Jugendlichen lenken. Der Rückgang bei den Konzeptionen während der Fastenzeit ist generell nicht sehr stark ausgeprägt und zeugt allenfalls von der Enthaltsamkeit einer Minderheit von Ehepaaren. Doch das entscheidet die Frage noch nicht im Sinne einer Mißachtung der kirchlichen Vorschriften, denn seit dem Ende des Mittelalters machten die Theologen die Enthaltsamkeit während der Fastenzeit nicht mehr zur Pflicht.
In der Regel wird das Problem in Kategorien der Christianisierung und Entchristianisierung gedeutet. Der Rückgang der ehelichen Fruchtbarkeit, die Zunahme der unehelichen Geburten und der vorehelichen Konzeptionen gelten als ebensoviele Zeichen einer Entchristianisierung, die seit der Mitte des 18. Jahrhunderts bis heute im Gange sein soll. Auf der anderen Seite behaupten zahlreiche Historiker in Anlehnung an die katholische Reformbewegung, die bäuerlichen Massen seien vor dem 17. Jahrhundert nicht wirklich christianisiert gewesen, sondern im Grunde heidnisch geblieben.
Ich glaube nicht, daß diese Begriffe hilfreich sind, wenn man sich

nicht mit ideologischer Propaganda, sondern mit der Geschichte der Mentalität und des Verhaltens befaßt. Die Franzosen, auch die vom Lande, waren seit dem Hochmittelalter christianisiert, und sie haben seitdem in vielfältiger Weise – und in ihren Augen gänzlich unzweideutig – Zeugnis für ihren Glauben abgelegt; dazu zählen: die Teilnahme am Gottesdienst, die Zahlung des Zehnten, fromme Stiftungen, Pilgerfahrten, Kreuzzüge, häretische Bewegungen, Religionskriege. Was die Propagandisten der katholischen Reformbewegung als Heidentum bezeichnen, scheint mir eher eine besondere Art von Christentum gewesen zu sein, die von archaischen Impulsen und einer bäuerlichen Mentalität geprägt war.

Die Bauern waren seit gut tausend Jahren auf eine eigentümliche Weise christlich, so wie die anderen gesellschaftlichen Gruppen auf die ihre. Waren denn die Adligen, die sich mit den Damen des Hofes vergnügten, sofern sie nicht gerade Krieg führten, christlicher? Waren sie gründlicher christianisiert? Und die Bürger, deren Haupttugend der Geiz war? Und die Konquistadoren, deren Habgier und Grausamkeit nur allzu bekannt sind und die es gleichzeitig entschieden ablehnten, sexuelle Beziehungen zu den Mexikanerinnen, die man ihnen anbot, aufzunehmen, bevor diese nicht getauft waren – und die starrsinnig auf der Forderung bestanden, daß ihre Verbündeten sich auf der Stelle bekehrten und ihre Götzenbilder umstießen, trotz der damit verbundenen politischen Nachteile und gegen den Rat mehrerer Geistlicher, die sich in ihrer Begleitung befanden? Man lese zu diesem Thema das Tagebuch des Bernal Díaz del Castillo über die Eroberung Mexikos durch Cortes. Letztlich war jeder auf seine Art Christ, und diese war nie identisch mit der der Theologen oder der unsrigen.

Vielleicht gab es ja Eheleute, die die Ehedoktrin der Theologen akzeptierten und sich bemühten, ihr gemäß zu leben: die Frommen, wie man sie nannte. Mit Sicherheit aber bildete diese Gruppe eine sehr kleine Minderheit im Königreich, auch in den gesellschaftlichen Eliten. Doch die zeitgenössischen Zeugnisse belegen, daß es diese Gruppe gab, und ihre soziale Heterogenität ändert daran gar nichts.

Ich bin in der Tat der Meinung, daß Frömmigkeit auf dem Lande wie in der Stadt und in den verschiedenen sozialen Klassen anzutreffen war. Ich glaube auch, daß sie bei den Frauen häufiger vorkam als bei den Männern; es ist kein Zufall, wenn Franz von Sales sich mit seiner *Anleitung zum frommen Leben* an die Frauen wandte. Vor allem die Frage, wie sich die Ehefrau gegenüber einem

Ehemann zu verhalten hatte, der sich sündhaftem Treiben hingab, bereitete den Kasuisten Kopfzerbrechen und beschäftigte sie weit häufiger als der gegenteilige Fall. Und schließlich wurden die Beichtväter vornehmlich von Frauen mit derlei Fragen konfrontiert – man lese beispielsweise nach, was Pater Féline im 18. Jahrhundert dazu sagt. Und so klein die Zahl dieser Frommen, die der kirchlichen Ehelehre rückhaltlos anhingen, auch gewesen sein mag, es hat sich vermutlich ihr Einfluß durch die fehlende Komplizenschaft zwischen den Ehegatten erhöht.

Die alte Gesellschaft unterschied sich von der unseren ganz erheblich, insofern die Heirat dort in der Regel keine Liebesbeziehung absegnete, sondern eine Familienangelegenheit: einen Vertrag, den zwei Menschen nicht zu ihrem Vergnügen, sondern nach dem Ratschluß der beiden Familien und zu deren Nutzen geschlossen hatten. Wenn die Menschen, die auf diese Weise miteinander verbunden worden waren, ihr ganzes Leben sollten gemeinsam verbringen können, mußte es eine Regel für das Eheleben geben, nach der sich jeder von ihnen richten und auf deren Befolgung er beim anderen drängen konnte – bis ins Bett hinein, ja, vielleicht gerade im Bett. Immerhin gibt es zahlreiche Hinweise darauf, daß Mann und Frau im ehelichen Bett nicht frei von Scham voreinander waren; sie begaben sich – zumindest in bestimmten Kreisen – nicht ohne Hemmungen dorthin. Und genau dies war der Ansatzpunkt für die »christliche Moral«. Wahrscheinlich mußte in mancher Ehe der Mann damit rechnen, daß seine Frau sich ihm verweigerte und, falls das Zerwürfnis andauerte, daß der Beichtvater als Schiedsrichter angerufen wurde – ein Schiedsrichter, dessen Spruch er sich schließlich unterwerfen mußte, wenn er nicht Gefahr laufen wollte, daß er der Absolution und der Kommunion verlustig ging. Anders als die heutige Praxis es uns glauben macht, waren die Gatten also im ehelichen Bett nicht allein – der Schatten des Beichtvaters wachte über ihrem Treiben.

Im übrigen ging es den Theologen und Kanonikern, wenn sie bis ins kleinste Detail über das eheliche Sexualleben debattierten und sich über viele Gewissensfälle beugten, nicht lediglich um intellektuelle Finessen, auch nicht vor allem um eine tiefgreifende Christianisierung des Ehelebens; vielmehr entsprachen sie damit der Erwartung der Eheleute und, genauer noch, den Fragen, mit denen sie im Beichtstuhl konfrontiert wurden. Hinter jeder dieser Debatten steht das Bestreben der – von ihren Familien verheirateten – Eheleute, die Regeln des Ehespiels genau zu kennen. Wir können heute, da uns ein solcher Umgang der Eheleute miteinander wunderlich erscheint, nicht einfach sagen, es habe sich dabei um Hirngespinste von Kirchenmännern gehandelt, um abstrakte Erwägungen ohne jeden Zusammenhang mit der ehelichen Realität.

Untersuchen wir nun, worin die alte Ehelehre die Mentalität und das Verhalten der Ehegatten von einst widerspiegeln mag.
Ich habe ganz bewußt den Akzent auf Phänomene gesetzt, die uns an dieser Lehre merkwürdig erscheinen. Denn gerade in dem, worin sie sich von der Lehre der heutigen Theologen unterscheidet, kommt wahrscheinlich der allgemeinere Gegensatz zwischen der alten und unserer heutigen Mentalität zum Vorschein.
Es ist richtig, daß Zölibat und Bücherbildung die Einstellung der Geistlichen beeinflußten und sie gewiß von den Vorstellungen der Eheleute entfernten. Das zeigt sich deutlich im 18. und 19. Jahrhundert am Thema der Geburtenkontrolle[8] und schon früher im 18. Jahrhundert mit der Entwicklung der Theorie des guten Glaubens.[9] Ein weiterer Hinweis aus der Zeit zwischen dem 14. und dem 19. Jahrhundert sind die endlosen Debatten darüber, wie die Eheleute in der Beichte zu befragen seien – wenngleich von der Frage nach dem Verhältnis von Geistlichen und Beichtkindern beherrscht, enthüllen sie doch eine gewisse Unfähigkeit der Geistlichen zur Anleitung der Eheleute in Belangen des Ehelebens.
Wir müssen also zu klären versuchen, in welchen Punkten Theologen und Laien in ihren Einstellungen übereinstimmten und in welchen sie divergierten – wobei nicht vergessen werden soll, daß die Laien sich beträchtlich voneinander unterschieden und daß man stets berücksichtigen muß, aus welchem geographischen, sozialen und kulturellen Umfeld die Betreffenden stammten.
Sehen wir uns noch einmal an, was Montaigne und Brantôme zu diesen Fragen sagen. Beide scheinen es für normal gehalten zu haben, daß ein Mann Liebschaften außerhalb der Ehe hatte; offenbar war diese Idee im Adel bis zum 17. Jahrhundert und auch noch danach weit verbreitet. In diesem Punkt akzeptierten sie also nicht wirklich die kirchliche Lehre. Dagegen fanden beide Autoren es anstößig, sich mit seiner Ehefrau wie mit einer Mätresse zu vergnügen. Hier argumentierten sie wie Augustinus und die mittelalterlichen Theologen. Ja, sie gingen dann sogar weiter als die Theologen und Beichtväter ihrer Zeit und nahmen Anstoß an der Regelung, wonach Ehegatten sich unter dem Vorwand, die Frau sei schwanger oder der Mann zu dick, in »widernatürlichen« Stellungen ver-

einigen durften. Für Brantôme haben wir das bereits gesehen; Montaigne schrieb:

»Diese unehrbaren Liebesbeweise, zu denen uns die erste Hitze in diesem Spiele treibt, werden nicht bloß nur unanständiger-, sondern sehr schädlicherweise gegen unsre Weiber verwendet. Laß sie doch wenigstens von andrer Hand lernen, unverschämt zu sein! Sie sind immerdar willig genug zu unseren Bedürfnissen. Ich habe mich dabei immer an die natürliche und einfache Anweisung gehalten. Der Ehestand ist eine fromme heilige Verbindung. Das ist der Grund, warum das Vergnügen, welches man daraus zieht, ein bedächtliches, ernsthaftes und mit einiger Strenge vermischtes Vergnügen sein muß. Es muß eine gewissermaßen kluge und gewissenhafte Wollust sein. Und, weil ihr Hauptzweck Erhaltung und Fortpflanzung ist, so gibt es einige, die es in Zweifel ziehen, ob, wenn die Beschaffung dieses Endzwecks nicht zu hoffen ist, also z. B. wenn die Frau schon über die Jahre hinaus ist oder bereits ihre Bürde trägt, es erlaubt sei, dann noch diesen Beweis der Liebe zu begehren.« (*Essays*, I, XXX; *Gesammelte Schriften*, Bd. 2, S. 48 f.)

Montaigne übernahm die kirchliche Doktrin zu diesem Punkt um so bereitwilliger, als sie mit den Ansichten der antiken Philosophen übereinstimmte; auch erkannte er eine ähnliche Einstellung in einer Reihe anderer Gesellschaften – bei den Mohammedanern, den alten Persern, den Griechen, den Römern usw.[10] Möglicherweise hielt er es auch, vom Standpunkt des Ehemannes, für klug, die Ehefrau nicht auf den Geschmack am Liebesspiel zu bringen. Brantôme jedenfalls wird in dieser Hinsicht sehr deutlich; im Anschluß an die bereits zitierte Textstelle heißt es:

»Außerdem lehren diese Gatten ihre Frauen in ihrem eigenen Bett tausend Geilheiten, tausend Schlüpfrigkeiten, tausend neue Stellungen, Wendungen, Arten und bringen ihnen jene ungeheuerlichen Figuren des Aretino bei; aus einem Feuerbrand, den sie im Leib haben, lassen sie hundert lodern; und so werden sie verhurt. Sind sie einmal auf solche Weise gedrillt, können sie sich nicht davor behüten, ihren Gatten zu entlaufen und andere Kavaliere aufzusuchen. Darüber verzweifeln die Gatten und töten ihre armen Frauen; darin haben sie sehr unrecht...«

Es ließen sich noch zahlreiche andere Beispiele aus dieser Gesellschaftsklasse zitieren. Dagegen ist es viel schwieriger, sich ein Bild davon zu machen, welche Vorstellung die Bauern von der Ehe hatten. Allerdings lassen gewisse Heiratszeremonien eine verwandte Einstellung bei ihnen vermuten, etwa der folgende Brauch, der um 1830 in der Ille-et-Vilaine anzutreffen war:

»In diesem Augenblick beginnen die Tränen der Braut heftiger zu fließen; sie flüchtet zusammen mit ihren Gefährtinnen, und der Bräutigam läuft ihr mit seinen Brautführern hinterher. Es folgt ein Kampf, der fast ernsthaft wirkt. Nicht selten werden bei den Bemühungen, die Braut ins Haus des Bräutigams zu bringen, ihre Kleider zerrissen; doch das ist für sie ein Ehrenzeichen, denn je größer der Widerstand eines Mädchens bei dieser Gelegenheit, desto höher wird man im Kanton ihre Tugend einschätzen und desto mehr wird der Gatte sich berechtigt glauben, auf ihre Treue zu zählen.« (Abel Hugo, *La France pittoresque*, II, 82)

Man hat den Eindruck, als bewunderte man nicht die Liebe der Braut zum Bräutigam, sondern ihren Widerstand gegen den Vollzug der Ehe.

Obschon man aus diesen wenigen Angaben keine sicheren Schlüsse wird ziehen können, scheint es doch, daß man in recht unterschiedlichen Schichten der alten Gesellschaft Abneigung dagegen empfand, allzu frei mit seiner Frau zu verkehren, und daß man sich die eigene Frau eher keusch als verliebt wünschte. Offenbar teilte man die theologische Behauptung vom Gegensatz zwischen der Ehe einerseits und den Liebesbeziehungen andererseits; während der Zweck der Ehe in der Fortpflanzung gesehen wurde, assoziierte man mit der Liebesbeziehung eine ungehemmte Begehrlichkeit und ein exzessives Streben nach Lust.

Doch zur selben Zeit zeigte sich in allen Schichten zwischen dem Ideal des männlichen und dem des weiblichen Verhaltens ein gravierender Unterschied, der in scharfem Kontrast zur kirchlichen Lehre stand, wie sie von den qualifiziertesten Theologen formuliert wurde.

Nach meinem Dafürhalten verdankt sich die Übereinstimmung im ersten Punkt dem Umstand, daß die herkömmliche kirchliche Lehre an antike Vorstellungen und an Einstellungen anknüpfte, die in den nichtchristlichen Gesellschaften verbreitet waren. Die Divergenz hinsichtlich des zweiten Punktes rührt vielleicht daher, daß die Gleichheit zwischen Mann und Frau auf dem Gebiet der Sexualität eine christliche Erfindung ist, die den in der westlichen Welt traditionell gültigen Vorstellungen widersprach und die sich übrigens erst in jüngster Zeit hat durchsetzen können. Das ist freilich beim gegenwärtigen Stand der Forschung nur eine Hypothese.

Anmerkungen

1 »Der Rechtschaffene soll niemals fürchten, zu viele Kinder zu haben; er soll in ihnen den Segen Gottes sehen und glauben, was David sagt: ›Ich war jung‹, sagt er, ›und jetzt bin ich alt, doch niemals habe ich gesehen, daß der Gerechte verlassen gewesen wäre noch daß seine Kinder in größter Not ihr Brot hätten suchen müssen‹, denn da der Herr sie gegeben, so wird er auch die Mittel dazutun, sie zu ernähren, gibt er doch auch den Vögeln im Himmel ihre Nahrung; wäre es anders, so hätte er sie uns nicht geschenkt.« (*Somme des péchés*, Buch IX, Nr. 63 der Quartausgabe von 1596) Einen Kommentar dieses Textes gibt der Aufsatz: »L'attitude à l'égard du petit enfant«, in: Jean-Louis Flandrin, *Le Sexe et l'Occident*, insbes. S. 153 und S. 180 f.

2 Fall XXXVI: »Jemand, der recht arm und, obwohl seine Frau noch jung, bereits mit sechs Kindern belastet ist, hat sich vor mehr als einem Jahr entschlossen, sich des Vollzugs der Ehe zu enthalten; er hat sich sogar mehrfach geweigert, der Pflicht gegen seine Frau nachzukommen, aus Angst, die Zahl seiner Kinder möchte noch größer werden und er schließlich gänzlich außerstande sein, sie zu ernähren. Darf er seinen Vorsatz ausführen, ohne zumindest eine Todsünde zu begehen?
Antwort: Einige Autoren meinen, ein Gatte dürfe sich unter solchen Umständen des Vollzugs der Ehe enthalten und sich mithin auch der ehelichen Pflicht entziehen, sofern daraus nicht die Gefahr von Unkeuschheit und Zwist erwachse; doch dieser Meinung scheint man in der Praxis kaum folgen zu können. [...] Wenn Gott, wie Christus sagt (Mt 6,20) und wie es lange vor ihm schon David gesagt hatte (Ps 146,9), selbst den Vögeln gibt, was sie zum Leben brauchen, so kann ein Christ nicht ohne die göttliche Vorsehung zu beleidigen der Güte Gottes mißtrauen und glauben, er würde, wenn er ihm Kinder schenke, nicht auch für deren Notdurft sorgen.« – Fromageau, *Dictionnaire de cas de conscience*, 2 Bde., 1733 und 1746, Devoir conjugal, col. 1202.

3 »Die christlichen Eltern mögen außerdem bedenken, daß es nicht nur ihre Aufgabe ist, für die Erhaltung und Ausbreitung des Menschengeschlechtes auf Erden zu sorgen, ja nicht einmal, nur irgend welche Verehrer des wahren Gottes heranzuziehen, sondern der Kirche Christi Nachkommenschaft zuzuführen, die Mitbürger der Heiligen und Hausgenossen Gottes zu mehren, damit das dem Dienste Gottes und unseres Erlösers geweihte Volk von Tag zu Tag zunehme. [...] Tief erschüttern uns auch die Klagen der Eheleute, die unter dem Druck bitterer Armut kaum wissen, wie sie ihre Kinder aufziehen sollen. Aber trotzdem muß man sich davor hüten, daß nicht verhängnisvolle Vermögenslage Anlaß zu einem noch verhängnisvolleren Irrtum wird. Es kann keine Schwierigkeiten geben, die die Verpflichtung des göttlichen Gebotes, Handlungen zu unterlassen, die ihrer innern Natur nach sündhaft sind, aufzuheben vermöchten. Es sind keine Verhältnisse denkbar, unter denen die Gatten nicht mit Hilfe der göttlichen Gnade ihrer Pflicht treu bleiben und die eheliche Keuschheit von jener entehrenden Makel rein bewahren könnten. Denn fest bleibt die Wahrheit des christlichen

Glaubens, die das Trienter Konzil in seiner Lehrentscheidung also ausgedrückt hat: ›Niemand darf sich des verwegenen und von den Vätern unter der Strafe des Bannes verbotenen Wortes bedienen: die Gebote Gottes zu beobachten, sei dem Gerechtfertigten unmöglich. Denn Gott befiehlt nichts Unmögliches; indem er befiehlt, mahnt er zu tun, was du tun kannst, und um das zu bitten, was du nicht kannst, und er hilft, daß du kannst.‹« (Enzyklika *Casti connubii,* 31. Dezember 1930, NR. 14, 61 und 62)

4 »Selbst junge Gatten schützen zumeist das Verlangen nach Kindern vor und glauben so das Feuer ihres Alters mit dem Wunsche nach Kindersegen entschuldigen zu sollen: wieviel schmachvoller wäre für Betagte ein Tun, das selbst Jugendliche einzugestehen sich genieren! Noch mehr: selbst jugendliche Gatten, die in Entsagung ihr Herz aus Gottesfurcht abtöten, verzichten, sobald die Nachkommen empfangen, gar häufig auf jene Werke der Jugend.« (Ambrosius von Mailand, *Lukaskommentar,* I, 43–45, *Bibliothek der Kirchenväter,* Bd. 21, Kemten 1915)

5 Für weitere Einzelheiten zu dieser Frage siehe Anne-Catherine Ducasse-Kliszowski, »Les théories de la génération et leur influence sur la morale sexuelle du XVIe au XVIIIe siècle«, Magisterarbeit an der Université de Paris VIII, Juni 1972, 88 S. Die Arbeit wurde bereits zusammengefaßt dargestellt in dem Aufsatz »Homme et femme dans le lit conjugal«, in: Jean-Louis Flandrin, *Le Sexe et l'Occident,* Kap. 8, S. 127–136.

6 Siehe dazu Jean-Louis Flandrin, *La Doctrine de la continence périodique dans la tradition occidentale,* Dissertation an der Université de Paris IV, 1978, 400 S. Siehe auch den Aufsatz »L'attitude à l'égard du petit enfant«, *op. cit.*

7 Siehe den Aufsatz »Contraception, mariage et relations amoureuses dans l'Occident chrétien«, in: Jean-Louis Flandrin, *Le Sexe et l'Occident,* insb. S. 118–124.

8 Siehe John T. Noonan, *Contraception,* Cambridge (Mass.) 1967 (dt.: *Empfängnisverhütung,* Mainz 1969), insbes. Kap. XIII. Eine Zusammenfassung dieses umfangreichen Werkes findet sich in: Jean-Louis Flandrin, *L'Église et le Contrôle des naissances,* Paris 1970.

9 John T. Noonan, *op. cit.,* S. 464 und S. 494 ff., sowie Jean-Louis Flandrin, »Contraception, mariage et relations amoureuses«, *op. cit.,* S. 110–112.

10 Der Ethnologe Luc Thoré behauptet, unsere Gesellschaft sei die einzige auf der Welt, welche die Ehe auf die Liebe gründe; alle anderen Gesellschaften mißtrauten der Liebesehe, weil sie die sozialen Strukturen zersetze. Vgl.: »Langage et sexualité«, in: *Sexualité humaine,* collection RES, Paris 1970, S. 65–95.

Philippe Ariès
Liebe in der Ehe

Heutzutage übersehen wir gern ein Phänomen, das in der Geschichte der Sexualität bis ins 18. Jahrhundert hinein stets von allergrößter Bedeutung war und das der Vergessenheit entrissen zu haben Jean-Louis Flandrin das Verdienst hat: den Unterschied nämlich, den die Menschen in nahezu allen Gesellschaften und fast zu allen Zeiten (außer der unseren) zwischen der Liebe *in* der Ehe und der Liebe *außerhalb* der Ehe gesehen haben. Die Beispiele sind ohne Zahl. Wir werden ein paar davon aus Texten der jüdischen und der griechischen Kultur auswählen. Eine naive Lektüre, die sich um die Meinung der Glossatoren nicht schert, taugt nichts.

Elkana (1 Sam. 1, 4-19) hatte zwei Frauen; die eine, Hanna, liebte er *(diligebat)*, aber sie war unfruchtbar *(Dominus concluserat vulvam ejus)*. Die andere, die er weniger liebte, war fruchtbar und hatte Kinder. Sie fügte ihrer sterilen Nebenbuhlerin ständig bittere Kränkungen zu. Trotz seiner Vorliebe pflegte Elkana, wenn er die Opferstücke verteilte, der Mutter seiner Kinder mehrere zu reichen, während er der geliebten Frau nur eines gab. Diese war darüber sehr betrübt und weinte. Da sprach der Mann zärtlich zu ihr: »Hanna, warum weinst du? Warum ißt du nichts? Warum ist dein Herz betrübt? *Bin ich dir nicht mehr wert als zehn Kinder?*«

Hier sind die beiden Pfeiler der Ehe gut zu erkennen: die Fortpflanzung (die fruchtbare Frau wird geehrt) und die Liebe, *dilectio*. Dieser Liebe ist eine deutliche *Zurückhaltung* eigen, wie sie in einer Geste Rebekkas zum Ausdruck kommt. Sie macht sich auf, um mit der Karawane und den Knechten in das Land zu ziehen, in dem sie fortan leben wird. Sie kommt des Abends dort an, und Isaak geht ihr entgegen. Sie fragt: »Wer ist dieser Mann dort, der uns auf dem Feld entgegenkommt?« Der Knecht antwortet: »Das ist unser Herr« (also ihr zukünftiger Gatte). Und nun vollzieht Rebekka eine

Geste der Scham, die sie vor den anderen Männern nicht zeigte: »Darauf nahm sie den Schleier und verhüllte sich.« So verschleiert, ging sie mit Isaak in sein Zelt, d. h. nahm er sie zur Frau *(ducere).* In der Tat war es wichtig, daß die künftige Gattin bis zur Hochzeitsnacht verschleiert blieb; bis zu diesem Zeitpunkt mußte sie sich vor ihrem zukünftigen Gatten noch mehr verbergen als vor anderen Männern.

Dieser Brauch eröffnete übrigens die Möglichkeit zu einem heimlichen Austausch: So hatte Jakob im Hause des Laban Rachel zur Frau erkoren. Aber Laban, der zuerst Lea, die Ältere, verheiraten wollte, schickte sie anstelle der Rachel ins Brautbett, und Jakob bemerkte die Täuschung erst am nächsten Morgen, woraus wir ersehen können, wie sehr die Persönlichkeit der Liebenden in der geschlechtlichen Umarmung, der Kopulation erlosch. Solche Fälle von Vertauschung erscheinen nicht selten in der Literatur; sie wären es wert, einmal zusammengestellt und untersucht zu werden. Sinnvoll wäre es auch, sie mit dem zu vergleichen, was wir über die Automatik des Geschlechtsaktes – mit oder ohne Liebe – in der Vorstellungswelt des Ancien Régime wissen. Wahrhaftig eine blinde Liebe. Doch die Gleichgültigkeit des Gefühls gegen die Person im Augenblick des Geschlechtsaktes wurde ohne Zweifel vom Schamgefühl der Frau begünstigt.

Gewiß, unsere westlichen Gesellschaften haben die jungen Frauen nicht, wie der Orient, hinter undurchdringlichen Schleiern verborgen; sie umgaben sie allerdings mit einer *Zurückhaltung,* die es der Frau verbat, sich mit der provozierenden Leidenschaft der Kurtisane hinzugeben, so daß der Gatte sich sehr wohl in der Person täuschen konnte – ein Irrtum, der dem Liebhaber freilich niemals unterlaufen wäre.

Die vollkommene Frau des *Alten Testaments* (aber auch die des Ancien Régime) ist nicht nur fruchtbar und Mutter, sie ist auch die Herrin des Hauses und steht einem ordentlichen häuslichen Unternehmen vor:

»Eine tüchtige Frau, wer findet sie?
Auch geht ihr Wert weit über Korallen ...
Sie sieht sich um nach Wolle und Flachs,
Und was ihren Händen gefällt, schafft sie an.
Sie gleicht den Schiffen des Kaufmanns:
Von weither holt sie ihre Nahrung.

> Wenn es noch Nacht ist, steht sie schon auf
> Und gibt ihrem Hause Nahrung,
> Ihren Mägden die Tagesverpflegung.
> Nach Feld schaut sie aus und erwirbt es;
> Sie pflanzt von ihrer Hände Ertrag einen Weinberg...
> Ihre Arme streckt sie aus nach dem Spinnstock,
> Und die Hände halten die Spindel...
> Hemden stellt sie her und verkauft sie...
> Sie tut ihre Hand dem Bedrückten auf,
> Und streckt die Arme dem Dürftigen hin...
> Überlegene Kraft umkleidet sie,
> Und so schaut sie froh in die Zukunft...«

Hier ein anderes Zeugnis, diesmal aus der griechischen Kultur: die *Alkestis* des Euripides, vielleicht einer der schönsten Texte zum Lobe der ehelichen Liebe. Die Geschichte ist bekannt: Apollon hat von den Parzen erfahren, daß der König Admetos dem Tod, für den er bereits bestimmt ist, noch einmal entgehen könne, wenn er jemand anderen fände, der statt seiner zu den Göttern der Unterwelt hinabstiege. Sein greiser Vater hat sich geweigert, er hängt zu sehr am Leben. Seine Gattin Alkestis willigt in das Opfer ein. Sie wird zum Gegenstand allseitiger Bewunderung. Der Chor rühmt Alkestis, »die sich als beste der Fraun [...] an ihrem Gatten bewährt hat«. In der Tat, bestätigt ihre Dienerin, »wer bestreitet ihr den Ruhm?« Die ganze Stadt weiß, daß sie für ihren Gatten das höchste Gut, ihr Leben, hingegeben hat. Doch »hör erst ihr häusliches Tun und steh bewundernd: Als sie erkannte, daß der Schicksalstag gekommen, wusch sie sich in Stromgewässern den weißen Leib, entnahm dem Zedernschrank Gewand und Schmuck und kleidete sich festlich. Dann trat sie vor den Herd [den sakralen Mittelpunkt des Hauses] und betete: ›Da ich hinab nun in die Erde steige, fleh ich zum letzten Mal dich, Herrin, an, behüte meine Kinder!‹« Sie bekränzt die Altäre des Hauses: »Kein Seufzer, keine Träne! Ihr schönes Antlitz war nicht von Furcht des Kommenden gebleicht.« Nachdem sie zu den Göttern gebetet hat, kehrt sie ins Ehegemach zurück und wendet sich der geheiligten Stätte der ehelichen Liebe zu, dem Bett: »O Bett, in dem ich einst mein Mädchentum dem Manne gab, für den ich heute sterbe, Leb wohl!« Sie fällt auf die Knie, sie küßt die Kissen, »das ganze Lager war von den Strömen ihrer Augen feucht«. Sie kann sich nicht losreißen. Kaum hat sie das Zimmer verlassen, da kehrt sie um »und warf sich wieder auf die Lagerstatt«. Hier, an dieser symbolischen Stätte, wird sie all den Ihren Lebewohl sagen, ihren Kindern, der Dienerschaft. »Keiner war so gering, daß er nicht den Scheidegruß empfing und gab.«[1]

Und schließlich ihrem Gatten. Sie hätte ihn in den Tod gehen lassen können, ohne einzugreifen: »Ich aber mag von dir getrennt nicht leben mit den verwaisten Kindern, geize nicht mit dem Genusse meiner Jugendblüte.« Wenn sein Vater, den das Alter nutzlos und unfähig zur Fortpflanzung gemacht hat, in den Tod eingewilligt hätte: »Ach ich und du, wir könnten weiterleben...« Doch die Dinge sind nicht so, »ein Gott hat wohl es so gewollt«. Und nun folgt eine feierliche Bitte; sie bittet Admetos, sich nicht wieder zu verheiraten – was normalerweise geschehen wäre – und den Kindern keine Stiefmutter zu geben. Und Admetos antwortet ihr: »Im Leben besaß ich dich, und auch als Tote bleibst du mein einziges Weib.«

Ein seltsames und anachronistisches Gelöbnis, das die romantische Auflehnung gegen den Tod des anderen und die verzweifelten Versuche, ihn durch sein Bild zu ersetzen, um zweitausend Jahre vorwegnimmt: »Dein Ebenbild, von kunstbegabten Händen treu nachgeahmt, soll auf dem Lager ruhn. Da sink ich hin, umschling es mit den Armen. [...] Auch in Träumen besuchst du mich. Gern sieht man im Traum die Liebste, wenn auch nur ein Weilchen. [...] Im gleichen Zedersarge sollen mich und dich die Kinder betten, meine Brust an deine legen. Auch als Toter noch bleib ich bei dir, der Einzigen, die mir treu.« Auf dem Liebeslager also – und vielleicht auch dem Wochenbett – sammelt Alkestis sich vor ihrem Tode, und niemals lassen ihre Worte die Zurückhaltung der vollkommenen Frau vermissen, eine Zurückhaltung freilich, die nicht im Widerspruch zur Liebe steht, sondern diese bezeugt und sichtbar werden läßt.

Fruchtbarkeit und Zurückhaltung der Frau und Mutter und die Würde der Hausherrin, das waren Merkmale, die bis ins 18. Jahrhundert den Unterschied zwischen der Liebe in der Ehe und der Liebe außerhalb der Ehe bezeichneten. Diese Merkmale und ihr jeweiliges Gewicht wandelten sich zwar im Laufe der Zeit, teils in der Realität, teils in den Vorstellungen und Bildern, aber auf jeden Fall in engen Grenzen.

Die Morallehre, die in den ersten Jahrhunderten unserer Zeitrechnung, noch vor der Ausbreitung des Christentums, von den Stoikern vertreten wurde, gab der Fortpflanzung, der Ausbreitung der

Art, den Vorzug bei der Rechtfertigung der Ehe – im Gegensatz zur freien Verbindung, die häufig praktiziert, jedoch nicht immer deutlich von der Ehe unterschieden wurde. Die Christen übernahmen die stoische Moral, und zwar in einem solchen Grade, daß wir manche stoische Schriften nur aus Zitaten bei den Kirchenvätern kennen, z. B. diesen Auszug aus einer verschollenen Abhandlung Senecas über die Liebe, den Hieronymus zitiert (*Adversus Jovinianum*, I, 49): »Die Liebe zur Frau eines anderen ist unter allen Umständen schändlich. [Soviel zum Ehebruch] Schändlich handelt aber auch, wer in allzu großer Liebe zu seiner eigenen Frau entbrennt. [Allzu große Liebe, das ist die unbändige Liebe, die Leidenschaft, welche die Geliebten außerhalb der Ehe empfinden.] Ein vernünftiger Mann soll seine Frau mit Besonnenheit lieben, und nicht mit Leidenschaft; er soll seine Begierde zügeln und sich nicht zum Beischlaf hinreißen lassen. *Nichts ist schändlicher, als seine Frau wie eine Mätresse zu lieben.* [...] Der Mann soll sich seiner Frau nicht als Geliebter, sondern als Gatte nähern.« Der Ton ist eindringlich; so werden Gebote ausgesprochen. Die sehr alte und sehr alltägliche Unterscheidung zwischen der zurückhaltenden Liebe in der Ehe und der leidenschaftlichen Liebe außerhalb der Ehe wird hier von Seneca nicht als Brauch dargestellt, sondern als Regel in einem Moralkodex formuliert.

Elemente aus diesem Moralkodex hat das Christentum aufgenommen. Paulus verurteilt die Liebe außerhalb der Ehe, die *fornicatio* oder *immunditia*. Das Christentum war sogar versucht, auch die Ehe zu verwerfen – es gab derlei Bestrebungen –, doch man widerstand den asketischen Postulaten geradeso wie den hedonistischen und hielt am Recht auf die Ehe fest, stellte sie allerdings in der Rangordnung der Werte unter die Jungfräulichkeit. Der Hauptzweck der Ehe bestand darin, dem Geschlechtstrieb in einer wechselseitigen Verpflichtung der Gatten, dem *debitum,* Genüge zu tun. Es liegt auf der Hand, daß dieses *debitum* sich angesichts einer solchen Moralvorstellung vom heftigen Spiel der Leidenschaften, von der Erotik, unterscheiden mußte. Schon der juristische Charakter des Ausdrucks bezeichnet klar die Grenzen des Geschlechtsakts. Die Lust sollte »gelöscht«, nicht erhöht oder verlängert werden. Während die Kirchenväter das Argument der Fortpflanzung als Rechtfertigung für die Ehe von den Stoikern übernahmen, erscheint Paulus in dieser Frage überaus zurückhaltend. Offenbar interessiert das Problem ihn nicht. Er bedenkt es nebenbei anläßlich seiner Ausführungen über die Frau. Sie vor allem hat die Sünde in die Welt gebracht – nicht der Mann. *Adam non est seductus mulier autem seducta.* Aber, bemerkt er, die Mutterschaft kann sie retten: *solvabitur autem per filiorum generationem.* An der traditionellen Vorstellung von der Fruchtbarkeit wird hier zwar festgehalten, aber auf einem Umweg: zum Ausgleich für die ursprüngliche Minderwertigkeit des Geschlechts.

Trotz seiner Vorliebe für die Jungfräulichkeit billigt Paulus, von dem der heilige Clemens uns versichert, daß er verheiratet war, vorbehaltlos die Ehe und preist die vollkommene Verbindung von Mann und Frau: »So sind auch die Männer verpflichtet, ihre Frauen zu lieben wie ihren eigenen Leib. Wer seine Frau liebt, liebt sich selbst.« Doch während die Männer aufgerufen sind, ihre Frauen zu lieben – *diligite* –, sollen die Frauen sich ihren Männern unterordnen – *subditae* –; der Unterschied ist nicht ohne Belang. Die Unterordnung erscheint als die weibliche Ausprägung der ehelichen Liebe. Trotz des Unterschiedes und wegen ihrer Komplementarität werden Mann und Frau *ein* Fleisch sein, *erunt duo in carne una,* eine Formel, die nicht nur die geschlechtliche Vereinigung meint, sondern auch das gegenseitige Vertrauen, die wechselseitige Bindung, ja, die Identifikation miteinander.

Eine solche Liebe, die Aneignung ist, kommt nicht mit einem Schlage, wie der Blitz, oder als Wirkung eines Zaubertranks, wie bei Tristan und Isolde, beides ihrem Wesen nach Signaturen außerehelicher Liebe. Sie muß nicht unbedingt schon vor der Heirat bestanden haben, wenngleich dies der Fall sein kann, insbesondere wenn schwach ausgeprägte Interessen der Neigung nicht im Wege stehen. Deshalb erscheint es auch bei strengsten Moralvorstellungen nicht anstößig, wenn eine Heirat im Hinblick auf Allianzen und Vermögen ausgehandelt wird. Die Kirche hätte es im Prinzip nur lieber gesehen, wenn das Ergebnis solcher Verhandlungen von den zukünftigen Gatten gutgeheißen und nicht nur gezwungenermaßen akzeptiert worden wäre. Es war allerdings allgemein erwünscht und kam auch häufig vor, daß die Liebe sich nach der Heirat im Laufe des Zusammenlebens entwickelte. So war es wohl bei Alkestis und Admetos oder bei Odysseus und Penelope. Sie zählen zu den berühmtesten Gestalten im christlichen Pantheon. Eines der besten historischen Beispiele ehelicher Liebe stammt vom Ende des 17. Jahrhunderts; sein männlicher Protagonist ist Saint-Simon. Der Memoirenschreiber verhehlt nicht, daß bei seiner Heirat Vernunftgründe den Ausschlag gaben und Gefühle keine Rolle spielten. Dennoch entwickelten die beiden Gatten im Laufe ihres

Lebens ein so starkes Zusammengehörigkeitsgefühl, daß Saint-Simon in seinem Testament ohne Umschweife seine innige Liebe für die verstorbene Gattin bekundet und sogar bestimmt, daß man ihre beiden Särge mit einer Eisenkette verbinde (ein ungewöhnlicher Wunsch), damit sie im Tode ebenso verbunden seien, wie ihre Körper es im Leben gewesen waren.

Solche Zeugnisse sind selten – anscheinend sprachen die Männer nicht gern von dem Gefühl, das sie mit ihren Frauen verknüpfte; einzig in Testamenten findet man sie häufiger.

Es ist nicht leicht für den Historiker, das Schweigen zu interpretieren, das weite Bereiche des Lebens umgibt; manchmal bedeutet es Gleichgültigkeit oder Unwissenheit, manchmal Scham und Geheimnis. *Es gibt Dinge, über die man nicht spricht.* Die eheliche Liebe ist eines davon.

Gelegentlich wird das Schweigen gebrochen, und dies fast immer anläßlich des Todes. Auf merowingischen Friedhöfen haben Archäologen Gräber gefunden, in denen die Skelette der Ehegatten im selben Sarkophag lagen. Auf Darstellungen des Jüngsten Gerichts kann man sehen, wie die Auferstehung Gatten wieder zusammenführt, die der Tod auseinandergerissen hatte. Doch dergleichen Zeugnisse sind Ausnahmen, sind wie weit verstreute Zeichen in der Unermeßlichkeit der Zeit. Sie zeugen von Einzelfällen, die sich von einem allgemeineren und unauffälligeren Modell abheben – woraus zugleich zu ersehen ist, daß es innerhalb dieser Modelle genügend Spielraum für eigenständige und abweichende Verhaltensweisen gab. Bei Saint-Simons und einigen anderen Testamenten aus dieser Epoche liegt die Originalität in der pathetischen öffentlichen Bekundung eines Gefühls, das eigentlich im verborgenen zu bleiben bestimmt ist.

Die nämliche Zurückhaltung gilt auch dem Sexualleben. Wir finden sie sogar in frivolen Texten, die sich gewöhnlich nicht mit Rührung der ehelichen Liebe annehmen: Der *fabliau* »Le souhait contrarié« (»Der unerfüllte Wunsch«) schildert eine gute Ehe; die Gatten »liebten einander sehr«. Eines Tages ging der Mann auf Reisen, um Geschäfte zu tätigen. Er blieb drei Monate fort. Bei seiner Rückkehr bereitete ihm seine Frau einen festlichen Empfang, »wie es sich gehörte, und ihre Freude war übergroß«. Sie trug ein üppiges Mahl und einen kräftigen Trunk auf, »es war ihr größter Wunsch, ihn nach Kräften zu erfreuen, denn sie erwartete, mit Gleichem belohnt zu werden«. Sie erwartete ihn im Bett. Doch leider hatte der gute Mann so viel gegessen und getrunken, daß er,

»als er sich ins Bett gelegt hatte, das andre Vergnügen vergaß« und sofort einschlief. Seine Frau, »die sich schon bereitgemacht hatte«, war tief betrübt. Sie hätte ihn wachrütteln können, doch das wäre ihr nicht in den Sinn gekommen: »*Er würde sie für zügellos halten.* So gab sie denn dem Verlangen, das sie nach ihm verspürte, nicht nach und schlief voller Enttäuschung ein.«

Man versteht, warum die kirchlichen Texte es dem Ehemann zur Pflicht machen, dem Verlangen der Frau zuvorzukommen – sie selbst darf es nicht zeigen und die Schuld einfordern.

So stand die Ehe an der Schnittstelle einer ausgedehnten öffentlichen Sphäre und eines winzigen intimen Raumes, eines Raumes, der in der Tat eher geheim als privat ist, denn das Private ist ein umschlossener, von der Außenwelt abgegrenzter Bezirk, der gleichwohl bekannt und unter gewissen Voraussetzungen zugänglich ist. Das Geheime dagegen ist verborgen, als existiere es gar nicht, außer für einige wenige Eingeweihte; es wird geschützt vom religiösen Schweigen, das es umgibt und die Eingeweihten in die Pflicht nimmt; wer es enthüllt, zerstört es; es ist mehr als ungesagt, es ist unsagbar. So könnte die eheliche Liebe durchaus einer der geheimen Orte der alten Gesellschaften gewesen sein. Heute hat sie – zumindest dem Anschein nach und in den meisten Fällen – diesen Charakter des Geheimen verloren.

Andererseits war die Ehe längst zu einer öffentlichen Angelegenheit geworden – wir werden darauf zurückkommen – und die Öffentlichkeit unerläßlich für ihre Existenz, d. h. für die Anerkennung durch die Gemeinschaft, in der die Ehegatten lebten. Gewiß zeigten die geheimen Eheschließungen deutlich die Grenzen dieser Öffentlichkeit und ihrer Funktion. Ihre Zahl wuchs mit der Zeit, da die Gemeinschaft ihr Recht auf die Anerkennung der Heirat an eine juristische Institution verlor: an die Kirche. Sie nahm sich nun, mit dem Aufgebot, des öffentlichen Charakters der Heirat an. Doch ob nun die Gemeinschaft oder die Kirche die Öffentlichkeit verbürgte, am Anfang stand stets eine Wahl, standen eine oder mehrere Handlungen, und diese Wahl mit den daraus resultierenden Handlungen band für immer. Lag dem ein juristischer Einfluß der Kirche zugrunde? Das ist nicht sicher; wir werden darauf noch zu sprechen kommen. Hier möchte ich hervorheben, daß die Heiratsentscheidung den Status eines »Präzedens« besaß. Die Heirat war ein Präzedens, wie es viele gab. Die mittelalterlichen und neuzeitlichen Gesellschaften maßen dem Präzedens bekanntlich eine religiöse Bedeutung bei; es galt als Ausgangspunkt einer Folge, die nun legitim fortgesetzt werden konnte. Das Präzedens ermöglichte und konstituierte die Legitimität. Dank ihm waren gewisse Ereignisse dem anonymen Fluß der Zeit enthoben und erhielten einen besonderen Status zugesprochen. Von wem wurde dieser Status zugesprochen? Nun, von der Gesamtheit der Menschen, deren Anerkennung nötig war, damit eine Sache dauerhaften Bestand hatte. Diese Anerkennung verhinderte, daß die Ereignisse vergingen oder sich wandelten, sie fixierte sie für immer. Sobald das Ereignis diesen Zustand erreicht hatte, konnte es nicht mehr aufgehoben werden, es war zur Dauer verurteilt, d. h. es bildete den Ausgangspunkt einer Folge, die nun fortgesetzt wurde. Die Unauflöslichkeit der Ehe steht in einem innigen Zusammenhang mit der Achtung vor dem Begriff des Präzedens in einer an Bräuchen orientierten Gesellschaft.

Seit dem 18. Jahrhundert haben sich die Dinge gewandelt. Seitdem tendiert die Gesellschaft dazu, die beiden traditionell gegensätzlichen Formen der Liebe einander anzunähern. Im Westen entstand nach und nach ein Eheideal, das es den Ehegatten zur Pflicht macht, einander wie Verliebte zu lieben – oder wenigstens so zu tun. Die außereheliche Erotik hat Eingang in die Ehe gefunden und die traditionelle Zurückhaltung zugunsten der Leidenschaft und auf Kosten der Dauer verdrängt. Das wissen wir, vor allem dank Jean-Louis Flandrin, heute recht gut. Es fällt uns jedoch immer noch schwer, zu glauben, daß dieser Wandel erst vor so kurzer Zeit und in so beschränktem Rahmen, nämlich nur in den westlichen Gesellschaften, eingetreten ist. Heute gibt es nur noch *eine* Liebe, die leidenschaftliche und stark erotisierte Liebe, und die alten Merkmale der ehelichen Liebe, wie wir sie hier beschrieben haben, sind verschwunden oder gelten als hinderliche Reste, die den endgültigen Sieg der Liebe – der einen und einzigen Liebe, der einen und einzigen Sexualität – hinauszögern.

Es trifft zu, daß in einer ersten Phase die Besonderheit der ehelichen Liebe verschwunden ist. Doch in einer zweiten Phase könnte die erfolgreiche Verschmelzung durchaus eine spontane Rückkehr zur traditionellen Zweiteilung bewirkt haben. Dabei denke ich nicht an Relikte wie den Fürsten bei Lampedusa, der ich weiß nicht wie viele Kinder gezeugt hat, ohne jemals den Bauch seiner Frau gesehen zu haben; ich denke durchaus an neue Erscheinungen.

Die leidenschaftliche Liebe kam wie ein Blitz; man *verfiel* ihr. Die Pfeile des Eros waren ebensowenig voraussehbar, erschienen ebenso plötzlich wie der Stachel des Todes. Ein bereits fiebriger

Anfang, ein Höhepunkt und ein Ende. Die leidenschaftliche Liebe kennt keine Dauer; die eheliche Liebe, die man ihr angeglichen hat, ist auch nicht mehr von Dauer. Die Scheidung kann daher nicht als das Mittel gelten, mit dem man einen Irrtum korrigiert; sie bezeichnet das reguläre Ende eines Gefühls, das weder andauern kann noch soll und das dem nächsten Erlebnis Platz machen muß. Unsere jungen Zeitgenossen haben eine Abneigung gegen langfristige Bindungen, sei es in der Ehe, sei es im Priesteramt. Dauer ist nicht modern. Man kann sich aber fragen, ob sie nicht im Begriffe ist, es wieder zu werden, und ob die Liebe in der Ehe – im Unterschied zur anderen – sich nicht in unseren Gewohnheiten und Bräuchen hinsichtlich der Dauer neu herausbildet – Dauer hier mehr als faktische denn als bewußt angestrebte. Ein Paar zu werden braucht lange Zeit, und jedes Stück zusätzlicher Zeit bringt die Gatten einander ein wenig näher und gibt ihnen das Gefühl, daß ihre Einheit allmählich vollkommen wird: *duo in carne una*. Sie lieben einander, weil sie einander seit langem lieben, und ihre Liebe wächst mit der Zeit, bis zu jenem schrecklichen Tage, da sie an die Mauer des Todes stößt, der unerträglich ist, weil er die Trennung und das Ende dieses langsamen Aufbaus zu zweit bedeutet. Jean Baechler meint sogar, daß heute »eine beinahe *neurotische* Verstärkung des Ehebandes vorkommen kann« (Hervorhebung von mir). Nach dem Tode des Partners sucht der Überlebende das Hindernis zu umgehen und jenseits davon das Werden der Einheit fortzusetzen. Nein, dieses Gefühl ist kein altes Erbe. Die alte Gesellschaft kannte, wie wir gesehen haben, den Kult des Präzedens, nicht jedoch der Dauer. Es war einmal gewesen, und darum würde es immer sein; bloße Dauer könnte dem nichts hinzufügen. Weil das Präzedens gewesen war und nicht weil es Dauer gehabt hätte, wurde ihm ein Wert zugeschrieben.

Heute zählen Ursprung und Art der Bindung wenig; worauf es ankommt, ist ihre *Dauer*. Letztlich – und ohne daß dies ausdrücklich gesagt würde – kommt eine wirkliche Ehe, die sich übrigens kaum von einer dauerhaften freien Verbindung unterscheidet, nicht durch einen Akt auf dem Standesamt oder in der Kirche und auch nicht durch eine vorgängige und anfällige Entscheidung zustande, sondern durch die Tatsache ihrer Dauer. Die wirkliche Ehe ist eine dauerhafte Gemeinschaft, eine lebendige und fruchtbare Dauer, die dem Tode trotzt – eine untergründige Revanche der dynamischen Kontinuität in einer Gesellschaft, die dem Augenblick und dem Bruch huldigt.

# Anmerkung

1 In seinem Bericht über den Tod der Mme de Montespan erzählt Saint-Simon, daß sie, als sie den Tod kommen spürte, alle ihre Bedienten »bis hin zum niedrigsten« rufen ließ, um ihnen Adieu zu sagen.

Philippe Ariès
Die unauflösliche Ehe

Was besonders auffällt an der Geschichte der Sexualität im Abendland, ist die viele Jahrhunderte und bis in die Gegenwart fortwährende Geltung eines verbindlichen Ehemodells, der monogamen und unauflöslichen Ehe. Es steht im Gegensatz zu anderen Modellen, die ihm in römischer Zeit vorangingen oder heute in der Welt neben ihm existieren und die zumindest dem Mann das Recht einräumen, die Verbindung aufzulösen und eine neue einzugehen. Die Ehe, in der der Mann seine Frau verstoßen und danach eine andere heiraten kann, ist zweifellos das Modell, das überall auf der Welt mit Ausnahme des Westens am weitesten verbreitet ist. Die unauflösliche Verbindung erscheint eher als die Ausnahme, freilich eine kraftvolle Ausnahme, die selbst den mächtigen Erosionseinflüssen, die von den laxistischen Verhaltensstilen unserer Zeit ausgehen, widersteht.

Wie entwickelte sich – ohne Zweifel im Hochmittelalter – die Ehe mit einem Recht auf Verstoßung (zumindest der Frau) zu einer unauflöslichen Ehe? Eine schwierige Frage, denn sie bringt unser kulturelles Wertesystem ins Spiel; eine Frage auch, auf die sich keine sichere Antwort geben läßt. Aber man kann einige Hypothesen formulieren.

Der Leser mag sich erstaunt fragen, wie man darin ein Problem sehen kann, da die Sache doch gänzlich klar scheint. Jeder glaubt zu wissen, daß die Unauflöslichkeit der Ehe eine Erfindung des Christentums ist, und zwar in ihrer radikalsten Ausprägung eine Erfindung des westlichen, des lateinischen Christentums. Nur mit Gewalt vermochte die Kirche sie bei den Völkern durchzusetzen, die unter ihrer Herrschaft standen und sich ihrem Gesetz beugen mußten. So lautet denn die Erklärung, auf die sich Gegner und Anhänger der Kirche geeinigt haben: Die Unauflöslichkeit der Ehe gewinnt mit der kirchlichen Macht an Boden und tritt nach deren

Niedergang mit der heutigen Dechristianisierung den Rückzug an. Doch dieser Topos ist keineswegs verbürgt.

Zunächst deshalb, weil in Rom schon vor dem christlichen Einfluß eine Tendenz zur *Stabilisierung* der Ehe spürbar ist (*stabilitas* ist das lateinische Wort, das in der Sprache der alten Kirche etwa das ausdrückt, was wir mit Unauflöslichkeit meinen). Folgen wir P. Veyne, so kam es in der römischen Ehe während der ersten Jahrhunderte unserer Zeitrechnung zu einem tiefgreifenden Sitten- und Wertewandel, die Gefühle gewannen an Gewicht, der moralische Anspruch wurde höher, und auch ihrer Dauer wurde mehr Bedeutung beigemessen, kurz, eine Moral verschaffte sich Geltung in ihr, die nachmals zur christlichen Moral werden sollte, die aber in ihrem Ursprung heidnisch war und deutlich stoische Züge trägt. Der Mentalitätswandel, der dem Christentum vorausging, es begleitete und zweifellos auch begünstigte, macht die »Spätantike« (wie H. I. Marrou diese Epoche in Abweichung von der herkömmlichen Bezeichnung »spätrömisches Reich« nennt) zu einem der wichtigsten Angelpunkte unserer Zivilisation, zu einem Herd einschneidender Veränderungen. Neuere Forschungen haben erwiesen, daß diese Veränderungen nicht in der Ausbreitung des Christentums ihre Ursache hatten, sondern daß diese vielmehr deren Ergebnis war.

Die Morallehren damals neigten dazu, der Stabilität einer Verbindung einen gewissen Wert beizumessen; sie sollte nicht mehr gänzlich vom Willen oder von der Laune der Ehegatten und insbesondere des Mannes abhängen. Aber es handelte sich nur um eine *Tendenz,* die keinesfalls die herrschenden Sitten umzustürzen trachtete. Will man etwas von diesen Sitten verstehen, so muß man erkunden, was zwischen dem 9. und dem 12. Jahrhundert zunächst in den aristokratischen Klassen und sodann in der Kirche vor sich ging. Denn damals und in diesem Milieu wurde das Modell der abendländischen christlichen Ehe entwickelt, wie wir sie noch heute in säkularisierten, durch die Möglichkeit der Scheidung abgemilderten, aber rechtlich fixierten Formen kennen.

Für diese Erkundungsreise bieten sich einige gute Führer an, insbesondere G. Dubys *Medieval Marriage*[1] und P. Touberts *La Théorie du mariage chez les moralistes carolingiens*[2]. Wir werden ihnen folgen.

Gegen Ende der Karolingerzeit, um das Jahr 900, lassen sich deutlich zwei entgegengesetzte Ehemodelle unterscheiden, das der Großen und das der Kirche. Anders als man annehmen möchte, ist das Laienmodell relativ einfach zu fassen, obgleich wir es vornehmlich aus den Zeugnissen von Geistlichen kennen. Tatsächlich ist es das einfachere Modell. Ihm zufolge gilt, wie in Rom, die Heirat als eine wesentlich private Handlung: Sie findet zu Hause statt, allerdings im Rahmen einer (beschränkten und, wie wir heute sagen, weltlichen) Öffentlichkeit, denn die Gatten und ihre Eltern sind von Zuschauern umgeben, die ihnen *Beifall spenden* und durch ihre Anwesenheit die Handlung und die Zustimmung der Gemeinschaft zu ihr beglaubigen. Jedenfalls konzentrierte sich in diesem privaten/öffentlichen Akt nicht die ganze Symbolik der Heirat. Die Eheschließung hatte noch nicht den punktuellen Charakter, den sie später annahm und heute noch hat, wo eine Zeremonie, ein Wort, eine Unterschrift begründen und bewirken, daß man vorher noch nicht, danach aber sogleich und im genauen Sinne des Begriffs verheiratet ist.

Die Eheschließung erstreckte sich über eine gehörige Zeitspanne von unterschiedlicher und manchmal beträchtlicher Dauer; sie begann mit der *desponsatio,* dem Eheversprechen, mit dem *foedus* oder *pactum conjugale,* aus dem unsere Verlobung und die Vertragszeremonie hervorgegangen sind, die bei uns bis zum Ersten Weltkrieg noch erhebliche Bedeutung besaß. Die Heirat war ein Vertrag zwischen zwei Familien. Eine Familie gibt eine Frau, die andere Familie erhält sie im Austausch für einen *Brautpreis (donatio puellae).* Die letzte Etappe der Eheschließung war erreicht, wenn man die Brautleute zu Bett geleitete, ein Ritual, das öffentlich, feierlich und unter dem Beifall der Anwesenden begangen wurde, die so die Gültigkeit des Ereignisses bekundeten. Tatsächlich feierte man den entscheidenden Augenblick, in dem Braut und Bräutigam im selben Bett zusammengeführt wurden, damit sie so bald und so oft wie möglich Nachkommen zeugten. Bedeutung und Dringlichkeit dieses Auftrags hingen vom Reichtum oder von der Macht der Familie ab, aber auch vom Gewicht der Heirats- und Allianzstrategien, die damit verbunden waren. Man kann sich fragen, in welchem Grade die Realität einer Heirat, die sich solcherart in der Öffentlichkeit und in der Anwesenheit zahlreicher Zeugen manifestierte, vom Wert des Einsatzes abhing. War der Einsatz unbedeutend, so konnte es keine Öffentlichkeit und keine besondere Zeremonie geben und folglich auch keine wirkliche Ehe, sondern lediglich – und das kam auf dasselbe heraus – eine virtuelle, schemenhafte Ehe, deren rechtliche Qualität von der Spur abhing, die sie im kollektiven Gedächtnis hinterlassen hatte. War die Spur schwach, so sah man in der Verbindung nur eine vorübergehende Liaison; war sie kräftig, so galt die Verbindung als rechtsgültige Ehe.

Ursprünglich durften nicht alle angeblichen Ehen denselben Wert haben. In den aristokratischen Klassen, wo der Einsatz schwerwog, wo die Ehe Allianzen knüpfte und zu einer Politik verpflichtete, gab es daher nur *wirkliche Ehen,* und diese waren den Mächtigen und einigen ihrer Kinder vorbehalten.

Ihren Höhepunkt erreichte die Heiratszeremonie, wenn die Verwandtschaft sich im Zimmer des Stammhalters um das Bett versammelte. Geleitet wurde sie vom Vater des Bräutigams, dem *caput generis*. Er ist es, der Gottes Segen auf das junge Paar herabruft, nachdem man es entkleidet und zu Bett geleitet hat. Später schlich sich dann der Priester in die Zeremonien ein, um das Bett zu segnen, um es zu beräuchern und mit Weihwasser zu besprengen. Ohne Zweifel ist dies der erste (und einzige) kirchliche Eingriff in eine private Zeremonie, privat, weil eine Angelegenheit der Familie, aber gleichzeitig öffentlich infolge der notwendigen Anwesenheit der Gemeinschaft, der allerdings keinerlei Sanktions- oder Kontrollbefugnis zukam. Die Ähnlichkeit zwischen der Eheschließung im Bett und dem Sterben im Bett ist unverkennbar; beide Ereignisse haben denselben kollektiven Charakter und enden mit Beräucherung und Einsegnung. Die Heiratszeremonie am Brautbett fand abends statt, in der Stunde der Dunkelheit, die für Liebe und Fortpflanzung günstig ist. Am nächsten Morgen begannen Festlichkeiten, die drei Tage währten (in manchen Regionen war es Brauch, daß die Brautleute sich während dieser drei Tage sexueller Kontakte enthielten[3]).

Geistliche Archivare, schreibkundige Männer, die dem Hause verbunden waren, mußten die unerläßlichen Genealogien verfassen, in denen der Stand der Verwandtschaftsbeziehungen und der Allianzen zwischen den Adelshäusern für die Nachwelt festgehalten wurde – Vorläufer der *Artisans of glory,* die O. Ranum untersucht hat.[4]

Unter solchen Umständen *war die Ehe nicht allgemein verbreitet* in diesen Adelskreisen und ihrer Klientel. *Es war weder notwendig noch wünschenswert, daß jeder heiratete.* Die *voluptas* ließ sich auch mit anderen Mitteln als der Ehe befriedigen, beispielsweise durch Vergewaltigung oder Entführung, durch ein kurzes Abenteuer mit einer Prostituierten, einer Bäuerin, der Tochter eines Vasallen oder einer Bastardin, allesamt leichte und erlaubte Beute. Es gab zudem Ausweichstrategien zwischen gelegentlicher Vergewaltigung und instabiler Verbindung, d. h. einer solchen ohne Zeugen. Entscheidend indes war, daß nicht sämtliche Kinder heirateten, andernfalls wäre das Erbe zu sehr zerstückelt worden, und der Familie hätte eine Einbuße an Reichtum und Macht gedroht. Es galt vielmehr, eine Reserve an unverheirateten Söhnen und Töchtern zu schaffen, auf die man zurückgreifen konnte, um die Verluste auszugleichen, die durch die hohe Sterblichkeit, durch Krankheiten und Seuchen ebenso wie durch Krieg und Turniere entstanden. Man mußte schädliche Heiraten vermeiden, indem man die Jüngeren zur Ehelosigkeit zwang, und zugleich Vorsorge für Eheschließungen treffen, aus denen nützliche Allianzen hervorgehen konnten – wozu es eines Vorrats an Söhnen und im selben, wenn nicht sogar in höherem Maße an Töchtern bedurfte. Die Bastarde vor allem bildeten die »Lustreserve« der Adelshäuser, wie G. Duby sie genannt hat *(réserve de plaisir)*. Manche Töchter wurden in die Familienklöster gesteckt, Gründungen, die den Schlössern angegliedert waren und wo von den Familienoberhäuptern über die Töchter und Witwen gewacht wurde. Die jungen Männer, denen eine Heirat vorenthalten wurde, schlossen sich zu Banden von Junggesellen *(juvenes)* zusammen, sie gingen auf kriegerische, sportliche oder sexuelle Abenteuer aus und hofften, daß sich ihnen eines Tages die Gelegenheit zu einem ehrenvollen Abschluß böte (und sie *seniores* würden), indem sie eine Erbin heirateten (die sie gelegentlich vorher geschwängert hatten) oder »Seneschall«, Oberhofbeamter und Vertrauter eines mächtigen Familienoberhauptes würden.

Mit einer Heirat verbanden die Familien ganz bestimmte Ziele. Wurden diese Ziele wegen der Unfruchtbarkeit der Frau oder aus anderen Gründen nicht erreicht, so verlor die Ehe ihre Daseinsberechtigung; man mußte sie auflösen und die Frau zurück zu ihrer Familie oder ins Kloster schicken. Danach war sogleich eine neue Ehe zu schließen.

Zur selben Zeit, als diese Form von Ehe in den aristokratischen Gesellschaftsschichten praktiziert wurde, reifte in der Kirche ein radikal anderes Ehemodell heran, dem sie im 13. Jahrhundert den Status eines Sakraments verleihen sollte, im Rang der Taufe oder der Priesterweihe gleich – eine ungewöhnliche Aufwertung für einen privaten Akt, für eine sexuelle Verbindung im Dienste von

Familienallianzen, die, jeweils nach den Interessen der Familie, eingegangen und wieder gelöst wurde. Allein die Tatsache, daß der Akt, einmal vollzogen und zugleich gesegnet, nicht mehr rückgängig zu machen war, ließ die Entscheidungen der Familien definitiv und unwiderruflich werden. Zweifellos gaben auch weiterhin die Interessen den Ausschlag, und die Kirche gestand dies auch durchaus zu, aber sie waren nicht mehr allmächtig und mußten mit schweren Risiken zurechtkommen, insbesondere mit der Lasterhaftigkeit und mit der Unfruchtbarkeit, die nun wohl oder übel hinzunehmen waren. *Jedenfalls ist es bemerkenswert, daß die Kirche so viel Zeit brauchte, nicht nur um ihr Modell einem rebellischen Adel aufzuprägen, sondern um ihre Lehre überhaupt erst zu entwickeln, sie deutlich zu formulieren und um zu einer klaren und einfachen Definition dessen zu gelangen, was sie unter Ehe verstand.*

Tatsächlich gab es in der Kirche zwei gegensätzliche Tendenzen, die zunehmend miteinander in Konflikt gerieten. Die eine, asketisch, berief sich auf den heiligen Hieronymus; an ihrer Gegnerschaft zur Ehe, die ihr eine minderwertige, fragwürdige Institution schien, konnten Zweifel nicht aufkommen, obwohl ihr Einfluß schwankte. Im 12. Jahrhundert scheint sie bei den Geistlichen die Oberhand gewonnen zu haben, die ihre Kirche hindern wollten, in die Ehe einzugreifen und sie zu kontrollieren – aus derlei vulgären Angelegenheiten solle die Kirche sich heraushalten, eine Einstellung, die sich auch bei den Katharern des Languedoc ausmachen ließe.

Den Sieg trug die andere Tendenz davon, die, mit Augustinus und über ihn mit Paulus verbunden, an der Ehe als dem *remedium animae* festhielt. Im 12. Jahrhundert erklärte der heilige Bernhard und reagierte damit zweifellos auf die Exzesse der Ehegegner: »Die Ehe angreifen heißt, den Ausschweifungen der Konkubinen, der Blutschänder, der *seminiflues* und der *masculorum concubitores* Tür und Tor öffnen.« Bernhard befürchtete, daß die Entwertung der Ehe den Masturbationspraktiken und der (männlichen) Homosexualität Vorschub leistete.

Auch in der für Laien bestimmten Literatur – allerdings für lesekundige Laien aus dem Adel, die einzigen, auf die sie einwirken konnte – entwickelt die Kirche eine Doktrin der Ehe. Sie betont das Einverständnis der Brautleute, das im Laienmodell eine nur geringfügige Rolle spielte (und noch viel später werden in Frankreich die Familien, darin vom Parlament und vom König unterstützt, an der

Notwendigkeit der elterlichen Einwilligung festhalten, die mindestens ebenso wichtig sei wie die der Brautleute, und dies, nach dem Konzil von Trient, gegen die Ansicht der Kirche). Ein Text aus dem 9. Jahrhundert, verfaßt von Hincmar, dem Erzbischof von Reims, verdeutlicht die neue Vorstellung von der christlichen Ehe: »Das Band der rechtmäßigen Ehe besteht *(est vera)*, wenn diese zwischen freien und gleichen (und folglich in ihrer Entscheidung freien) Menschen geschlossen wird und wenn sie in öffentlicher Hochzeit *(publicis nuptiis)* durch eine ehrbare Mischung der Geschlechter *(honestata sexuum commixtione)* einen Mann mit einer freien und mit der gehörigen Mitgift versehenen Frau verbindet.« Man beachte das Beiwort *honestata,* es bezeichnet den entscheidenden Unterschied zwischen der *sexuum commixtio* in der Ehe und deren als *luxuriosa* apostrophiertem Gegenstück außerhalb der Ehe.

Weder die Kirche noch die Geistlichen greifen zu irgendeinem Zeitpunkt ein; auch beanspruchen sie noch keine richterliche Gewalt. Allerdings ist nach P. Toubert »der Ehestand [...] als eine ganz wesentliche religiöse Angelegenheit definiert, deren Name sogar, wie Hincmar sagt, der Sakralsprache angehört«, d. h., die Vereinigung der Geschlechter wird zum *Mysterium,* zu einem Sakrament Christi und der Kirche, und die Frau muß wissen *(noscitur),* daß die Ehe ihr diese Würde verleiht.

Jedenfalls fehlt diesem Modell, so wie es im 9. Jahrhundert ausgeheckt worden ist, ein Merkmal, das in unserem Verständnis kennzeichnend für die christliche Ehe ist: die Unauflöslichkeit, *stabilitas*. Oder falls es sie gibt, so lediglich virtuell und ohne daß dies ausdrücklich gesagt würde. Die Idee der Unauflöslichkeit erscheint durchaus im Vergleich der sakramentalen Vereinigung der beiden Ehegatten mit der ewigen Vereinigung Christi und seiner Kirche. Aber derselbe Hincmar gibt in dem von P. Toubert zitierten Text aus *De coercendo raptu* (der Titel ist wörtlich) ein Beispiel für eine gute Ehe, nämlich das Beispiel des Achaschwerosch, der seine erste Frau verstößt, um Esther zu heiraten! Und diese zweite Ehe wird zum Vorbild der christlichen Ehe erhoben.

Verstoßungen kamen zweifellos häufig vor. Die Kirche beobachtete sie zwar mit Unwillen, aber sie widersetzte sich ihnen nicht, denn sie war sich nicht sicher, ob sie das Recht hätte, in natürliche Gesellschaften einzugreifen, die *per leges publicas* regiert wurden und folglich eine Laiengerichtsbarkeit, modern gesprochen: eine Zivilgerichtsbarkeit, besaßen. Sowohl was ihre Einmischungsbe-

fugnis als auch was ihre Vorstellung von der Ehe betraf, war die Kirche unentschlossen.
Im Verlaufe des 11. und 12. Jahrhunderts dann begann die Kirche zunehmend in die Ehe einzugreifen, um sie zu kontrollieren und dem sakramentalen Modell anzupassen, das sie im Begriff war zu entwickeln und festzulegen. Sie beschränkte sich nicht länger auf Ratschläge wie zu Zeiten Hincmars, auf Ratschläge, die toter Buchstabe zu bleiben drohten, ja, sie schreckte nicht einmal mehr davor zurück, ihren Standpunkt mit Sanktionen wie der Exkommunizierung durchzusetzen, selbst wenn es sich um den König von Frankreich handelte. Dabei geschah etwas sehr Merkwürdiges, das zeigt, wie schwierig es für die Kirche auch in dieser Zeit war, dem weltlichen Adel Vorschriften aufzuzwingen, die dessen überkommenen Gebräuchen zuwiderliefen, insbesondere dem Recht, die Frau unter gewissen Umständen zu verstoßen. Als die Kirche sich in die Ehe einzumischen anfing, geschah das zunächst nicht, um dem Gebot der Unauflöslichkeit Geltung zu verschaffen; vielmehr scheute sie sich, ein unumstrittenes Recht anzutasten, und griff deshalb zu einem Vorwand. Man hat den Eindruck, daß anfangs niemand wagte, sich offen auf das Prinzip der absoluten Unauflöslichkeit zu berufen. Man hielt daran fest, allerdings auf Umwegen. Einer dieser Umwege war der Inzest. Eine Verbindung galt bis zum siebten Grade als inzestuös, und wenn sie gleichwohl eingegangen und vollzogen worden war, mußte sie, ungeachtet ihrer Dauer und eventueller Kinder, gelöst werden; sie wurde stets nach dem Vollzug, und manchmal lange danach, gelöst, denn die Kirche hatte damals noch keinen Einfluß auf die Eheschließung und auch nicht auf die dazugehörige Zeremonie. Sie konnte daher nur nachträglich intervenieren – und wenn sie tangiert war.
Es läßt sich leicht vorstellen, daß derartig weitgehende Verwandschaftsverbote die Heiratsstrategien der Mächtigen erheblich beeinträchtigten. Aber in diesem Punkt blieb die Kirche unnachgiebig. Man muß daher annehmen, daß in der Meinung der Zeit die Verwandtschaftsbeschränkungen eher geduldet – oder weniger abgelehnt – wurden als die Gebote hinsichtlich der Verstoßung. Wir wissen, daß der hohe Klerus im 9. Jahrhundert zwar davor zurückschreckte, Scheidung und Wiederverheiratung als Ehebruch und Bigamie zu brandmarken, sie aber auch nicht umstandslos anerkennen mochte. Daher die Neigung, sie unter dem Vorwand des Inzests zu verdammen. Ein Beispiel: Zwar versagte es sich der Papst, den französischen König Philippe I. der Bigamie zu bezich-

tigen, aber er zögerte nicht, den König zu exkommunizieren, weil dessen zweite Frau in verbotenem Grade mit ihm verwandt war.

Im Verlaufe des 12. Jahrhunderts kam es dann, wie G. Duby gezeigt hat, zu einer Umkehrung der Verhältnisse – der Inzest trat zurück, und die *stabilitas* wurde zum obersten Kriterium. Der heilige Bernhard erklärte in seiner freimütigen Art, über die Blutsverwandtschaft befinde der Mensch, »das Fleisch«, über die Unauflöslichkeit der Ehe jedoch Gott. Sobald die Partner nach den geltenden Regeln in eine Ehe eingewilligt hatten (der *consensus* war Voraussetzung), erlangte diese den Status der Einzigkeit und der Unauflöslichkeit. Auf dem vierten Laterankonzil im Jahre 1215 milderte die Kirche das Inzestverbot auf den vierten Verwandtschaftsgrad; im Gegenzug setzte sie sich mit ihrem ganzen Gewicht für die *stabilitas* ein.

Zum letzten exemplarischen Streit zwischen dem Papst und einem französischen König wegen einer Verstoßung kam es zu Beginn des 13. Jahrhunderts mit Philippe Auguste. Dieser war 1190 Witwer geworden; er hatte einen Sohn von drei Jahren; die Thronfolge hing am zerbrechlichen Leben eines Kindes, die Erbfolge war bedroht. Der König heiratete 1193 Ingeborg von Dänemark, aber Philippe behauptete, ein teuflischer Zauber hindere ihn daran, sich mit der jungen Frau zu vereinigen. Ingeborg bestritt dies. Um diesen Widerspruch aufzulösen, empfahl man in kirchlichen Kreisen eine Unterscheidung zwischen der *commixtio sexuum,* der Penetration, die durchaus stattgefunden hatte, und der *commixtio seminum in vaso muliebri,* der Ejakulation also, die nicht erfolgt war – ein ungewollter »*coitus reservatus*«.

Philippe versuchte, seine Ehe mit dem Hinweis auf den zu engen Verwandtschaftsgrad annullieren zu lassen, drang damit jedoch bei den kirchlichen Richtern nicht durch. Das hinderte ihn freilich nicht, 1193 Agnes von Meran zu heiraten, mit der er zwei Kinder hatte. Der Papst erkannte diese Ehe nicht an, doch er spielte auf Zeit, und so blieb es dabei, bis ein energischerer Mann den Stuhl des heiligen Petrus bestieg, Innozenz III. Inzwischen war Agnes von Meran 1201 gestorben. Schließlich gab Philippe nach und nahm Ingeborg 1213, zwanzig Jahre nachdem er sie verstoßen hatte, wieder als Frau an. Er war achtundvierzig Jahre alt, und der Papst hatte die fünf Kinder, die aus der Verbindung mit Agnes hervorgegangen waren, für ehelich erklärt. Um die Zukunft seines Hauses brauchte er nicht mehr zu bangen. Dennoch hatte am Ende der

Standpunkt der Kirche obsiegt. Trotz gewisser Rücksichtnahmen setzte die *stabilitas* sich durch; das kirchliche Modell verdrängte allmählich das weltliche. Bald würde kein weltlicher Herrscher es mehr in Frage zu stellen wagen (bis auf den englischen König Heinrich VIII. im 16. Jahrhundert).

Allerdings ist es bemerkenswert, daß es mehrere Jahrhunderte dauerte, bis das weltliche Modell mit seinem privaten Charakter und der Möglichkeit der Verstoßung, das noch beim karolingischen Adel Geltung besessen hatte, vom kirchlichen Modell abgelöst war, für das dann allmählich Öffentlichkeit und Unauflöslichkeit die charakteristischsten Merkmale wurden.

Alles bisher Gesagte bezog sich auf den Adel und die Kirche. Doch welche Entwicklungen gab es in der riesigen schweigenden Masse des einfachen Volkes in den Städten und auf dem Lande? Lassen wir die Städte hier beiseite, denn J. Rossiaud hat ja dieses Thema oder einige seiner Aspekte dargestellt. Ihm zuhörend und zweifellos auch über das hinaus, was er uns von seinen Forschungen hat mitteilen wollen, habe ich den Eindruck gewonnen, daß am Ende des Mittelalters noch Elemente der städtischen Mentalität fortwirkten, die wir soeben für das frühe Mittelalter feststellen zu können meinten: eine Tendenz nämlich (in einer letztlich recht unscharfen Situation), der Ehe der Reichen und Mächtigen mehr Realität beizumessen als der der Armen. Um eine moderne und für die damalige Epoche ausgesprochen anachronistische Terminologie zu verwenden: auf der einen Seite gab es mehr Ehen und auf der anderen mehr Konkubinate.

Betrachten wir also die ländlichen Gemeinden. Und da fällt sogleich ein Umstand auf, und zwar so deutlich, daß er dem Blick der Historiker entgeht – die ja immer das Nahe leichter erfassen als das Entfernte –, nämlich wie ungehemmt sich dort *anscheinend* (weil Quellen fehlen?) das Modell eingenistet hat, das wir oben als das kirchliche bezeichnet haben: die unauflösliche Ehe. Man gewinnt den (vielleicht irrigen?) Eindruck, daß der Grundsatz der *stabilitas* in den ländlichen Gemeinschaften auf weniger Bedenken gestoßen sei als in den aristokratischen Kreisen. Hätte die Kirche dort mit demselben Erfolg einen ebenso hartnäckigen Widerstand überwinden müssen, so hätte diese Auseinandersetzung, wie mir scheint, Spuren hinterlassen. Wir wissen durchaus einiges von dem Kampf, den die Kirche geführt hat, um den Heiratsbeschränkungen für Blutsverwandte Geltung zu verschaffen oder um den weltlichen

Geistlichen, den Pfarrern, ein Zölibat aufzuzwingen, das deren Pfarrkindern gleichgültig war. Die »Bigamie« oder, wie man sagte, die *instabilitas* scheint mir freilich kein gravierendes gesellschaftliches Problem gewesen zu sein. Doch es sei wiederholt, daß dieser Eindruck erst noch durch genauere Untersuchungen zu bestätigen wäre. Dennoch wollen wir von der Hypothese ausgehen, daß auf dem Lande das Prinzip der Unauflöslichkeit der Ehe relativ konfliktlos akzeptiert wurde.

Dazu lassen sich drei Begründungen nennen. Erstens: Es existierte die unauflösliche Ehe bereits in der gallo-romanischen Welt. Diese Hypothese impliziert allerdings einen klaren Unterschied zwischen der bäuerlichen und der städtischen Ehe, wie wir sie aus Rom kennen und die durch ein – manchmal wechselseitiges – Recht auf Verstoßung sowie durch die Zunahme von Konkubinaten gekennzeichnet gewesen ist. Jedenfalls sollten wir uns nicht von den rechtlichen Präzisierungen täuschen lassen, die erst in den jüngsten zwei oder drei Jahrhunderten in unser Denken Eingang gefunden haben. Es ist wahrscheinlich, daß die sozio-ökonomischen Bedingungen auf dem Lande einen Druck zugunsten der *stabilitas* ausübten, während sie in der Stadt, ähnlich wie in Rom, in die entgegengesetzte Richtung wirkten, nämlich zugunsten der Verstoßung, ohne daß die Zeitgenossen sich einer tiefgreifenden kulturellen Differenz bewußt gewesen wären.

Die zweite Begründung findet heute die meiste Zustimmung, nämlich daß die Kirche ihr Ehemodell und ihre Vorstellung von Sexualität einer Gesellschaft aufgezwungen habe, welche sich zwar widerspenstig gezeigt haben mochte, jedenfalls aber nicht die Initiative ergriff, sondern sich fügte. Schließlich sei das Modell »verinnerlicht« worden. Ich hege Zweifel an dieser Interpretation. Wie bereits gesagt, hat man nicht den Eindruck, daß die Kirche in dieser Sache große Anstrengungen hätte unternehmen müssen. Die von P. Toubert zitierten Texte aus der Karolingerzeit betreffen vor allem die Militäraristokratie. An sie wendete sich die Kirche, und zwar deshalb, weil sie nur auf diese Gesellschaftsschicht einzuwirken vermochte. Es fragt sich indessen, welchen Einfluß die Kirche auf dem Lande besaß. In vielen Gebieten gab es noch gar keine Pfarreien, und in den übrigen waren sie mit Priestern besetzt, die sich, so stelle ich es mir vor, der Gemeinschaft sehr schnell anpassen mußten, indem sie deren Lebensweise und allem voran die Ehe übernahmen. Wie hätten diese Pfarrer sich erfolgreich gegen verwurzelte »bigamistische« Bräuche durchsetzen sollen? Das erscheint mir sehr unwahrscheinlich; diese Hypothese lebt von einem übertriebenen Vertrauen der Historiker in die gesellschaftliche Macht der Kirche vor dem Ende des Mittelalters und selbst noch bis hin zum Konzil von Trient. Sie ist zugleich Ausdruck der heute verbreiteten Auffassung, daß die Unauflöslichkeit der Ehe eine Einschränkung der – ihrerseits natürlichen und ursprünglichen – sexuellen Freiheit bedeutete und daher nur mit Gewalt durchgesetzt worden sein könne.

Schließlich gibt es eine dritte Interpretation, die der zweiten (dem Einfluß der Kirche) widerspricht, nicht jedoch der ersten (wonach die *stabilitas* schon vorher existierte). Ihr zufolge wurde das Gebot der Unauflöslichkeit nicht von außen, von einer fremden Macht wie der Kirche, auferlegt, sondern von den Gemeinschaften zwanglos akzeptiert und aufrechterhalten. Wenn es einen Übergang von der Verstoßung zur Unauflöslichkeit gegeben haben sollte, dann war er gewollt (wenn auch vielleicht nicht gänzlich bewußt), das heißt, er wurde von einem kollektiven Willen getragen, der sich durchaus im Einverständnis mit dem Brauch der Vorfahren glaubte. Deshalb bin ich geneigt anzunehmen, daß es bereits vorher, in der gallo-romanischen Zeit oder in der Spätantike, einen Strukturvorläufer gegeben habe. Der Unterschied zwischen der Neigung zur *stabilitas* und zur Ablehnung der Wiederverheiratung einerseits und der Bedeutung der Verstoßung im romanischen wie auch im germanischen Adel andererseits rührt möglicherweise von unterschiedlichen Heiratsstrategien der verschiedenen Gruppen her.

In den ländlichen Gemeinschaften waren die Strategien einfacher, und vielleicht gaben sie der *stabilitas* den Vorzug vor der Fruchtbarkeit oder anderen Zielen. (Möglicherweise hatte man andere Mittel, um die auftretenden Probleme zu lösen.) Entscheidend wäre demnach gewesen, daß man sein Wort nicht zurücknahm. Die Vorhaben, Allianzen und Investitionen durften nicht zu oft und zu früh revidiert werden. Man mußte mit der – zu dieser Zeit recht kurzen – Spanne einer Generation rechnen können, ohne große Veränderungen gewärtigen zu müssen. Der Vorrat an Mädchen wäre anders nicht zu verwalten gewesen. Die *stabilitas* der Ehe erschien daher als Voraussetzung für die *stabilitas* der Gemeinschaft. Die Gemeinschaft hatte darauf zu achten, daß dieses Gebot befolgt wurde. Wir dürfen annehmen, daß diese Aufgabe der Jugend zukam, d. h. den Junggesellen, die davon unmittelbar betroffen waren. Sie bildeten die »Sittenpolizei« der Gemeinde; sie wachten über die Keuschheit der Mädchen (zumindest, was den Koitus betraf), über die Treue der verheirateten Frauen (bis zu einem gewissen Punkt), über die Autorität des Ehemannes (bei Kunkelehen) und schließlich – und für uns von besonderem Interesse – darüber, daß niemand ein zweites Mal heiratete. Das galt übrigens auch für Witwen – ein Beleg für die Radikalität dieser Haltung. Es bedurfte des Eingriffs der Kirche – später, als sie den nötigen Einfluß besaß –, um dem Recht der Witwen auf Wiederverheiratung Geltung zu verschaffen. Die Waffe der Gesellschaft war der Polterabend, der nicht nur die Jugend, sondern die gesamte Gemeinschaft mobilisierte.

Wenn ein Mann oder eine Frau sich wiederverheiraten wollte, hatte er oder sie nur zwei Mittel, um ihre Freiheit zurückzugewinnen und sich aus ihrer Bindung zu lösen: die Flucht, d. h. praktisch die Preisgabe ihrer kleinen Besitztümer, oder den Mord. Ohne Zweifel stellte die Flucht für besitzlose junge Männer und Frauen das geringere Übel dar. Die Frauen verloren dann allerdings ihre Ehre und gerieten in die Nähe der Prostitution; für junge Männer war der Weg offener. Auch hier können wir sehen, daß die *stabilitas* von Haushalt und Ehe mit der des Besitzes, des Erbes und dessen Aufteilung, oder mit dem Recht auf Teilnahme am gesellschaftlichen Leben des Dorfes zusammenfiel, wobei letzteres eine ganz besondere Bedeutung gehabt haben mag.

Ich werde also vorläufig und bis zum Beweis des Gegenteils die Hypothese verfechten, daß die unauflösliche Ehe eine spontane Schöpfung der ländlichen Gemeinschaften war, für die sich diese Gemeinschaften ohne äußeren Druck entschieden, die jedoch mit dem kirchlichen Modell übereinstimmte und durch diese – möglicherweise zufällige – Übereinstimmung gestärkt wurde.

Obwohl wir recht wenig über die ländlichen Gemeinschaften wissen, die immerhin den größten Teil der Bevölkerung ausmachten, können wir aus einigen, freilich sehr späten Indizien – sie stammen aus dem 15. und 16. Jahrhundert – die Sachverhalte in früherer Zeit erschließen. Ich entnehme meine Quellen dem letzten Buch von Jean-Louis Flandrin, *Le Sexe et l'Occident*.[5] Flandrin hat in den Archiven des bischöflichen Gerichts von Troyes die Prozesse im Zusammenhang mit Eheversprechen ausgewertet, die man in der Champagne *créantailles* nennt (*créanter* bedeutet im Dialekt der Champagne »die Ehe versprechen« [*créance* ist im übrigen die Schuldforderung, *créanteur* der Gläubiger, A. d.Ü.]).

Hier ein paar Beispiele. Zumeist wurde die Ehe, wie man recht gut weiß, von den Familien ausgehandelt. In den Prozessen hat dieser Fall nicht dominiert; er bot wohl nur selten Anlaß zu Rechtsstreitigkeiten. Aus den Dokumenten läßt sich jedoch leicht die Szene in ihrer alltäglichsten Ausprägung rekonstruieren: Sie spielt zu Hause, wo ein paar Freunde, die Eltern und ein Onkel des Mädchens sich versammelt haben – übrigens ein Onkel mütterlicherseits, dem in der Zeremonie eine besondere Rolle zufällt. Der Vater lädt den jungen Mann ein, sich neben seine Zukünftige zu setzen und ihr zu trinken zu geben. Der Austausch des Kruges hat eine symbolische Bedeutung, die dem Austausch von Geschenken gleichkommt. Der junge Mann lädt das Mädchen ein, in einer bestimmten Absicht zu trinken, er sagt, es sei »zum Zeichen des Ehebundes« – man trinkt schweigend. Darauf wendet der Onkel sich an seine Nichte: »Gib nun Jean zum Zeichen des Ehebundes zu trinken, so wie er dir zu trinken gegeben hat!« Sie tut es, und der junge Mann erwidert: »Ich möchte, daß du zum Zeichen des Ehebundes einen Kuß von mir empfängst.« Er küßt sie, und die Anwesenden, die das Ereignis mit ihrem Beifall bestätigen, rufen aus: »Ihr seid nun einander versprochen *(créantés)*, und nun Wein her!« Die Hochzeit, die wir eben miterlebt haben, findet also zu Hause statt, in der Familie der Braut und vor einem geladenen Publikum, das die Rolle des Chors von ehedem und der Trauzeugen von heute wahrnimmt.

Die Prozeßakten von Troyes bieten auch andere Fälle, bei denen die Szene nicht zu Hause spielt, sondern an einem öffentlichen Ort, z. B. im Wirtshaus. Die Rolle des Vaters oder des Onkels übernimmt nun ein Bürger, der manchmal an Ort und Stelle auserkoren wird. Ein Mädchen namens Barbe Montaigne hat soeben in rituellen Worten das Angebot ihres Verlobten Jean Graber angenommen. Ohne Zweifel geschieht dies auf der Straße oder in einem Wirtshaus, auf jeden Fall in einer Gruppe von Kameraden. Einer von ihnen ergreift die Initiative und stellt im Namen der Anwesenden fest: »Also, ich verlobe *(fiance)* euch hiermit.« Aber der Bräutigam hält diese Art der Eheschließung nicht für angemessen und sagt es geradeheraus: »Du hast keine Ahnung, du wirst uns nicht verloben.« Doch da kommt glücklicherweise der Schulmeister hinzu, das ist der richtige Mann: »Da ist der Herr Magister, er wird uns verloben.« Die Ausdrücke »die Ehe versprechen«, »verloben« und »heiraten« *(créanter, fiancer, marier)* werden synonym gebraucht. Hier gehen jedoch die Aussagen der Zeugen auseinander. Der Schulmeister behauptet, er habe das Angebot abgelehnt und statt dessen vorgeschlagen, der junge Mann und das Mädchen sollten einander wechselseitig »die Ehe versprechen« *(créanter)* – d. h. ohne Vermittlung eines Dritten. Zeugen indes berichten, der Magister habe sehr wohl die Eheschließung *(créantailles)* vorgenommen, und zwar – ein erschwerender Umstand – vor der Kirchentür, d. h., er nahm den Platz ein, der später dem Priester vorbehalten sein sollte.

Schließlich gibt es in den Prozessen von Troyes noch einige andere seltene Fälle, die, weil ausgesprochen anfechtbar, vor Gericht häufiger vertreten sind als in der Realität. In diesen Fällen beschränkt sich die scheinbar spaßhafte, wiewohl ernstgenommene Zeremonie auf den Austausch einiger ritueller Worte zwischen zwei Verliebten, und zwar gewissermaßen im geheimen, ohne jedes Publikum. Man darf annehmen, daß die Zahl solcher geheimen Verlobungen gegen Ende des Mittelalters und zu Beginn der Neuzeit zunahm, und die Moralisten damals prangerten sie als schwere Gefahr an.

Glaubt man diesen Dokumenten, so genügte es, um als verlobt oder verheiratet zu gelten, daß die beiden Verliebten folgende Worte wechselten: »Ich verspreche *dir*, Marguerite, daß ich bis zu meinem Tode keine andere Frau lieben werde als dich. – Paul, ich verspreche *Euch*, daß ich bis zu meinem Tode keinen anderen Mann haben werde als Euch.« (Man beachte den Wechsel in der Anrede zwischen den Geschlechtern.) Der Dialog wurde ergänzt durch ein symbolisches Geschenk: einen Wertgegenstand, einen Trinkkrug oder eine Flötenmelodie. Die Verbindung wurde schließlich durch Handschlag besiegelt, dem ein Kuß folgen konnte (aber nicht mußte) – in dieser Geste mag man die *dextrarum junctio* der römischen Heiratszeremonie wiedererkennen. Der Austausch konnte unter allen möglichen Umständen stattfinden, drinnen oder draußen, zu Hause oder auf der Straße, im öffentlichen oder im privaten Bereich. Er behielt seine Geltung, sofern nur die Absicht offenbar war und die Worte eindeutig ausgesprochen wurden, zuweilen *in extremis:* Das Mädchen lag fest in den Armen des Mannes, während dieser ihr sagte: »Hör zu, Marguerite, damit du keine Angst hast, daß ich dich mißbrauche, stecke ich dir zum Zeichen des Ehebundes die Zunge in den Mund.«

Der Richter des Offizialats vernimmt Guillaumette, die klagt, weil ihr Geliebter sie verlassen hat. »Hast du ihm etwas zum Zeichen des Ehebundes gegeben?« fragt er eindringlich, und dies doch wohl, weil jede beliebige Geste (auch das Einführen der Zunge in den Mund?) die Verlobung bedeuten konnte. Sie verneint. Als der

Geliebte sie fleischlich erkannte, habe er ihr jedoch gesagt, daß er den Akt *zum Zeichen des Ehebundes* vollziehe, und das genüge. Und man durfte, in der Tat, davon ausgehen, daß dies genügte.

Diesen Dokumenten zufolge erscheint die Heirat in den ländlichen Gemeinschaften nicht sonderlich verschieden von der aristokratischen Hochzeit, insofern beide private und häusliche Handlungen sind. Fraglich wird die Übereinstimmung jedoch hinsichtlich der Unauflöslichkeit, und auch die Einstellung ist, wie man zugeben muß, nicht mehr dieselbe beim einfachen Volk und in den Adelskreisen. Eine wichtige Tatsache drängt sich uns auf, die allerdings dem kurzen Blick der Historiker und auch den Anthropologen entgangen ist: die scheinbare Leichtigkeit, mit der das kirchliche Modell der unauflöslichen Ehe sich auf dem Lande durchsetzte. Man hat den Eindruck, daß die *stabilitas* dort nicht auf denselben Vorbehalt traf wie an den Höfen der Herren. Übrigens besaß die Kirche anfangs kaum die materiellen Mittel, um hier einzugreifen. Am Beispiel der Eheversprechen von Troyes sieht man denn auch, daß die Kirche vor dem Konzil von Trient nur *sanft* eingriff. Sie versuchte sich nicht an die Stelle der *créantailles* zu setzen, sie erkannte sie vielmehr an, obschon sie in zweifelhaften Fällen auf einer kirchlichen Bekräftigung bestand. So wurden zum Beispiel zwei Verliebte lediglich dazu verurteilt, die Ehe, die sie eingegangen waren und durch geschlechtliche Beziehungen schon vollzogen hatten, an den Kirchentüren vom Priester feierlich bekräftigen zu lassen. *Man bekräftigte sie feierlich, aber man schloß sie nicht von neuem.*

Kurz, die Kirche brauchte die *stabilitas* nicht durchzusetzen; die Gemeinschaften selbst forderten sie bereits. Ein junger französischer Historiker, Gérard Delille, hat eine hervorragende Studie über die Heiratsstrategien in den ländlichen Gemeinden Süditaliens vorgelegt. Sie unterstreicht den bindenden Charakter der Allianzen zwischen den Familien, des Austauschs von Söhnen und Töchtern. Ein derartig sorgfältig austariertes und zerbrechliches Gleichgewicht wäre gefährdet gewesen, wenn die Ehen leicht aufgelöst und die Frauen verstoßen hätten werden können. Die Schlußfolgerung ist erlaubt, daß die *stabilitas* der Ehe eine Voraussetzung für die *stabilitas* der gesamten Gemeinschaft bildete. Zudem oblag es der Gemeinschaft, ihr Geltung zu verschaffen. In vielen Orten wurde die Aufgabe der sexuellen Kontrolle und Regulation von den männlichen Junggesellen wahrgenommen. Ein Mittel dieser Kontrolle war der Polterabend.

Vom 12. Jahrhundert an ist das Problem nicht mehr die Unauflöslichkeit der Ehe; sie war inzwischen, widerstrebend, vom Adel akzeptiert worden, während man sie in den ländlichen Gemeinschaften offensichtlich aus freien Stücken übte. Jedenfalls war sie nun endgültig verinnerlicht, selbst wenn es hier und da und vor allem in England, wo man es mit kirchlichen und weltlichen Verträgen nicht so genaunahm, ein paar Betrüger und sogar ein paar gutgläubige Bigamisten gab. In den Grundlagen jedoch bewegte sich nichts. Die Schlacht um die Unauflöslichkeit der Ehe war entschieden.
Doch das Problem hatte sich verschoben. Ab dem 13. Jahrhundert und vor allem nach dem Konzil von Trient ging es, namentlich in den katholischen Ländern, um den öffentlichen und institutionellen Charakter der Ehe.

Die Heirat, wie ich sie bislang beschrieben habe, ist ein seinem Wesen nach häuslicher Akt; sie verbleibt im Bereich von Kammer und Bett. Nun aber beginnt ein Phänomen von zentraler Bedeutung auf die Ökonomie der Ehe einzuwirken: Die Ehe wird aus dem privaten in den öffentlichen Raum wechseln – eine äußerst bedeutsame Veränderung, deren wir uns im allgemeinen nicht bewußt sind.

Im 12. Jahrhundert entstehen die kirchlichen Heiratsrituale.[6] Die ältesten davon erkennen noch die häusliche Trauung an; wie im Troyes des 16. Jahrhunderts beschränken sie sich darauf, die häusliche Trauung mit einer feierlichen Handlung zu begleiten, die noch nicht im Kirchenraum, sondern lediglich vor der Kirche, *ad januas ecclesiae*, stattfand. Doch was soll das bedeuten: vor den Kirchentüren? So bezeichnete man den öffentlichen Platz des Dorfes, den Kirchhof, wo die Dorfbewohner sich im Freien trafen. Dort hielt man Gericht, dort verkündete man Neuigkeiten und tauschte Nachrichten aus.

Die entscheidende Veränderung, die in den kirchlichen Zeremonien zum Ausdruck kommt, bestand also in der Verlagerung des Akts der Eheschließung aus dem Haus, seinem traditionellen Ort, vor die Kirchentüren. In Zukunft sollte alles im Zusammenhang mit der Heirat Bedeutsame dort geschehen – unstreitig eine Revolution.

Im 9. und 10. Jahrhundert beschränkte sich der Priester auf die Segnung des Brautbettes und der Brautleute, die darin lagen. Der

Segen sollte die Fruchtbarkeit des *Samens* gewährleisten – das Wort wird vielfach wiederholt. Vom 12. Jahrhundert an wird die vormals nebensächliche Rolle des Geistlichen immer wichtiger und zentraler. Die Zeremonie an den Kirchentüren besteht seit dem 13. oder 14. Jahrhundert aus zwei wohlunterschiedenen Teilen, deren einer – und zwar der in der zeitlichen Abfolge zweite – dem traditionellen, zentralen und ehedem einzigen Akt der Eheschließung entspricht: der *donatio puellae.* Zunächst übergeben die Eltern der Braut sie dem Priester, der sie seinerseits dann dem Bräutigam übergibt. In einer zweiten Phase übernimmt der Priester die einstige Aufgabe des Brautvaters und legt die Hände der Brautleute ineinander: die *dextrarum junctio.* Zwischen dem 14. und dem 16. Jahrhundert erfährt diese zentrale Geste der *dextrarum junctio* einen Bedeutungswandel, der auch die Rolle des Priesters verändert. Sie bedeutet nun nicht mehr die *traditio puellae,* sondern die wechselseitige Hingabe und Bindung der Brautleute – ein untrügliches Zeichen für einen tiefgreifenden Mentalitätswandel in dieser für die Geschichte der Zivilisation entscheidenden Epoche: Ich, soundso, gebe mich dir, soundso, zum Gatten und Ehemann.

Der zweite Teil des Rituals, der in Wirklichkeit den Anfang der Zeremonie bildete, war administrativer und modernistischer. Er bildete den Abschluß der Untersuchung, welche die Kirche geführt hatte, um sich zu vergewissern, daß kein Ehehindernis bestand und daß die Brautleute in die Heirat einwilligten: eine Kontrolle also. Die Kanoniker bezeichnen sie als Prüfung des freiwilligen Ehekonsenses. Bemerkenswert ist, daß dieser Teil, der als letzter Eingang in das Ritual fand, auf die Dauer zum Mittel- und Angelpunkt der Zeremonie wurde und deren gesamten Symbolgehalt in sich aufnahm. Die modernen Zeremonien der kirchlichen und der zivilen Trauung sind daraus hervorgegangen – auf Kosten der *traditio puellae,* die verschwunden ist.

Die letzte Etappe in diesem Wandel war schließlich die Verlagerung der gesamten Zeremonie ins Innere des Kirchenraumes, wo sie seither, d. h. seit dem 17. Jahrhundert, ihren Platz hat.

Wenn man sich nur an diese knappe Analyse der Rituale hält, dann könnte man meinen, die Ehe sei zumindest seit dem 13. Jahrhundert Gegenstand einer entschiedenen und autoritären Klerikalisierung gewesen. Die Wirklichkeit ist freilich ganz anders. Häusliche Trauungen wie die *créantailles* von Troyes fanden, trotz der allgemeinen Verbreitung der kirchlichen Zeremonie, nach wie vor statt, und die Kirche zögerte lange, ihre Bedeutung zu schmälern und mit Verlobungen im heutigen Sinne gleichzusetzen. Tatsächlich fügte die Klerikalisierung der Heirat den vertrauten häuslichen Ritualen lediglich eine weitere Zeremonie hinzu und dehnte so das Heiratsgeschehen zeitlich noch weiter aus.

Ausschlaggebend war weniger die kirchliche Zeremonie als vielmehr die *schriftliche Registrierung*. Erst die Schriftform begründete das Ereignis und kontrollierte es zugleich. Die kirchliche Feier schloß zwei grundlegende Sachverhalte ein: 1. die Öffentlichkeit der Heirat und 2. deren schriftliche Registrierung. Es entstand so eine neue Vorstellung von der Macht und ihrer Kontrolle einerseits, von der Zeit und ihrer Einteilung andererseits. Um fünf Minuten vor elf war man noch nicht verheiratet, um fünf nach elf war man es; Kinder, die vor elf Uhr geboren wurden, waren unehelich, die danach geboren wurden, waren ehelich. Die Unterschrift im Register hatte alles verändert; sie hatte durch einen präzisen Zeitpunkt ersetzt, was früher als eine – mehr oder weniger ausgedehnte – Zeitspanne erlebt worden war, die mit dem ersten Versprechen begann und mit der kirchlichen Feier ihren Abschluß fand.

Natürlich traf eine solche Akkulturation auf Widerstand und Ablehnung bei konservativen und archaischen Gruppen, die an den alten Bräuchen – und an der größeren Freiheit, die mit diesen verbunden war – hingen, während die mit der Registrierung betrauten kirchlichen Neuerer dazu neigten, die alten Bräuche als verdeckte Formen des Konkubinats zu beargwöhnen, und in ihren Taufbüchern registrierten sie die Kinder, die solchen, wie sie es sahen, freien Verbindungen entsprangen, als Bastarde, obwohl es sich in Wirklichkeit um Kinder aus Ehen handelte, die nach altem Brauch geschlossen worden waren. Über Ungleichzeitigkeiten dieser Art hat Peter Laslett berichtet, der in ihnen im übrigen Signale einer Subkultur erkennen zu können glaubt. Warum nicht? Eine Subkultur nämlich von nicht akkulturierten Nachzüglern. Möglicherweise läßt sich die Zunahme der unehelichen Geburten Ende des 18. Jahrhunderts immerhin teilweise aus dem kulturellen Dissens zwischen den registrierenden Geistlichen und den Gegnern einer Registrierung unter der Dorfbevölkerung erklären.

Das Modell der Registratoren setzte sich durch, das der Gegner verschwand, obwohl es unter den Arbeitern, die Anfang des 19. Jahrhunderts in die Städte wanderten, noch immer Anhänger besaß – die französischen Philanthropen prangerten sie an, weil sie unbelehrt am Konkubinat festhielten. Hätte das Verhalten dieser

Arbeiter obsiegt, so gäbe es heute in Westeuropa einen Familientypus, wie er sich in Lateinamerika ausgeprägt hat.

Später löste der säkularisierte Staat die Kirche ab und setzte sein Modell durch. Weder die Wandlungen in der Paarbeziehung und in der Familie, die wir heute sehr gut kennen, noch die Annäherung zwischen leidenschaftlicher und ehelicher Liebe, noch die Verdrängung der ausgehandelten Ehe durch die Liebesheirat, noch die gesetzliche Abschwächung des Prinzips der Unauflöslichkeit, noch auch die – eingeschränkte – Möglichkeit, sich nach einer Scheidung wiederzuverheiraten, nichts von alledem hat die Ehe aus ihrem gesetzlichen Zwangsgefüge zu befreien und sie wieder dem privaten Belieben anheimzustellen vermocht. Sie ist und bleibt ein öffentlicher Akt.

Vielleicht jedoch sind diese gesellschaftlichen Verabredungen in den letzten zwanzig Jahren zumindest teilweise flüssig geworden. In Frankreich und in den postindustriellen Ländern zeigt sich eine Tendenz zum *Rückgang der Heiratsrate*. Befragt man dazu junge Leute, so antworten sie, sie wollten dem System keine Konzession machen, die Konzession einer bloßen Formalität – die Ehe sei ihre Angelegenheit und nicht die der Gesellschaft. Eine solche freie Verbindung kann indessen auch von Dauer sein; mit Schadenfreude erzählt man sich von langjährigen Geliebten, die spät doch noch geheiratet wurden und sich sogleich zu ganz und gar unausstehlichen Ehefrauen entwickelten.

Es besteht allerdings ein erheblicher psychologischer Unterschied zwischen der freien Verbindung von heute und der privaten Heirat von ehedem. Die freie Verbindung gilt als aller Zwänge ledig und einzig in dem Willen der Partner verbürgt. Allerdings tritt auch hier die öffentliche Ehe wieder in ihre Rechte ein, sobald ein Kind geboren wird. Dann werden die freien Verbindungen in gesetzliche Ehen umgewandelt, und manchmal holt man sogar die kirchliche Trauung nach, als versetzte die Geburt eines Kindes das Paar in einen anderen, einen minder privaten und polyvalenten Raum. Das Band, das die Ehe mit der öffentlichen Sphäre verbindet, ist fraglos schmaler und schwächer geworden, doch noch besteht es.

Ich habe hier versucht, drei wichtige Aspekte der Ehe im Abendland aufzuhellen – einer davon ist die Unauflöslichkeit, die ihre Originalität bestimmt. Ich kam zu dem Schluß, daß diese Idee der Unauflöslichkeit nicht vor allem von oben, von der Kirche verordnet worden ist, sondern einen Resonanzboden in der Erfahrung der ländlichen Gemeinschaften vorfand, die sie zu der ihren machten. Dennoch – und das ist der zweite Punkt – hat die Kontrolle über die Unauflöslichkeit die Heirat lange Zeit nicht aus dem Privatbereich verdrängt oder zumindest aus der Lebenswelt der Gemeinschaft und ihrer inneren Sozialität.

Schließlich – drittens – integrierten im 12. und 13. Jahrhundert die Kirche und dann, vom 18. Jahrhundert an, der Staat die Ehe in die Grundinstitutionen von Schriftkultur und Öffentlichkeit. Dort hat sie bis heute ihren Ort, trotz der Zentrifugalkräfte, die auf sie einwirken und sie in den Bereich zwar nicht eigentlich des Privaten, wohl aber der Intimität und der reinen Spontaneität drängen. Wie weit wird diese Tendenz gehen? Eine offene Frage, deren Beantwortung wir der Zukunft überlassen wollen.

Anmerkungen

1 Baltimore 1978. Danach hat G. Duby noch *Le Chevalier, la Femme et le Prêtre* (Paris 1981) veröffentlicht.
2 *Il Matrimonio nella Societa altomedievale*, Spoleto, 22. April 1976, Centro italiano di studi sull'alto medievale, Spoleto 1977, S. 233-285.
3 Die drei Tage, während deren die Seele nach dem Tode um den Körper und das Haus geisterte.
4 O. Ranum, *Artisans of glory, Writers and historical thought in XVIIth century France*, University of North Carolina Press 1980.
5 Paris 1981.
6 J. B. Molin und P. Mutemble, *Les Rituels de mariage en France du XIIe au XVIe siècle*, Paris 1974.

André Béjin
Ehen ohne Trauschein heute

In den westlichen Gesellschaften wächst unablässig die Zahl der jungen Leute, die als heterosexuelle Paare zusammenleben, ohne verheiratet zu sein. Louis Roussel, der diesem Phänomen einige erhellende Arbeiten gewidmet hat[1], ist der Ansicht, daß man diese Form des Zusammenlebens nicht als »Verlobung«, »Ehe auf Probe«, »Konkubinat« oder »freie Verbindung« bezeichnen könne, daß hier vielmehr ein neuer und (für den Augenblick) relativ neutraler Ausdruck nötig sei, weshalb er von »jugendlichem Zusammenleben« *(cohabitation juvénile)* spricht.

Dieses Phänomen hat in Frankreich inzwischen eine erhebliche quantitative Bedeutung gewonnen. Eine vom INED im Mai 1977 bei Jugendlichen zwischen 19 und 29 Jahren durchgeführte Befragung zeigt, daß zu diesem Zeitpunkt 10 Prozent der Mitglieder dieser Altersgruppe in einer solchen Verbindung lebten. Drei von zehn Verheirateten aus derselben Altersgruppe haben vor der Heirat schon mit einem Partner zusammengelebt, in sehr vielen Fällen übrigens mit dem späteren Ehepartner (in Schweden, so wird vermutet, geht 99 Prozent der Ehen eine solche Phase des Zusammenlebens voraus). Die größte Häufigkeit hatte dieser Typus von Verbindung 1977 bei den Frauen im Alter von 20 bis 21 Jahren und bei den Männern im Alter von 22 bis 23 Jahren sowie in den wohlhabenden Schichten. Der Altersunterschied der Partner betrug hierbei im Durchschnitt mehr als zwei Jahre. »Legalisiert« wird eine derartige Verbindung meist dann, wenn (weil) man ein Kind haben möchte oder eins erwartet.

Schon die Schwierigkeit, sich auf eine angemessene Bezeichnung für diese Erscheinung zu verständigen, macht deutlich, daß man sie schwerlich in den traditionellen Kontext der Ehe einordnen kann. Haben wir es mit einer Quasi-Ehe zu tun? Müssen wir darin lediglich eine Form vorehelicher Beziehungen sehen? Diese Deutungsunsicherheiten erwachsen, denke ich, aus der Tatsache, daß die jungen Leute, die diese Lebensform ausprobieren (zumeist ohne sich dessen bewußt zu sein), Verhaltensweisen miteinander in Einklang zu bringen suchen, die in der alten westlichen Gesellschaft und in den meisten anderen Kulturen als unvereinbar galten. Philippe Ariès und Jean-Louis Flandrin haben wiederholt auf die Bedeutung hingewiesen, die der Unterscheidung der Liebe in der Ehe von der Liebe außerhalb der Ehe im Abendland zukommt; sie erkennen darin einen der strategischen Knotenpunkte für die Regelung des Sexualverhaltens bis ins 18. Jahrhundert, ja, in bestimmten sozialen Schichten sogar bis heute. Mir scheint, daß wir in den zeitgenössischen jugendlichen Lebensgemeinschaften den (problematischen) Versuch vor uns haben, einander widerstrebende Komponenten des Ehelebens und der außerehelichen Bündnisse zu einer Synthese zu bringen. Ich werde nacheinander neun Kriterien erörtern, mit denen sich die Unterschiede dieser beiden Formen gemeinschaftlichen Lebens bestimmen lassen, wobei ein gewisser Schematismus unvermeidlich ist, also die Nuancen, die zeitlichen Abweichungen und die kulturellen Differenzierungen, die der Geschichte erst ihre Farbe geben, in den Hintergrund treten. Ich werde drei »Idealtypen« gegeneinanderstellen: den der ehelichen Liebe, die sich nach der Dauer und der Fruchtbarkeit der Verbindung bemißt; den einer außerehelichen Liebe, die auf Leidenschaft und Intensität gegründet ist und sich vor Fruchtbarkeit hütet; und schließlich den Idealtypus eines jugendlichen Zusammenlebens, das von dem Eifer beseelt ist, »auf allen Hochzeiten zu tanzen« und sich keine »Gelegenheit« entgehen zu lassen.

Erstes Kriterium:
Die potentielle Dauer des Zusammenlebens

Während in der Vergangenheit eigentlich nur der Tod eines Gatten die eheliche Gemeinschaft aufzulösen vermochte, war die außereheliche Verbindung zumeist auf hastige Umarmungen und flüchtige Vergnügungen verwiesen; ein dauerhaftes Zusammenleben war ausgeschlossen. Man mußte schon der Elite oder bestimmten marginalen Gruppen angehören, wollte man vor aller Augen über längere Zeit hinweg eine außereheliche Liaison aufrechterhalten. Die jugendliche Lebensgemeinschaft unserer Zeit nimmt hier eine Zwischenstellung ein: Sie ist nicht so kurzlebig wie die illegitimen

Verhältnisse von einst, sie ist aber im Prinzip auch nicht als endgültige Verbindung angelegt – es ist geradeso, als würde ihre Dauer von den Partnern Tag für Tag neu ausgehandelt.

Zweites Kriterium:
Die soziale Anerkennung der Verbindung

Ob nun die Ehe vor einem zivilen oder einem kirchlichen Amtsträger geschlossen oder ob sie lediglich von der Gemeinschaft bestätigt wurde, in jedem Falle war sie ein von der Gesellschaft kontrollierter Übergangsritus, während das außereheliche Verhältnis, das in der Regel verurteilt, gelegentlich jedoch auch als kleineres Übel toleriert wurde, weitgehend frei von solcher rituellen Festlegung blieb. Das jugendliche Zusammenleben genießt heute eine Quasi-Billigung durch die Gesellschaft. Man wirft es nicht mit Prostitution und sexueller Promiskuität in einen Topf. Aber es besitzt auch nicht den offiziellen, zeremoniellen Charakter der Ehe. Es ist gewissermaßen ein vorläufiges Ritual, das den wirklichen sozialen Übergang, die Ehe, bereits ankündigt, seinen Sinn allerdings erst in dieser letztgültigen Besiegelung erhält.

Drittes Kriterium:
Die wesentlichen Ziele der Verbindung

Bekanntlich war der Zugang zum Heiratsmarkt in den westlichen Ländern zur Zeit der Industriellen Revolution mit erheblichen Beschränkungen versehen: Lebenslange Ehelosigkeit war damals viel häufiger als heute, und das Heiratsalter lag recht hoch. Das mag schwer verständlich sein für jemanden, der glaubt, man hätte in dieser Zeit aus Liebe oder der Liebesfreuden wegen geheiratet. Tatsächlich gründeten die Ehegatten, wenn denn Liebe zwischen ihnen entstehen konnte und sogar wenn sie vor der Ehe bestand, ihre Verbindung gewöhnlich nicht auf diese Überlegung allein. Man heiratete hauptsächlich aus ökonomischen Gründen (um sein Vermögen zu vergrößern oder zumindest um durch Kinder seinen Lebensabend zu sichern) sowie zur Stärkung seines Allianzsystems. Es ging vor allem um die Sicherung gegen Unglück: gegen Not und Krankheit, aber für die Gläubigen auch gegen das Unglück, das von der Sünde des Fleisches, der fleischlichen Begierde, drohte (heiraten, um nicht zu »brennen«). Fehlende Liebe oder, im nachhinein, fehlende sexuelle Harmonie waren kein Hinderungsgrund für die Heirat. Dagegen suchte und fand man in der außerehelichen Beziehung insbesondere sexuelle Befriedigung. Daher konnte man in ihr sehr viel leichter gesellschaftliche Barrieren überschreiten; die Kriterien des Status und des Vermögens fielen kaum ins Gewicht. Die jugendliche Lebensgemeinschaft zeigt eine merkwürdige Mischung dieser heterogenen Merkmale. Materielle Erwägungen spielen eine untergeordnete Rolle bei der Partnerwahl: Oft sind beide Partner berufstätig oder sie empfangen finanzielle Unterstützung von den Eltern. Dennoch wird auf eine gewisse Homogamie geachtet, eine eher kulturelle als im strengen Sinne ökonomische Homogamie. Die allgemeine Promiskuität, in der manche den Idealzustand erblicken möchten, findet nicht statt. Im Grunde bezeugt diese Form des Zusammenlebens den Wunsch nach Schutz vor den Unglücklichkeitserfahrungen der Moderne: der Einsamkeit und der Langeweile, aber auch ein fieberhaftes Streben nach Lust – daß man einander sexuell versteht, erscheint den Partnern als notwendige, wenn nicht hinreichende Bedingung für die Fortsetzung der Beziehung.

Viertes Kriterium:
Die Aufgabenteilung im gemeinschaftlichen Leben

Die Ehe, in der die Geburt einer neuen Produktions- und Fortpflanzungseinheit zum Ausdruck kam, setzte – als Vorbedingung eines Komplementaritätsverhältnisses zwischen den Ehegatten – eine klare Aufgabenteilung zwischen den Partnern voraus, während dies für die außereheliche Beziehung, die deutlich befristet und ausschließlich auf sexuelle Befriedigung ausgerichtet war, nicht galt.
Das jugendliche Zusammenleben schwankt zwischen diesen beiden Polen: einerseits der Herstellung einer für ein längeres Zusammensein vorteilhaften Komplementarität, die jedoch jeden der beiden Partner zwingt, sich auf bestimmte Aufgaben zu spezialisieren und damit einen Teil seiner Möglichkeiten ungenutzt zu lassen, und andererseits der Suche nach jener »Gleichheit«, jener vollkommenen Symmetrie, welche die wollüstige Vereinigung der Leiber im Höhepunkt bisweilen vorzugaukeln vermag. Dieses Schwanken äußert sich in endlosen Verhandlungen über die Verteilung der Aufgaben: unvermeidliche Differenzen unter »Gleichen«.

Fünftes Kriterium:
Der Grad der geforderten Treue

Verliebte konnten selbst wählen, ob sie einander treu sein wollten; man erwartete es nicht grundsätzlich von ihnen. Treue war hier das Ergebnis einer freien Entscheidung und nicht die Folge der Unterwerfung unter ein Gebot der sozialen oder religiösen Moral. Ehegatten dagegen schuldeten einander Treue. Natürlich gab es Möglichkeiten, sich mit dieser absoluten Norm zu arrangieren, zumindest für den Mann – eine »doppelte Moral«, wie man sagte: ein strenges Treuegebot für die Frau, ein eingeschränktes für den Mann. Diese heute so geschmähte doppelte Moral war indessen der Lebenswelt und den kulturellen Techniken der vorindustriellen Gesellschaften durchaus angemessen. Letztlich gründete sie in der Tatsache, daß die Mutterschaft gewiß, die Vaterschaft aber eine Frage des Glaubens war. Um aus diesem Glaubensakt eine starke Vermutung oder gar eine feste Überzeugung zu machen, bedurfte es einer Reihe von Schutzmaßnahmen: Verfahren zur Ausschaltung von Konkurrenten des Ehemanns, Überwachung der Frauen (Eunuchen, Anstandsdamen, Keuschheitsgürtel usw.), Entwicklung von Selbstkontrolle (Ideal der Jungfräulichkeit, der Treue usw.). Die Zeiten haben sich gewandelt, aus unbestreitbaren technischen Gründen (Stand des medizinischen Wissens), aber auch deshalb, weil der Mann eingewilligt hat, sich einige seiner ehelichen und väterlichen Aufgaben von seinem gefährlichsten Rivalen abnehmen zu lassen: vom Versorgungsstaat. Die Frau kann heute sehr viel leichter ihrerseits einer doppelten Moral folgen oder sich ihren Leidenschaften hingeben; sie weiß, daß das dritte Mitglied der Trias, die sie mit ihrem Mann und dem Sozialstaat bildet, zur Stelle ist, um die materiellen und psychischen Folgen ihres Handelns zu lindern.

Die jugendliche Lebensgemeinschaft heute nimmt auch in dieser Hinsicht eine Zwischenstellung ein. Es gibt keine universell akzeptierte oder gar befolgte Norm absoluter Treue, freilich auch keine Anomie, kein normatives Vakuum. In den meisten Fällen sind die Partner für Treue, vorab aus Achtung vor ihrer Bindung, sodann deshalb, weil sie überzeugt sind, daß dies in ihrem Interesse liegt, denn der relativ symmetrische, »egalitäre« Charakter ihrer Beziehung erhöht tendenziell die Wahrscheinlichkeit, daß der »betrogene« Partner zu Druckmitteln greift, und damit die Gefahr einer Zerstörung der Beziehung. Da diese Lebensgemeinschaft einem

Vertrag gleicht, dessen Bedingungen ständig neu ausgehandelt werden, und da die Möglichkeit des Vertragsbruches, die beiden Partnern jederzeit offensteht, diese Art von Verbindung besonders zerbrechlich macht, mußte man das Postulat der Treue abschwächen und heimlich auf Anpassungen zurückgreifen, die der »doppelten Moral« nicht unähnlich sind. In der Tat verfallen die Partner gerne auf eine – wie man nun sagen könnte – »duale Moral«, auf eine Moral, die ganz offenbar auf dem Dualismus von Körper und Geist beruht. Demnach gäbe es auf der einen Seite eine rein »körperliche« Sexualität, für die ausschließlich die Befriedigung eines physischen Bedürfnisses zählt, ohne daß dabei der Wunsch bestünde, die Beziehung zu dem Gelegenheitspartner fortzuführen, und auf der anderen Seite eine Liebe, in der Körperliches und Geistiges unlösbar miteinander verbunden sind. Von den Frauen glaubt man (doch das kann sich ändern), ihnen falle es weit schwerer, diese Trennung von Körper und Geist vorzunehmen. Die vollständige Liebe gilt nun als die »echte«, mit der Folge, daß die Untreue der Frau den Zusammenhalt sehr viel unmittelbarer bedroht als die des Mannes. So führt diese Argumentation zu einer neuen Zweiteilung wenn nicht direkt der Rechte und Pflichten der beiden Geschlechter, so doch zumindest ihrer jeweiligen Verhaltensweisen – im Zeichen der »körperlichen« Sexualität zeitigten »Affären« also nur geringfügige Konsequenzen, während unter dem Anspruch der Liebe, jenes Gemischs aus Sexualität und Gefühl, Verfehlungen sehr viel schwerer wögen. Wir haben es daher nicht mehr mit dem alten hierarchischen Gegensatz von Fleisch und Geist zu tun, wohl aber nach wie vor mit einer recht klaren Zweiteilung, die durchaus an die alte Antinomie gemahnt.

Sechstes Kriterium:
Der Ausdruck der Gefühle

Die außereheliche Beziehung bildete – weil sie sich der Kontrolle durch die Gemeinschaft leichter entziehen konnte, weil sie häufig kurzlebig war, weil bei ihr die sinnliche Lust den Ton angab – einen Raum, in dem es leichtfiel, »unvernünftig« zu sein und sich ganz seinen Leidenschaften hinzugeben; einen Raum für rasch entflammte Gefühle und Liebesglut; einen Hort, an dem man seine Liebe rückhaltlos offenbaren konnte. In der Ehe dagegen, die auf Dauer angelegt war, die Früchte tragen sollte, die auf das Vermögen, auf die Tätigkeit und auf die Allianzen einwirken sollte, war es sehr viel schwerer, den Eindruck zu erwecken, als öffnete man sich allein den Gründen des Herzens. Liebe konnte es fraglos geben, doch sie mußte sich in andere Formen kleiden. Es galt Zurückhaltung zu üben, Sitte und Anstand zu wahren, zumindest in der Öffentlichkeit. Wer seine Zuneigung zu seiner Frau vor anderen allzu offen bekundete, der würdigte sie auf den Stand der Geliebten, ja der Prostituierten herab und tat ihrer Ehre und Würde Abbruch. Verlangen, Liebe und jene diffuse, beherrschte Form von Verlangen und Liebe: Zärtlichkeit, durften die Gatten nur heimlich bezeigen, in den seltenen Augenblicken der Intimität.

Es ist, als ob die Partner der heutigen jugendlichen Lebensgemeinschaften auch hier nach einer Synthese gegensätzlicher Verhaltensstile suchten, als strebten sie nach einer vernünftigen *amour fou*. Sie beweisen Maß und Übermaß im Ausdruck ihrer Gefühle: »Maß« zeigen sie vor allem in dem Wunsch, sich nicht allzu tief in die Beziehung verwickeln zu lassen, und »Übermaß« darin, daß sie ihr Begehren gewöhnlich offen zu erkennen geben; sie machen kein Geheimnis aus ihrer Liebe und ihrem Verlangen nacheinander. Doch »Übermaß« steckt auch in der wechselseitigen Forderung nach Loyalität und absoluter Offenheit, die unseren entfernten Vorfahren wahrscheinlich als ungehörig und schamlos erschienen wäre. Im Idealfall sollen Partner einander heute nichts verheimlichen, alles mitteilen, ihre Schwächen eingestehen, ihre Phantasien enthüllen und selbst ihre Masturbationserlebnisse bekennen – eine schwere Bürde für die Person, mit der man sein Leben teilt, zugleich Geliebter, Gatte und Freund, Vater oder Mutter, Bruder oder Schwester, Vertrauter und Beichtvater zu sein. Verständlich, daß manche Zeitgenossen in einer Beziehung, die diesem Ideal nahekommt und die auch noch Bestand hat, einen »Glücksfall« sehen.

Siebtes Kriterium:
Die normative Grundlage der sexuellen Beziehung

In den westlichen Gesellschaften der Vergangenheit berief man sich traditionell auf »eheliche Pflichten«, wenn man die körperliche Vereinigung der Gatten rechtfertigen wollte. Beide Gatten galten jeweils als Besitzer des anderen und konnten aufgrund dieses Titels in den Grenzen der sozialen Gepflogenheiten und der rituellen sowie religiösen Vorschriften (die sehr restriktiv sein konnten) ihr Recht einfordern. Dieses Recht war ein konkretes Recht, das auf eine besondere Beziehung zwischen zwei Menschen und zwischen ihnen allein eingegrenzt war.

Der außerehelichen Beziehung war dieser Gedanke völlig fremd. Hier handelte es sich nicht um eine gesellschaftlich sanktionierte wechselseitige Aneignung der Körper und der Herzen, sondern lediglich um ein einseitiges oder wechselseitiges, zumeist im geheimen gewährtes Darlehen. Jeder behielt das uneingeschränkte Eigentum an dem, was er aus Liebe, des Geldes wegen oder aus anderen Gründen seinem Partner zeitweilig zur Verfügung stellte oder anvertraute.

Die Partner in der modernen jugendlichen Lebensgemeinschaft versuchen, beide Vorstellungen miteinander zu vereinen. Einerseits sind sie der Ansicht, daß sie mit der Entscheidung, zusammenzuleben, nicht auch das volle Eigentum und den vollen Genuß ihrer Autonomie entäußert haben (»unser Körper gehört uns«). Andererseits wähnen sie sich im Besitz eines (abstrakten und vagen) Naturrechts auf sexuelle Entfaltung – eines Rechts nicht auf einen bestimmten Akt (den Koitus etwa), sondern auf Lust, d. h. auf das physiologische und psychologische Resultat aller möglichen Akte, die hier als etwa gleichwertig gelten. Hier handelt es sich nicht um die Einforderung einer Schuld beim Gatten, sondern darum, »ungehindert zu genießen«, und zwar mit oder ohne Hilfe des Partners. Da indessen unter solchen Bedingungen ein dauerhafter Einklang der sexuellen Interessen kaum zu erwarten ist, versuchen die Partner, ein Korrektiv einzuführen, indem sie sich Pflichten auferlegen, die nicht mehr konkret und detailliert sind wie die ehelichen Pflichten, sondern ebenso abstrakt wie das Recht auf sexuelle Entfaltung (»man schuldet der Person X, Y oder Z, mit der man die Erfahrung eines gemeinsamen Lebens teilt, Liebe, Treue, Offenheit usw.«). Dieser schwierige Versöhnungsversuch führt manchmal zu weiten Pendelausschlägen zwischen einem egoistischen Laxismus und einem unnachgiebigen Moralismus oder zu einem labilen Amalgam aus beidem.

Achtes Kriterium:
Die Einstellung zur Fruchtbarkeit

In der außerehelichen Beziehung konnten die Partner im Prinzip freier als in der Ehe ihren Wünschen ungeschminkt und rückhaltlos Ausdruck geben. Doch ein ganz entscheidender Akt war von dieser relativen Freiheit ausgenommen: der Geschlechtsakt selbst nämlich und insbesondere, soweit er zur Schwangerschaft führen konnte. Vor dem Geschlechtsverkehr mußte man Vorkehrungen treffen, um der Übertragung von Geschlechtskrankheiten vorzubeugen; es ist anzunehmen, daß der Gebrauch von Präservativen – zumindest in seinen Anfängen – von dieser Vorsicht bestimmt war. Doch vor allem galt es eine Schwangerschaft zu vermeiden. Also bevorzugte man die nichtkoitale Sexualität; auch waren die Liebhaber im Koitus zur Beherrschung ihrer Gefühle gezwungen.

In der Ehe dagegen war es nicht im selben Maße erforderlich (und, Philippe Ariès zufolge, für viele »undenkbar«), sich auf solchen »Betrug« einzulassen, jedenfalls vor dem 18. Jahrhundert. Das folgenreiche Phänomen der Ausbreitung des Coitus interruptus im Westen (zuerst in Frankreich gegen Ende des *Ancien Régime*) bezeugt gewissermaßen die Durchdringung des ehelichen Sozialverhaltens mit den außerehelichen Sitten – sowohl die größere Freiheit im Ausdruck der Gefühle als auch die größere Zurückhaltung beim Koitus, die für die außerehelichen Beziehungen typisch waren, fanden Eingang in die Ehe.

Was die Einstellung zur Fruchtbarkeit betrifft, so übernimmt die zeitgenössische jugendliche Lebensgemeinschaft nicht eine dieser Beziehungsformen auf Kosten der anderen, sondern versucht auch hier, zu einer Synthese zu gelangen. Sie nähert sich nicht den außerehelichen Beziehungen der Vergangenheit an, denn sie schließt die Möglichkeit, ein Kind zu haben, gewöhnlich nicht aus, und wenn es zu einer Schwangerschaft kommt, so hat dies für das Paar und insbesondere für die Frau nicht die Konsequenzen, die eine außereheliche Geburt in der Vergangenheit nach sich ziehen konnte. Doch ihre Einstellung zur Fruchtbarkeit folgt auch nicht dem Beispiel der traditionellen Ehe, denn wenngleich Kinder nicht von vornherein abgelehnt werden, so möchten die Partner sich doch ein »Moratorium« gönnen. Daher rührt das Schwanken zwischen dem Wunsch nach Vater- oder Mutterschaft und der Angst davor. Und so kann es geschehen, daß die Zeugung eines Kindes immer wieder hinausgeschoben wird, ohne daß einer der Partner jemals seine entschiedene Abneigung gegen Nachwuchs geäußert hätte. In den meisten Fällen freilich mag sich das Dilemma in einer längeren Phase der Unentschlossenheit, gefolgt von einer Phase ängstlichen Wartens auf die Befruchtung, zeigen. Weiterhin wird sorgfältig die Regelblutung beobachtet, doch jetzt nicht aus Angst vor einer Empfängnis, sondern weil man sich ein Kind wünscht. Nach einer langen Phase gewollter Sterilität fürchtet man sich nun vor einer natürlichen Unfruchtbarkeit ...

Neuntes Kriterium:
Das affektive Feld

Die Affektivität zweier Liebender von einst konnte in der Regel die Grenzen des Paares, das sie bildeten, nicht überschreiten, denn gewöhnlich war es ihnen verwehrt, Kinder zu haben oder die Anerkennung durch die Gesellschaft zu erlangen. In der Ehe konnte das, was ich das affektive Feld nenne, ausgedehnter und offener sein. Es war schwer für die Ehegatten, sich auf den »Egoismus zu zweit« zu verständigen. Die Eltern, die Kinder, das Dienstpersonal, die Nachbarn usw. waren in ein einengendes und zugleich Schutz bietendes Netz charakteristischer affektiver Beziehungen eingebunden.

Die Situation der Partner einer modernen jugendlichen Lebensgemeinschaft läßt Merkmale beider Strukturen erkennen. Ihr affektives Feld ist nicht auf das Paar beschränkt wie im Falle der zur Heimlichkeit gezwungenen illegitimen Beziehung; es schließt vielfach die Eltern ein, die die Verbindung meist akzeptieren und das Paar unterstützen; es schließt ferner die Freunde und, wenn es sich so ergibt, die zeitweiligen »Anhängsel« des Paares: das Kind und das Haustier, ein, die zuweilen gar auf gleicher Stufe zu stehen scheinen. Im Gravitationszentrum dieser Affektivität steht jedoch das Paar und nicht die Familie oder das Kind. Das Kind ist nicht so sehr die Rechtfertigung für das Paar, der Grund, weshalb es zusammengefunden hat, als vielmehr der Garant, der Kitt der Beziehung. Diese affektive Konstellation könnte in der Zukunft noch zu mancherlei Problemen führen. Wir kennen die Leiden von Kindern, deren Eltern sich entzweien und auseinandergehen. Vielleicht sollten wir uns auch über den geheimen Kummer jener Kinder Gedanken machen, deren Eltern einander »zu sehr« (oder allzu sichtbar) lieben und die sich von dieser Liebe ausgeschlossen fühlen.

Gewiß bildet das Paar nicht nur in der jugendlichen Lebensgemeinschaft das Strukturmuster des affektiven Feldes; ähnliches gilt vielmehr zunehmend für Verheiratete, und sogar für viele Homosexuelle bleibt das Paar die Idealvorstellung. So behält also diese enge Beziehung, die in mancher Hinsicht mit einer künstlichen Verengung der Sozialität gekoppelt scheint, ihr Ansehen und ihre Anziehungskraft. Und welche anderen Formen der »sexuellen Sozialität« bieten die bürokratisierten Massengesellschaften denn auch an? Die demokratische Sexpartie, die rationalisierte Prostitution, die professionalisierte Partnersuche – Formen, die aus der Nivellierung geboren sind und Gleichgültigkeit erzeugen, Formen, die sich auf zwei Grundmuster zurückführen lassen: auf die Menge (zugehöriges Befehlswort: Weitergehen!) und auf die Warteschlange (zugehöriges Befehlswort: Der nächste bitte!). Es kann nicht verwundern, wenn diese modische Nomadenbetriebsamkeit, die ja von durchaus seßhaften und bedrückenden Schutzmächten inszeniert wird, zunehmend in Verruf gerät. Das Paar, das den Konjunkturen des »Zeitgeists« widersteht, ist eine Herausforderung für all diese aufreibenden Experimente der zwanghaften Entwurzelung und Durchmischung.

Die jugendliche Lebensgemeinschaft ist also eine Synthese aus traditionell gegensätzlichen Komponenten der ehelichen und der außerehelichen Beziehung. Sie beweist heute eine beträchtliche Ansteckungskraft. Auch junge Ehepaare verhalten sich zunehmend nach diesem Modell. Sie zögern die Empfängnis hinaus, sie gewähren einander Freiheiten; sie dulden eine vorübergehende Untreue oder erproben jene bereits stark ritualisierten Formen von Untreue in der Treue wie z. B. den Partnertausch. Andere möchten nach einer Phase ständigen Partnerwechsels zur Ruhe kommen und wählen einen Ausweg, der Ähnlichkeiten mit der jugendlichen Lebensgemeinschaft aufweist: etwa in eine länger dauernde bevorzugte Beziehung ohne gemeinsame Wohnung. Auch die Lebensformen junger Homosexueller nähern sich diesen Strukturen an. Und wo sollte auch der Unterschied liegen? Im Kind? Wir haben gesehen, daß die jugendliche Lebensgemeinschaft, zumindest anfangs, eher in der wechselseitigen Zuneigung der Partner gründet als in einem Kind oder im Wunsch nach einem Kind. Oder im Unterschied der Geschlechter bzw. in deren Identität? Wenn die heterosexuellen Partner ihre Gemeinschaft nicht mehr an die Komplementarität der Rollen geknüpft wissen wollen, wenn die Frauen (beruflich und sexuell) ebenso »aktiv« sein wollen wie die Männer, wenn sie insbesondere erwerbstätig und eher Geliebte als Hausfrau und Mutter sein wollen, ist es da so sicher, daß diese Unterschiede noch entscheidend sind?

Die angedeuteten Übereinstimmungen zwischen dem homosexuellen Paar und dem Paar in der jugendlichen Lebensgemeinschaft bringen möglicherweise eine fundamentale Bestrebung zum Ausdruck. Es ist, als wollten diese in verlängerter Jugend lebenden jungen Leute, die sich eine »gleichberechtigte« Beziehung zum Partner des anderen Geschlechts wünschen, den anderen finden und zugleich im anderen sich selbst wiederfinden. Als Gleiche spiegeln sie sich in ihrem jeweiligen *alter ego* und erfahren sich darin auf magische Weise mit jenem kleinen Unterschied ausgestattet, der ihnen fehlt zum vollkommenen, autarken, stabilen und vom Bedürfnis der Fortpflanzung befreiten Bild des Androgynen.

Anmerkung

1 Siehe insbesondere Louis Roussel, »La cohabitation juvénile en France«, in: *Population*, Nr. 1, 1978, S. 15-42, sowie Louis Roussel und Odile Bourguignon, *Générations nouvelles et Mariage traditionnel. Enquête auprès de jeunes de 18-30 ans*, Cahier »Travaux et Documents« de l'INED, Nr. 86, Paris 1978.

Hubert Lafont
Jugendbanden

Die ständige Kolonisierungsanstrengung, die unsere Gesellschaft an sich selbst unternimmt, führt schließlich zur Ersetzung der heimischen Sitten und Gebräuche durch künstliche soziale Vorbilder, die nicht aus der alltäglichen Praxis erwachsen und sich dann zu einer Kultur verfestigen, sondern die aus den Köpfen von Philanthropen und Sozialtechnologen stammen.[1] Diese Anstrengung hat die Fähigkeit des einfachen Volkes, eine eigene Kultur zu schaffen und sie zu überliefern, erheblich verringert. Manche Gruppen jedoch, zu deren Beschreibung man gewöhnlich auf Begriffe wie Marginalität, Devianz und soziale Pathologie zurückgreift und die daher schon seit langem bevorzugte Adressaten für Eingriffe der Sozialarbeit sind, beweisen eine erstaunliche Geschicklichkeit darin, sich derlei Bemühungen und Vorhaben zu entziehen und den synthetischen Verhaltensmustern, die man ihnen einprägen will, die Gefolgschaft zu verweigern.

In einigen traditionellen Arbeitervierteln von Paris hält sich eine lebendige und phantasievolle Sozialität, die gegen Erosionstendenzen, wie ich sie angedeutet habe, besonders gefeit zu sein scheint. Die Resistenzkraft dieser Gruppen gründet in einem dichten städtischen und sozialen Milieu, das ihnen und insbesondere den Jugendlichen, denen bei diesem kulturellen Selbstbehauptungsversuch eine hohe Bedeutung zukommt, Formen des Zusammenlebens und der Organisation des städtischen Raumes ermöglicht, die noch weitgehend kollektiv geprägt sind.

Seit dem Ende des 18. Jahrhunderts haben das soziale Leben und die kulturellen Muster dieser Gruppen zweifellos zahlreiche Veränderungen erfahren. Um so frappierender ist die Kontinuität, die bis in unsere Tage ungebrochen erscheint, so als stünde hinter den zuweilen beträchtlichen Wandlungen ein unverwüstliches Erbe an Sitten und Gebräuchen, das von Generation zu Generation weitergereicht wird, sich der neuen Zeit wohl auch anpaßt, aber dabei seine Besonderheiten und seine einzigartige Vitalität bewahrt.

Zum Verständnis dieser Formen von Sozialität scheinen das Bild, das A. Farge vom Leben des Pariser Volkes im 18. Jahrhundert zeichnet, die realistischen Schilderungen der Romanciers und Feuilletonisten des 19. Jahrhunderts, die von Zuneigung und Fürsorge geprägten Berichte der Philanthropen, der Lehrer oder der Ärzte der Dritten Republik oder auch die Erinnerungen der Künstler vom Montmartre sehr viel ergiebiger zu sein als die sozialen Indikatoren und sonstigen Kriterien gesellschaftlicher Marginalität, deren wir uns heute flink bedienen.

Es ist ziemlich schwierig, Inhalte und Formen einer Volkskultur zu erfassen, solange sie noch lebendig ist und sich stetig erneuert. Ihrem Wesen nach banal und daher schwer zu identifizieren, täglich neu erprobt und neu erfunden und also unablässig in Bewegung, scheint sie erst dann, wenn sie erloschen und von der Volkskunde einbalsamiert oder aber hinreichend entrückt ist, so daß dem betrachtenden Blick ihre Kraftlinien sichtbar zusammenlaufen, der Analyse und der Reflexion zugänglich zu sein. Die Vielfalt der trivialen und punktuellen Beobachtungen systematisch zu ordnen, schien uns dennoch das beste Verfahren, um dem aktuellen Geschehen in diesen Gruppen gerecht zu werden. Denn seit den sechziger Jahren ist in der kulturellen Kontinuität, von der oben die Rede war, ein radikaler Bruch festzustellen. Vor allem die Jugendlichen schöpfen die für den Übergang ins Erwachsenenalter nötigen Impulse offenbar kaum noch aus diesem volkstümlichen Milieu. Dementsprechend scheinen sie auch ihre einstmals gewichtige Rolle bei der Ausgestaltung der für ihre Herkunftsgruppen typischen Sozialität mehr und mehr einzubüßen.

Noch in den sechziger Jahren konnte man in den Pariser Arbeitervierteln ein »traditionelles« Verhaltensmodell für Jugendliche zwischen dreizehn und fünfundzwanzig Jahren antreffen, das auf einer zweifachen Differenzierung, einer sozialen und einer geschlechtsspezifischen, beruhte. Die Wahrung und Hervorhebung des sozialen Unterschiedes, der von den Banden männlicher Jugendlicher offen zur Schau gestellt, aber auch von den Mädchen wie übrigens von der ganzen Gruppe exponiert wird, bildet das wichtigste Mittel zur Identifizierung eines speziellen Milieus.

Allgemein stellt sich diese Identität als städtisch, d. h. als zivilisiert, intelligent und fein dar, im Gegensatz zu den »Bauerntölpeln«, zu den Provinzlern überhaupt und insbesondere zu den Bewohnern des Pariser Hinterlandes. Anders als heute stehen Natur oder Land für barbarische Ungeschlachtheit; die Menschen, die dort leben, gelten für primitiv und sind als Bezugsgrößen völlig ungeeignet. Dagegen mißt man sich gern an der übrigen städtischen Jugend, die das bevorzugte Vergleichsobjekt ist. Vor allem die Straßenjugend setzt ihre Ehre darein, die Unterschiede zu den übrigen Gruppen von Jugendlichen hervorzukehren, die zwar gleichermaßen wild, avantgardistisch oder marginal sein mögen, die aber auf jeden Fall »bürgerlich« sind und nicht dem einfachen Volk angehören; ob nun *jeunesse dorée* oder Studenten, man macht sich über ihr Auftreten lustig und bekundet demonstrativ Verachtung; der Verkehr mit ihnen bedeutet Verrat und Ausschluß aus der Gruppe.

Zwar folgen sie, soweit es die Vorliebe für bestimmte Musik und Alkoholgenuß oder, allgemeiner, das Verlangen nach Liberalisierung der Sitten betrifft, denselben Moden wie die übrigen Jugendlichen, die sie mit dem in ihren Augen recht wandelbaren Schimpfnamen »*minet*« [Geck, Modepuppe, A.d.Ü.] belegen, aber sie achten darauf, das gleiche nicht in derselben Weise zu tun; so verkehren sie nicht in denselben Vierteln oder Bistrots und besuchen nicht dieselben Lokale oder Tanzveranstaltungen; sie heben sich deutlich in ihrer Kleidung ab, benutzen einen anderen Wortschatz und greifen zu anderen Alkoholika oder Zigarettenmarken.

Diese Ausstellung des Andersseins, mittels dessen sich die Identität der gesamten Gruppe erhält, hat in vielen ihrer Züge Tradition. So könnte man ähnliche soziale Gegensätze zu Beginn des Jahrhunderts zwischen den »Apachen« und den »Löwen« oder um 1830 bis 1840 zwischen den jugendlichen Rowdys und den Dandys oder den Studenten finden.[2] Selbst innerhalb der Gruppe, von Viertel zu Viertel und sogar von einem Wohnblock zum nächsten, setzt es sich fort, und zwar so weit, daß sich an den – diesmal marginalen – Unterschieden präzise die Bezugsmilieus und Grade der Zugehörigkeit ablesen lassen.[3] Diese eigentümliche Identitätsarbeit operiert vorwiegend mit der nuancierten Zuschreibung von Eigenschaften wie *gut, wahr, stark, hart* oder *schlau* im Unterschied zu *schön, elegant, kultiviert* oder *gebildet*, in denen die Werte der »*minets*« zum Ausdruck kommen. Attribute dieser Art bestimmen nicht nur die Kleidermoden, die Wahl der Alkoholika oder die bevorzugten Treffpunkte und verleihen ihnen erst ihren Sinn, sie prägen auch und durchaus tiefgreifend die alltäglichen Einstellungen und Verhaltensweisen. Die Definitionen und Anwendungsmodalitäten dieser Eigenschaften gehen auf Mechanismen zurück, die weit über diese Gruppen hinausreichen, doch die spezifische Verwendung und Einschätzung, bei der manche höher, andere niedriger bewertet werden, bleibt ein traditionelles Merkmal dieser Milieus.

Quer zu diesem ersten Gegensatz zwischen »proletarisch« *(populaire)* und »bürgerlich« erfolgt die Differenzierung der geschlechtsspezifischen Rollen und Einstellungen um eine Antinomie zwischen *innen* und *außen*; sie führt zu einer Aufteilung der Verhaltensweisen und der Räume zwischen Jungen und Mädchen. Den »*mecs*« [junge Kerle, Typen, *A.d.Ü.*] fällt alles zu, was zum Außen gehört. Vom zwölften oder dreizehnten Lebensjahr an verbringen die Jungen mit Ausnahme von Schule, Mahlzeiten und Schlafen (und mit wachsendem Alter zunehmend auf eigene Kosten) ihre Zeit wohl oder übel auf der Straße. In den sechziger Jahren gab es in diesen Vierteln noch keine Banden im eigentlichen Sinne, d. h. solche, die im amerikanischen Stil durch streng festgelegte Regeln, Rangordnungen und Bündnissysteme gegliedert sind. Den sozialen Rahmen für die »Lehrzeit« der Jungen bildete vielmehr ein Netz enger männlicher Solidarität, eine relativ informelle Horde von Kumpels, die den größten Teil ihrer Zeit gemeinsam verbrachten, ihre Entwicklung im Bezugsfeld desselben sozialen und geographischen Universums nahmen und ihr Zusammenleben nach nichtkodifizierten Bräuchen regelten.

Diese »Lehre« findet im wesentlichen im Viertel selbst statt, auf der »Straße«, wo man die meiste Zeit verbringt und die Erwachsenen, mit denen man zusammentrifft, in der Mehrzahl Männer sind: in den Bars und Cafés mit ihren Wirten und Stammkunden, in der »*zone*« mit ihren Zigeunern und Clochards, auf dem Jahrmarkt, auf dem Flohmarkt, in der Rue des Ferrailleurs, am Pigalle und an sonstigen Orten, die vornehmlich von Leuten frequentiert werden, die kein »solides Leben« führen oder sich, obgleich verheiratet, weiterhin als »*mecs*« aufführen.

Diese Welt der »Straße« definiert sich, bei allen Unterschieden der Spielbahnen und Treffpunkte, in charakteristischer Weise als Gegenstück zur Familie, zu deren Autorität natürlich, aber auch zu den Räumen, die sie strukturiert, und zu den Leitbildern, die sie vorgibt. In sich geschlossen, gefühlsbetont und in gewissem Maße behaglich, ist die Familie nicht der rechte Ort für einen Jungen; sie taugt für die »Kleinen« und für die Mädchen. Die meisten Jungen verlieren, wenn sie in eine Bande eintreten, ihren Vornamen und ihren Familiennamen; sie erhalten einen Beinamen[4], dem nun nicht der Vatersname folgt, sondern der Name des Ortes, aus dem sie stammen und der gewöhnlich auch als »Gattungsbezeichnung« der Bande dient. Fortan ist es verpönt, die Familie auch nur zu erwähnen, und man nimmt, falls nötig, beträchtliche Umwege in Kauf, um zu vermeiden, daß man den Eltern, den Schwestern oder den jüngeren Brüdern begegnet, wenn man mit seinen Kameraden unterwegs ist. Gelegentlich gestattet es das Netz der Bande sogar, die Herkunftsfamilie wirklich für kürzere oder längere Frist hinter sich zu lassen; man wohnt und beköstigt sich bei einem Kumpel, oder man geht ins Stadtstreicher-Milieu, lebt irgendwo im Viertel, wohnt hier und dort, ernährt sich von diesem und jenem, mit der Gefahr freilich, ein paar Nächte im Freien verbringen und einige Mahlzeiten auslassen zu müssen.[5]

Im Gegensatz zum Leben in der Familie ermangelt es dem Vagabundieren auf der Straße an Wärme und Behaglichkeit. Es ist weder geregelt noch regelmäßig; es besteht im wesentlichen aus langen Perioden der Untätigkeit und der Langeweile, in denen es weder Anstrengungen noch Zwänge gibt, unterbrochen von Abenteuern und Ausschweifungen. Man streift mit der Bande umher, man erzählt sich Geschichten, man schlägt die Zeit tot und ist stets auf außergewöhnliche Ereignisse aus, die man herbeisehnt und zumeist selbst herbeiführt. So beginnen die Jungen zuweilen veritable Expeditionen, jagen versessen nach Abenteuern und lassen es darauf ankommen, sich dabei kräftige Prügel einzuhandeln – Großtaten, in deren Verlauf jeder, von den Kameraden unterstützt und ermutigt, auf eigenes Risiko und mitunter zum eigenen Schaden seine Kraft, seinen Mut und seine Pfiffigkeit beweisen kann.

Von solchen Expeditionen heimgekehrt, läßt man dann den Rausch und die Schläge, das »Anhauen« und die Frechheiten, die eingegangenen Wagnisse und die ausgestandenen Ängste monatelang an sich vorüberziehen, kommentiert sie und zimmert sich so ein Gedächtnis zurecht, aus dem die Geschichte der Bande entsteht.[6] Diese Geschichte erst gibt dem Gefühl von der Einzigartigkeit der Gruppe seinen Gehalt, und vor allem durch sie vermag das ganze Viertel sich fortzuentwickeln und den neuen Verhältnissen anzupassen, ohne die Identität zu verlieren. Die Gruppenwerte sind in der Tat zum wesentlichen Teil die Werte der Straße, die von den Jugendlichen in exzessiver Weise ausgelebt werden. Insbesondere die Familienordnung und deren Folge, eine regelmäßige und disziplinierte Arbeit, werden als notwendige Übel, als altersbedingte und leider unvermeidbare »handicaps« hingenommen. So profitieren oft noch die Eltern durch ihre Söhne und die Schwestern durch ihre Brüder trotz der daraus erwachsenden Widersprüche zu den Werten der Familie, die sie eigentlich zu verteidigen haben, von diesen Abenteuern und schmecken eine kulturelle Szenerie nach, von der sie durch die Macht der Umstände ausgeschlossen sind; und so drücken sie denn gerne ein Auge zu, spenden sogar Beifall oder lassen sich einfach nur die »Taten« erzählen und erzählen sie ihrerseits weiter.

Schließlich ist dieses Leben auf der Straße für die Jungen auch eine Lehrzeit für die Arbeit. Von der Schule faktisch (wenn auch natürlich nicht offiziell) vor die Tür gesetzt oder aus eigenem Antrieb der Schule vor der gesetzlichen Altersgrenze entflohen[7], lernen die Jungen sehr früh, sich durchzuschlagen, zunächst was ihr Taschengeld betrifft, sodann auch recht bald im Hinblick auf Ausgaben für Kleidung, Freizeit (Ausgehen, Kartenspiel, Magazine, Schallplatten, Fahrzeuge ...) und auch für einen Teil ihrer Nahrung. Zunächst handelt es sich nur um kleine Dienstleistungen, um Gelegenheitsarbeiten, die man ausführen kann, ohne das Leben auf der Straße aufgeben zu müssen: leere Flaschen sammeln, einen Keller ausräumen, beim Entladen eines Lastwagens helfen, Flugblätter verteilen, Fenster putzen. Aber auch später, wenn höchst unregelmäßig und zunehmend ernster die Suche nach einer ordentlichen Arbeit beginnt, konzentriert sich der überwiegende Teil der Tätigkeiten auf die traditionellsten und am wenigsten disziplinierten Verrichtungen und Berufsgruppen, insbesondere solche, in denen sich die besondere Solidarität und Atmosphäre wiederfinden oder erneuern lassen, die sich einstellen, wenn »mecs« unter sich sind. Diese Jugendlichen meiden Großbetriebe oder Bürotätigkeiten und werden Laufburschen, Lkw-Fahrer, Fernfahrer, Möbelpacker, ambulante Händler; mit ein wenig Glück beginnen sie eine Lehre in einem kleinen Handwerksbetrieb, in einer Schlosserei, Spenglerei, Druckerei oder Weberei ...

Wenn sie erwachsen geworden sind, verlassen sie die Bande, bemühen sich aber, der Straße nahe zu bleiben, etwa durch die Art von Arbeit, von der eben die Rede war, oder indem sie neben der Familienexistenz (und häufig im Konflikt mit ihr) ein Leben regelmäßiger Cafébesuche mit seinen Zechtouren, seinen Männergesprächen und Männerritualen führen oder indem sie sich abends mit ihren Kumpels vor den Häusern zum Boulespiel treffen. Unter sich, frönen diese Männer weiterhin ihrem Widerwillen gegen die Familienordnung; sie schwärmen nostalgisch von ihren einstigen Heldentaten und nehmen gewissermaßen Rache an ihren Frauen, weil diese sie »mit Beschlag belegt haben« und sie nun für den größten Teil ihres Lebens bevormunden.

Denn die Familie, das Haus, der Haushalt, kurz: das *Innen*, bleiben unangefochten die Welt der Frau und ihrer Kinder; der Mann hat dort, auch wenn er zuerst bedient wird, nicht viel zu sagen. Diese Frau, die im Haus das Regiment führt, ist nicht von derselben Art wie die Mädchen, denen man als Jugendlicher auf der Straße begegnen konnte. Es ist weder die »Puppe«, die man den »*minets*« vorm Gymnasium wegschnappte, noch die, die man im Kino, auf Tanzveranstaltungen oder im Café anquatschte, und auch nicht die Üppige, ein bloßes Sexualobjekt, die man auf Tanzveranstaltungen auf dem Dorf oder in den Vororten traf, oder eines dieser seltenen »Straßenmädchen«, auf die man bei den Streifzügen durchs Viertel stieß. Die anständige Frau, die echte *nana* hält sich sorgfältig fern von der Straße und deren Geschichten, was sie übrigens nicht daran hindert, im Innenbereich der Familie eine Bedeutung und ein Ansehen zu erlangen, die den von den »*mecs*« draußen erworbenen gleichkommen.

Die Mädchen des Viertels wachsen in der Familie zur Frau heran; dort werden sie zu Expertinnen für alles, was zur ordentlichen Führung eines Haushalts gehört. Während man die Jungen bei Bedarf sehr früh zum Spielen auf die Straße schickt, und sei es auch nur in Sicht- oder Rufweite, dürfen die Mädchen sich nicht auf der Straße herumtreiben. Sie helfen ihrer Mutter im Haushalt, sie gehen einkaufen und kümmern sich um ihre Brüder und Schwestern. Ihr Schulbesuch wird streng kontrolliert, und man läßt sie nur in Begleitung ausgehen, gewöhnlich zu Besuchen familiären Charakters oder zu Freundinnen in der Nachbarschaft.

Will ein Mädchen sich nicht immer nur als Kind behandeln lassen und andere Dinge kennenlernen, als sie ihm die enge Welt der Familie und der Verwandtschaft bieten, in der eingeschlossen zu sein es im Prinzip verurteilt ist, bleiben ihm außer der Flucht (die angesichts der damit verbundenen Gefahren nur den stärksten Charakteren vorbehalten ist) lediglich drei Auswege: es kann sich eine Arbeit suchen, sich mit Freundinnen arrangieren oder sich einen »Verlobten beschaffen«. Viele von ihnen bemühen sich, sobald ihr Alter es erlaubt, um eine feste Anstellung. Sie werden Putzfrau, Verkäuferin, Krankenpflege-Helferin oder Verwaltungsangestellte, vorzugsweise in öffentlichen oder halböffentlichen Verwaltungen. Ein in der Regel ernsthafter und regelmäßiger Schulbesuch, verbunden mit der Energie, die sie in die rettende Arbeit investieren, ermöglicht ihnen häufig den »Aufstieg«, den sie durch die Teilnahme an betriebsinternen oder -externen Fortbildungskursen fördern. Der Lohn, den sie zu Hause abgeben – denn es kommt selbstverständlich nicht in Betracht, daß sie ihn für sich behielten –, und die Ernsthaftigkeit, die sie in ihrer soliden und manchmal sogar mit einem gewissen Ansehen verbundenen Tätigkeit an den Tag legen, eröffnen ihnen dann auch die Chance, relative Unabhängigkeit und Bewegungsfreiheit zu beanspruchen, die allerdings nur zögernd gewährt werden. Eine Freundin vorschieben und zum Beispiel behaupten, daß sie einen erwarte oder daß sie gebeten habe, man möge sie besuchen, bietet dem Mädchen da noch die beste Aussicht, die gewünschte Ausgangserlaubnis zu erhalten. Wie sollte man sie ihr auch verweigern, ohne eine Nachbarsfamilie zu beleidigen oder den Eindruck zu erwecken, man erkenne in der Reputation der von der Tochter erwählten Kameradinnen keine ausreichende Gewähr für Anstand und Sittsamkeit?

Mit zunehmendem Alter verschaffen die Mädchen sich auf diese Weise Gelegenheit zum Ausgehen. Sie gehen zu zweit oder zu dritt, und jede dient der anderen als Anstandsdame. Anders als die Jungen gehen sie nicht »einfach« nach draußen, sondern jeweils zu einem bestimmten Zweck, und das bedeutet stets einen Ausgangspunkt, Etappen, eine Wegstrecke und akzeptable Ziele, über die sie Rechenschaft ablegen können müssen. Sie machen zum Beispiel einen Spaziergang durchs Viertel, oder sie gehen ins Kino, auf die Eisbahn, auf den Jahrmarkt usw. Sie nutzen diese Ausgänge und Bummel, um die »*mecs*« zu beobachten, um sie zu begutachten und zu vergleichen und einander zu erzählen, was sie festgestellt haben. Doch sie achten peinlich darauf, sich nicht zu kompromittieren. Denn wenngleich sie davon träumen, die Aufmerksamkeit eines wirklichen »*mec*« auf sich zu ziehen, an seinen Verdiensten teilzuhaben und so der elterlichen Bevormundung zu entkommen, so wissen sie doch auch, daß ihre augenblickliche Bewegungsfreiheit und – auf lange Sicht – die Möglichkeit, ihre Familie ehrenvoll zu verlassen, direkt von ihrem Ruf als »anständiges Mädchen«, das vor allem keine Geschichten gemacht hat, abhängen. Aus diesem Grunde bringt übrigens der Ausweg mit dem »Verlobten«, der noch der am wenigsten beschwerliche zu sein scheint, in Wirklichkeit die größten Gefahren mit sich.

Der Ausdruck »Verlobter« wird nur in Ermangelung anderer geeigneter Bezeichnungen verwendet, denn eine Verlobung im strengen Sinne gibt es hier nicht. Es handelt sich vielmehr um einen allmählichen Prozeß, um ein öffentliches Zusammensein von wachsender Beständigkeit und Ausschließlichkeit, das die gesamte Umwelt zur Kenntnis nimmt und akzeptiert, ohne daß sich darin ein präziser zeitlicher Anfang oder der förmliche Übergang in die Ehe ausmachen ließe, die man gewöhnlich anläßlich einer Geburt schließt, in jedem Falle aber lange nachdem der Haushalt eingerichtet und als solcher von der gesellschaftlichen Umgebung registriert worden ist.

Bevor ein »anständiges« Mädchen einwilligt, in dieser Weise mit einem jungen Mann zusammenzuleben, ohne mit ihm verheiratet zu sein, muß er das Vagabundieren, seinen Umgang und seine Abenteuer aufgegeben haben oder, sofern dies noch nicht geschehen ist, eine feste Arbeit suchen. Einzig um den Preis dieser Domestizierung wird der junge Mann offiziell von der Umwelt akzeptiert, ohne daß einer der Beteiligten seinen Ruf verliert. Das junge Paar kann nun zusammenleben und sich sogar bei der Familie des Mädchens einrichten, ohne daß jemand etwas dabei fände oder dagegen einzuwenden hätte.

Ein Mädchen, das sich zu früh mit einem allzu jungen »*mec*« einläßt, geht das Risiko ein, daß er unterwegs abspringt und zu seinen Freunden und dem Leben auf der Straße zurückkehrt, daß es ihn also nicht, wie es die Sitten und ihr Ruf verlangen, am häuslichen Herd zu halten vermag. Das würde es seine Reputation kosten, und der junge Mann verlöre seinen Ruf als »*mec*«, wenn er sich zu schnell und zu jung bände. Selbst wenn dies für beide nicht den Ausschluß aus dem Milieu bedeutete, könnten sie dennoch darin nicht mehr denselben Platz und dieselbe Rolle beanspruchen wie zuvor.

Solcherart zur Vorsicht gezwungen, bekunden die Mädchen zwar nicht unbedingt in ihrer Sprache und in den Unterhaltungen, wohl aber im öffentlichen Auftreten, in der Kleidung[8] und in den Beziehungen zu den Jungen ein Mißtrauen und eine Zurückhaltung, die bisweilen an Prüderie grenzen. Sie überwachen sich gegenseitig und verteidigen verbissen ihren guten Ruf.

Die jungen Männer freilich sind nicht leicht zu domestizieren. Da sie es nicht eilig haben, in den Schoß der Familie zurückzukehren, unterstützen sie noch nach Kräften die Trennung, die ihnen die Umwelt und die mangelnden Kontaktmöglichkeiten auferlegen. Dergleichen ziehen sie das Leben in der Bande und die kollektive sexuelle Lehrzeit vor. Auf der Straße und insbesondere innerhalb der Bande gibt man sich beim Körperkontakt männlich – man schüttelt sich die Hände, man tauscht Rippenstöße und Püffe, man balgt und rauft miteinander. Alle diese Verhaltensweisen sind hochgradig sexualisiert; auch der Wortschatz ist voller Anspielungen auf Geschlechtsteile und Sexualpraktiken; dasselbe gilt für die Gespräche.

Physisch in diese kollektive Welt eingebunden und gezwungen, einander in männlichem Gehabe zu überbieten, entwickeln die jungen Männer einen typischen »Machismo«. Zwischen der Homosexualität auf der einen Seite, die als Verrat, als Beleidigung der Werte der »*mecs*« erschiene, und einem Donjuanismus auf der anderen, an dem die Bande rasch zerfiele, gründet ihre Sexualität in der Anerkennung der Kraft jedes Einzelnen durch die Gruppe und gibt sich betont männlich.

Die Zweideutigkeit, die eine solche unter Männern zur Schau getragene Männlichkeit unvermeidlich hervorbringt, versucht die Bande unablässig abzubiegen oder aus der Gruppe zu verbannen. So reinigt sie sich durch Scherze und Übertreibungen, die nicht nur einen beträchtlichen Teil der verbalen Kommunikation bestimmen, sondern auch ins Verhalten und in die Spiele eingehen, etwa durch eine ins Lächerliche gezogene Nachahmung des Verhaltens eines Verliebten oder durch mimische Darbietungen, mit denen homosexuelle Stereotype dem Hohn preisgegeben werden.

Doch von diesem Stadium der für den internen Gebrauch bestimmten Scherze geht man rasch zu Beleidigungen und Aggressionen über, die die von der Bande notwendig erzeugte, aber nicht geduldete Homosexualität nach außen projizieren, um sie abzubauen. So stellt man beispielsweise die Männlichkeit des Erstbesten, der einem unterkommt, in Frage, man provoziert ihn zum Kampf und fordert ihn auf, zu beweisen, daß er weder ein »*minet*« noch ein »*Homo*« ist – was im Grunde auf dasselbe hinauskommt –, um an dessen Männlichkeit die eigene zu bekräftigen. Oder die Bande unternimmt eine Expedition in Gegenden, die als Homosexuellentreffs bekannt sind. Diese rituellen Expeditionen werden mit beträchtlicher Grausamkeit betrieben, in der Regel ohne Skrupel, da sie im Milieu niemals auf Mißbilligung stoßen – eher im Gegenteil – und auch nur selten mit unangenehmen Folgen für ihre Urheber verbunden sind.

Bei alledem gibt es keine sexuellen Handlungen im eigentlichen Sinne, wohl aber ein Spektrum von Verhaltensweisen und Spielen, die in ihren Bezügen wie in ihrer Bedeutung hochgradig sexuell aufgeladen sind. Die Anwesenheit der Gruppe sorgt in jedem Falle für eine scharfe Kontrolle und, falls nötig, für eine strikte Unterdrückung sexueller Handlungen; diese bleiben die Ausnahme und vermögen sich auch dann nur im Rahmen des Kollektivs zu entfalten, beispielsweise wenn die parodistische Nachahmung des Geschlechtsaktes in einem Prozeß wechselseitigen Überbietens die ganze Bande ergreift und in gemeinschaftlicher Masturbation endet. Doch sofern solche Vorgänge spielerisch bleiben, lösen sie weder Unmut noch Scham aus, während die jungen Männer (wie das Milieu als ganzes) bei kühlem Kopf und jenseits solcher Scherze sich überaus schamhaft in Angelegenheiten der Sexualität und der Körperentblößung erweisen.

In den heterosexuellen Beziehungen wirken sich die Anwesenheit der Gruppe und die Schwierigkeit, zur Ausführung sexueller Handlungen zu gelangen, in derselben Weise aus. Eine »Puppe aufreißen« meint eine Eroberung, von der man zwar viel spricht, die jedoch wegen ihres kollektiven Charakters und weil es ihr an Intimität mangelt, in engen Grenzen bleiben muß. Man ödet die Mädchen auf Straßen und Plätzen an, allenfalls organisiert man eine »Party« für sie oder geht mit ihnen ins Kino. Aber mehr als ein paar Zärtlichkeiten oder Küsse sind nicht zu erwarten, und selbst dies unter den ironischen oder neidischen Blicken der Kameraden, die jede gefühlvolle Annäherung unmöglich machen und auch hier noch dem Verhalten die Form eines Spiels oder Wettkampfs aufdrücken, mit Regeln, Spielzeiten, Punkten, Siegern, Rekorden und Champions. Zuweilen findet sich im Viertel eine Frau, meist älter als die Mitglieder der Bande, die sie nacheinander in die Liebe einführt, denn was sie dem einen gewährt hat, spricht sich sogleich herum, und sie kann es den anderen nicht verwehren, wenn sie Auseinandersetzungen und Gewalt vermeiden will. Solche Frauen gelten dann im Viertel schließlich als »Nutten«; sie werden allgemein verachtet, sogar mißhandelt und sind Erpressungen ausgesetzt.

In Ausnahmefällen kann es geschehen, daß ein als »leicht« geltendes Mädchen – weil es eine als provozierend empfundene Haltung zeigt oder weil es sich von einem der jungen Männer umarmen und küssen läßt, sich aber den übrigen Mitgliedern der Bande verweigert – zur »Schlampe« erklärt wird. Es läuft dann Gefahr, entführt, an einen entlegenen Ort gebracht und von der ganzen Bande vergewaltigt zu werden.

Bei all diesen Verhaltensweisen zählt weniger der Akt selbst als vielmehr die mit ihm verknüpfte Bestätigung einer Geschlechtszugehörigkeit, die allein die Bande bezeugen, die nur sie beurteilen und garantieren kann. Den Frauen fällt dabei die Rolle von Behelfs- oder Demonstrationsobjekten zu, und die Bande versichert in ihren Späßen und Spielen, daß es dabei auch bleiben wird. Außerhalb des Hauses und der Rollen, die sie darin übernimmt, wird die Frau zu einer »Puppe«, zu einer Ware von derselben Art wie die Kleidung, die Mopeds oder die Schallplatten, die man stiehlt, tauscht oder ausleiht und deren jedermann sich frei bedient.

So gesehen offenbart dieses traditionelle Verhaltensbildnis sämtliche Mängel einer Karikatur, die sich um die Besonderheiten und die Nuancen der realen Situationen nicht kümmert. Es bietet uns freilich auch deren Vorzüge, denn es gestattet uns, die wesentlichen Merkmale dieser Volkskultur zu erkennen: die Verwurzelung in einem sozialen und geographischen Milieu, das sich präzise von anderen sozialen und geographischen Milieus abgrenzt; eine scharfe Trennung zwischen der »männlichen Sphäre« der Straße und der »weiblichen Sphäre« des Hauses; die Kontinuität zwischen den Altersgruppen und Generationen sowie die bedeutende Rolle der Älteren und überkommener Bräuche; die geringe Beachtung und/oder starke Unterdrückung direkter sexueller Aktivitäten, kompensiert durch eine erhebliche Sexualisierung der Spiele, des Gebarens, der Einstellungen und der Sprache.

Diese traditionellen Merkmale sind heute in Auflösung begriffen und machen radikal neuartigen Verhaltensweisen Platz, die einem neuen Leitbild huldigen, das keine Unterschiede mehr kennt: dem der »Jugend«. Das einzige Zugehörigkeitskriterium ist nun das Alter, der einzige Gegensatz, der zur Geltung kommt, ist der zwischen den Altersgruppen, und die Vorstellungen über sexuelle, soziale oder geographische Unterschiede, die Herkunft und Stand bezeichnen, zerfallen.

In diesen selben Stadtvierteln gehen die Mädchen heute schon mit zwölf, dreizehn Jahren auf die Straße; sie mischen sich unter die Jungen ihres Alters; sie gehen aus und kommen spät abends nach Hause. Alle Welt trägt die gleiche Kleidung, den gleichen Schmuck, die gleiche Haartracht; die Banden der Vergangenheit zerfließen zu losen Ensembles stetig wechselnder Gefährten und immer häufiger auch Gefährtinnen, die in Cafés und Lokalen, oft weit von ihrem Wohnort entfernt, zusammenkommen. Und gleichgültig, ob Studenten oder Jugendliche aus den unteren Volksschichten, sie alle teilen denselben Geschmack in Bekleidung oder Musik, dieselbe

Leidenschaft für Mopeds und Motorräder, dieselben Jobs als Laufburschen oder Fensterputzer.

Ein solcher Verhaltensstil wäre nach den Normen von gestern unerträglich gewesen, und die Gruppe hätte, um den Zusammenhalt zu wahren, ihn sogleich unter Druck gesetzt. Doch was sich gehört und was sich nicht gehört, wird längst nicht mehr über die Normen des Milieus bestimmt. Im Zeichen erweiterter Netze[9], die nicht mehr in einem bestimmten Terrain verankert sind, leben die Jugendlichen heute in einer unvermittelten und häufig wechselnden Modernität ohne Vergangenheit noch Zukunft, in einem porösen Zeit-Raum, der keinen Zusammenhang mit der Gesellschaft der Alten und deren Geschichte hat. Die Übernahme dieses »Jugend«-Modells ist nicht mehr der – zuweilen provokative – Ausdruck einer sozialen Bindung oder einer eigentümlichen Identität, sondern der Verabredung und Nachahmung kurzlebiger Zugehörigkeitszeichen, deren rascher Wandel den Übergang vom Heutigen zum Gestrigen, das Altern und die Erneuerung der Altersgruppen markiert.

Durch ihre Selbstverpflichtung auf dieses Modell weisen sich Jungen und Mädchen als »Jugendliche« aus, erklären sie sich frei von jeglichem Zwang, jeglicher Ethik und jeglicher Regel. Indem sie den Rekurs auf Herkunft, Milieu oder Region verwerfen, geben sie zugleich die Quellen und die angestammten Perspektiven ihrer Lebensgeschichte preis, richten sie sich auf dem schmalen Grat einer stets erneuerten Gegenwart ein: reglose Reisende ohne Ausgangspunkt, Richtung und Ziel.[10]

Das Modell tilgt auch das Bild von der Zugehörigkeit zum einen oder anderen Geschlecht. In dem Maße, wie die Einstellungen, die Kleidung und die äußere Erscheinung sich entsexualisieren, wird die Sexualität entwertet, »befreit« sie sich, beginnt das Begehren zu vagabundieren. Ob Masturbation, Homosexualität, Partnertausch oder heterosexuelle Beziehungen, es gibt – zumindest im Prinzip – nur noch ein Gebot: die augenblickliche Befriedigung des Triebs, die Intensität unmittelbarer Lust. Die traditionelle Sexualität, genital und sozialisiert, weil auf das Paar und damit auf die Fortpflanzung, auf die Familie und ganz allgemein auf ein Milieu bezogen, wird abgelöst von einer Erotik, welche die Sinne und die Sinnlichkeit entbindet und keine andere Sprache kennt als die der Begierde und des Lustgewinns des Einzelnen. Jung zu sein meint nicht mehr eine befristete Lebensweise, einen biologischen und kulturellen Status oder eine Lehrzeit; es wird wahrhaftig als ein *Naturzustand* empfunden, der nichts und niemandem als sich selbst etwas schuldig ist, den man freisetzen und in einer Art asozialer, amoralischer und asexueller Engelhaftigkeit artikulieren muß.

Die allgemeine Verbreitung der T-shirts/Blue-jeans/Turnschuhe mit ihrem modischen Putz, dem entsprechenden Haarschnitt, den dazugehörigen ausgebleichten Stoffen, dem Schmuck oder den Buttons vermittelt ein gutes Bild von dieser sozialen und sexuellen Engelhaftigkeit. Nicht minder aufschlußreich ist die Entwicklung der Rockmusik und ihrer Tanzformen: Die Sänger, die in den sechziger Jahren in den Arbeitervierteln Erfolg hatten, pflegten einen persönlichen Starkult und waren in den unteren Volksschichten verwurzelt, mit deren Haltungen, Redeweise, Gestik und Gewohnheiten sie identifiziert wurden; zudem bekannten sie sich offen zu ihrer Abkunft aus diesen Milieus.[11] Ihre Melodien und Texte waren »männlich« und hatten nichts gemein mit den Songs und Schlagern ihrer bürgerlichen Kollegen, schon gar nicht mit denen der Sängerinnen. Und schließlich brauchte dieser Rock Partner unterschiedlichen Geschlechts, denen im Tanz klar unterschiedene Rollen zukamen. Heute vermögen weibliche Musiker oder ganze Rockgruppen, die nur aus weiblichen Mitgliedern bestehen, niemanden mehr zu schockieren. Die Disco-Musik und ihre Anti-Idole präsentieren sich ausdrücklich als homosexuell, und der New Wave macht mit einer grobschlächtigen, unmelodischen, nichtdiskursiven Musik Furore. Zum Tanzen und zur Beteiligung am Fest sind übrigens keine Partner verschiedenen Geschlechts mehr nötig; das Vergnügen ist individuell, und man beschreibt es in Ausdrücken, die mit Pulsieren und Schwingungen, mit Intensität und Stärke zu tun haben, kurz mit Bedeutungswerten, die nicht mehr symbolisch sind, sondern sinnlich, explosiv und unvermittelt.

Mit dem Übergang der Jugendlichen zu diesem neuen Leitbild erlebt die Homosexualität, die noch zu Beginn der sechziger Jahre zu strengster Heimlichkeit verurteilt war, einen spektakulären Auftrieb in den Arbeitervierteln. In den Cliquen, die von den Banden übriggeblieben sind, wird sie nun akzeptiert, wenn nicht sogar geschätzt. Sie bestimmt die Wahl der Lokale, der Kleidung oder der Unternehmungen. Und haben sich einst die Bandenmitglieder auf den Plätzen und vor den Türen der Homosexuellentreffs versammelt, um sich »einen Homo vorzuknöpfen«, so gehen deren jüngere Brüder heute dorthin, um »Geld zu machen«, indem sie sich, ebenfalls unbelastet von Skrupeln, prostituieren.

Die Einführung dieses neuen Modells ging nicht ohne Widerstände und Auseinandersetzungen vonstatten. Die ersten Banden, die es übernahmen – und das waren zugleich jene, die am wenigsten auf ein bestimmtes Wohngebiet oder ein soziales Milieu festgelegt waren –, stießen auf einhellige Mißbilligung und Verachtung. Wer die Geschichte dieser Einführung nachzeichnete, dem böte sich ohne Zweifel eine Fülle interessanter Aufschlüsse. Er bräuchte dabei nur zu verfolgen, wie in den verschiedenen Banden die traditionelle Praxis des Tätowierens durch das Tragen eines Ohrrings ersetzt wurde. In diesen beiden Merkmalen, die einander so sehr ausschlossen, daß manche, als sie den Ohrring wählten, sich die Haut verätzten, um die Tätowierung zu tilgen, spiegelt sich aufs genaueste die Entwicklung der Verhaltenssysteme in diesem Milieu, aber auch ihre Reichweite und ihre Bedeutung lassen sich daran ablesen.

Die Tätowierung, bekanntlich eine alte Praktik, markiert auf unauslöschliche Weise eine Zugehörigkeit und besiegelt ein Treueverhältnis. Sie ist weit eher das Zeichen eines Verdammungsurteils als das einer Konsekration, und es ist aufschlußreich, daß sie eng mit der Welt des Gefängnisses und mit Berufsarmeen (zum Beispiel der Marine oder der Fremdenlegion) verbunden ist, in denen Männer für lange Zeit mit ihresgleichen zusammengesperrt sind. Die Tätowierung ist ein männliches Attribut, einmal wegen des Mutes, dessen es bedarf, um stunden-, ja tagelang die Nadelstiche zu ertragen, mit denen die Tusche unter die Haut gebracht wird, sodann aber auch, weil es sich ganz wesentlich um einen Schmuck für die Muskeln handelt, mit dem man die Aufmerksamkeit auf die Körperkraft lenkt und sie zur Geltung bringt. Und schließlich gehören zur Tätowierung ein oder mehrere Tätowierer und damit eine Zeremonie: Man sucht die Bildsujets aus, gibt dem Kunden zu trinken, bis er betäubt ist, spricht ihm Trost zu usw.

Auch der Ohrring hat eine lange Tradition in der Armee und Marine, doch er bedeutet etwas völlig anderes als das Hautmal. Er symbolisiert die Freiheit dessen, der sein Herkunftsmilieu verlassen hat, den Status des Eingeweihten, des Initiierten oder, in Verbindung mit Reisen, die Ungebundenheit des Zigeuners, des Korsaren, des Ausgehobenen, der aus dem Krieg heimkehrt. Er ist ein Schmuck, der sich leicht wieder entfernen läßt. Die primitiven Ohrringe, welche die ersten aus Indien oder Nepal zurückkehrenden Hippies trugen und die man direkt ans Ohr hängte, wurden bald von elaborierteren Konstruktionen abgelöst, zu denen auch ein Röhrchen gehört, das man durch das Ohrläppchen steckt und das nur dann sichtbar ist, wenn man den Ohrring abnimmt und das Röhrchen mit einem Zierstopfen verschließt.[12] Wer sich den Ring am Ohr befestigt, lenkt die Aufmerksamkeit nicht mehr auf die Kraft, sondern auf einen der Sinne, und dieser Sinn soll Sinnlichkeit überhaupt signalisieren. Der Kontrast zwischen sinnlicher Weiblichkeit und männlicher Kraft wird ersetzt durch eine »natürliche«, schweifende, universelle Jugendlichkeit, die nicht mehr sozial, sondern sinnlich erlebt wird. Der Bruch ist, wie man leicht sieht, radikal, und obschon es noch zu früh ist, die Auswirkungen dieser Zäsur zu ermessen, insbesondere die Folgen für die Überlieferung der dem Arbeitermilieu eigentümlichen kulturellen Werte, so lohnt es doch, auf die Beben zu achten und die Risse im Fundament im Blick zu behalten.

Anmerkungen

1 Der Text faßt Beobachtungen zusammen, die ich in fünfzehnjähriger Beschäftigung mit Gruppen von Heranwachsenden im Pariser Norden und Osten gesammelt habe. Geschrieben wurde er 1980 im Rahmen eines Forschungsprojekts der »Groupe d'études des fonctions sociales«, das im Auftrag der »Direction de la Construction« des »Ministère de l'Environement et du Cadre de vie« durchgeführt wurde.
2 Zum Beispiel Gavroche und seine Bande, Tortillard oder die Familie Martial bei E. Sue oder auch die »Mohikaner von Paris«, die Helden des Romans von Dumas, die von den Abiturienten verraten werden.
3 In seinem Buch *The Uses of Literacy. Aspects of Working Class Life*, London 1958, beschreibt R. Hoggart die städtischen Arbeitermilieus in Großbritannien mit außerordentlicher Präzision (siehe insbesondere die Kapitel 2 und 3).
4 Gewöhnlich durch eine leichte Abänderung des Vornamens (Dédé, Gégé, Nanard, Néné Piépierre...), seltener durch Anspielungen auf körperliche Merkmale (Nenœil, Zorro, Buny, le Gros...). Man nennt sich »Popaul des Places« oder »Tarzan de la Porte X«.
5 Diese Freiheit der Jungen gegenüber der Familie und deren Wohnung galt lange Zeit als ganz natürlich. Erst in den sechziger Jahren begann man vereinzelt und auch nur hinsichtlich der ganz Jungen von »Fortlaufen« und »entlaufenen Kindern« zu sprechen.
6 Die meisten dieser Abenteuer bestehen in Handlungen, die sozial nicht geduldet sind und seit mehr als einem Jahrhundert als Zeichen von schlechter Erziehung und kriminellen Neigungen geächtet und geahndet wurden. Da sie außerhalb des eigenen Wohnviertels stattfanden und nicht mit allzu schlimmen Folgen für die Gruppe verbunden waren, wurden sie im Milieu traditionell hingenommen, auch wenn man sie im Grunde mißbilligte.

7 Eine vom »Centre de Vaucresson« im Auftrag der UNESCO 1963 durchgeführte Untersuchung ergab, daß junge Straftäter im Alter zwischen vierzehn und siebzehn Jahren regelmäßig nur halb so lange die Schule besucht hatten wie ihre Altersgenossen aus der »normalen« Bevölkerung.
8 Bei der Auswertung von Photos haben wir festgestellt, daß diese Mädchen, wenn sie der »Mode« folgen, sich sorgfältiger frisieren und kleiden, daß sie längere Röcke sowie »neutralere« oder dunklere Farben tragen als Gymnasiastinnen oder Studentinnen desselben Alters.
9 Zum Beispiel Rundfunk und Presse oder, weniger spezialisiert, die Versorgungsnetze für Musikboxen sowie Diskjokeys oder, seltener, das Fernsehen.
10 Angesichts dieser Reisen außerhalb von Raum und Zeit sei auch auf die Wandlungen der traditionellen Formen von »Kriminalität« in den Cliquen, die von den Banden übriggeblieben sind, hingewiesen. Die Mythologie der »Schlägerei« mit ihrer Liturgie und Sprache als Handlungsarchetyp wurde ersetzt durch die Mythologie, die Liturgie und das Vokabular der »Droge«.
11 Siehe zum Beispiel das Verhältnis zwischen J. Holliday oder E. Mitchell und R. Anthony, Adamo oder Antoine.
12 Dieser »Stopfen« bietet gegenüber dem vollständigen Ohrring bei einer Schlägerei oder einer Verhaftung gewisse Vorteile.

André Béjin
Niedergang der Psychoanalytiker, Aufstieg der Sexologen

Es heißt, Freud habe die »Sexualität« (namentlich die kindliche) entdeckt und die Sexualwissenschaft erfunden. An dieser Behauptung ist nur eines interessant: Sie ist »widerlegbar« – im Gegensatz zu den meisten Freudschen Thesen. Der Wiener Psychoanalytiker hat selbst bereits 1905 darauf hingewiesen, wieviel Anregung er dem ungarischen Kinderarzt Lindner und den »bekannten Publikationen von v. Krafft-Ebing, Moll, Moebius, Havelock Ellis, v. Schrenck-Notzing, Löwenfeld, Eulenburg, I. Bloch, M. Hirschfeld« verdankt.[1] In der Tat scheint die Sexualwissenschaft, die Sexologie, zweimal geboren worden zu sein – das erste Mal in der zweiten Hälfte des 19. Jahrhunderts oder, um zwei symbolische Zeitmarken zu setzen, zwischen 1844 und 1886, den Erscheinungsdaten zweier Werke mit demselben Titel, *Psychopathia sexualis*: das eine, wenig bekannte, von Heinrich Kaan[2], das andere, berühmte, von Krafft-Ebing.[3] Im Laufe dieser vier Jahrzehnte bildet sich die erste Sexologie (oder, wenn man will, die »Protosexologie«) heraus, die sich mehr um Nosographie als um Therapie kümmert und sich hauptsächlich mit den Geschlechtskrankheiten, mit der Psychopathologie der Sexualität (den großen »Abirrungen« und ihrem Verhältnis zur »Degeneration«) und mit der Eugenik befaßt.[4]

Die Geburt der zweiten, d. h. der heutigen Sexologie datiere ich in die drei Jahrzehnte, die dem Ersten Weltkrieg folgten, also etwa zwischen 1922 und 1948, denn 1922 entdeckt Wilhelm Reich die von ihm so genannte »orgastische Potenz«[5], und 1948 erscheint das erste der beiden großen Werke von Kinsey[6]. In diesem Vierteljahrhundert definiert die Sexualwissenschaft ihr zentrales Problem: den *Orgasmus*.[7] Um die Bedeutung dieses Wandlungsprozesses begreiflich zu machen, brauchen wir nur folgende drei Zitate miteinander zu vergleichen:

– »Wir sind derzeit nicht im Besitze eines allgemein anerkannten Kennzeichens für die sexuelle Natur eines Vorganges, es sei denn wiederum die Zugehörigkeit zur Fortpflanzungsfunktion, die wir als zu engherzig ablehnen müssen.«[8]

– »Die Orgasmusfunktion wird zum Gradmesser des psychophysischen Funktionierens deshalb, weil sich in ihr die Funktion der biologischen Energie ausdrückt.«[9]

– »Andererseits ist der Orgasmus ein bestimmtes und spezifisches Phänomen, das im allgemeinen bei der Frau ebenso erkennbar ist wie beim Manne. Es diente uns daher als konkrete Einheit [...]. Der Orgasmus unterscheidet sich von allen anderen im Leben eines Tieres auftretenden Erscheinungen, und das Vorhandensein eines Orgasmus kann gewöhnlich, wenn auch nicht immer, als Beweis für die sexuelle Natur einer Reaktion gelten.«[10]

Die Orgasmologie

In der Tat eine bemerkenswerte Entwicklung – an die Stelle der Ungewißheit Freuds und der Identifizierung der orgastischen Energie mit der Energie des Organismus und, später, mit der »Orgonenergie« bei Reich setzt Kinsey die behavioristische Operationalisierung des Orgasmus, der nun durch eine Konstellation von objektiv erkennbaren physiologischen Korrelaten definiert ist. Fortan werden Orgasmenzählerei und Orgasmustherapien sich vermehren, die »Rationalisierung der Sexualität« wird fortschreiten und der Einfluß der Sexologen wachsen.[11] Die Sexologie wird tendenziell zur bloßen »Orgasmologie«, die Therapien der Sexualität reduzieren sich zunehmend auf »Orgasmotherapien«.[12] Der zeitgenössische Sexologe (der »Orgasmologe«) befaßt sich nur in zweiter Linie mit dem, was wir als »Perisexualität« bezeichnen könnten (Empfängnisverhütung, Schwangerschaft, Abtreibung, Geschlechtskrankheiten). Die sexuellen Abweichungen, die »Perversionen«, stehen nicht länger im Mittelpunkt seiner Aufmerksamkeit. Im Grunde kümmert ihn die Abweichung wenig, er macht Jagd auf die »Dysfunktion«. Sein Vorhaben ist die Beseitigung jener zuweilen lächerlichen, aber häufigen Störungen der »gewöhnlichen« Sexualität. Bei diesem Vernichtungswerk beweist er eine eindrucksvolle therapeutische Hartnäckigkeit, die ihn von den »Protosexologen« des vergangenen Jahrhunderts ebenso wie von seinen heutigen Rivalen unterscheidet: den Psychoanalytikern, die in ihrer Mehrzahl nicht mehr zu glauben vorgeben oder glauben machen mögen, daß es ihnen um die »Heilung« ihrer Patienten gehe. Gerade weil die Sexologen es verstanden haben, den Streit mit den Psychoanalytikern auf das Feld der Therapie zu tragen, sind sie im Begriff, sich einen entscheidenden Vorteil zu sichern. Dieser Vorteil beruht, wie wir sehen werden, auf einer *zweifachen Legitimation*, die ihrerseits von einer Glaubwürdigkeitseinbuße der Psychoanalyse begünstigt wird: auf der Legitimation durch den *therapeutischen Erfolg* zunächst, sodann aber auch auf der Legitimation durch einen *Korpus empirisch gestützter wissenschaftlicher Theoreme*.

Psychoanalyse und Orgasmotherapie

Allerdings lassen sich auf den ersten Blick zahlreiche Gemeinsamkeiten zwischen den psychoanalytischen und den sexologischen Therapieformen erkennen. Sie alle sind mehr oder weniger »persönliche Dienstleistungen«.[13] Ihre Zuständigkeitsbereiche sind weitgehend deckungsgleich; selbst nach Aussagen ihrer Verfechter sind sie nicht zur Überwindung psychotischer Leiden[14] bestimmt; dagegen gehören die geläufigen sexuellen Funktionsstörungen »normaler und/oder neurotischer« Personen zum Indikationsbereich sowohl der Psychoanalyse[15] als auch der Sexologie[16]. Die Behandlung ist in der Regel kostenpflichtig, die Höhe des Honorars unterliegt der »freien Übereinkunft« zwischen Therapeut und Patient.[17] Die Therapeuten sind in den meisten Fällen, jedoch nicht notwendig Ärzte. Freud, der von sich sagt, daß vier Fünftel seiner Schüler Ärzte seien, behauptet: »Es ist nicht mehr möglich, die Ausübung der Psychoanalyse den Ärzten vorzubehalten und die Laien von ihr auszuschließen.«[18] Masters und Johnson empfehlen, daß jedes (gemischte) Team von »Kotherapeuten«, das sich auf ihre Methode beruft, aus einem Arzt und einem Sozialwissenschaftler (bzw. einer Sozialwissenschaftlerin) bestehen sollte. »Aus praktischen Gründen ist es von Vorteil, wenn sich bei jedem Team ein qualifizierter Mediziner befindet, der die überaus wichtige Überprüfung und Auswertung des Materials im Labor […] vornehmen kann. Dadurch ist zu vermeiden, daß für die Patienten peinliche Befunde an anderer Stelle erhoben werden müssen. Der Sozialwissenschaftler liefert das entscheidende Gegengewicht, indem er in das Team sein Bewußtsein von den psychosozialen Zusammenhängen einbringt.«[19] Diese Therapeuten, Psychoanalytiker und Sexologen können im Prinzip vom Patienten frei gewählt werden, sie unterliegen der Schweigepflicht und stehen unter der mehr oder weniger wirksamen Kontrolle ihrer jeweiligen Berufsorganisationen. Nicht alle Patienten werden angenommen; sie müssen bestimmten Voraussetzungen genügen, die nach den verschiedenen Therapieformen variieren: Voraussetzungen hinsichtlich des Alters, der »Intelligenz«, der »moralischen Entwicklung«, der Schwere ihrer Krankheit, der Motivation, der Zahlungsfähigkeit usw. bei Freud[20]; hinsichtlich der Schwere ihrer Krankheit, der Zahlungsfähigkeit und der Motivation bei Masters und Johnson, die im übrigen verlangen, »nur solche Patienten aufzunehmen, die durch eine kompetente Person überwiesen worden waren. Als kompetent betrachtet die Foundation Ärzte, Psychologen, Sozialarbeiter und auch Theologen«[21]. Sind die Patienten angenommen, so erwartet man von ihnen, daß sie an die Chance ihrer Heilung glauben, daß sie Vertrauen in ihre Therapeuten haben[22], daß sie sich diesen gegenüber absoluter Offenheit befleißigen[23] und daß sie bestimmte befristete Verbote beachten[24].

Doch trotz dieser – gewiß bedeutsamen – Gemeinsamkeiten darf man nicht die erheblichen Gegensätze zwischen den psychoanalytischen und den sexologischen Therapieformen übersehen. Zur Verdeutlichung dieser Divergenzen haben wir zehn Merkmale beider Methoden in einer fraglos verkürzenden Tabelle einander gegenübergestellt (siehe S. 232 f.). Der Leser kann in den Schriften vor allem der Begründer dieser Therapien weitere Information über die programmatischen und methodologischen Besonderheiten finden, die wir im Rahmen dieses Aufsatzes nicht zureichend erörtern können.[25]

Es erscheint sinnvoll, vorab den Ausdruck »(sexologische) Verhaltenstherapien« zu erläutern. Damit wollen wir in der Tat zum Ausdruck bringen, daß wir in den sexologischen Therapien eine Untergruppe der »Verhaltenstherapien« sehen. Diese Zuordnung ist nicht selbstverständlich[26]; uns scheint jedoch, daß sie durch eine ganze Reihe von methodologischen Erwägungen gerechtfertigt ist. Der Begriff *behavior therapy* wurde 1954 von Skinner und Lindsley eingeführt; für seine Verbreitung Anfang der sechziger Jahre sorgte Eysenck. Tatsächlich gingen diese therapeutischen Methoden aus einem Strom von theoretischen Reflexionen und experimentellen Forschungen hervor, zu denen, in zeitlich umgekehrter Reihenfolge, die Arbeiten von Skinner seit dem Ende der dreißiger

Jahre, von N. V. Kantorovich, M. C. Jones u. a. in den zwanziger Jahren, die Forschungen des »Behavioristen« Watson und des »Reflexologen« Pawlow zu Beginn des Jahrhunderts sowie die von Leuret im 19. und von Mesmer im 18. Jahrhundert gehören.[27] Das Grundpostulat dieser Methoden lautet, daß die Störungen, auf die sie angewendet werden, und insbesondere die »Neurosen« auf erlerntem und konditioniertem Verhalten beruhten, grob gesagt: auf »schlechten Angewohnheiten«. »Die Neurosen sind wesentlich durch unangepaßte emotionale Reaktionen gekennzeichnet, insbesondere durch Angst, sowie durch die diversen Handlungen, zu denen der einzelne Zuflucht nimmt, um diese Angst zu besänftigen [...]. Nach der behavioristischen Theorie entsteht die Mehrzahl dieser emotionalen Reaktionen aus einem Konditionierungsvorgang.«[28] »Eine Folgerung aus der Erkenntnis, daß neurotisches Verhalten gelernt ist, besteht darin, daß man die Verantwortung für die Genesung des Patienten – wie in anderen therapeutischen Disziplinen – in die Hände des Therapeuten legt [...]. Aus diesen Bemerkungen dürfte deutlich geworden sein, daß der Verhaltenstherapeut seine Patienten nicht tadeln darf, falls die Behandlung ohne Erfolg blieb. Er kann den Fehlschlag nicht einem ›Widerstand‹, sekundärem Krankheitsgewinn oder anderen dieser Familie populärer Alibis angehörenden Begriffen zuschreiben.«[29]
Deshalb müssen diese Therapeuten die *aktuellen* Symptome (und nicht die *vergangenen* »Verdrängungen«) auflösen, indem sie den *Organismus* des Patienten dekonditionieren und rekonditionieren. Das Problem läßt sich auf zwei Wegen erschließen.[30] Man kann

– die mit dem zu lernenden Verhalten verbundene Angst beheben, und zwar entweder brüsk mit Hilfe der »Überflutungstechnik« (*flooding*) oder schrittweise mittels der Desensibilisierung (*desensitization*)[31];
– das zu verlernende Verhalten mit Angst besetzen; dies ist das Prinzip der »Aversionstherapie« *(aversion therapy).*[32]

Die Therapie von Masters und Johnson

Beide Strategien finden sich in den wichtigsten sexologischen Therapieprojekten unserer Zeit. Die eine Strategie – übrigens die einer verschwindenden Minderheit – wendet die Aversionsmethode auf die sexuellen »Abweichungen« an (Homosexualität, Pädophilie, Fe-

tischismus, Transvestitismus, Exhibitionismus, Voyeurismus...).[33]
Sie knüpft an die »protosexologische« Tradition an und ist für die
herrschende Tendenz der heutigen Sexologie nicht repräsentativ.
Die andere Strategie – die einer Mehrheit – gehört wirklich zur
modernen Orgasmologie. Ihr geht es um den Abbau der sexuellen
»Dysfunktionen«; sie bedient sich zumeist der Desensibilisierungsmethode oder verwandter Techniken. Zweifellos bildet die Therapie von Masters und Johnson derzeitig das Paradigma dieser Orgasmotherapien. Wir wollen deren wesentliche Merkmale kurz
vorstellen:

1. Die intensive und von Unterbrechungen freie Behandlung dauert
– für Paare, die nicht in der Nähe von Saint Louis wohnen (90%
der Fälle) – zwei Wochen. Die Patienten wohnen in einem Hotel
und müssen jeden Tag in die (wie man sie durchaus nennen muß)
»Orgasmusklinik« von Masters und Johnson kommen. Den Patienten stellt sich dieser Aufenthalt als ein »Rückzug in die Abgeschiedenheit« (ganz im Sinne spiritueller »Exerzitien«) und
zugleich als ein therapeutischer Urlaub dar.

2. Die Störungen (vgl. Nosographie, Anm. 16) werden *a priori* weniger auf individuelle Mängel als vielmehr auf »Beziehungsschwierigkeiten« zurückgeführt. Deshalb wendet sich ihre Therapie fast ausschließlich an Paare.

3. Um Übertragungen und Gegenübertragungen zu vermeiden, um
die Kommunikation zwischen Therapeuten und Patienten zu erleichtern (wobei man annimmt, daß diese zwischen Personen
desselben Geschlechts problemloser ist) und vielleicht auch um
bestimmte Identifikationen zu fördern, befaßt sich nicht ein einzelner Therapeut, sondern ein Team von zwei »Kotherapeuten«
(ein Mann und eine Frau) mit dem Paar. Masters und Johnson
empfehlen, wie gesagt, daß das Team aus einem Arzt und einem
Sozialwissenschaftler bestehen solle.

4. In der Therapie lassen sich zwei Phasen unterscheiden. Die erste
dauert vier Tage; in dieser Zeit sammeln die Therapeuten die
nötigen Informationen, sie geben den Patienten Hinweise, sie
erstellen den Behandlungsplan und beginnen mit einer ersten
sensorischen »Umerziehung« bei den Patienten (man fordert sie
auf, wechselseitig ihre Körper zu erkunden, eventuell unter Zuhilfenahme eines parfümierten Gleitmittels). In der zweiten,
zehn Tage währenden Phase geht man schrittweise von nichtgenitalen zu genitalen Kontakten über (zunächst Masturbation,
dann Koitus); dabei soll die mit dem Koitus verbundene Angst

Merkmale	Therapien	
	psychoanalytische Therapien	*(sexologische) Verhaltens-therapien*
Zielsetzungen	Veränderung der Persönlichkeit; Stärkung des »Ich«; Auflösung vergangener Verdrängungen durch Bewußt-seinserweiterung	Veränderung des Verhaltens (z. B. Impotenz, Frigidität) Auflösung der *aktuellen* Symptome durch De- und Rekonditionierung des Organismus
Therapeutische Grundsätze	freie Assoziation bei absoluter Offenheit des Patienten Aufdeckung von Traumatisierungen, Komplexen und Verdrängungen Abbau der Widerstände Entwicklung einer Übertragung Interpretation durch den Analytiker Durcharbeiten und Bewußtwerden auf seiten des Patienten (eventuell: Abreagieren)	Aufdeckung und Analyse der pathogenen Konditionierung hinter den Symptomen, dann: Beseitigung der mit dem zu lernenden Verhalten verbundenen Angst: plötzlich: Überflutungsmethode schrittweise: Desensibilisierungsmethode (Masters und Johnson) oder Besetzung des zu verlernenden Verhaltens mit Angst: Aversionsmethode (eventuell: Abreagieren)
Therapeutische Beziehung	mit dem Rücken zueinander, Analytiker sitzend, Patient liegend	Gegenüber von einem Therapeuten und einem oder mehreren Patienten oder Gegenüber von einem Therapeutenpaar und einem Patientenpaar (Masters und Johnson) oder Gruppentherapie
Profil und Ausbildung des Therapeuten	oft, aber nicht notwendig Arzt muß eine »Lehranalyse« gemacht haben (oft auch Eignungsprüfungen bei psychoanalytischen Vereinigungen)	oft, aber nicht notwendig Arzt (bei Masters und Johnson Therapeutenpaar aus Arzt und Psychologen, die »psychosexuell stabil« und »frei von Vorurteilen« sein müssen)
Wünschenswerte Einstellung des Therapeuten	affektive »Neutralität« »gleichschwebende Aufmerksamkeit« (Freud) in der Regel Nicht-Direktivität (außer in der aktiven Technik nach Ferenczi)	axiologische und affektive »Neutralität« generell fokalisierte Aufmerksamkeit in der Regel direktive Einstellung

Niedergang der Psychoanalytiker, Aufstieg der Sexologen

Merkmale	Therapien	
	psychoanalytische Therapien	(sexologische) Verhaltenstherapien
Bearbeitetes Material	freie Assoziationen, Träume, Symptomhandlungen, Fehlleistungen usw. des Patienten	Antworten bei systematischer Erhebung der Biographie; beobachtbares (insbesondere sexuelles) Verhalten des Patienten
Behandlungsmaterial	im wesentlichen Sprechen und Zuhören	Sprechen und Zuhören, aber auch Reize visueller Art (Vorführungen, Photos, Filme), olfaktorischer Art (Geruch des Partners, Parfüms), taktiler Art (wechselseitige Erkundung des Körpers in der Therapie von Masters und Johnson)
Hilfsmittel	entspannte Längslage des Patienten sitzende Position des Analytikers (mit dem Rücken zum Patienten bei Freud), erleichtert Zuhören	Entspannungstechniken chemische Hilfsmittel: psychotrope Medikamente, Hormone usw. eventuell Akupunktur, Yoga, Hypnose usw.
Ablauf der Behandlung	zumeist im Sprechzimmer des Analytikers Behandlung nicht vorausgeplant, relativ wenig standardisiert, ins Alltagsleben des Patienten integriert Behandlung generell lang (5–7 Jahre), theoretisch unbegrenzt regelmäßige, vorausgeplante Stunden keine Phasen im eigentlichen Sinne, aber notwendige Durchgangsstadien (z. B. Übertragung)	zumeist in der Klinik (Orgasmusklinik) Behandlung vorprogrammiert, oft standardisiert, gegen das Alltagsleben abgegrenzt (Therapie-Urlaub) Behandlung generell kurz (bei Masters und Johnson zumeist 2 Wochen) regelmäßige, vorausgeplante Stunden Phasen: 1. Informationssammlung; 2. Erstellung des Behandlungsplans (Hierarchie der Desensibilisierung) und Mitteilung an den Patienten; 3. schrittweise Rekonditionierung mit Entspannung; 4. Evaluation
Erfolgskriterien	generell nicht objektivierbar, zumeist introspektiv (Verringerung der Angst, bessere Selbsteinsicht usw.)	oft objektivierbar; introspektiv, aber auch physiologisch (z. B. vaginale Lubrifikation) und am Verhalten erkennbar (z. B. Beherrschung der Ejakulation)

allmählich herabgesetzt und schließlich die volle Orgasmusfähigkeit wiederhergestellt werden.

5. Die Patienten müssen zwei für den Behandlungsverlauf wesentliche Verbote beachten (siehe Anm. 24): Erstens dürfen sie nicht miteinander über den Inhalt ihrer jeweiligen Einzelgespräche mit den Therapeuten in den ersten zwei Tagen reden; zweitens wird ihnen untersagt, vorzeitig und übergangslos einen Orgasmus anzustreben.

6. Der Ablauf der Sitzungen ist, in schematischer Darstellung, etwa der folgende:

1. Tag: zweistündiges Einzelgespräch der Patienten mit dem Therapeuten des jeweils gleichen Geschlechts, in dem folgende Punkte geklärt werden: Beschreibung der Störungen; Bilanz der Ehe; Ereignisse aus der Kindheit, der Jugend und dem Erwachsenenalter (insbesondere eventuelle »traumatische Erlebnisse«: Inzest, uneheliche Schwangerschaften, Abtreibungen, Vergewaltigungen ...); Inhalt der Wünsche, Träume und Phantasien; »Selbsteinschätzung« (»Finden Sie sich heute attraktiv?«); Untersuchung der (taktilen, visuellen, olfaktiven, auditiven) Sensibilität.

2. Tag: anderthalbstündiges Gespräch der Patienten mit dem Therapeuten des jeweils anderen Geschlechts. Dieses Gespräch gestattet es, bestimmte am Vortag eruierte Befunde zu verifizieren und zu präzisieren.

3. Tag: Fragen zur medizinischen Anamnese; körperliche Untersuchung, Laboruntersuchungen; »Round-table-Gespräch« der beiden Patienten und der beiden Kotherapeuten; Beginn der sensorischen »Umerziehung«.

4. Tag: Diskussion der Ergebnisse; zusätzliche Informationen über die Anatomie und Psychologie der Geschlechtsorgane; Fortsetzung der sensorischen »Umerziehung«.

Vom 5. Tag an: tägliche Gespräche von etwa einstündiger Dauer, in denen die Therapeuten die Ergebnisse der »praktischen Arbeit« ihrer Patienten kommentieren und ihnen »Techniken« vermitteln, die für ihre speziellen Störungen geeignet sind (»squeeze«-Technik zur Stimulation des Penis, Techniken der Vaginalmassage, »günstige« Koitusstellungen, Erwerb der Kontrolle über den Orgasmus: mehrfache Unterbrechung der Erregung mit nachfolgender neuerlicher Stimulation, usw.).

7. Patienten, deren Behandlung bereits während der zweiwöchigen Intensivphase fehlschlug, werden keiner »Nachuntersuchung«

unterzogen; eine solche Kontrollbeobachtung, so erläutern Masters und Johnson, könnte mögliche weitere Therapieversuche der Patienten belasten. Dagegen wird bei sämtlichen Patienten, deren Störungen behoben werden konnten, eine regelmäßige (telefonische) Nachuntersuchung vorgenommen, um »Rückfälle« festzustellen und um Patienten mit neuerlichen Schwierigkeiten nötigenfalls zu ermuntern, sich einer zweiten Behandlung zu unterziehen. Die Nachuntersuchung erstreckt sich über fünf Jahre, an deren Ende eine Bilanz des Therapieerfolges erstellt wird (in direktem Gespräch oder telefonisch). Die Statistik der »direkten« Erfolge und Fehlschläge (innerhalb der vierzehn Tage) und der »Gesamtmißerfolgs- bzw. Gesamterfolgsraten« (über fünf Jahre) wird ständig auf den neuesten Stand gebracht und bei Bedarf veröffentlicht.[34]

Wie man sieht, gebrauchen Masters und Johnson mehrere Elemente aus dem Arsenal der Verhaltenstherapien: die Stärkung des Selbstbewußtseins, die Korrektur falscher Vorstellungen (etwa über die Auswirkungen der Masturbation oder über den weiblichen Orgasmus) und, vor allem, die Desensibilisierung (zur schrittweisen Rekonditionierung des Orgasmus). Aber auch in einem fundamentalen Sinne gründet die Orgasmotherapie in einem eindeutig behavioristischen Konzept der sexuellen Funktionsstörung als Ergebnis eines fehlgeleiteten Lernprozesses. Diesem theoretischen Konzept wollen wir nun nachgehen, um die Grenzen der Psychoanalyse im Vergleich zu der Methode von Masters und Johnson und, allgemein, zu den verhaltenstherapeutischen Techniken herauszufinden.

Die therapeutischen Grenzen der Psychoanalyse

Die Verhaltenstherapien beruhen auf einer die Kontinuität betonenden Vorstellung vom Lernprozeß, wonach dieser sich im wesentlichen aus fortschreitenden, wiederholten und miteinander in Wechselwirkung stehenden Konditionierungsphänomenen zusammensetzt. Die Psychoanalyse dagegen scheint die Diskontinuität zu bevorzugen; sie legt besonderes Gewicht auf die traumatischen Brüche: auf die »Urszene« (z. B. die Beobachtung des elterlichen Koitus durch das Kind), auf die Entdeckung des Geschlechtsunterschiedes, die Verführung durch einen Erwachsenen, den Tod eines geliebten Menschen, auf Unglücksfälle usw. Daraus erwächst ein erstes therapeutisches Problem – die Psychoanalyse ist eher geneigt, nach einem Ursprung zu suchen (durch die Anamnese), als einen Prozeß zu verändern (durch Dekonditionierung).

Im übrigen haben die Psychoanalytiker stets wenig Interesse für die Affekte (insbesondere für die Angst) aufgebracht und ihre Aufmerksamkeit statt dessen auf die Vorstellungswelt gerichtet. Auf diese Weise haben sie sich selbst eines Hilfsmittels von unbestreitbarer Wirksamkeit beraubt: der Techniken der »Entspannung« (um mit den Behavioristen[35] zu sprechen) und des Abbaus der »muskulären Panzerung« (im Sinne Reichs[36]).

Ferner erheben die Psychoanalytiker den Anspruch, die »tieferen Ursachen« zu erforschen und die »Persönlichkeit umzustrukturieren«, um »das Wort zu befreien«. Das niedere Geschäft des Symptomtherapierens überlassen sie den Behavioristen. Sie verkennen also die relative Unabhängigkeit der »Symptome« von den »Ursachen«, die Freud noch hervorhob.[37] Und worauf stützen sie sich, wenn sie dekretieren, die Störungen, die durch die Verhaltenstherapien beseitigt werden, seien nichts als »Symptome«? Wenn dem so wäre, müßte man zahlreiche »Rückfälle« oder Ersatzbildungen im Gefolge solcher Therapien beobachten, was im allgemeinen nicht der Fall ist. Kurz, man wird wohl mit Eysenck einräumen müssen, daß »der Vorwurf, wonach die Verhaltenstherapeuten *nur* an den Symptomen kurieren [...], ausgesprochen fehl am Platz ist, wenn er von Leuten vorgebracht wird, die *nicht einmal dies* zustande bringen«.[38]

Schließlich waren die Psychoanalytiker, im Gegensatz zu ihren Konkurrenten, nicht imstande, ihre Techniken – oder zumindest deren größeren Teil – rational zu begründen; insbesondere haben sie es nicht verstanden, ihr therapeutisches Vorgehen zu formalisieren und zu standardisieren und objektive Kriterien für den Erfolg ihrer Tätigkeit anzugeben. Wünschen sie überhaupt Rationalität? Man darf es bezweifeln. Das Bild, das zahlreiche Psychoanalytiker von ihrer Praxis haben entwerfen wollen, ähnelt eher dem eines ästhetischen Rituals, das nicht durch vulgäre Erwägungen therapeutischer Effizienz verunreinigt ist. Schon für Freud trägt der Analytiker weniger die Züge eines Technikers als eines begnadeten Künstlers. Er soll »einen klaren Blick«, »Geschmack«, »Feinhörigkeit«, »Takt« und »Fingerspitzengefühl« besitzen; er soll »eingeweiht« und »inspiriert« sein.[39] Nur dann darf er zu den Geheimnissen der analytischen Praxis zugelassen werden, denn selbst wenn er keine medizinische Ausbildung genossen hat, ist er, sofern

er diese Voraussetzungen erfüllt, doch kein bloßer »Laie« mehr. Es ist klar, daß die Verhaltenstherapie mit ihren standardisierten Techniken und ihrer »kleinkarierten« Berechnung von Erfolgs- oder Mißerfolgsquoten recht prosaisch wirken muß angesichts solcher »Einweihung in eine Kunst«. Die Folgen dieser Selbstdarstellung der Psychoanalyse sind bekannt. Die analytische Kur ist *a priori* endlos, und ihre ungreifbaren Ergebnisse entgehen der Überprüfung. Als esoterische Tätigkeit, eingehüllt in autistische Selbstversunkenheit, weist sie jedes von außen eingeschleuste Effizienzurteil zurück. Hören wir Reich und Freud. »1920 glaubte man, durchschnittliche Neurosen in etwa drei bis höchstens sechs Monaten ›heilen‹ zu können. Freud schickte mir Kranke mit dem Vermerk, ›Zur Psychoanalyse, Impotenz, drei Monate‹. [...] 1923 war ein Jahr Behandlung bereits selbstverständlich. Die Anschauung griff um sich, daß zwei und mehr Jahre Behandlung gar nicht schlecht wären.«[40] »Ich meine, im ganzen kommt dieser Aufsatz [Freud kommentiert hier zustimmend den von S. Ferenczi 1928 in der *Internationalen Zeitschrift für Psychoanalyse*, Bd. 14, veröffentlichten Aufsatz ›Das Problem der Beendigung der Analysen‹, A.d.Ü.] doch einer Mahnung gleich, sich nicht die Abkürzung, sondern die Vertiefung der Analyse zum Ziele zu setzen. [...] Das hieße also, auch die Eigenanalyse würde aus einer endlichen eine unendliche Aufgabe, nicht nur die therapeutische Analyse am Kranken. [...] Man hat den Eindruck, daß man nicht überrascht sein dürfte, wenn sich am Ende herausstellt, daß der Unterschied zwischen dem nicht Analysierten und dem späteren Verhalten des Analysierten doch nicht so durchgreifend ist, wie wir es erstreben, erwarten und behaupten. [...] Wenn dies die Lösung ist, so kann man sagen, die Analyse habe mit ihrem Anspruch, sie heile Neurosen durch die Sicherung der Triebbeherrschung, in der Theorie immer recht, in der Praxis nicht immer.«[41]
Wir haben einige therapeutische Grenzen der Psychoanalyse aufgezeigt. Es mögen diese Grenzen in mancherlei Hinsicht daher rühren, daß die Analyse den unzulänglichen Versuch einer Verhaltenstherapie darstellt. Vielfach ähnelt sie einer unsystematischen »Desensibilisierung« und bedient sich heimlich des Phänomens der »spontanen Entlastung«.[42] Auch greift der Psychoanalytiker bei Gelegenheit zum »Aversionsverfahren« – wenn er etwa seinem Patienten die Erfüllung von Übertragungswünschen versagt, so verbindet er eigentlich nur einen aversionsauslösenden »Reiz« mit einer »Reaktion«, von der der Patient sich frei machen soll.

Schließlich gleicht die »wilde Analyse«, deren unbestreitbare therapeutische Wirkung Freud hervorhebt[43], der »Überflutungsmethode«, denn sie besteht darin, den Patienten unvorbereitet mit angsterzeugenden Reizen zu konfrontieren (mit einer Interpretation, die Widerstände hervorruft).

Kurz, die sexologische Praxis erfreut sich einer größeren »wissenschaftlichen Legitimität« als die Psychoanalyse, weil sie in therapeutischer Hinsicht wirksamer und weil sie enger mit experimentellen Forschungen (zur Physiologie der Sexualität, zu den verhaltenstherapeutischen Heilverfahren usw.) verbunden ist. Wir müssen nun in einer weiter gefaßten Perspektive die Auswirkungen dieser Legitimität auf die Machtverhältnisse untersuchen. Zu diesem Zweck werden wir die Macht der heutigen Sexologen mit dem Einfluß der früheren Sexologie und dann mit den konkurrierenden Mächten unserer Zeit vergleichen.

Die Entwicklung von der alten zur neuen Sexologie ist durch drei in Wechselwirkung stehende Prozesse gekennzeichnet: durch die Abgrenzung des Zuständigkeitsbereichs und die Erweiterung der potentiellen Klientel; durch die Veränderung der Produktionsweise von sexualwissenschaftlichem Wissen sowie durch den Übergang von einer vornehmlich repressiven zu einer betont pädagogischen Kontrolle.

Die »sexuellen Funktionsstörungen«

Die Protosexologie befaßte sich hauptsächlich mit den diversen Hindernissen für eine auf Fortpflanzung ausgerichtete Sexualität: mit Geschlechtskrankheiten, »sexuellen Abirrungen« und Methoden der Empfängnisverhütung (wobei letztere eng mit den vorangehenden Hindernissen verbunden waren). Aufgrund dieser Ausrichtung unterschied sich die erste Sexologie nicht deutlich von der Psychiatrie, der Rechtsmedizin, der Urologie usw. Die zeitgenössische Sexologie dagegen bekräftigt allenthalben ihre Selbständigkeit gegenüber Disziplinen wie Psychiatrie, Rechtsmedizin, Neurologie, Urologie, Dermato-Venerologie, Endokrinologie, Gynäkologie und Geburtshilfe, psychosomatischer Medizin, und dies, obwohl sie von diesen Disziplinen zahlreiche Ergebnisse übernimmt. Der Grund dafür ist, daß die moderne Sexologie es verstanden hat, ihren zentralen Gegenstand – den Orgasmus – und ihre grundlegende Norm – den »idealen Orgasmus« – positiv und minutiös zu definieren. Die Protosexologie hatte den Anspruch, Anomalien zu untersuchen (und, oft, zu bekämpfen), während sie nur ein schwaches Licht auf die von ihr gesetzte Norm (den auf Fortpflanzung gerichteten heterosexuellen Koitus) warf. Die Orgasmologie geht einen ganz anderen Weg: sie beginnt mit der Ausarbeitung der Norm und »deduziert« dann die Anomalien, die sie sogleich zu heilen verspricht. Da die Norm – beispielsweise der »ideale Orgasmus« aus der »Satzung« von Masters und Johnson – häufig ein empirisch nicht erreichbares Ziel darstellt, bleibt es nicht aus, daß die Zahl der Anomalien hoch ist. Es sei jedoch angemerkt, daß die modernen Sexologen diese »Anomalien« nicht zu »Abirrungen« stempeln. Tatsächlich ersetzen sie den scharfen Gegensatz zwischen Normalität und Anormalität durch ein Kontinuum der Funktionsstörung. Gemessen an der gebieterischen Norm des himmlischen Orgasmus sind wir allesamt, virtuell oder aktuell, »sexuell gestört«. Woraus sich eine beachtliche Erweiterung der potentiellen Klientel der Sexologen ergibt, die ursprünglich überwiegend aus den großen Perversen und den Geschlechtskranken bestand. Die wirkliche Klientel scheint sich übrigens zunehmend dieser potentiellen Kundschaft anzugleichen. Die Indikationen der Protosexologie sind für die Orgasmotherapeuten ziemlich bedeutungslos; die Geschlechtskrankheiten gehören in den Zuständigkeitsbereich der Fachärzte für Haut- und Geschlechtskrankheiten; der großen »Abirrungen« nehmen sich die Psychiater, die Psychochirurgen und, in geringerem Maße, die Psychotherapeuten sowie die Verhaltenstherapeuten an. Das »Bedürfnis« nach Sexualtherapien, das häufig noch anläßlich der Konsultation eines Allgemeinmediziners, eines Gynäkologen, eines Eheberaters oder gar eines Theologen[44] zum Ausdruck gebracht wird, verwandelt sich immer häufiger in eine »Nachfrage«, die man direkt bei den »Sexologen« geltend macht, welche eine Spezialausbildung erhalten haben und über besondere Behandlungseinrichtungen verfügen: die Orgasmuskliniken.

Die Orgasmuslaboratorien

Zwar wird empirisches und theoretisches Wissen unbestreitbar auch weiterhin in den Praxen der Allgemeinmediziner oder Gynäkologen, in Krankenhäusern und Gefängnissen produziert und gesammelt, aber zu den Zentren der Entfaltung sexualwissenschaftlichen Wissens werden mehr und mehr die Orgasmuskliniken und

-laboratorien. Tatsächlich können in diesen spezialisierten Einrichtungen raffinierte Forschungstechniken angewendet werden, die eine hochentwickelte Apparatur (zur Telemetrie oder Phallometrie usw.) erfordern.[45] Auch kann man dort leichter als in nichtspezialisierten Räumen die Versuchsvariablen systematisch kontrollieren und deshalb differenziertere und zuverlässigere Statistiken oder wissenschaftliche Hypothesen entwerfen. Diese Arbeitsteilung, die vielfach auch andere Wissenszweige bestimmt, geht einher mit einer Spezialisierung der Aufgaben. Die Zentren für »Grundlagenforschung« monopolisieren tendenziell die Aufgabe, wissenschaftliche Innovationen und neuartige Therapien hervorzubringen, während sie die eingespielten Therapien und die Aufgabe der Popularisierung sowie der Prävention den weniger spezialisierten Bereichen überlassen. Kinsey, dessen Forschungen den Arbeiten von Masters und Johnson zu einem Teil vorangingen, hatte diese Entwicklung vorausgeahnt – er wäre gerne dazu übergegangen, den Orgasmus im Laboratorium zu erforschen, um die experimentelle Basis (und die wissenschaftliche Legitimität) der medizinischen Sexologie sowie einer Soziographie der Sexualität zu festigen.[46] Masters und Johnson waren sich der entscheidenden Bedeutung, der Priorität der Grundlagenforschung bewußt; so begannen sie mit ihren Untersuchungen zur Physiologie des Orgasmus bereits 1954, fünf Jahre bevor sie ihre klinischen Orgasmotherapien aufnahmen.

Der Orgasmologe als Programmierer

Die Protosexologie hatte zunächst ihre Nosographie entwickelt; ihre Ätiologie (z. B. der sexuellen »Abirrungen«) dagegen blieb summarisch. Daher war sie nur zu einer *nachträglichen* und im wesentlichen *repressiven Kontrolle* in enger Zusammenarbeit mit Gefängnissen und Asylen in der Lage. Die Orgasmologie hat feinere Mittel entwickelt. Sie hat ihre Nosographie und ihre Ätiologie stetig verbessert. Vor allem jedoch hat sie Instrumente der *nachträglichen und vorsorglichen Kontrolle* geschaffen, die einer fundamental *pädagogischen* Zielsetzung gehorchen: die Orgasmotherapien und die Prophylaxe der sexuellen Funktionsstörungen.[47] Das wichtigste Ziel des modernen Sexologen besteht darin, Störungen der Orgasmusfähigkeit abzubauen und ihnen vorzubeugen. Da diese Fähigkeit in einer körperlichen *Hard ware*, aber vor allem in

Programmen, in einer *Soft ware* der sexuellen Lust, besteht, wie die Informatiker sagen würden, erscheint der Orgasmologe wie ein Programmierer. Und zwar auf zwei Ebenen, nämlich erstens auf der Ebene der Ethik – er definiert und setzt eine einfache Norm, das *Orgasmusgebot* (nicht nur das Recht auf den Orgasmus, sondern die Pflicht zum Orgasmus), und zugleich die Anwendungsbedingungen dieser Norm, d. h. die Beachtung der Grundsätze der »sexuellen Demokratie« (Sexualvertrag, Lustgewährung nach dem Prinzip des *do ut des* . . .)[48]; zweitens auf der Ebene der *Theorie* – er bringt seinen Patienten *Selbstdisziplin beim Orgasmus* bei (etwa die beste taktile Taktik, um das oberste Ziel, den gleichzeitigen Orgasmus der Partner, zu erreichen), die es im Rahmen eines Regimes kontrollierter Freiheit – wie Masters und Johnson präzisieren (vgl. Anm. 24) – zu beweisen gilt. Die Einrichtung einer solchen Kontrolle mit pädagogischer Zielsetzung erhöht den Einfluß der Sexologen. Dieser Einfluß ist *zeitlich* ausgedehnt, denn punktuelle therapeutische oder repressive Eingriffe würden nicht genügen; es geht vielmehr auch um die Prophylaxe von Störungen durch Sexualerziehung und um die Eingrenzung von Rückfällen durch regelmäßige Überwachung nach der Behandlung. Und der Einfluß ist *räumlich* ausgedehnt: Der Orgasmologe erhebt den Anspruch, nicht so sehr lokale individuelle Störungen als vielmehr polymorphe Beziehungsstörungen zu beheben; seine Therapie muß daher nicht beim Einzelnen, sondern bei sozialen Einheiten (beim Paar usw.) ansetzen, und bei Bedarf sind interdisziplinäre Therapeutenteams zu bilden, die diesem Wechsel des Objekts sowie der Größenordnung gerecht werden können.[49]

Wenn wir die Unterschiede ein wenig überzeichnen, könnten wir sagen: Die Mittel der sexologischen Kontrolle verschieben sich zunehmend von der *Energie* (Druck, Repression) zur *Information* (pädagogische Beeinflussung, ethisch-technische Programmierung). Diese Kontrolle gilt gleichermaßen der *Lust* und dem *Leiden*.[50] Genauer gesagt, sie tendiert dahin, sich von der *»perversen« Lust* abzuwenden und sich ganz auf *Lustunfähigkeit* und mißglücktes Luststreben zu konzentrieren. Eine solche Entwicklung geht nun freilich nicht ohne Umwälzungen von erheblicher Reichweite vonstatten. Zwei davon wollen wir erwähnen, ohne sie hier systematisch analysieren zu können. Die erste besteht in einer bemerkenswerten wissenschaftlichen »Rehabilitierung« der Prostitution, die – wie man uns sagt – unter sexologischer Kontrolle bei manchen Menschen zur Vorbeugung oder Behandlung sexueller

Funktionsstörungen dienen könne.[51] Die zweite ist einschneidender. Sie besteht in einem Bruch mit der Tradition der Pathologisierung der Onanie, einer Tradition, zu deren entschiedensten Verfechtern im 18. Jahrhundert Tissot gehört hatte. Reichs Einstellung zu diesem Punkt — wie übrigens zu so manchem anderen — war noch ambivalent gewesen: »Ich gab keinen Fall als gesundet aus, der nicht zumindest schuldgefühlfrei onanieren konnte. [...] Daß das mit oberflächlicher Onanietherapie mancher ›Wilder‹ nichts zu tun hat, ist wohl begriffen worden.«[52] Cooper ist da entschiedener, vielleicht zu hochtönend; er wirbt für die Einsicht, »daß man niemals eine andere Person wird lieben können, ehe man nicht selbst genügend liebt — das gilt auf jeder Ebene, einschließlich der einer richtigen (also voll orgastischen) Masturbation, das heißt, daß man zumindest einmal mit Freude masturbiert«.[53] Den Schriften der heutigen Orgasmologen dagegen ist Pathos fremd. Die Masturbation wird von ihnen als eine normale Lustquelle vorgestellt, die zur Ergänzung und Anregung der übrigen sexuellen Aktivitäten dienen kann; überdies tauge sie als Hilfsmittel gegen bestimmte Störungen sowie zur Vorbeugung (insbesondere der Frigidität).[54]

Der Markt der Therapien

Wir haben untersucht, in welcher Weise und mit welchen Mitteln die Sexologen ihren Einfluß auf die Patienten unabweisbarer, subtiler und durchgreifender haben gestalten können. Bleibt noch zu klären, wie sie diesen Aufstieg vor den möglichen Übergriffen ihrer alten oder neuen Konkurrenten schützen. In aller Regel sichern die verschiedenen Spezialistengruppen ihre jeweilige Einflußsphäre durch funktionale Segmentierung des »Marktes der Therapien«. Wie wir gesehen haben, ist es den Sexologen gelungen, eine beherrschende Stellung auf dem *Markt der Sexualtherapien* zu gewinnen. Heute nun festigen sie diese Stellung, indem sie ein zweifaches Netz knüpfen, ein diskursives und ein institutionelles. Sie dringen in den Sekundar- und sogar in den Primarschulsektor ein und propagieren eine »Sexualerziehung«, die oft lediglich im Eintrichtern der gerade modischen sexologischen Vulgata besteht. Sie belagern die Verlage und die Massenmedien, die ihr Teil dazu beisteuern, die Öffentlichkeit für geringfügige Funktionsstörungen zu sensibilisieren und die sexuellen Idiolekte nach dem sexologischen Dialekt zu formen. Sie veranstalten gar im Rundfunk sexuelle Bekenntnisse, die bisweilen an jene rüde inszenierte »Selbstkritik« erinnern, an der rigidere Gesellschaften ihre Freude haben. Schließlich bilden sie Vereinigungen und gründen unermüdlich Orgasmuskliniken, um die Flut der sexuellen Funktionsstörungen[55] einzudämmen, deren Behandlung zu finanzieren vielleicht eines Tages die Gemeinschaft angerufen werden wird.

In dem Maße, wie die Psychoanalyse auf dem »Markt der Sexualtherapien« in Bedrängnis geraten ist, sieht sie sich gezwungen, ihr Augenmerk auf den »Identitätsmarkt« (*identity market*[56]), wie P. L. Berger ihn nennt, zu richten, genauer: auf den *Markt der identitätsbezogenen Therapien*. In der Tat scheint der »spezifische« Beitrag der Psychoanalytiker (den sie in ihrem Sprechzimmer oder im Rahmen der medizinisch-psychologisch-pädagogischen Dienste erbringen) heute darin zu bestehen, dem Patienten zu helfen, »sich besser zu verstehen« oder »sich zu verwirklichen«. Es steht außer Frage, daß es Fälle gibt, in denen diese Hilfe unerläßlich ist. Aber wenngleich die Psychoanalytiker sich auf diesem Markt fest etabliert haben, so bleiben sie dennoch nicht von Konkurrenz verschont. Denn in dem Maße, wie körperliches Wohlbefinden, Integrations- und Kommunikationsfähigkeit in den Industriegesellschaften zu wichtigen Bedingungen der Identität geworden sind, sind auch neue Spezialisten aufgetreten, die den Anspruch erheben, die Identität ihrer Klienten mit nicht im strengen Sinne logotherapeutischen Mitteln stärken zu können. Diese Spezialisten zählen in der Mehrzahl zum sogenannten »human potential movement«, einer zu Beginn der sechziger Jahre in den USA entstandenen Bewegung, die in eklektischer Weise ein Arsenal von Verhaltens- und »Lebens«-Techniken unter Bezeichnungen wie »encounter groups«, »Bio-Energie«, »Gestalttherapie« usw. versammelt, welche der nichtverbalen, körperlichen Kommunikation und der Kommunikation in der Gruppe den Vorzug geben vor der Verständigung durch Sprache und vor personaler Erfahrung. So gesehen eröffnen sich heute »Chancen« weniger dem Markt der Identitätstherapien als vielmehr einem neuen Markt, den man den *Markt der Kommunikationstherapien und der Therapien des Körperbewußtseins* nennen könnte.[57]

Die funktionale Spezialisierung, die sich auf dem Markt der Therapien abzeichnet, bedeutet nicht, daß sich zwischen den Sexologen, den Psychoanalytikern und den »Potentialisten« Komplementaritätsbeziehungen herstellten. Um nur ein Beispiel zu nennen: Manche Orgasmotherapeuten versuchen heute, die Behandlung mit Verfahren anzureichern, die sie von den »Potentialisten« und sogar von den Psychoanalytikern übernehmen.[58] Kombinationen von orgasmotherapeutischen Verfahren mit Techniken, die von den »Potentialisten« entwickelt worden sind, könnten sich übrigens in dem Maße als »fruchtbar« erweisen, wie sie schnellere und kollektive Therapien (z. B. mehrere Paare gleichzeitig) gestatten, indem sie den »Mengenvorteil« nutzen und die Anpassung des Therapieangebots an eine stetig wachsende Nachfrage begünstigen. Die »wilden« und andere »Barfuß«-Sexologen, die ihre Ausbildung am politischen Arbeitsplatz erhalten haben, schwärmen offenbar für solche Kombinationen.

Anmerkungen

1 S. Freud, »Drei Abhandlungen zur Sexualtheorie«, in: *Gesammelte Werke*, Bd. V, S. 33, Anm. 1; die Hinweise auf Lindner finden sich S. 80f.
2 H. Kaan, *Psychopathia sexualis*, Leipzig 1844, S. 124. Siehe insbesondere S. 34 und S. 41–43, wo Heinrich Kaan der orthodoxen *copulatio* und den *aberrationes* einen gemeinsamen Ursprung unterstellt, den Geschlechtstrieb (den er ohne Differenzierungen als *nisus sexualis, instinctus sexualis*, Geschlechtstrieb oder Begattungstrieb bezeichnet).
3 R. von Krafft-Ebing, *Psychopathia sexualis* (1886), 16. Ausg., Stuttgart 1923.
4 Offenbar begannen Ausdrücke wie *sexology, sexological* und *sexologist* (vgl. *The Oxford English Dictionary*) sich in den zwanziger Jahren dieses Jahrhunderts auszubreiten. Als man das Wort Sexologie (*sexology, sexologie*) prägte, war man sich da bewußt – so wie Auguste Comte im Falle der »Soziologie« –, daß man damit eine neue Wissenschaft aus der Taufe hob? Ich kann diese Frage im Augenblick noch nicht mit zureichender Gewißheit beantworten, aber ich kann zwei Hinweise geben:
Erstens: Das Wort *sexology* erscheint 1867 im Titel eines Buches von Elizabeth Osgood Goodrich Willard, *Sexology as the Philosophy of Life*, Chicago 1867, das ich bislang jedoch noch nicht heranziehen konnte.
Zweitens – und dieser Punkt ist für die Geschichte der Sexologie wahrscheinlich sehr viel bedeutsamer – erscheint der Ausdruck *sexualogy*, wie mir scheint, zum ersten Mal in einem Buch des englischen sozialistischen Statistikers und Eugenikers Karl Pearson, *The Ethic of Freethought*, London 1888, S. 371: »Not until the historical researches of Bachofen, Giraud-Teulon, and McLennan, with the anthropological studies of Tylor and Ploss, have been supplemented by carefull investigation of the sanitary and social effects of past stages of sex-development, not until we have ample statistics of the medico-social results of the various regular and morbid forms of sex-relationship, will it be possible to lay the foundations of a real science of sexualogy.«

5 In seinem zentralen Werk von 1942, das denselben Titel trägt wie eines aus dem Jahre 1927, sich von diesem aber beträchtlich unterscheidet, *The Function of the Orgasm. The Discovery of the Orgone, Vol I*, New York 1942; dt.: *Die Funktion des Orgasmus*, Köln 1969; hier zitiert nach der Taschenbuchausgabe: *Die Entdeckung des Orgons I*, Frankfurt a. M. 1972, teilt Reich seine Arbeit in folgende Perioden ein: »Die Sexualökonomie wurde im Schoße der Psychoanalyse Freuds zwischen 1919 und 1923 geboren. Die sachliche Loslösung vom Mutterboden erfolgte etwa 1928, meine Trennung von der Organisation der Psychoanalytiker erst 1934. [...] Ich wüßte keinen schöneren Beweis für die Richtigkeit der sexualökonomischen Theorie des Lebendigen als den Umstand, daß die im Jahre 1922 entdeckte *orgastische Potenz*, das wichtigste Stück der Sexualökonomie, sich in der Entdeckung des *Orgasmusreflexes*, 1935, und der *Orgonstrahlung*, 1939, fortsetzte und ihre naturwissenschaftliche Begründung fand.« (op. cit., S. 13 f.).

6 A. C. Kinsey u. a., *Sexual Behaviour in the Human Male*, Philadelphia 1948; dt.: *Das sexuelle Verhalten des Mannes*, Berlin 1955.

7 Auch schon vor Reich und Kinsey war, insbesondere von Félix Roubaud, der Orgasmus recht genau beschrieben worden, allerdings galt er damals noch nicht wie später als Maßeinheit und zentrale Norm. Roubaud beschrieb den »venerischen Orgasmus« *während des Koitus«* (man beachte die Einschränkung, die von Kinsey und anderen später preisgegeben wurde) folgendermaßen: »Der Kreislauf beschleunigt sich [...]. Die stark geröteten Augen wirken verstört [...]. Bei den einen ist die Atmung keuchend und kurz; andere halten den Atem an [...]. Die Nervenzentren zeigen eine Stauung [...] und leiten nur noch wirre Sinneseindrücke und Willensempfindungen weiter: Motilität und Sensibilität befinden sich in einer unbeschreiblichen Unordnung; die Glieder, von Konvulsionen und manchmal von Krämpfen ergriffen, bewegen sich unkontrolliert in alle Richtungen, oder sie strecken und versteifen sich wie Eisenschienen; die Kiefer, fest gegeneinander gepreßt, lassen die Zähne knirschen, und manch einen treibt der erotische Wahn so weit, daß er den Partner seiner Lust vergißt und eine Schulter, die man so unvorsichtig war ihm zu überlassen, bis aufs Blut zerbeißt. Dieser Zustand der Raserei, diese Epilepsie, dieser Wahn dauern gewöhnlich nur kurz; sie reichen jedoch, um die Kräfte des Organismus zu erschöpfen, vor allem beim Manne, wo diese Übererregung in einem mehr oder minder starken Samenerguß endet«, usw. (*Traité de l'impuissance et de la stérilité chez l'homme et chez la femme*, Paris 1855, S. 39).

8 S. Freud, »Vorlesungen zur Einführung in die Psychoanalyse«, in: *G. W.*, Bd. XI, S. 331.

9 W. Reich, *Die Funktion des Orgasmus*, op. cit., S. 286.

10 A. C. Kinsey u. a., *Sexual Behavior in the Human Female*, Philadelphia; dt.: *Das sexuelle Verhalten der Frau*, Berlin 1954, S. 48 und S. 103.

11 In zwei Aufsätzen haben wir die sozialen Entwicklungen untersucht, die der Stärkung des sexologischen Einflusses förderlich waren, insbesondere die Herausbildung der Norm des »idealen Orgasmus«, der Pflicht zum Orgasmus und zur Kommunikation sowie der »Regel des Gebens und Nehmens

von Lust«: A. Béjin, »Crises des valeurs, crises des mesures«, in: *Communications*, Nr. 25, Juni 1976, S. 39–72 (insbesondere S. 53–56 und S. 64); A. Béjin und M. Pollak, »La rationalisation de la sexualité«, in: *Cahiers internationaux de sociologie*, LXII, 1977, S. 105-125.

12 Anscheinend hat Reich den Begriff «Orgasmotherapie« geprägt; siehe *Die Funktion des Orgasmus*, op. cit., S. 14.

13 Zu einer soziologischen Analyse der Begriffe »Dienstleistung« und »persönliche Dienstleistung« *(personal service)* siehe insbesondere T. Parsons, »The professions and the social structure«, in: *Essays in Sociological Theory*, Glencoe (Ill.) 1958; dt.: »Die akademischen Berufe und die Sozialstruktur«, in: *Beiträge zur soziologischen Theorie*, Neuwied 1964, S. 160–179. E. Goffman, *Asyle*, Frankfurt a. M. 1972, S. 305–367.

14 S. Freud: »Wenn man sicher gehen will, beschränke man seine Auswahl auf Personen, die einen Normalzustand haben [!] [...]. Psychosen, Zustände von Verworrenheit und tiefgreifender (ich möchte sagen: toxischer) Verstimmung sind also für die Psychoanalyse, wenigstens wie sie bis jetzt ausgeübt wird, ungeeignet.« (»Über Psychotherapie«, in: *G. W.*, Bd. V, S. 21.) W. H. Masters und V. E. Johnson: »Zunächst soll sichergestellt sein, daß keine schweren psychopathischen Fälle überwiesen werden, d. h. der Neurotiker, nicht aber der Psychotiker kann aufgenommen werden.« (*Human Sexual Inadequacy*, Boston (Mass.) 1970; dt.: *Impotenz und Anorgasmie*, Frankfurt a. M. 1973, S. 21.).

15 Siehe E. Glover, *The Technique of Psycho-analysis*, New York 1955, S. 375 ff.

16 Masters und Johnson (*Impotenz und Anorgasmie*, op. cit.) schlagen folgende, inzwischen anscheinend »verbindliche« Nosographie vor. *Die wichtigsten behandelten »Funktionsstörungen« beim Mann:* 1. Ejaculatio praecox (liegt vor, »wenn es dem Mann nicht gelingt, den Ejakulationsprozeß nach der Immissio penis so lange zu kontrollieren, daß zumindest in 50% der Fälle die Partnerin sexuell befriedigt wird«, S. 83); 2. Ejaculatio deficiens (relativ seltene Störung); 3. primäre Impotenz (definiert als Störung, »bei der nie eine Erektion erzielt oder aufrechterhalten werden kann, um [...] bei heterosexuellem oder homosexuellem Geschlechtsverkehr eine Immissio vorzunehmen«, S. 123); 4. sekundäre Impotenz (liegt vor, »wenn ein Mann in 25% der Fälle oder mehr den Koitus nicht ausführen kann«, S. 142); 5. Dyspareunie beim Mann. *Die wichtigsten behandelten »Funktionsstörungen« bei der Frau:* 1. primäre Orgasmusstörung (liegt vor, »wenn eine Frau während ihres ganzen Lebens keinen Orgasmus erlebt hat«, S. 210); 2. situative Orgasmusstörungen (mit speziellen Sexualpraktiken verbunden, siehe S. 223); 3. Vaginismus; 4. Dyspareunie bei der Frau.

Wie man sieht, haben die beiden amerikanischen Orgasmologen die übliche Bezeichnung »Frigidität« (»essentielle« versus »situative« Frigidität, vgl. J. Wolpe, *The Practice of Behaviour Therapy*, London 1969; dt.: *Praxis der Verhaltenstherapie*, Bern 1972, S. 96) durch den Ausdruck (»primäre« oder »situative«) »Orgasmusstörung« ersetzt. Aus »Scham«, wie es scheint. Aber warum haben sie nicht auch die »Impotenz« umgetauft?

17 Freud sah die Honorierung durch die Tatsache gerechtfertigt, daß der Psychoanalytiker ähnlich dem Chirurgen (dieser Vergleich taucht häufig bei ihm auf) eine spezielle Tätigkeit ausübt und seinem Patienten einen wertvollen Dienst erweist. Vor allem aber argumentierte er: »Manche der Widerstände des Neurotikers werden durch die Gratisbehandlung enorm gesteigert«, und zwar wegen der »Versuchung, die in der Übertragungsbeziehung enthalten ist«, wegen des »Sträuben[s] gegen die Verpflichtung der Dankbarkeit« und wegen der Schwächung des Motivs, »die Beendigung der Kur anzustreben« (»Zur Einleitung der Behandlung«, in: *G. W.*, Bd. VIII, S. 464–466). Die Sexologen halten es dagegen für selbstverständlich, daß man ihre Dienste bezahlt. Im übrigen verweisen sie anläßlich des Honorars auf die Vorteile für »die starke Motivierung dieser Paare [die eine zweiwöchige Therapie bei Masters und Johnson machen], denn sie nehmen es auf sich, 2500 Dollar zu zahlen, und müssen dazu noch die Reise- und Hotelkosten sowie den Verdienstausfall während dieser Zeit tragen« (W. Pasini, in: G. Abraham und W. Pasini (Hrsg.), *Introduction à la sexologie médicale*, Paris 1975, S. 369).

Die Psychoanalytiker und Sexologen haben als Teilzeit-Philanthropen freilich auch ihre »Armen«. Nach verstreuten und schwer zu überprüfenden Angaben darf man annehmen, daß der Anteil der »Gratisbehandlungen« an allen Behandlungen bei Freud etwa 15–20% ausmacht (vgl. »Zur Einleitung der Behandlung«, op. cit., S. 464–466), bei Masters und Johnson etwa 15–25% (vgl. *Impotenz und Anorgasmie*, op. cit., S. 327; W. Pasini, in: G. Abraham und W. Pasini (Hrsg.), op. cit., S. 369). Diese »guten Werke« sind freilich weniger »gratis«, als sie erscheinen. Für die Therapeuten haben sie einen mehrfachen Nutzen; sie gestatten es nämlich, 1. neue Behandlungsmethoden zu erproben (vgl. Masters und Johnson, op. cit., S. 327); 2. Zugang zu atypischen, also wissenschaftlich »interessanten« Fällen zu erhalten; 3. therapeutische Techniken an den »Markt« der Zukunft anzupassen, d. h. an eine weniger wohlhabende, weniger gebildete Klientel, die einmal in den »Genuß« der »Demokratisierung« dieser Therapien kommen soll.

18 S. Freud, »Selbstdarstellung«, in: *G. W.*, Bd. XIV, S. 96, und ders., »Die Frage der Laienanalyse«, in: *G. W.*, Bd. XIV, S. 261 (vgl. auch ebenda, S. 277: »Ich räume ein, nein, ich fordere, daß der Arzt [...] auf jeden Fall vorerst die Diagnose stellen soll. Die übergroße Anzahl der Neurosen, die uns in Anspruch nehmen, sind zum Glück psychogener Natur [...]. Hat der Arzt das konstatiert, so kann er die Behandlung ruhig dem Laienanalytiker überlassen«).

19 W. H. Masters und V. E. Johnson, *Impotenz und Anorgasmie*, op. cit., S. 16.

20 W. Freud, »Über Psychotherapie«, op. cit., S. 21 f.; ders., »Zur Einleitung der Behandlung«, op. cit., S. 464–466. Siehe auch W. Reich, *Die Funktion des Orgasmus*, op. cit., S. 62.

21 W. H. Masters und V. E. Johnson, *Impotenz und Anorgasmie*, op. cit., S. 20.

22 Zur Bedeutung der »gläubigen Erwartung«, des »Vertrauens« und der Anerkennung der »Autorität« des Analytikers siehe S. Freud, »Über Psycho-

therapie«, op. cit., S. 14; ders., »Die zukünftigen Chancen der psychoanalytischen Theorie«, in: *G. W.*, Bd. VIII, S. 109 f.

23 Die Grundregel der Analyse lautet, »alles zu sagen [...]. In der Beichte sagt der Sünder, was er weiß, in der Analyse soll der Neurotiker mehr sagen«. (S. Freud, »Die Frage der Laienanalyse«, in: *G. W.*, Bd. XIV, S. 215).

24 Solche Verbote müssen nach Freud für bestimmte sexuelle Befriedigungen gelten, die als Symptomersatz dienen können (Abstinenzregel), für gewisse Lesestoffe (z. B. psychoanalytische Literatur) sowie für bestimmte wichtige Entscheidungen im Berufs- oder Eheleben. Vgl. S. Freud, »Wege der psychoanalytischen Therapie«, in: *G. W.*, Bd. XII, S. 187; ders., »Erinnern, Wiederholen, Durcharbeiten«, in: *G. W.*, Bd. X, S. 133. Bei Masters und Johnson gelten solche Verbote hauptsächlich bestimmten Mitteilungen der Partner untereinander während der Kur, vor allem jedoch dem vorzeitigen Anstreben des Orgasmus, das die mit der behandelten Störung verbundene Angst wiederaufleben lassen kann. Die beiden Orgasmologen sprechen in diesem Zusammenhang von »kontrollierter Freiheit«. Vgl. Masters und Johnson, *Impotenz und Anorgasmie*, op. cit., S. 30, 184 und 283.

25 Für die Psychoanalyse siehe S. Freuds Schriften zur Behandlungstechnik und insbesondere die Arbeit »Die endliche und die unendliche Analyse«, in: *G. W.*, Bd. XVI, S. 59–99. Dieser Aufsatz, den Freud zwei Jahre vor seinem Tod schrieb, ist deshalb wichtig, weil darin eine Ernüchterung hinsichtlich der Behandlungserfolge der Analyse zum Ausdruck kommt, in der manche die Feststellung eines Fehlschlages erblickt haben. Siehe auch E. Glover, *The Technique of Psycho-analysis*, op. cit., S. 165–185 und 261–345; zu einigen Definitionen (z. B. »gleichschwebende Aufmerksamkeit« und »Durcharbeiten«) siehe J. L. Laplanche und J. B. Pontalis, *Das Vokabular der Psychoanalyse*, Frankfurt a. M. 1973, hier: Bd. I, S. 123 f. und 169 ff. Zu den sexologischen Verhaltenstherapien siehe J. Wolpe, *Praxis der Verhaltenstherapie*, op. cit.; den kurzen zusammenfassenden und bissigen Aufsatz von H. J. Eysenck, »La thérapeutique du comportement«, in: *La Recherche*, Nr. 48, Sept. 1974, S. 745–753; W. H. Masters und V. E. Johnson, *Impotenz und Anorgasmie*, op. cit.; W. Pasini, in: G. Abraham und W. Pasini (Hrsg.), *Introduction à la sexologie médicale*, op. cit., S. 364–382.

26 Masters und Johnson z. B. stellen diesen Zusammenhang nicht ausdrücklich her. J. Wolpe wirft ihnen übrigens vor, sie seien sich über die Konditionierungsprinzipien, die sie ins Spiel bringen, nicht im klaren.

27 Diese gewagt verkürzte Genealogie ist von Wolpe inspiriert, op. cit., S. 13, 15–25, 212.

28 H. J. Eysenck, op. cit., S. 745.

29 J. Wolpe, op. cit., S. 32 f.

30 Ich habe die von den Verhaltenstherapeuten selbst erarbeiteten Taxonomien ein wenig umgestaltet, um die Logik ihrer Praxis besser hervortreten zu lassen. Es sei darauf hingewiesen, daß die konkreten Therapien vielfach aus einer eklektischen Kombination mehrerer, hier unterschiedener Methoden bestehen.

31 Die »Überflutung« besteht darin, daß man den Patienten – in einer natürlichen oder künstlichen Umgebung mit verbalen, visuellen oder anderen

Mitteln – angstauslösenden Reizen aussetzt. Vgl. J. Wolpe, op. cit., S. 194–202; H. J. Eysenck, op. cit., S. 746. Bei der Desensibilisierung erstellt der Therapeut zunächst eine Hierarchie von (imaginierten oder exterozeptiven) Reizen, die beim Patienten wachsende Angst auslösen, und präsentiert sie ihm in dieser Reihenfolge, wobei er sich bemüht, beim Patienten jedesmal einen befriedigenden Entspannungszustand herzustellen. Vgl. J. Wolpe, op. cit., S. 103–180; H. J. Eysenck, op. cit., S. 746 f. Die »Beseitigung von Mißverständnissen« und die »Ermunterung zur Selbstbehauptung« (J. Wolpe, op. cit., S. 37–85) ähneln nach meiner Ansicht der Desensibilisierungs-Technik.

32 Diese Therapie besteht darin, bestimmte abstoßende Reize (Elektroschocks, Brechmittel usw.) mit bestimmten »Reaktionen« (zumeist Alkoholismus, Toxikomanie, Homosexualität, Transvestitismus, Fetischismus …) so zu verbinden, daß diese angsterzeugenden »Reaktionen« sich fortan abschwächen und schließlich verschwinden. Vgl. J. Wolpe, op. cit., S. 209–222; H. J. Eysenck, op. cit., S. 747 f.

33 Siehe J. Wolpe, op. cit., S. 224; H. J. Eysenck, op. cit., S. 747 f.

34 Siehe die Statistiken, aber auch die Selbstkritik (hinsichtlich der Rückfallquote bei »sekundärer Impotenz«) bei Masters und Johnson, op. cit., S. 325–339. Hat man Vergleichbares jemals in bekannten psychoanalytischen Schriften gelesen?

35 Siehe J. Wolpe, op. cit., S. 97 ff., 103 ff., 110 ff., 152 ff.

36 Reich sagte einerseits: »Die Verkrampfung der Muskulatur ist die körperliche Seite des Verdrängungsvorganges und die Grundlage seiner dauernden Erhaltung« (*Die Funktion des Orgasmus*, op. cit., S. 228), und andererseits: »Die muskuläre Starre kann die vegetative Angstreaktion ersetzen, anders ausgedrückt, die gleiche Erregung, die bei der Schrecklähmung ins Innere flieht, bildet bei der Schreckstarre aus der Muskulatur eine periphere Panzerung des Organismus« (*Charakteranalyse*, 3. Ausg., Frankfurt a. M. 1973, S. 349 f.). Eines der Grundprinzipien seiner »Vegetotherapie« bestand deshalb darin, diese »Muskelpanzer«, die als Fix- und Haltepunkte dienen, zu zerstören und damit die Widerstände und die Ängste »aufzulösen«.

37 »Die kathartische Methode wird darum nicht wertlos, weil sie eine *symptomatische* und keine *kausale* ist. Denn eine kausale Therapie ist eigentlich zumeist nur eine prophylaktische, sie sistiert die weitere Einwirkung der Schädlichkeit, beseitigt damit aber nicht notwendig, was die Schädlichkeit bisher an Produkten ergeben hat. Es bedarf in der Regel noch einer zweiten Aktion, welche die letztere Aufgabe löst.« (S. Freud, »Zur Psychotherapie der Hysterie«, in: *G. W.*, Bd. I, S. 260).

38 H. J. Eysenck, op. cit., S. 751.

39 »Es kommt eine gewisse Feinhörigkeit für das Unbewußte in Betracht […]. Sie müssen den richtigen Moment abwarten, um dem Patienten Ihre Deutung mit Aussicht auf Erfolg mitzuteilen. ›Woran erkennt man jedesmal den richtigen Moment?‹ Das ist die Sache des Takts.« (S. Freud, »Die Frage der Laienanalyse«, op. cit., S. 249 f.). Anforderungen hinsichtlich des Geruchssinnes haben wir nicht ausfindig machen können. Geld riecht nicht.

40 W. Reich, *Die Funktion des Orgasmus*, op. cit., S. 46 und 70.

41 S. Freud, »Die endliche und die unendliche Analyse«, op. cit., S. 93, 96, 72 und 74.
42 Siehe dazu H. J. Eysenck, op. cit., S. 749 und 753.
43 »Denn in Wahrheit schaden solche wilden Analytiker doch der Sache mehr als dem einzelnen Kranken.« (»Über ›wilde‹ Psychoanalyse«, in: *G. W.*, Bd. VIII, S. 125.). Man erinnere sich, was Freud über die Wirksamkeit der Psychoanalyse gesagt hat, und man wird verstehen, womit die »wilde« der »kultivierten« Analyse zu schaden vermag.
44 W. Pasini (in: G. Abraham und W. Pasini (Hrsg.), op. cit., S 97 und 101) führt z. B. folgende (schwer zu überprüfende) Daten an: Die Ärzte in der Bundesrepublik Deutschland glauben, daß 25% ihrer Patienten an sexuellen Störungen leiden; in den USA werden nicht die Ärzte, sondern religiöse Autoritäten in der Mehrzahl der Fälle (60%) als erste wegen sexueller Probleme konsultiert.
45 W. H. Masters und V. E. Johnson teilen in ihrem ersten Buch (*Human Sexual Response*, Boston (Mass.) 1966; dt.: *Die sexuelle Reaktion*, Frankfurt a. M. 1967, S. 33) mit: »Die Geräte für den artifiziellen Coitus wurden von Radiophysikern entwickelt. Der Penis ist aus Plastik und weist die gleichen optischen Eigenschaften wie Spiegelglas auf. ›Coldlight‹-Beleuchtung ermöglicht eine verzerrungsfreie Beobachtung und Aufzeichnung.« Den Verantwortlichen für die französische Ausgabe erschien diese Darstellung wohl zu nüchtern, deshalb fügten sie ein paar lyrische Kommentare hinzu: »Einigen alleinstehenden Frauen gaben [Masters und Johnson] Kunststoffinstrumente, die sie in die Vagina einführten. Mit Hilfe der Lupe des Kolposkops konnten sie dann durch den durchsichtigen Mandrin hindurch die Farbveränderungen der Schleimhäute und das Spiel der Sekrete beobachten« (*Les Réactions sexuelles*, Paris 1968, S. 39). Und auf dem Umschlag: »Das Zentrum, in dem Dr. Masters arbeitet, ist mit den modernsten Mitteln ausgerüstet. Bei seinen Experimenten benutzt er medizinisch-telemetrische Verfahren, die auch zur Fernüberwachung des Gesundheitszustandes der Astronauten eingesetzt worden sind.« Ein unerwartetes Nebenprodukt der Raumfahrtprogramme.
46 Siehe dazu W. B. Pomeroy, *Dr. Kinsey and the Institute for Sex Research*, New York 1973, S. 176–185.
47 Einige Therapeuten der vor-orgasmologischen Periode waren sich der pädagogischen Zielsetzung der von ihnen empfohlenen Kuren bewußt. So hatte Moll bereits für die Behandlung der »sexuellen Perversionen« eine »Assoziationstherapie« vorgeschlagen, die, wie er sagte, »mit der Pädagogik große Ähnlichkeit« hat. Er dachte auch an Bezeichnungen wie »pädagogische Therapie« und »psychische Orthopädie« für diese Methode, die in nichtsystematisierter Form zahlreiche Merkmale der verschiedenen verhaltenstherapeutischen Techniken vorwegnahm (vgl. A. Moll, in: R. von Krafft-Ebing, op. cit., S. 699–714).
48 Zu den Prinzipien der »sexuellen Demokratie« und insbesondere zu den vielfältigen Anwendungen der »Regel des Gebens und Nehmens von Lust« siehe A. Béjin und M. Pollak, »La rationalisation de la sexualité«, op. cit., S. 116–125.

49 Diese Entwicklung könnte über kurz oder lang durchaus zu einer Politik der Sektoralisierung auf diesem Gebiet führen. Eine Gesellschaft mit »sektoralisierter Sexologie« wäre vielleicht durch folgende Merkmale gekennzeichnet: Sie erhöbe die »Orgasmusproduktion« zu einem sozialen Indikator, sie führte eine kollektive »Orgasmusstatistik«, sie gewährte ihren Mitgliedern Beihilfen zur sexuellen »Umschulung« und böte Versicherungen gegen Impotenz und Frigidität an.

50 Die Medizin sah traditionell in Krankheit und Leid ihre Daseinsberechtigung und im Tod das geheimnisvolle Symbol ihrer Grenzen; die Lust galt ihr als eine Welt, in die sie nicht einzugreifen brauchte. Diese Sachlage hat sich im Laufe des 20. Jahrhunderts nachhaltig verändert. Sowohl der Tod als auch die Lust wurden zunehmend in den Kompetenzbereich der Medizin integriert, wodurch sich ihr Status dem von Krankheit und Leiden annäherte. Der Tod gilt heute vielfach als eine Dysfunktion, deren negative Auswirkungen man begrenzen und die man eines Tages vielleicht sogar »heilen« kann. Die »unzulängliche« Lustfähigkeit gilt ihrerseits als Störung, die man mit medizinischen Mitteln behandeln muß. Es ist ein interessantes Phänomen, daß die »Medikalisierung« des Todes durch die Thanatologen und die der sexuellen Lust durch die Orgasmologen zur selben Zeit stattfindet.

51 Zum »therapeutischen Nutzen« von »Ersatzpartnern« siehe Masters und Johnson, *Impotenz und Anorgasmie*, op. cit., S. 131–141; W. Pasini, in: G. Abraham und W. Pasini (Hrsg.), op. cit., S. 367. »Vielleicht gibt es eines Tages eine ›Interessengemeinschaft‹ akkreditierter Frauen, die ihre Dienste an Männer mit sexuellen Problemen verkaufen. Augenblicklich bleibt nichts anderes übrig, als sich eine Prostituierte zu suchen« (J. Wolpe, op. cit., S. 91).

52 W. Reich, *Die Funktion des Orgasmus*, op. cit., S. 133.

53 D. Cooper, *The Death of the Family*, London 1971; dt.: *Der Tod der Familie*, Reinbek 1972, S. 31.

54 Siehe u. a. J. Wolpe, op. cit., S. 99; W. Pasini, in: G. Abraham und W. Pasini (Hrsg.), op. cit., S. 370 f. G. Tordjmans Buch (*Le Dialogue sexuel*, Paris 1976, S. 40, 71–77) verkündet ohne Umschweife die neue sexologische Vulgata. Darin ist die Masturbation als Königsweg zur »Reife« dargestellt. Es fragt sich, ob man die Masturbation nicht mehr und mehr als die Grundlage jeglicher sexueller Aktivität erleben und interpretieren wird. Verschiedene soziographische Untersuchungen zur Sexualität zeigen jedenfalls, daß sich diese Praktik allgemein festigt (was vor allem bei den Frauen überrascht, während die Männer auf diesem Gebiet ja einen »Vorsprung« haben). Eine solche Entwicklung entspräche ganz dem Stil einer Selbstbedienungs-Zivilisation.

55 W. H. Masters und V. E. Johnson, *Impotenz und Anorgasmie*, op. cit., S. 339. Ein »Elend«, das es zu unterdrücken, oder eine »Flut«, der es zu wehren gelte, sind Leitmotive, die man auch bei anderen Vorkämpfern von Therapien finden kann. Freud verweist auf »das Übermaß von neurotischem Elend, das es auf der Welt gibt« (»Wege der psychoanalytischen Theorie«, in: *G. W.*, Bd. XII, S. 192). Und Reich schreibt (*Charakteranalyse*, op. cit., S. 284): »So wie der Bakteriologe in der Ausrottung von

Infektionskrankheiten seinen Lebensinhalt sieht, so hat der Sexualökonom die emotionelle Pest zu enthüllen und als Endemie der Erdbevölkerung zu bekämpfen. Die Welt wird sich allmählich an diese neue ärztliche Tätigkeit gewöhnen. Man wird es lernen, die emotionelle Pest in sich und außer sich zu begreifen und zu wissenschaftlichen Zentren statt zur Polizei, zum Staatsanwalt oder zum Parteiführer zu laufen.« Solche Klassifizierungen haben in der Vergangenheit (siehe die »philanthropische« Tradition) häufig zur Rechtfertigung einer Sozialpolitik geführt, die sich alsbald in eine bevormundende Verwaltung der diversen »Armuten«, der materiellen, der psychischen Armut usw., verwandelte. Wird es der neuen »Armut« ebenso ergehen?

56 P. L. Berger, »Towards a sociological understanding of psychoanalysis«, in: *Social Research*, 32, Nr. 1, Frühjahr 1965, S. 26–41 (siehe insbesondere S. 35f.).

57 Siehe dazu A. Béjin, »Les thérapies de l'identité, de la sexualité, de la communication et de la conscience corporelle«, in: *Cahiers internationaux de sociologie*, LXIII, 1977, S. 363–370.

58 Siehe W. Pasini, in: G. Abraham und W. Pasini (Hrsg.), op. cit., S. 373–379.

André Béjin
Die Macht der Sexologen und die sexuelle Demokratie

Die wissenschaftliche Macht der Sexologen beruht wohl darauf, daß sie sich auf eine relativ präzise Definition von »sexueller Gesundheit« haben einigen können – eine Definition, die das Ergebnis methodischer Laboratoriumsforschung darstellt. Als sexuell »gesund« gilt demnach, wer fahig ist, nach Belieben (viele Sexologen würden, wie wir noch sehen werden, hinzufügen: und ohne Gewalt) jenen Höhepunkt sexuellen Genusses zu erreichen, den man heute allgemein als »Orgasmus« bezeichnet. Genauer: Die sexuelle Gesundheit eines Menschen bemißt sich daran, wie nahe er in seiner sexuellen Befriedigung dem »idealen Orgasmus« kommt, d. h. dem *normativen Modell* des Höhepunktes sexuellen Genusses, wie es von jenen Sexologen definiert wird, die jeweils als die »kompetentesten« gelten. Dieser »ideale Orgasmus« läßt sich unter zwei komplementären Gesichtspunkten bestimmen: einerseits als *Maßstab*, mit dem man die Befriedigungserlebnisse quantitativ erfassen kann[1], andererseits als Paradigma für eine *Qualität* und einen *Prozeß* des sexuellen Genießens (dank dessen man von einem Orgasmus sagen kann, er sei »vollständig«, »unvollständig«, mehr oder weniger »intensiv« usw.).

Auf der Basis dieser Definition von sexueller »Gesundheit« entwickelte man:
- eine Nosographie der verschiedenen Typen von Orgasmusstörungen, grob gesagt: die Ejaculatio praecox, die Unfähigkeit zur Ejakulation, die verschiedenen Formen von »Impotenz« und »Frigidität«;
- eine Ätiologie der Orgasmusstörungen, wonach diese im wesentlichen auf fehlgeleiteten Lernprozessen und falschen Gewohnheiten beruhen;
- Sexualtherapien (oder, genauer, »Orgasmustherapien«), mittels derer die Orgasmusfähigkeit durch Methoden der Konditionie-

rung wiederhergestellt werden soll, die gewöhnlich an den Prinzipien der Verhaltenstherapie orientiert sind;
– Empfehlungen prophylaktischen Charakters.

Die unbestreitbaren praktischen Erfolge dieser Theorien und Behandlungsmethoden[2] tragen zu dem Vertrauen bei, auf das sich die Macht der Sexologen gründet. Fehlt jedoch das Vertrauen (oder, wie Masters und Johnson sagen, die »Motivation«), so ist der Behandlungserfolg erheblich geschmälert. Wenn sich daher heute immer mehr Menschen »vertrauensvoll« an die Sexologen wenden, um »Störungen« beheben zu lassen, die früher unbemerkt blieben, ertragen oder mit anderen Methoden behandelt wurden, dann deshalb, weil sich zwischen den sexuellen Wünschen dieser Menschen und der sexualwissenschaftlichen Problemstellung ein Resonanzverhältnis hergestellt hat, und zwar in einem Maße, daß Gedankenverbindungen, wie ich sie nun vorstellen werde, Gemeingut geworden sind.

Die Pflicht zum Orgasmus

Wie schon gesagt, ist der Orgasmus heute zum Indikator für »sexuelle Gesundheit« erhoben; er gilt als unerläßlicher Bestandteil von »Glück«. Fortan soll der Einzelne in den Gesellschaften, die sich damit brüsten, die Wohlfahrt aller ihrer Mitglieder zu sichern, ein »Recht auf Glück« besitzen. In diesen Gesellschaften unter der wohlwollenden Vormundschaft eines Versorgungsstaates wäre es unsinnig, nicht den größtmöglichen Nutzen aus den Rechten zu ziehen, die einem gewährt werden. In diesen Gesellschaften nun steht das Handeln des Einzelnen aufgrund der Projekte der »Gerechtigkeit« und der »Gleichheit« unter einem hohen Solidaritätsdruck, der es als unvernünftig oder als dumm erscheinen läßt, von den »Rechten«, die einem zugestanden sind, nicht »hemmungslos« Gebrauch zu machen. In einem System, in dem der öffentlichen Gewalt die Aufgabe zufällt, Einrichtungen zu schaffen und zu besorgen, die das für den gesellschaftlichen Zusammenhalt unerläßliche Maß an »Altruismus« gewährleisten, darf es nicht verwundern, wenn der Einzelne, hat er erst diesen Anforderungen eines kollektivierten Altruismus entsprochen (Steuern, Militärdienst, Befolgung der Gesetze usw.), versucht ist, sämtliche Rechte, die ihm der Staat läßt, exzessiv zu nutzen. Sie nicht zu nutzen hieße, der »Gemeinschaft« – die vielen als eine anonyme Masse von »Betrügern« und »Parasiten« erscheint – ein Geschenk zu machen, für das, weil unsichtbar, einem niemand Dank wüßte. Die Kollektivierung des Altruismus führt gewissermaßen zu einer Triebspaltung: Da der Staat den größten Teil der »altruistischen« Strebungen absorbiert, setzt er bei vielen seiner Bürger eine überzogene Egozentrik und »verantwortungslose« Selbstversessenheit frei, die bisweilen an Nächstenhaß grenzen. Die verschiedenen Formen der anonymen Zerstörung von Gemeineigentum oder der bewußte Mißbrauch von Sozialleistungen sind Ausdrücke von Selbstversessenheit, wie sie aus der Kollektivierung und Institutionalisierung des Altruismus erwächst. Diese Prozesse erklären zugleich allgemein die Tendenz, den größtmöglichen Vorteil aus den Rechten zu schöpfen, die der Staat noch nicht an sich gezogen hat, und alle diese Rechte in »Pflichten« zu verwandeln.

Gemäß dieser Logik wird alsbald aus dem Recht auf Glück, d. h. unter anderem aus dem Anspruch auf Orgasmus eine »Pflicht zum Orgasmus«. Da die zuständigen Vormundschafts- und Schirmmächte uns das Recht auf sexuellen Genuß einräumen, wäre es töricht, es nicht nach Kräften zu nutzen. So hätte man immerhin etwas für sich, hätte es dem Tod, dem Staat oder den anderen abgetrotzt (der gemeinsame Orgasmus ist, mehr noch als der »Egoismus zu zweit«, eine kurzzeitige Zurückweisung der kollektiven Zwänge, ein stummer Protest gegen die Gesellschaft).

Wir sind also geradezu verpflichtet, Orgasmen zu produzieren oder, allgemeiner, uns zu vergnügen, d. h. Stachanows des Hedonismus zu werden. Aber Vorsicht, keine (allzu offenkundige) Rücksichtslosigkeit! Denken Sie an Ihren Partner, helfen Sie ihm, zu funktionieren!

Das Orgasmusgebot galt vor den diversen Schüben der »sexuellen Befreiung« im 20. Jahrhundert hauptsächlich für den legitimen Koitus der erwachsenen heterosexuellen verheirateten Männer. Die gravierendste Störung war die Impotenz des verheirateten Mannes im fortpflanzungsfähigen Alter. Bei der Frau gab eher Sterilität denn Frigidität Anlaß zur Besorgnis. Daraus wird ersichtlich, welch bemerkenswerte Erweiterung die Orgasmuspflicht und das potentielle Wirkungsfeld der Sexologen in den letzten Jahrzehnten erfahren haben. Eine Erweiterung zunächst auf die Frau, was immer ihre Lebenswelt oder ihre sexuelle Orientierung sei (die heutige Norm unterscheidet sich von früheren, offensichtlich analogen Normen darin, daß eine ganze Reihe von Beschränkungen fortgefallen sind) – in der Tat das »natürliche« Siegel einer »humanistische« Ambition, die nahezu sämtliche Unterschiede zwischen den Geschlechtern (aber auch zwischen den Altersgruppen, den Klassen, den Nationen, den Völkern usw.) aufheben und die Menschheit zu der neuen Internationale der »Sexualpartner« verschmelzen möchte, die sich schließlich nur noch in einem Punkte voneinander unterscheiden, darin nämlich, daß die einen besser oder öfter »funktionieren« als die anderen. Im Rahmen seiner »vorbeugenden Beratung« wandte Masters sich mit folgenden Worten an fünf Ehepaare, die gerade zwei Jahre verheiratet waren: »Männer und Frauen sind unglaublich und konstant ähnlich. Nun ja, es gibt ein paar grundlegende [...] und erfreuliche Unterschiede, für die wir alle dankbar sind (*Gelächter*).«[3]

Die Pflicht zum Orgasmus erstreckt sich heute auf fast alle Lebensalter; man soll weder das Debüt in (genitaler) Sexualität allzu lange hinauszögern noch die sexuelle Laufbahn »vorzeitig« beenden. Für ältere Menschen, die weiterhin »normal funktionieren« möchten, wurden spezielle Therapien erfunden. Im Hinblick auf die kindliche Sexualität allerdings geben sich die Sexologen bislang zurückhaltend – vielleicht deshalb, weil sie auf diesem Felde, vornehmlich aus juristischen Gründen, nicht die Möglichkeit hatten, experimentelle Forschung zu betreiben. Gegenüber der kindlichen Masturbation zeigen sie sich »tolerant«. Die Pädophilie indes weckt in der Regel ihr Mißtrauen; sie gilt ihnen als »asymmetrisch« und nicht »egalitär«; die Kinder scheinen ihnen nicht fähig zu jener »freien« Einwilligung, von der sie soviel Aufhebens machen.

Die Orgasmen muß man nicht unbedingt mit einem Ehepartner erreichen; die Sexologen sind zwar in der Mehrzahl für eine feste Bindung, aber es scheint ihnen nicht unerläßlich, daß diese Bindung legitim sei. Die Lebensform, die offenbar den meisten Beifall bei ihnen findet, ist eine flexible Monogamie oder eine »sukzessive« Monogamie (d. h. eine oder mehrere stabile Verbindungen im Laufe des Lebens, zu denen noch flüchtige Beziehungen hinzutreten können). Dieses Modell, so belehrt man uns, soll die Vorteile der Seßhaftigkeit (affektive Sicherheit, die Möglichkeit zur Vertiefung der Beziehung) mit denen des Nomadentums (Abwechslung, Neuheit) glücklich vereinen.

Viele Wege führen zum Orgasmus. Wir sollten bereit sein, raten uns die Sexologen, sie alle zu gehen. Wer sich auf bestimmte »Techniken« beschränke oder auf bestimmte »Stellungen« versteife (unter anderem auf die Missionarsstellung), der beweise Angst vor dem Unbekannten und lasse sich sinnliche Entfaltungschancen entgehen. Masters und Johnson und andere legen ihren Patienten daher folgerichtig nahe, sich nicht nur um Funktionsstörungen zu kümmern, die sich während des Koitus zeigen, sondern auch um Störungen, die bei Sexualpraktiken wie der Masturbation, der Fellatio oder dem Cunnilingus auftreten.

Im übrigen sind Orgasmen mit Partnern desselben Geschlechts nicht weniger legitim als solche, die man mit Partnern des anderen Geschlechts erreicht. Die Homosexuellen unterliegen derselben Pflicht zum Orgasmus wie die Heterosexuellen. Falls sie unter sexuellen Funktionsstörungen leiden, »müssen« auch sie sich einer Therapie unterziehen. Die Therapeuten müssen erkennen, schreiben Masters und Johnson, »daß Homosexualität keine *Krankheit* ist«. Zur Behebung homosexueller Störungen müsse der Grundsatz gelten: »Behandle diese Dysfunktionen oder Unzufriedenheit mit den gleichen psychotherapeutischen Techniken, mit der gleichen professionellen Besetzung und mit der gleichen psychosexuellen Objektivität, mit der heterosexuelle Dysfunktionen behandelt werden.«[4] Die Klinik der beiden amerikanischen Orgasmologen bietet entsprechend zwei Arten von »Dienstleistungen« an: entweder hilft sie bei der Wiederherstellung eines »funktionierenden« homosexuellen Sexuallebens, wenn der Ratsuchende nicht die Absicht hat, seine sexuelle Orientierung zu ändern, oder sie hilft bei der Konversion – oder Reversion – zur Heterosexualität, sofern der Patient mit seiner Homosexualität unzufrieden ist (bei der zweiten Behandlungsform ist der Erfolg weniger sicher).

Der Begriff der »Perversion« erhält so eine völlig neue Bedeutung. Illegitim oder »pervers« sind nunmehr solche Orgasmen, die jemand im Verlaufe »ungleicher« Beziehungen und insbesondere durch Anwendung von Gewalt erlangt. Für Gilbert Tordjman liegt nur dann eine »Perversion« vor, »wenn in keiner Weise eine Beziehung zwischen zwei Menschen, die miteinander Liebe machen, vorliegt; wenn der eine den anderen als Objekt gebraucht, ohne ihm zu gestatten, seinerseits Nutzen daraus zu ziehen«.[5] Da es »normal« ist, in seinem eigenen Körper einen Besitz zu sehen, über den man »frei verfügen« kann, erscheint jetzt als der Prototyp der Perversität die Vergewaltigung, der Raub sexuellen Genusses, ein Verstoß gegen das Gesetz des Tauschs von Orgasmen.

Was die Ex-»Perversionen« angeht, so gelten sie als »Varianten«, deren Anhänger »Minderheiten« bilden, denen man mit »Toleranz« begegnen soll. Es kommt darauf an, »egalitäre« Beziehungen einzugehen und das Stigma der Unvollkommenheit (und nicht der

»Perversität«) zu vermeiden: die sexuelle »Dysfunktion«. So kommt es zu einer Verschiebung der Ursachen für Schuldgefühle. Man akzeptiert es leichter – und ist manchmal stolz darauf –, einer sexuellen Minderheit anzugehören. Umgekehrt fühlt man sich schuldig, wenn man nicht richtig »funktioniert«. Und dies um so mehr, als Informationen – insbesondere statistische – über das Sexualverhalten leicht zugänglich sind. Man gibt den Menschen, schreibt Gilbert Tordjman, »Normen, Zahlen, Vergleichspunkte, und sie beginnen, sich selbst zu beobachten. [...] Wenn man damit anfängt, den Leuten Informationen zu geben, so verlangen sie vollständige Aufklärung. Deshalb empfinden sie zunehmend ein Bedürfnis nach Beratung [...]. Die Massenmedien haben auf allen Gebieten und insbesondere im Bereich der Sexualität eine gewaltige Nachfrage geweckt. Sie haben eigentlich erst die sexuelle ›Beschwerde‹ geschaffen.«[6] Masters und Johnson bringen zu dieser Argumentation folgende Präzisierungen: »Viele Generationen hindurch luden kulturelle Zwänge die Last sexueller Leistungsängste den Männern auf, in den letzten Jahren aber teilen Frauen als Preis für ihre sexuelle Gleichstellung zunehmend diesen kulturell bedingten Druck. [...] So wird die Freiheit der sexuellen Ausdrucksweise, jahrelang gesellschaftliches Vorrecht der Männer in unserer Kultur, jetzt von den Frauen geteilt. Unglücklicherweise kommt mit der sexuellen Freiheit als sofortige logische Folge eine weitere sexuell ausgerichtete Gefahr, in diesem Fall die verheerendste aller sexuellen Ängste, nämlich die Angst um die eigene physiologische Fähigkeit, effektiv zu reagieren.«[7]

Die Sexologen sind nicht dumm; sie wissen sehr wohl, daß sie zur Entstehung der Störungen beitragen, die zu kurieren sie sich dann zur Aufgabe machen. Doch sie sind überzeugt, daß sie damit nur einem latenten sozialen Bedürfnis entsprechen, das sie lediglich aufdecken. Es ist daher geboten, die gemeinsamen ethischen Voraussetzungen zu prüfen, die diese Vorweganpassung des sexologischen »Angebots« an die gesellschaftliche »Nachfrage« ermöglichen. Bei der Analyse des sexologischen Unternehmens empfiehlt es sich, sowohl den Experten als auch das Publikum im Blick zu behalten. Mit der »Angebotsseite« zu beginnen hat indes den Vorteil, daß man schneller zum Wesentlichen gelangt, denn anders als das Publikum sind die Fachleute gehalten, ihre Postulate genau anzugeben.

Als Grundaxiom gelte die Pflicht zum Orgasmus. Den Sexologen zufolge besagt dieses Axiom, daß jeder Einzelne seine sexuellen

Fähigkeiten ausschöpfen und darauf achten soll, sie nicht allzu lange brachliegen zu lassen, was einerseits die unablässige Weiterbildung in den entsprechenden Kenntnissen und andererseits die Behebung von Funktionsstörungen impliziert. Damit der Einzelne in der Lage ist, seine »Probleme« präzise zu beschreiben und sie mit Hilfe eines sorgfältig ausgewählten Therapeuten zu lösen, muß er sich angemessen – in Worten oder mit dem Körper – ausdrücken können.

Der Sexologe als Pädagoge

Jeder (tatsächliche oder potentielle) Patient muß lernen, mit seinem Partner in Offenheit, ohne Schuldgefühle und ohne Tabus zu kommunizieren; er muß fähig sein, ihm seine geheimsten Phantasien mitzuteilen, mit ihm über seine Masturbation zu sprechen – oder sie vor ihm zu praktizieren – und ihm rückhaltlos seine Seitensprünge einzugestehen.
Aber das genügt noch nicht. Im Verlaufe der Sensibilisierungs-Sitzung, von der bereits die Rede war, wandte sich W. H. Masters mit folgenden Worten an die fünf jungen Ehepaare: »Nun, für uns gibt es heute keine Tabus. Stellen Sie alle Fragen, die Ihnen in den Sinn kommen; wir werden sie beantworten, soweit wir es können. Wer möchte anfangen? (*Nach kurzem Schweigen lächelt er und setzt hinzu:*) Sind Sie alle Experten?«[8] Für die Sexologen versteht sich die Antwort von selbst: Die Vertraulichkeiten im Sessel und die freien Assoziationen auf der Couch mögen zwar mitunter nützlich sein, aber sie können nicht das Gespräch zwischen den »wirklichen Experten« ersetzen. Der Nutzen dieser Gespräche wird um so größer sein, je gründlicher der Patient zuvor die Fähigkeit der Selbstanalyse und des »freien« Ausdrucks in sexuellen Belangen erworben hat. Er muß imstande und willens sein, Schwierigkeiten mit Hilfe eines Vokabulars zu beschreiben, das unzweideutig und hinreichend »neutralisiert« ist, damit sein Gebrauch keine ausgeprägten affektiven Reaktionen hervorruft. Dieses Vokabular liefert eine Sexualerziehung (insbesondere in der Schule), die an der Sexualwissenschaft orientiert ist und, nach deren Einschätzung, am ehesten den Ansprüchen der affektiven Neutralität und der wissenschaftlichen Präzision genügt. Deshalb kommt nach Auffassung der Sexologen der »Sprachpolitik« eine ganz besondere Bedeutung zu: »Wenn es um die Geschlechtsorgane oder um die Sexualfunk-

tionen geht«, bemerkt Gilbert Tordjman, »greifen die Leute sehr oft auf einen infantilen oder bewußt vulgärsprachlichen Wortschatz zurück. Der Grund ist: Sie haben Angst vor den Worten. [...] Heute nennen Kinder den Penis ganz unbefangen Penis, sofern sie das Wort kennen – aber wenn man es ihnen gegeben hat, verwenden sie es sofort und ohne Schwierigkeiten, was bei ihren Eltern nicht immer der Fall ist. [...] Man muß auch die exakten wissenschaftlichen Ausdrücke kennen, sonst gilt man als ungebildet.«[9] Es ist lehrreich, diesen Absatz mit einer anderen Passage aus demselben Buch zu vergleichen: »Eine sexuelle Beziehung sollte voller Spontaneität, sollte ein Spiel sein. Wir sollten die Sprache der Kindheit wiederfinden können, die Sprache jener spontanen, schöpferischen Kindheit, die in uns steckt.«[10] Der Sexologe rät also nicht zu einer völligen lexikalischen Standardisierung, sondern zu einer deutlichen Trennung zwischen einem »modernen«, »vornehmeren«, sexologisch geprägten (»exakten wissenschaftlichen«) Vokabular, das für den öffentlichen Austausch bestimmt ist, und einem »archaischen« (»infantilen« oder »vulgärsprachlichen«) Wortschatz, dessen Gebrauch der intimen Rede und Verständigung vorbehalten bleibt. Diese Aufspaltung verstärkt noch die Vorstellung, wonach das Privatleben die letzte Bastion der Freiheit, der Hort legitimer Selbstgerechtigkeit und die Domäne des »authentischen Ich« sei, die es gegen die Ausweitung des öffentlichen Bereichs, der anonymen Kontrolle und des erzwungenen Altruismus zu schützen gelte.

Es geht jedoch nicht allein um eine angemessene Ausdrucksweise; der Orgasmologe scheint sich auch genötigt zu sehen, anatomische Kenntnisse zu vermitteln. Gilbert Tordjman bietet seine ganze Überredungskunst auf, um uns davon zu überzeugen: »Jeden Tag stelle ich in meiner sexologischen Praxis fest, daß Leute mit hohem Bildungsgrad und sehr hohem Intelligenzquotienten die elementarsten Dinge nicht wissen. Forscher des CNRS zum Beispiel, Physiker und Ingenieure, kennen in der Mehrzahl – wohlgemerkt: in der Mehrzahl – nicht die Lage der Klitoris bei den Frauen und damit natürlich auch nicht bei ihrer eigenen Frau.«[11] Die Patienten mit den »strategischen« Zonen vertraut machen und ihnen ein angemessenes Vokabular beibringen, ist freilich nur Vorarbeit. Denn im Grunde und letztlich will der Sexologe auf das Sexualverhalten selbst einwirken. Das verlangt unter anderem, die Patienten in diverse »Hilfsmittel« einzuweihen (Verfahren und Mittel zur Empfängnisverhütung, Instrumente oder Präparate zur Stimulation oder Luststeigerung usw.), vor allem jedoch muß man sie dazu bewegen, sexuelle Praktiken mit hohem »Orgasmusertrag« zu übernehmen, insbesondere Masturbation, Fellatio und Cunnilingus. Einige der angesehensten Sexologen haben sich übrigens eine Art »Plan für die sexuelle Karriere« ausgedacht, der auf folgender Idee beruht: Wer in seiner Jugend nicht »genügend« masturbiert oder wer zögert, zu Formen sexueller Befriedigung zu greifen, die bislang verpönt waren, der erhöht das »Risiko« sexueller Funktionsstörungen. Gewiß, die meisten Sexologen sehen ihre Hauptaufgabe nicht in der Entkrampfung der Autoerotik; sie haben ein altes »Gift«, die Masturbation, lediglich zu einem homöopathischen Mittel gemacht, das, in kleinen Dosen und zur rechten Zeit genommen, den Störungen des heterosexuellen und sogar des homosexuellen Verkehrs abzuhelfen vermag. Und vor allem haben sie, wie wir sehen werden, der Masturbation eine ganz besondere Rolle zugedacht.

Sexologie und sexuelle Demokratie

Die Macht der Sexologen beruht darauf, daß sie es verstanden haben, ihrer *Definition* des gemeinsamen *Ziels* der unterschiedlichen sexuellen Handlungen (das sie letztlich auf den Orgasmus einschränken) und der *»zulässigen« Mittel* zur Erreichung dieses Ziels Geltung zu verschaffen und zugleich ihrer Kompetenz in Fragen der *Definition*, der *Korrektur* und der *Prävention* sexueller *Anomalien*, worunter sämtliche Verhaltensweisen verstanden werden, die besagtes Ziel nicht zu erreichen vermögen, obwohl sie darauf ausgerichtet sind, oder die auf »unzulässigen« Wegen dorthin führen.

Man könnte meinen, mit der fortschreitenden Herausbildung der von mir so genannten »sexuellen Demokratie« werde jedermann die Fähigkeit erwerben, sein sexuelles Schicksal selbst zu prägen; die Macht der Experten werde daher tendenziell abnehmen. Aber ist das so sicher? Zunächst jedoch muß ich klären, was ich mit dem Ausdruck »sexuelle Demokratie« meine. Er soll einen gesellschaftlichen Zustand bezeichnen, für den – unter anderem – folgende Merkmale charakteristisch sind:

1. *die Herrschaft der Vernunft* über die Einstellungen und Verhaltensweisen: Die sexuellen Beziehungen müssen »überlegt«, d. h. »kalkuliert« oder »programmiert« sein; man muß ihren Nutzen

und ihre Kosten abschätzen und vergleichen; dazu gehört insbesondere, daß man die Fruchtbarkeit bewußt steuert, statt sie dem Instinkt, der Gewohnheit oder dem Unbewußten zu »überlassen«;

2. *die Unterwerfung des »Intimlebens« unter die Kontrolle der öffentlichen Meinung*, ihrerseits das Ergebnis einer rationalen Erziehung, die Teil einer »Sexualpolitik« ist: Das »Intimleben« des Einzelnen muß demnach *zugleich »privater« und »öffentlicher«* werden, oder im Maße, wie es privater wird, muß es stärker der Kontrolle durch die »aufgeklärte« öffentliche Meinung unterworfen werden. An die Stelle der Kontrollmöglichkeiten, die den nahestehenden Personen (vor allem Eltern, Kindern und Nachbarn) genommen worden sind, tritt der – scheinbar minder direkte, anonyme, weniger aufdringliche – Zugriff der »Experten«, aber auch der Schar von »Gegenexperten« in Sachen Sexualität, all jener »Revolutionäre« und »Reformisten«, in deren Augen »das Private politisch sein muß«;

3. *die Gleichheit der Rechte* zwischen den »Partnern«, d. h. die Anwendung von Artikel 1 der Menschenrechtserklärung (»Die Menschen werden frei und an Rechten gleich geboren und bleiben es«) auf die »heiligen und unveräußerlichen natürlichen Rechte« des *Homo sexualis*;

4. *die größtmögliche Freiheit des Ausdrucks* in sexuellen Angelegenheiten, die man in Anlehnung an Artikel 11 der Menschenrechtserklärung so formulieren könnte: »Der freie Austausch von (sexuellen) Gedanken und Meinungen gehört zu den kostbarsten Rechten des Menschen«;

5. unter Beachtung der mit den vorangegangenen Regeln verbundenen Einschränkungen: *die größtmögliche Freiheit hinsichtlich des* sexuellen *Verhaltens*, eine Freiheit, die in Anlehnung an Artikel 4 in der Macht besteht, »alles das zu tun, was anderen nicht schadet«;

6. *die Toleranz*, die darin besteht, in jedem Falle zu dulden, daß der andere von seiner bedingten Freiheit der sexuellen Vorstellungen und Handlungen Gebrauch macht.

Ein soziales System, das diese Regeln befolgte, müßte in der Lage sein, sich den Interventionen der Sexologie zu entziehen. Lebt diese nicht von dem Umstand, daß etwa das Prinzip der Gleichheit der sexuellen Rechte nicht beachtet wird? Können doch Menschen, denen die Lust ihrer Partner gleichgültig ist, zur Entstehung von Störungen beitragen und damit den Sexologen das Material für ihr

Eingreifen liefern. Beruht dieser Zugriff nicht auch auf dem unzureichenden Erfolg der »Aufklärung« in diesem Bereich, auf der Intoleranz und der unberechtigten Einschränkung der Freiheit der sexuellen Anschauungen und Praktiken (aus der die Krankheitsursachen Unwissenheit und Vorurteil, die Hemmungen, die Schuldgefühle usw. entstehen)?

Tatsächlich stellen die Fortschritte der »sexuellen Demokratie« durchaus keine Bedrohung für die Macht der Sexologen dar, sie begünstigen und verstärken sie vielmehr. Die »sexologische Technokratie« entwickelt sich – wie die übrigen Formen von Technokratie – nicht *trotz*, sondern *im Zusammenhang* der Demokratie.

Die sexualwissenschaftlichen Theorien und Therapien sind seit dem Ende des letzten Jahrhunderts und insbesondere seit dem Zweiten Weltkrieg entstanden, vor allem in den westlichen Ländern, d. h. in einer Zeit und in einem Kulturraum, in dem die Ideale der sexuellen Demokratie eine besondere Verbreitung fanden. Daraus wird ersichtlich, daß die Macht der Sexologen nicht unverträglich ist mit sexueller Demokratie. Ja, man kann sogar sagen, daß zwischen beiden ein enges und festes Interdependenzverhältnis besteht.

Erstens trägt die Verbreitung von »deskriptiven« Informationen (die den Bezugsrahmen für die Selbsteinschätzung liefern) und eindeutig normativen Hinweisen (von der Art eines Vademekums des Orgasmus) dazu bei, die Toleranzschwelle für sexuelle Funktionsstörungen zu senken und zugleich das Erwartungsniveau hinsichtlich der sexuellen »Leistung« zu erhöhen. Daher rühren dann die Empfindlichkeit gegenüber »Mißerfolgen« und die »Unzufriedenheit«. Sind Begierde, Lust und Genuß erst einmal unter Produktivitäts- und Leistungskriterien gestellt, entweicht aus ihnen die Erfahrung nicht nur der Sinnlichkeit, sondern des Sinns; sie kennen einzig noch Techniken und Zwecke.

Zweitens: Die Imperative der sexuellen Demokratie stellen die Menschen vor Anforderungen, die nicht miteinander vereinbar erscheinen, und schaffen eine mehrdeutige Situation, die sie ohne die Hilfe eines Therapeuten kaum meistern zu können glauben. In der Sprache der Kommunikationstheoretiker geredet: Der Einzelne ist einer »Reizüberflutung« durch widersprüchliche Reize ausgesetzt und muß mit der »wachsenden Komplexität« der Gesellschaft fertig werden.

Zur Klärung wollen wir nacheinander die widersprüchlichen Anforderungen betrachten, die sich unter den geschilderten Bedingungen für *Körper* und *Verstand* einerseits, *Egoismus* und *Altruismus* andererseits ergeben.

Programmierte Spontaneität

Die heutigen Normen begünstigen erhebliche Verhaltensschwankungen zwischen sofortiger Unterwerfung unter die Forderungen der Sinne und wachsender bewußter Beherrschung der organischen Prozesse. Dies steht im Zusammenhang mit einer tendenziell monistischen Definition des Orgasmus, die jedoch einhergeht mit einer eher dualistischen Interpretation der »sexuellen Rechte«. Man muß mit seinem Körper übereinstimmen, genauer, man muß sein Körper *sein*, um die Lust ohne hemmende Kontrolle durch das Bewußtsein »kommen zu lassen«; zugleich aber muß man sich von seinem Körper distanzieren, um die Vorgänge, die sich darin abspielen, im Hinblick auf die eigene Befriedigung oder die des Partners besser steuern zu können. Anders gesagt: Man muß sich den Gefühlen hingeben und sein Handeln zugleich einem rationalen Kalkül der »sexuellen Interessen« unterwerfen. Das Lusterlebnis soll ein spontanes Ereignis *und* eine Theateraufführung sein, deren Regisseur der Verstand ist. Auf dem Höhepunkt der Leidenschaft gilt es, sich wie ein Engel zu verhalten und das Tier herauszulassen; es wird erwartet, daß man die idealen Regeln der sexuellen Demokratie befolgt und sich gleichzeitig der Regellosigkeit des Instinkts überläßt.

Es wäre allzu gewagt, daraus zu schließen, der Körper werde heute stärker drangsaliert als jemals zuvor oder, umgekehrt, man habe ihn niemals so sehr verherrlicht wie heute. Beides trifft zu, doch die beiden Erscheinungen liegen nicht auf derselben Ebene. Entscheidend bleibt die Ebene, die durch den Dualismus von Körper und Geist definiert ist; selbst die radikalsten Monisten kommen kaum umhin, diese Unterscheidung mit allem, was daran hängt – insbesondere Askese und Rationalitätskult –, hinterrücks wieder einzuführen. Auf einer anderen Ebene dagegen herrscht eine monistische Vorstellung von sexueller Befriedigung vor, deren modernste Ausprägung der orgasmologische Behaviorismus ist – sie scheint jede Lesart des Hedonismus zu bekräftigen.

So sieht man sich verpflichtet, mit dem Verstand einen Abstand zum eigenen Körper aufrechtzuerhalten, um sich den spontan darin aufkommenden Empfindungen besser hingeben zu können; Zuschauer seiner sexuellen Beziehung zu bleiben, ohne deswegen aufzuhören, deren Protagonist zu sein; sich der Erregung anheimzugeben und sie zugleich durch bewußt inszenierte und gesteuerte Phantasien zu stimulieren; sich »spontan« in gleichwohl programmierten Akten auszudrücken oder, anders gesagt, Autonomie in der Heteronomie zu verwirklichen.

Auf asketische Weise hedonistisch oder auf hyperintellektuelle Weise sinnlich sein; das Gefühl haben, teilzunehmen und zu handeln, und dennoch Zuschauer bleiben; spontan sein und dennoch nicht aufhören, sein Verhalten zu steuern; unabhängig sein und sich zugleich Normen unterwerfen, die andere festgelegt haben; und, so könnten wir hinzufügen, fühlen wollen, daß man anders ist, ohne dabei gegen das Ideal der Uniformität zu verstoßen; nach Dauer streben und dabei ganz im Augenblick versinken; unbefriedigt in der Befriedigung sein, unruhig in der Sicherheit – von diesen widersprüchlichen Anforderungen, die gleichen Wesens mit den ethischen Postulaten der zeitgenössischen Industriegesellschaften sind, bleibt die Sexualsphäre nicht verschont. Doch eine weitere, höchst bedeutsame paradoxe Anforderung verdient besondere Aufmerksamkeit: das Gebot eines egoistischen Altruismus.

Eine neue kanonische Sexualpraktik: die Masturbation

Masters und Johnson behandeln in der Regel keine einzelnen Patienten, sondern Paare. Nach ihrer Ansicht beruhen Orgasmusstörungen überwiegend auf Beziehungsstörungen. Allerdings macht William H. Masters folgende Bemerkung: »Wenn man einen Augenblick darüber nachdenkt, wird einem klar, daß der Orgasmus selbst – sowohl des Mannes als auch der Frau – eine völlig ichbezogene Sache ist.«[12] Wie soll man nun verstehen, daß es nach dieser Hypothese notwendig wäre, in diesen »gänzlich ichbezogenen« Akt einen Partner einzubeziehen, dessen Wünsche berücksichtigt werden müssen? Für Masters liegt die Antwort auf der Hand: »Im Grunde ist jede Form von sexuellem Kontakt ein Geben, um etwas vom Partner zurückzubekommen.«[13] Ist denn nun der Partner der »Urheber« dieses »ichbezogenen« Orgasmus? Nein, er kann ihn nicht »hervorbringen«, denn es handelt sich dabei um ein »angeborenes«[14] Muster, und er kann dessen Verwirklichung allenfalls fördern. Im übrigen läßt sich der Partner, falls er seiner Aufgabe nicht genügt, durch Phantasien ergänzen oder ersetzen.[15] Doch was ist nun dieser Partner, der gleichzeitig anwesend (im Vorspiel) und abwesend (im Höhepunkt) ist, den man bei Bedarf durch Phantasien ersetzen kann und dem man gibt, um etwas zu bekommen? Ich wüßte ihn nicht anders zu qualifizieren als so: Er ist der nützliche Parasit einer im Grunde autoerotischen Handlung. Je besser er für Ihre Lust sorgt, desto gründlicher können Sie ihn im Augenblick des Orgasmus vergessen, und umgekehrt.

So gesehen ist der Koitus nicht mehr eine »*communio*«, sondern eine Folge von »Kommunikations«-Akten, die zu zwei getrennten (und wegen der wechselseitigen »Verzahnung« nach Möglichkeit gleichzeitigen) Lusterlebnissen führt, also kein Egoismus oder Narzißmus zu zweit, sondern die Vereinigung zweier Egoismen zu einem gemeinsamen Zweck: dem Höhepunkt. Der Liebespartner erscheint als der *Katalysator einer bestimmten Variante der Selbstbefriedigung*, d. h., er fördert (beschleunigt) eine sexuelle Reaktion, an deren Ende er sich (nahezu) unverändert wiederfindet. Man könnte auch sagen, daß der *Koitus* eine Art *Autokatalyse* darstellt, insofern er selbst die Reize und Phantasien hervorbringt, die ihm dann als Katalysatoren dienen.

Darin gipfeln also die Ideale der »Demokraten« der Sexualität: in diesem libidinösen Quasi-Solipsismus von Buchhaltern der Onanie. Dorthin führt das Unternehmen der Zerstörung der elementaren Beziehungen, Differenzierungen und Affinitäten auf diesem speziellen Gebiet der Sexualität: zu der ideologischen Vorstellung, alle unsere sexuellen Verhaltensweisen seien lediglich Varianten der einen *kanonischen Form*, der *Masturbation*. Und diese Ideologie erklärt den nächtlichen Orgasmus, den heterosexuellen und den homosexuellen Koitus, den Koitus mit einem Tier usw. gleichermaßen zu *Masturbationen*, als deren Katalysator jeweils ein Traum, ein Partner des anderen oder desselben Geschlechts, ein Tier usw. diente. Zwischen diesen unterschiedlichen Beziehungsformen – insbesondere zwischen Hetero- und Homosexualität – gebe es keine qualitative Differenz, denn sie hätten zur gemeinsamen Wurzel die Autoerotik.

Das schließt allerdings ein, daß zwischen den verschiedenen Kategorien von sexuellen »Katalysatoren« (Männern, Frauen, Tieren, Fetischen, Phantasien, Aphrodisiaka, »orgasmusfördernden« Instrumenten usw.) eine gewisse »funktionale Äquivalenz« und letztlich ein Verhältnis der Austauschbarkeit angenommen wird. Und hieran zeigt sich sehr deutlich, wohin der egalitaristische Individualismus im Felde der Sexualität und andernorts führen kann: zu seiner Selbstaufgabe als »Humanismus«. Denn es gelingt ihm nicht, den Geltungsbereich legitimer Austauschbarkeit auf den Menschen zu beschränken. Schon seit geraumer Zeit fordert man uns auf, unsere Phantasien und Wünsche für Wirklichkeit zu nehmen. Auf den Tummelplätzen »avantgardistischer« Sexualität wimmelt es von Fetischen und Aphrodisiaka. Auch die Tiere haben Rechte, also, selbstverständlich, auch sexuelle ... Vielleicht war es nötig, daß die Parole »Alles hat denselben Wert« (eine Stimme ist eine Stimme, ein Loch ist ein Loch ...), die den Egalitaristen und Ingenieuren des Maschinen-Sex so teuer ist, die Formen annahm, die wir bereits erkennen, damit die Gefahren hervortreten, die sie enthält.

Es sei nicht verschwiegen, daß die meisten Sexologen die extremen Folgerungen, die ich hier skizziert habe, nicht ziehen. Denn sie verstehen sich in der Regel nicht als »Befreier«, sondern als Bannerträger einer Liberalisierung, als Liberale. Ihre ethischen Axiome und ihre therapeutischen Methoden bezeugen indessen einige Affinität zu den beschriebenen Idolatrien. So erschließt die Masturbation, Gilbert Tordjman zufolge, »den Zugang zu einer ersten Stufe sexueller und psychischer Reife, die ihrerseits die Möglichkeit zu befriedigenden sexuellen Beziehungen eröffnet. Das Erlernen der Funktion geht logischerweise dem Erlernen der Beziehung voraus.«[16] Diese Logik ist zweifelsfrei die des behavioristischen Reduktionismus. Übrigens fließt demselben Sexologen, wo er das für den Koitus typische Lustgefühl beschreibt, wie selbstverständlich der Ausdruck »Summierung« (*sommation*) aus der Feder, während man hier im Sinne einer anderen »Logik« zum Beispiel von »Umwandlung« hätte sprechen können: »Im Augenblick der Einführung des Penis zeigt sich die ganze Gegenwart des Partners, die dann zu dem führt, was man als ›Summierung‹ bezeichnen könnte, weil es sich der Tatsache verdankt, daß sehr viele Empfindungen sich akkumulieren.«[17] Doch vielleicht handelt es sich um die »Aufforderung zum Orgasmus«. [Der Autor spielt hier mit der Doppelbedeutung von *sommation* als »Summierung« und als »Aufforderung« oder »Mahnung«, A.d.Ü.]

Tordjman geht übrigens so weit, eine »sexuelle Robinsonade« zu entwerfen. Die Kleinkinder, die bekanntlich alle auf einsamen Inseln geboren werden und dasselbe Verhalten an den Tag legen, entdecken ihre Sexualität beim Masturbieren: »Alle Kinder beiderlei Geschlechts masturbieren schon in niedrigstem Alter, schon in den ersten Lebensmonaten.«[18] Nach diesem guten Anfang heißt es, nicht nachzulassen, vor allem nicht in der Pubertät, denn »Jugendliche, die diese Reifungsphase der Masturbation nicht durchgemacht haben, müssen als Erwachsene sehr viel häufiger mit sexuellen Schwierigkeiten rechnen als die anderen«.[19] Es folgen die Zeit der »Summierung« der Masturbationserlebnisse und, wenn sie mißlingt, der Gang zum Sexologen.

So sind wir denn wieder in der Orgasmusklinik angelangt. Der Kreis schließt sich in einer Weise, die nur scheinbar paradox ist. Man kann in der Behandlung, grob gesehen, zwei Phasen unterscheiden; eine erste Phase von mehreren Tagen Dauer (bei Masters und Johnson sind es vier), in der die Therapeuten die nötigen Informationen sammeln und vermitteln und in der sie die sinnliche »Umerziehung« ihrer Patienten betreiben, indem sie diese auffordern (wie gesagt, handelt es sich um Paare), ihre Körper wechselseitig zu erkunden; dabei wird den Patienten verboten, »vorzeitig« einen Orgasmus anzustreben; sowie eine zweite längere Phase (zehn Tage bei Masters und Johnson), in der die Patienten Schritt für Schritt ihre volle Orgasmusfähigkeit wiedererlangen sollen, indem sie von nichtgenitalen Berührungen zu genitalen Kontakten (erst zur Masturbation und dann zu verschiedenen Formen des Koitus) übergehen.

Wie wir gesehen haben, gelten als Ursachen von Orgasmusstörungen bevorzugt die paradoxen Anforderungen, die dem Prinzipiensystem der »sexuellen Demokratie« innewohnen. Man verlangt vom Einzelnen eine gesteuerte Spontaneität, eine heteronome Autonomie; er soll altruistisch durch Egoismus und egoistisch durch Altruismus sein; er soll ganz und gar Handelnder und zugleich Zuschauer sein, usw. Einer der Gründe für die beachtlichen Erfolge der Sexologen liegt, glaube ich, in dem geschickten Gebrauch eben dieser widersprüchlichen Imperative (die den *double binds* ähneln, deren Theorie Gregory Bateson entworfen hat): »Sei spontan!«, »Entdecke deinen Körper, indem du ihn vergißt!« usw. Der paradoxeste dieser Imperative ist fraglos das Verbot des Orgasmus. Er verweist eindeutig auf das Therapieziel, von dem man im übrigen niemals spricht, leugnet jedoch, daß dieses Ziel ein Ziel sei, zumindest solange es nicht erreicht ist. Das Ziel ist weder geheim, noch fehlt es, noch ist es vergessen oder unbewußt; es ist implizit gegenwärtig und wird dennoch unvermeidlich expliziert. Zu Beginn der Behandlung ist der Orgasmus untersagt, im Verlauf der Behandlung ist er ins Ermessen des Patienten gestellt, doch genaugenommen ist er von Anfang an obligatorisch. Wenn der Sexologe dem Patienten den Orgasmus untersagt, den dieser gerade nicht zu erlangen vermag, dann schreibt er lediglich vor, was bereits ist (»er schreibt das Symptom vor«). Dem Patienten bringt diese Verordnung zwei Vorteile. Sie trägt dazu bei, das Gefühl des Versagens zu lindern oder zu überwinden, das mit der Unfähigkeit, zum Ziel zu gelangen, verknüpft ist. Allein schon durch sein Gebot verwandelt der Sexologe als kompetente Autorität eine ungewollte Funktionsstörung in ein pflichtgemäßes Funktionieren. Zugleich ist dieses Gebot ein Verbot, das insgeheim zu seiner Übertretung herausfordert. »So kommt es vor«, bemerkt Gilbert Tordjman, »daß Paare nach der ersten Sitzung wiederkommen und erklären: ›Wir haben uns nicht beherrschen können; wir hatten Geschlechtsverkehr, und alles ging wunderbar.‹ In diesem Fall hat das Verbot des Arztes als Anreiz gewirkt.«[20] Das Rezept ist all denen wohlbekannt, die das Verhalten von Kindern in ihrem Sinne beeinflussen wollen: vorschreiben, was ist, damit es nicht mehr geschieht; verbieten, was nicht ist, damit es geschieht. Dieses Verfahren scheint auch in der »sexuellen Demokratie« anwendbar, diesmal freilich auf »Erwachsene«. Die Botschaft des Experten kann man in der Tat folgendermaßen verstehen: ›Wenn Sie auf sexuellem Gebiet Fortschritte machen wollen, dann müssen Sie bereit sein, sich unter eine pädagogische und therapeutische Vormundschaft zu begeben. Der Weg zu Ihrer Reife geht über Ihre Infantilisierung.‹

Die Utopie des sexuellen Egalitarismus

Wir haben einige der Bedingungen erörtert, die den Einfluß der Sexologie begünstigt oder verstärkt haben. Zum Schluß möchte ich nun zeigen, daß dieser Einfluß noch größer zu werden droht, falls unter den verschiedenen sexologischen Bestrebungen in der Zukunft jene bevorzugt werden sollten, die sich auf die Axiomatik der Gleichheit berufen.
Die Mittel, mit denen man das Gleichheitsideal in die sexuelle Realität einführen wird, werden wahrscheinlich dieselben wie auf anderen Feldern sein. Sie heißen »Rationierung«, »Reglementierung«, »Programmierung« usw. Die Entwicklung der Eingriffe im Gesundheitswesen – insbesondere bei der Empfängnisverhütung und der Abtreibung – gibt einen Vorgeschmack davon, was mit der Sexualität geschehen könnte, falls man sich entschließt, den Spiel-

raum der egalitaristischen Vorschriften auch dort zu erweitern. So wie man es für nötig hielt, die öffentlichen Anstrengungen zur Empfängnisverhütung und Abtreibung – im Namen der Rechts- und Chancengleichheit – auf die Frauen aus den unteren Schichten zu konzentrieren, die den »Gefahren« oder »Risiken« (sprich: einer ungeplanten Schwangerschaft) stärker ausgesetzt sind, so würden die öffentlichen Bemühungen um die sexuelle »Gesundheit« wohl hauptsächlich bei den Gruppen »mit hohem Risiko« (sexueller Funktionsstörungen) ansetzen und ihnen, unter anderem, eine »nachhelfende« oder »kompensatorische« Sexualerziehung angedeihen lassen – deren Haupteffekt darin bestünde, daß nun Gruppen unter die Vormundschaft der Sexologen gerieten, die ihr bislang entzogen gewesen waren.

Gleichzeitig würde man feststellen, daß man zu lange schon »skandalöse Ungleichheiten« etwa zwischen den Fähigkeiten zur sexuellen Lust oder den Fähigkeiten der Verführung geduldet habe. Man würde sich daher veranlaßt sehen, ein ganzes Bündel von Vorschriften zu ersinnen, mit denen Personen, die wenig Interesse am sexuellen Genuß bekundeten, sich zu eben diesem anreizen ließen; besonders erschwert würde es ihnen, sich der Kontrolle durch die Experten zu entwinden, bevor die »obligatorische Orgasmusausbildung« beendet wäre. Immer mehr Medikamente würden auf den Markt geworfen werden, die den Disparitäten der Libido abhelfen sollen. Die pharmazeutische Industrie käme durchaus auf ihre Kosten. Die minder Verführerischen würden von der Schönheitschirurgie verlangen, ihnen zu ermöglichen, sich jenen von der Natur Bevorzugten zuzugesellen, die sich gewöhnlich nur untereinander paaren. Man würde eine Vielzahl von Vorschriften erlassen, dazu Quotensysteme und mehr oder weniger obligatorische »sexuelle Dienste« einrichten, damit den in diesem Punkte »Unterprivilegierten« die Wohltaten der sexuellen Überflußgesellschaft zugute kämen. Und all dies geschähe unter den wohlwollenden Blicken der Experten, aber auch der Beamten.

Denn die Reglementierung würde auch eine steigende Beschäftigung der Gerichte auslösen, denen die Aufgabe zufiele, die aus der Forderung nach absoluter sexueller Gleichheit entstehenden Konflikte zu regulieren. Der Prozeß avancierte vermutlich zu einem gebräuchlichen Mittel der Patienten, sich in gewisser Weise an ihren Vormündern zu rächen. Man würde nicht nur gegen seinen Partner wegen Nichtbeachtung des Prinzips der Gleichheit des sexuellen Austausches klagen (das geschieht schon heute zwischen

Ehepartnern); man würde auch seinen Sexologen vor Gericht ziehen, weil er es nicht verstanden hat, einen zum Orgasmusathleten zu machen, so wie man heute immer häufiger den Arzt verklagt, der einen nicht hat heilen können, oder den Diätspezialisten, dessen Abmagerungskur nicht anschlagen will.

Die Forderung nach einer Gleichheit der Rechte und Chancen besitzt eine innere Dynamik, die mit hoher Sicherheit in die Forderung nach einer Gleichheit der Leistung münden müßte. Und man würde sich wohl zu spät darüber wundern, daß die »Unterdrückten« selbst nach einer Ausweitung der »wohltätigen« Kontrolle verlangten, der sie unterworfen wären. Quotensysteme, Rationierung und Reglementierung würden nicht mehr genügen; erforderlich wäre eine vollständige Programmierung, die sämtliche Ungleichheiten an der Wurzel beseitigte, die den Zufall mitsamt den Unglücksfällen ausschlösse, die unablässig neue Ungleichheiten hervorbringen. Am Ende würde man dann das Ideal in der Serienproduktion von ein oder zwei »Menschenmodellen«, in der Fabrikation von Klonen erblicken ...

Die Darstellung ist absichtlich übertrieben. Aber es galt, die extremsten Implikationen eines theoretischen Konzepts vorzuführen. Festzuhalten ist, daß die Propagierung der »Ideale« einer »sexuellen Demokratie« der Festigung der Macht der »Sozialkontrolleure« auf dem Gebiet der Sexualität durchaus nicht im Wege steht, sondern sie zu fördern droht. Was tun? Wenn wir Gefallen finden an dieser mehr oder weniger sanften Vormundschaft – die eines Tages allen dieselben »Vorteile« bieten soll –, dann brauchen wir nur fortzufahren darin, jeden Unterschied zu beargwöhnen, den Zufall und die Risiken abzuschaffen und zu jener schleichenden Entdifferenzierung und politischen Schablonisierung der Sexualität beizutragen, an der die totalitären Regime längst mit Nachdruck arbeiten.

Anmerkungen

1 Ich habe die Voraussetzungen und Wirkungen der systematischen quantitativen Erfassung von Orgasmen in mehreren Arbeiten analysiert, auf die ich den Leser hier hinweisen möchte: »Crises des valeurs, crises des mesures«, in: *Communications*, Nr. 25, Juni 1976, S. 39–72 (insbesondere S. 53–56 und S. 64); »La rationalisation de la sexualité«, in: *Cahiers internationaux de sociologie*, LXII, 1977, S. 105–125 (in Zusammenarbeit mit

Michael Pollak); sowie den Aufsatz in diesem Bande: »Niedergang der Psychoanalytiker, Aufstieg der Sexologen«.

2 Da ich mich hier im wesentlichen mit den Theorien und therapeutischen Verfahren der beiden Päpste der heutigen Sexologie, der Amerikaner William H. Masters und Virginia E. Johnson, befasse, beziehe ich mich vor allem auf die Arbeiten dieser Autoren, insbesondere auf die folgenden: *Human Sexual Inadequacy*, Boston, Mass. 1970 (dt.: *Impotenz und Anorgasmie*, Frankfurt a. M. 1973); *The Pleasure Bond*, New York 1970 (dt.: *Spaß an der Ehe*, Wien, München, Zürich 1976); *Homosexuality in Perspective*, Boston 1979 (dt.: *Homosexualität*, Frankfurt a. M. 1979); dazu das für ein breites Publikum bestimmte Buch des französischen Sexologen Gilbert Tordjman, *Le Dialogue sexuel. Questions de Madeleine Chapsal*, Paris 1976.

Für die Hinweise auf diese Texte verwende ich im weiteren folgende Kurzformen: *Impotenz*; *Ehe*; *Homosexualität*; *Dialogue*.

3 *Ehe*, S. 47.
4 *Homosexualität*, S. 239 f.
5 *Dialogue*, S. 123.
6 *Dialogue*, S. 8 und 140.
7 *Homosexualität*, S. 235 und 279.
8 *Ehe*, S. 32 [der letzte Satz ist in der dt. Übersetzung nicht enthalten, A. d. Ü.].
9 *Dialogue*, S. 148–150.
10 *Dialogue*, S. 216.
11 *Dialogue*, S. 164.
12 *Ehe*, S. 37.
13 *Ehe*, S. 37.
14 *Impotenz*, S. 185.
15 *Ehe*, S. 83 f.
16 *Dialogue*, S. 71.
17 *Dialogue*, S. 42.
18 *Dialogue*, S. 71.
19 *Dialogue*, S. 40.
20 *Dialogue*, S. 64.